BASTEI
LÜBBE

Von Michele Giuttari sind bei Bastei Lübbe Taschenbücher lieferbar:

92199 Die Signatur
92237 Die Loge der Unschuldigen

*Über den Autor:*

*Michele Giuttari*, geboren 1950 in der sizilianischen Provinz Messina, blickt auf eine erfolgreiche Karriere bei der italienischen Polizei zurück und hat sich insbesondere in der Mafia-Bekämpfung ausgezeichnet. Längst hat er sich auch als Schriftsteller international einen Namen gemacht: Drei Romane um sein literarisches Alter Ego, den florentinischen Commissario Michele Ferrara, erschienen bereits und standen in Italien monatelang auf den Bestsellerlisten, weitere Werke sind in Arbeit.

MICHELE GIUTTARI

# DAS MONSTER VON FLORENZ

## Anatomie einer Ermittlung

*Aus dem Italienischen von*
*Katharina Förs und Rita Seuß*

BASTEI LÜBBE

BASTEI LÜBBE TASCHENBUCH
Band 60608

1. Auflage: Dezember 2008

Vollständige Taschenbuchausgabe
der bei Ehrenwirth erschienenen Hardcoverausgabe

Bastei Lübbe Taschenbücher und Ehrenwirth
in der Verlagsgruppe Lübbe

Titel der italienischen Originalausgabe:
»Il mostro. Anatomia di un'indagine«
Für die Originalausgabe:

Titelbild: © David Purdie/Alamy.com Limited
Umschlaggestaltung: Kirstin Osenau
unter Verwendung eines Entwurfs von HildenDesign, München
Satz: Druck & Grafik Siebel, Lindlar
Gesetzt aus der Linotype Syntax Serif
Druck und Verarbeitung: CPI – Ebner & Spiegel, Ulm
Printed in Germany
ISBN 978-3-404-60608-5

*Iuris praecepta sunt haec:*
*honeste vivere,*
*alterum non laedere,*
*suum cuique tribuere.*

*(Dies sind die Gebote des Rechts:*
*ehrenhaft leben,*
*niemanden verletzen,*
*jedem das Seine gewähren.)*

Ulpianus, *Regularum,* in *Digesto Liber* 1, 1, 10

# Vorbemerkung: Wie dieses Buch zustande kam

Nicht selten sind es die Fakten, die bestimmen, welchen Weg man geht, und bisweilen gibt man diesem Druck ganz bewusst und bereitwillig nach.

Nach *Compagni di sangue*, das ich zusammen mit Carlo Lucarelli über die Entdeckung und Verhaftung von Pietro Paccianis Komplizen verfasst habe, hatte ich eigentlich beschlossen, mich künftig nur noch Romanstoffen zu widmen und über den Fall des »Monsters von Florenz« nichts mehr zu schreiben. Allerdings habe ich mich als Ermittler erneut damit beschäftigt, weil die Untersuchungen gegen Paccianis Komplizen neue Spuren ergaben, denen es zu folgen galt. Doch die Dinge verliefen anders als erwartet.

Einerseits erwies sich der dritte Teil der Ermittlungen als der schwierigste und tückischste. Andererseits konnte ich auf Lesereisen durch Italien, bei denen ich meine Romane vorstellte, immer wieder feststellen, dass das öffentliche Interesse an diesem Fall mit der Bestrafung der festgenommenen Täter keineswegs befriedigt ist. Die Äußerungen aus dem Publikum führten früher oder später notgedrungen zum »Monster« und den damit verbundenen Rätseln zurück. Dasselbe geschah bei den ausländischen Journalisten anlässlich des Erscheinens meiner Romane im Ausland.

So reifte in mir nach und nach die Überzeugung, dass *Compagni di sangue* nicht das abschließende Buch zu dem Fall sein konnte, auch wenn es eine entscheidende Phase der Ermittlungen weitgehend abdeckt. Nein, es gab noch einiges zu sagen, vieles sogar.

Die Entstehung dieses Buches verlief nicht ohne Schwierigkeiten.

Ich sah mich zwei Arten von Problemen gegenüber.

Eines ist ethischer und beruflicher Natur. Es hat mit der Institution zu tun, an die ich glaube und der ich die entscheidenden Jahre meines Lebens gewidmet habe. Ich bin in den Polizeidienst eingetreten mit der Überzeugung, dass die Polizei Garant für ein gesellschaftliches Gleichgewicht ist – eine Aufgabe, die sie nur dann erfüllen kann, wenn sie nicht Partei ergreift und die Achtung vor Wahrheit und Gerechtigkeit als einzigen Bezugspunkt gelten lässt. Paradoxerweise gingen ausgerechnet von dieser Institution einige der Hindernisse aus, die den dritten Teil der Ermittlungen so erschwerten – sei es aus purem Zufall oder durch seltsame Fügungen des Schicksals. Das Problem war: Durfte ich darüber sprechen? Die Antwort ergab sich von selbst. Gerade weil ich nach wie vor und unverbrüchlich an die grundlegende Bedeutung der Polizei im Dienste der Bürger und der Justiz glaube, *musste* ich darüber sprechen. Die Institution, die ich selbst ja auch vertrete, konnte letztlich nur gestärkt daraus hervorgehen.

Die zweite Kategorie von Problemen war rein literarischer Natur: Ich musste mich entscheiden, ob ich mich darauf beschränken sollte, über die letzte Phase zu berichten, da ich ja auf die zweite bereits in meinem vorigen Buch eingegangen war, oder ob ich die Ermittlungen in ihrer Gesamtheit rekonstruieren sollte, so wie ich sie erlebt habe – angefangen mit dem Zeitpunkt, da ich die Leitung übernahm, bis zu dem Zeitpunkt, da ich dem Staatsanwalt von Florenz Ermittlungsergebnisse zustellte, die dank der mir zuletzt erteilten Vollmacht zustande gekommen waren. Damit verbunden war natürlich das Risiko von Wiederholungen. Denn die Fakten, von denen *Compagni di sangue* berichtet, waren dieselben, ebenso die Protagonisten und die Zeugenaussagen – wenn auch in einen größeren Zusammenhang eingebettet, der die Proportionen zurechtrücken und im rechten Licht zeigen sollte. Gleichzeitig würde der Leser manches neue Element entdecken können, manche tiefer gehende und detailliertere Rekonstruktion im Zusammenhang sehen; doch die Ereignisse blieben notgedrungen dieselben.

Die dritte und letzte Phase der Ermittlungen hätte für sich genommen bereits genug Stoff für ein Buch geliefert. Aber je länger ich darüber nachdachte, desto mehr hatte ich das Gefühl, ohne den Gesamtzusammenhang würde Entscheidendes fehlen. Je näher das Ende der Ermittlungen rückte, desto richtiger erschien es mir, sie in ihrer Gesamtheit noch einmal zu schildern, nicht zuletzt aus Rücksicht gegenüber denen, die den vorausgehenden Teil nicht gelesen haben, und gegenüber denjenigen – insbesondere jungen Menschen –, die zum ersten Mal mit diesen schmerzhaften und schockierenden Vorfällen in unserer jüngsten Vergangenheit konfrontiert werden.

Die Fakten haben mir schließlich die Entscheidung abgenommen.

Oder mir einfach die Hand geführt.

# Erster Teil

# 1. Das Ende

Ende 2005 unterzeichnete ich den letzten, abschließenden Bericht zu einer Serie von polizeilichen Ermittlungen, die in mehrfacher Hinsicht weltweit einzigartig waren: einzigartig aufgrund der Dauer von dreißig Jahren mit Nachforschungen, Gegenüberstellungen, Vernehmungen, Hindernissen, Unterbrechungen, Kontroversen, Erfolgen und Enttäuschungen. Einzigartig aufgrund der Grausamkeit der begangenen Verbrechen und ihrer Besonderheit und aufgrund der damit verbundenen großen öffentlichen Aufmerksamkeit, auch im Ausland. Einzigartig aber auch aufgrund der herausragenden Ergebnisse, die die Ermittlungen beispielhaft machen für die zukünftige Untersuchung ähnlicher Straftaten wie jener blutigen Morde, die zwischen 1974 und 1985 in der Umgebung von Florenz verübt wurden und als »Verbrechen des Monsters von Florenz« in die Geschichte eingegangen sind.

1974–2005: eine lange, sehr lange Zeitspanne, die sich grob in drei Dekaden einteilen lässt. Das Jahrzehnt der Verbrechen: Fast zehn Jahre lang – mit einer deutlichen Häufung in der Zeit zwischen 1981 und 1985 – hat das »Monster von Florenz« praktisch ungestört sein Unwesen getrieben, den Bemühungen von Polizei und Staatsanwaltschaft zum Trotz, die der Täter sogar ganz offen verhöhnte und herausforderte. Das Jahrzehnt der Festnahmen und der ersten Prozesse, die voller Unsicherheiten und Widersprüche steckten. Und schließlich das Jahrzehnt der neu aufgerollten Ermittlungen, das sich zwischen einer Art »Fahndungsarchäologie« und der Beschäftigung mit dem Umfeld bewegte und die entscheidende Wende sowie eine maßgebliche Beschleunigung auch der Prozessverläufe brachte. Fahndungstechnisch kann dieser Fall heute endlich als abgeschlossen betrachtet werden. Auch dies ist in gewisser Weise außergewöhnlich, wenn man bedenkt, wie schwierig sich die Ermittlungen mit ihren unvorstellbaren Hürden gestalteten und wie viele – zu viele – Fälle es in Italien gibt, die noch immer ungelöst sind und wohl niemals aufgeklärt werden können.

Die Unterteilung in drei Dekaden ist bequem und zur Orientierung ausgesprochen nützlich, muss gleichzeitig aber oberflächlich und ungenau bleiben und wird der Komplexität der Ereignisse nicht in vollem Umfang gerecht. So gab es zum Beispiel, wie wir sehen werden, andere Delikte, die in direktem oder indirektem Zusammenhang mit den Verbrechen des »Monsters« stehen, ohne in das Schema dieser Morde zu passen. Sie trugen jedoch dazu bei, die Vielschichtigkeit des Falles zu enthüllen, und lieferten Details, die dem Verständnis der Fakten und ihrer minutiösen Rekonstruktion zuträglich waren.

Eine andere, schwerer wiegende Simplifizierung geht auf die Medienhysterie und die dadurch angeheizte volkstümliche Fantasie zurück, die aus einer Fahndungshypothese ein scheinbar definitives Etikett machte: den Fall des »Monsters von Florenz«.

Es lohnt sich, hierauf etwas näher einzugehen.

Die Charakterisierung des Mörders als »Monster«, die mit ihren Konnotationen wie Grausamkeit, Brutalität und Bestialität gut zu den Besonderheiten dieser Verbrechen passte, erweckt zugleich die Vorstellung von etwas Singulärem. Das Monster ist einzigartig, es ist ein tierhaftes

Individuum, eine Bestie, aber eben dennoch einzigartig. Ist das Monster erst hinter Schloss und Riegel gebracht, ist das Problem gelöst und der Albtraum für immer vorbei. Dieser Gedanke beflügelt gewiss die Fantasie und regt die Journalisten zum Schreiben an, birgt aber gleichzeitig das Risiko – in unserem Fall ein ganz gewaltiges Risiko –, dass man vor lauter Bäumen den Wald nicht mehr sieht.

Mir fiel die Aufgabe zu, den Wald und diejenigen, die sich in ihm versteckten, wieder sichtbar zu machen. Das war im Oktober 1995, als ich in Florenz zum Leiter der polizeilichen mobilen Einsatztruppe, der Squadra Mobile, ernannt wurde und die neuen Ermittlungen zu den Verbrechen des »Monsters von Florenz« einleitete.

Ich war bereits seit einigen Jahren Leiter der Fahndungsabteilung der Anti-Mafia-Behörde (Direzione Investigativa Antimafia, DIA) in Florenz und befasste mich mit den Ermittlungen zu den Attentaten von 1993: jenem am 27. Mai in der Via dei Georgofili unter der Torre del Pulci in Florenz und jenen, die in der Nacht vom 27. auf den 28. Juli vor der Kirche San Giorgio al Velabro in Rom, im Vikariat an der Piazza San Giovanni in Laterano, ebenfalls in Rom, sowie in der Via Palestro gegenüber dem Padiglione di Arte Contemporanea in Mailand verübt wurden. Alle diese Attentate waren von der Cosa Nostra verübt worden, deren Strategie es war, Angst und Schrecken zu verbreiten.

Nach den ersten Misserfolgen hatten wir bei der DIA eine neue Fahndungshypothese formuliert, die vom damaligen Staatsanwalt Piero Luigi Vigna und von dessen für den Prozess zuständigen Stellvertreter Gabriele Chelazzi unterstützt wurde. Sie erlaubten Verhöre von Zeugen, Durchsuchungen, die Anforderung von Listen mit Telefonverbindungen und das Abhören von Festnetz- sowie Mobiltelefonen. Bereits kurze Zeit später, im April 1994, hatten wir genügend sichere Anhaltspunkte gesammelt, um achtundzwanzig Mitglieder der Cosa Nostra – unter ihnen die berühmt-berüchtigten Bosse Totò Riina und Leoluca Bagarella – zu überführen und vor Gericht zu stellen.

Es war ein historischer Augenblick im Kampf gegen die Mafia, innerhalb derer sich die harte Linie eines Frontalangriffs gegen den Staat durchgesetzt hatte. Dabei hätte ein banaler Zwischenfall die schwierige Operation, die die Organisation mitten ins Herz traf, um ein Haar gefährdet. Mein Dienstgrad innerhalb der Polizei war damals der eines stellvertretenden Vizepolizeipräsidenten, und ich erwartete eine Beförderung, die mich zum obersten Chef machen sollte. Ausgerechnet während der Operation gegen die Cosa Nostra leitete der Minister das Prozedere der Beförderung ein – in der Logik des beruflichen Aufstiegs und der Organigramme von Staatsbediensteten ein ganz normaler Vorgang. Mit dieser Beförderung war allerdings eine Bedingung verbunden, die sich in jener besonderen Situation als kontraproduktiv erweisen sollte. Wäre ich Chef einer Polizeibehörde geworden, hätte ich keinen Sitz mehr in der DIA gehabt und wäre zudem versetzt worden: nach Bari, wo ich im Polizeipräsidium die Leitung der Squadra Mobile übernehmen sollte.

Meine Versetzung kam jedoch nicht zustande, sondern wurde mehrmals aufgeschoben – insbesondere durch die Intervention von Staatsanwalt Vigna, der mich für den Erfolg der Ermittlungen gegen die Mafia nach wie vor für unverzichtbar hielt und dies dem Minister deutlich machte –, und zwar bis zum Oktober 1995. Und zu diesem Zeitpunkt ändert sich mein Einsatzort.

Informiert werde ich darüber von demselben Staatsanwalt, in dessen Gesicht ich einen Anflug von Genugtuung zu erkennen glaube. Nach Abschluss der laufenden Ermittlungen soll ich zwar wie gehabt Leiter der Squadra Mobile werden, nun aber nicht in Bari, sondern in Florenz. Vigna legt mir sofort dar, dass ich mich dringend dem Fall Pacciani widmen müsse, der am 1. November 1994 vom erstinstanzlichen Schwurgericht in Florenz der Verbrechen des »Monsters« schuldig gesprochen worden ist und bei dem nun im Januar 1996 das Berufungsverfahren ansteht.

Ich denke, Vigna hat die analytischen und kriminalistischen Fähigkeiten schätzen gelernt, die mir geholfen haben, die für die Attentate Verantwortlichen zu ermitteln. Jetzt zählt er auf mich, damit im Berufungsprozess neue Beweismittel vorgelegt werden können, die dazu beitragen, die Rolle des Angeklagten deutlicher herauszuarbeiten, zumal Paccianis Schuld von verschiedenen Seiten in Zweifel gezogen wird. Aber das ist noch nicht alles. Die Tatsache, dass ich mit dem Fall des »Monsters« nicht im Geringsten vertraut bin, erachtet der Staatsanwalt für positiv, da ich unvoreingenommen und vorurteilslos an die Sache werde herangehen können. Und außerdem gibt mir Vigna einen konkreten Hinweis, indem er mich auffordert, auch gegen mögliche Komplizen von Pietro Pacciani zu ermitteln – eine Hypothese, die im Verfahren von 1994 von den Richtern zur Diskussion gestellt worden ist.[1]

Zum damaligen Zeitpunkt wusste ich tatsächlich sehr wenig über das »Monster von Florenz« – mehr oder minder das, was jedem anderen Italiener auch bekannt war. Nein, mit höchster Wahrscheinlichkeit sogar weniger, hatten mich meine Erfahrungen bei der Polizei doch gelehrt, niemals Hypothesen auf der Basis von Zeitungs- und Fernsehberichten aufzustellen. Nur wenn man die beteiligten Personen (Angeklagte und Zeugen) persönlich kennt und Einsicht in alle den Ermittlungsbehörden vorliegenden Details gewonnen hat, kann man sich eine fundierte Meinung bilden. Alles andere sind zwar womöglich interessante, oft aber irreführende theoretische Spekulationen.

Bis 1985, also in dem Zeitraum, in dem die Verbrechen geschahen, befand ich mich zudem nicht in der Toskana, sondern in Kalabrien und engagierte mich im Kampf gegen Entführungen. Und während des Prozesses nahmen mich die Ermittlungen zu den Mafia-Attentaten voll in Anspruch.

Was den Angeklagten betrifft, habe ich also keinerlei vorgefasste Meinung. Weder habe ich mich dem Lager angeschlossen, das ihn für schuldig hält, noch demjenigen, das an seine Unschuld glaubt. Natürlich kann ich als Mann des Gesetzes nicht umhin, dem ersten Urteilsspruch, in dem Pacciani für schuldig befunden worden ist, ein gewisses Gewicht beizumessen. Vor allem aber interessiert mich die Spur, auf die mich der Staatsanwalt angesetzt hat und die möglicherweise funktioniert wie jene mathematischen Operationen, bei denen man den Wert einer Unbekannten ableitet, indem man den Wert einer anderen Unbekannten ermittelt. Anders ausgedrückt, wenn ich herausfinden würde, dass Pacciani nicht allein agiert, sondern Komplizen gehabt hat, wäre seine Schuld definitiv erwiesen.

Ich sichere dem Staatsanwalt also meine uneingeschränkte Mitarbeit zu und verspreche, mich nach meinem Amtsantritt unverzüglich an die Arbeit zu machen. Obwohl es, dessen sind wir uns beide bewusst, eine Herkulesaufgabe ist. Die Zeit drängt (drei bis vier Monate, von Oktober bis Januar), der Fall ist »alt« (alle Delikte liegen mehr als zehn Jahre zurück), und es gibt riesige Aktenberge (Protokolle, Zeugenaussagen, Urteile etc.), die ich vorbereitend werde studieren müssen.

So überschreite ich am 15. Oktober 1995 die Schwelle des Polizeipräsidiums von Florenz in der Via Zara, bereit, mich in eine heikle »ermittlungsarchäologische« Arbeit zu stürzen.

## 3. Die Verbrechen

Mein neues Büro befindet sich im ersten Stock des Polizeipräsidiums, in einem Palazzo, in dem einst das psychiatrische Krankenhaus der Stadt untergebracht gewesen ist, das »spedale di Messer Bonifazio«, benannt nach Bonifazio Lupi, einem tapferen Krieger aus dem 14. Jahrhundert.

Das quadratisch geschnittene Zimmer des Leiters der Squadra Mobile ist eines der größten im Gebäude, ein Eckzimmer, dessen Fenster Aussicht auf zwei verschiedene Straßen gewähren. Über dem Türrahmen befindet sich eine Tafel mit der Zahl 51. Vor meinem Einzug sind die Wände weiß gestrichen und die Vorhänge frisch gewaschen worden.

Es gibt einen großen Schreibtisch und einen Besprechungstisch, außerdem ein Möbelsystem aus hellem Holz mit mehreren Regalen für Bücher und Dokumente. Sogar ein Fernseher steht dort.

Ein frischer Duft deutet darauf hin, dass vor kurzem geputzt worden ist – ein angenehmes Gefühl, das zu dem Optimismus und Enthusiasmus passt, mit dem ich mich an meine neue Aufgabe mache.

Auf dem Schreibtisch liegt unübersehbar das dicke Aktenbündel zum Fall Pacciani, das die Staatsanwaltschaft mir pünktlich hat zustellen lassen. Es handelt sich um Prozessakten, doch da ich mir ein möglichst umfassendes Bild über den gesamten Sachverhalt verschaffen will, bitte ich meine neuen Mitarbeiter auch um all die mit dem Fall in Zusammenhang stehenden Konvolute, die sich in den Archiven

der Squadra Mobile, des Polizeipräsidiums und der Sondereinheit für den Fall des »Monsters« befinden, der Squadra Anti Mostro (SAM), die 1984 ins Leben gerufen worden ist, um den grausamen Mörder zu jagen.

Innerhalb kurzer Zeit füllen sich alle freien Flächen in meinem Büro mit Ordnern, Akten, Schnellheftern und Papierstapeln von wirklich entmutigenden Ausmaßen. Sooft das Wetter es erlaubt, öffne ich die Fenster, um den Qualm der halben Toscano-Zigarre hinauszulassen, die mich bei der Lektüre begleitet – eine alte Gewohnheit aus Studentenzeiten.

Ich beschließe, chronologisch vorzugehen und zuerst einmal eine Analyse der Verbrechen vorzunehmen, um mich anschließend mit der Rolle von Pietro Pacciani zu befassen und zuletzt die so genannte unterstützende Dokumentation (im Laufe der Jahre angefertigte kriminalpsychologische Gutachten, Zeitungs- und Zeitschriftenartikel etc.) auszuwerten.

Unter meinen Mitarbeitern, die ich an diesem ersten Morgen kennen gelernt habe, gibt es einige, die damals an den Ermittlungen zum Fall des »Monsters« beteiligt gewesen sind, aber ich beschließe, sie, falls überhaupt nötig, zu einem späteren Zeitpunkt zu befragen. Ich will mich nicht von ihrer Sicht der Dinge beeinflussen lassen.

Ich nehme also die Papierstapel in Angriff.

## 1. 1974

Am 15. September wurden bei den Fontanine di Rabatta unweit von Borgo San Lorenzo und dem Fluss Sieve, etwa einunddreißig Kilometer nordöstlich von Florenz, in einem an einer ungeteerten und wenig befahrenen Straße geparkten Fiat 127 die Leichen von zwei jungen Leuten gefunden.

Das linke vordere Seitenfenster war zertrümmert und der Körper des jungen, halb nackten Mannes lag zusammengesunken, den Kopf an die Tür gelehnt, auf dem Fahrersitz. Der vollkommen unbekleidete Körper des Mädchens wurde in geringer Entfernung von dem Wagen gefunden. Arme und Beine waren gespreizt, in der Vagina steckte ein Rebschössling. Beide Leichen wiesen zahlreiche Messerstiche auf (im Falle des Mädchens wurden sechsundneunzig gezählt).

Die Carabinieri von Borgo San Lorenzo konnten die beiden identifizieren: Es handelte sich um Stefania Pettini, achtzehn Jahre, die in Borgo San Lorenzo bei ihren Eltern gelebt hatte, und Pasquale Gentilcore, neunzehn Jahre, aus Molino del Piano, einem Ortsteil von Pontassieve. Sie waren verlobt und standen kurz vor der Hochzeit.

Am Tatort verstreut lagen persönliche Gegenstände des Mädchens, ihre Handtasche wurde allerdings erst später, nach einem anonymen Anruf bei den Carabinieri, sichergestellt. Zwischen dem Auto und einem Weinstock ein Herrenhemd und ein Damenslip, zerrissen und blutbefleckt. Unter dem Weinstock eine Damen- und zwei Herrenhosen, akkurat gefaltet. Aus der Wäschereiquittung, die ebenfalls am Schauplatz des Verbrechens gefunden wurde, ging hervor, dass die Kleidungsstücke dem Paar gehörten und gerade von der Wäscherei abgeholt worden waren.

Die Obduktion zeigte, dass die Opfer nicht allein durch die Messerstiche, sondern auch durch Pistolenkugeln Kaliber 22 Long Rifle aus kupferummanteltem Blei getötet worden waren. Mindestens fünf hatten Pasquale getroffen, der sofort tot gewesen war, vier Stefania – alle im rechten Arm.

Die Stichwaffenwunden an Stefanias Körper befanden sich fast ausschließlich am Rumpf und konzentrierten sich um die Schamgegend und auf den Brustkorb, um die Brüste.

Einige waren ihr zugefügt worden, als sie noch lebte, die meisten jedoch erst nach ihrem Tod, denn die betreffenden Wunden waren, wie bei Pasquale, nicht blutig.

Nichts wies auf einen Tod durch Erdrosseln hin, und es gab keine Spermaspuren in Körperöffnungen oder auf Kleidungsstücken.

Der Tod war am Samstag, dem 14. September, gegen Mitternacht eingetreten.

Einer besonders dunklen Neumondnacht.

Eine weitere, noch akribischere Tatortbesichtigung führte zur Sicherstellung von fünf Patronenhülsen Kaliber 22 Long Rifle.

Das ballistische Gutachten identifizierte anschließend die Waffe als halbautomatische Beretta Kaliber 22 Long Rifle, Modell 73 oder 74, die seit 1959 im Handel war. Auf den Patronenhülsen der Marke Winchester war auf dem Hülsenboden der Buchstabe »H« eingestanzt.

Den Tathergang rekonstruierten die Carabinieri wie folgt: Der Mörder näherte sich im Schutze der Dunkelheit der Fahrertür und überraschte das Paar bei intimen Handlungen. Durch das Seitenfenster hatte er die ersten Schüsse auf Pasquale abgefeuert und ihn in die linke Schulter und ins Herz getroffen. Anschließend hatte er weitergeschossen, diesmal auf Stefania, und sie verletzt, aber nicht tödlich. Dann hatte er sie aus dem Auto gezerrt und war, nachdem er sie auf dem Boden gelegt hatte, mit Messerstichen über sie hergefallen.

Bei der Suche nach dem Täter folgte man Spuren, die sich als falsch erwiesen. Die Ermittlungen gerieten ins Stocken, und der Fall wurde Jahre später mit einem in gewisser Weise beunruhigenden Epilog abgeschlossen: Jemand schlich sich in der Nacht auf den Friedhof von Borgo San Lorenzo und schändete Stefanias Grab.

Nach der Lektüre lege ich mein Hauptaugenmerk auf Einzelheiten, die mir besonders aufgefallen sind:

- den in die Vagina geschobenen Rebschössling, der an ein esoterisches Ritual denken lässt (das mit der makabren Grabschändung in Verbindung stehen könnte);
- die Tatsache, dass nur fünf Patronenhülsen gefunden wurden, aber neun Schusswaffenverletzungen dokumentiert sind;
- die Messerstiche, die Pasquale *nach* seinem Tod zugefügt wurden.

Noch ziehe ich keine Schlüsse. Ich beschränke mich darauf, mir alle diese Besonderheiten einzuprägen. Seit dem Verbrechen sind mehr als zwanzig Jahre vergangen, und es wäre unmöglich, es präzise zu rekonstruieren oder gar etwaigen Ermittlungsmängeln abzuhelfen. Das Fehlen der Patronenhülsen zum Beispiel ist rein rechnerisch alles andere als sicher, da es auch auf eine relative Oberflächlichkeit der Tatortbesichtigungen zurückzuführen sein kann, obwohl ich daran meine Zweifel habe.

Ich wende mich dem zweiten Verbrechen zu.

2. 1981

Am Sonntagvormittag, dem 7. Juni, befand sich ein Polizist außerhalb der Dienstzeit mit seinem zehnjährigen Sohn auf dem Land in Scandicci, einer großen Gemeinde unweit von Florenz. Ein neben einer Zypresse am Rande einer ungeteerten Straße geparkter Fiat Ritmo erregte seinen Argwohn, und als er sich näherte, stellte er fest, dass das linke vordere Seitenfenster zertrümmert war. Auf dem Fahrersitz saß halb nackt ein junger Mann von etwa fünfundzwanzig

Jahren, sein Kopf lehnte an der Nackenstütze, Augen und Mund standen offen, und sein Hals wies Wunden auf.

Am Boden neben der vorderen rechten Wagentür eine Damenhandtasche aus Stroh; sie war offen und der Inhalt überall verstreut. In einem nahe gelegenen Graben der Leichnam einer jungen Frau, Augen und Mund aufgerissen, zwischen den Lippen eine Halskette.

Die Leichen wurden von der sofort benachrichtigten Polizei schnell identifiziert. Es handelte sich um ein verlobtes Pärchen, Carmela De Nuccio, einundzwanzig Jahre, Lederwarenverkäuferin, und Giovanni Foggi, dreißig Jahre, Angestellter bei der italienischen Elektrizitätsgesellschaft Enel.

Der Zustand des jungen Mannes – die bis zu den Knöcheln heruntergelassene Hose – sprach Bände.

Das Mädchen dagegen war mit einem zerrissenen hellen Hemd und einer Jeanshose bekleidet, mit einem auffälligen Schnitt vom Schritt bis zur Taille, durch den die brutal verstümmelte Schamgegend sowie ein an der linken Seite zerfetzter Slip zu sehen war. Deutliche Schuss- und Stichwunden. Und ein makabres Detail: das Schamteil war entfernt worden.

Dem Sachverständigengutachten zufolge »wurden im Wesentlichen die Haut und die Haare der Schamgegend bis hin zu den großen Schamlippen entfernt, die weitgehend verschont geblieben sind«.

Die Exzision war mit einem sehr scharfen Gegenstand und technisch nahezu perfekt vorgenommen worden.

Es ließen sich keine Anzeichen für eine versuchte Vergewaltigung feststellen, ebenso wenig Spermaspuren am Körper oder auf der Kleidung.

Bei der Tatortbesichtigung fanden sich am Boden im Umkreis des Autos fünf Patronenhülsen. Tatsächlich waren acht Schüsse abgefeuert worden.

Kaliber 22. Marke Winchester. Auf dem Hülsenboden jeder Patronenhülse war das Symbol »H« eingestanzt.

Die Projektile bestanden aus reinem Blei.

Den Tathergang bei diesem zweiten Mord rekonstruierte die Polizei wie folgt: Am Samstagabend, dem 6. Juni, hatte der Verlobte bei seiner Braut zu Hause zu Abend gegessen. Gegen 22 Uhr waren sie ausgegangen, angeblich, um einen Spaziergang zu machen und ein Eis essen zu gehen. Den Eltern hatten sie versprochen, vor Mitternacht zurück zu sein.

Es war eine dunkle Neumondnacht.

Sie waren aus dem Ort herausgefahren und hatten sich in eine Straße zurückgezogen, die zu einem unbewohnten Bauernhof führte. An einer Ausweichstelle hatten sie haltgemacht.

Der Angreifer hatte sich später von links dem Auto genähert, durch die Windschutzscheibe mehrere Pistolenschüsse abgefeuert und beide getroffen. Anschließend hatte er sich auf Giovanni gestürzt und ihm mehrere Stichwunden am Hals zugefügt, um dann das Mädchen aus dem Auto zu zerren und zu dem Graben zu schleppen, wo er ihr mit einem Messer die Hose und den Slip aufschlitzte und ihr Schamteil herausschnitt.

Ein Tathergang, der fast wie eine Wiederholung des Mordes von Borgo San Lorenzo wirkt. Auf einen Zusammenhang zwischen beiden Verbrechen lässt auch die verwendete Pistole schließen, wieder Kaliber 22.

Die Prozessakten zu der nach wie vor unaufgeklärten Tat vom 14. September 1974 wurden also wieder geöffnet, und aus dem Vergleich beider Fälle ergaben sich weitere beunruhigende Analogien.

Die Tasche des Mädchens lag geöffnet da, der Inhalt am Boden verstreut; mit der Stichwaffe war auf den jungen

Mann eingestochen und der Körper der jungen Frau verstümmelt worden; es war an einem Samstag und in einer Neumondnacht geschehen; der Tatort lag in der Nähe eines Flusses und einer Diskothek. Viele, zu viele Elemente, die nachdenklich machten.

Das ballistische Gutachten brachte schließlich absolute Gewissheit.

Hier wie dort hatte der Mörder eine Beretta Kaliber 22 Long Rifle, Modell 73 oder 74, und die gleichen Patronen der Marke Winchester benutzt, auf deren Hülsenboden sich das gleiche Symbol fand.

Ein Unterschied bestand hingegen bei der Stichwaffe – möglicherweise handelte es sich diesmal um ein Schustermesser, wie man es für Lederarbeiten verwendet.

Die Ermittlungen konzentrierten sich auf einen einschlägig bekannten Voyeur aus der Umgebung, Enzo Spalletti, vierzig Jahre, verheiratet, Kinder, Fahrer bei der Bruderschaft Misericordia di Montelupo in Florenz. Noch bevor die Leichen offiziell gefunden wurden, hatte er seiner Frau vom schrecklichen Ende der beiden jungen Leute berichtet. Und nicht nur das: Er hatte auch erwähnt, dass der Mörder das Schamteil des Mädchens entfernt hatte.

Zeugen zufolge suchte Spalletti die Gegend, in der das Verbrechen geschehen war, häufig auf, um Pärchen zu beobachten, und war auch in der Tatnacht dort gewesen. Mit ihm zusammen ein anderer Voyeur, sein Freund Fosco, der bei der Vernehmung gestanden hatte. Andere Zeugen hatten Spallettis Auto in der Nähe des Tatorts gesehen, und zwar um 23 Uhr, also zu einer Zeit, die mit dem Verbrechen vereinbar war. Und die Ehefrau hatte ausgesagt, ihr Mann sei an diesem Abend nach dem Essen ausgegangen und um 2 Uhr, als sie zu Bett gegangen sei, noch nicht zurück gewesen.

Enzo Spalletti wurde zunächst der Falschaussage, dann der Täterschaft in beiden Fällen angeklagt. Allerdings bestätigte er die Aussagen seiner Ehefrau und seines Freundes nie.

Er präsentierte mehrere widersprüchliche Versionen.

Zunächst sagte er, er habe die Einzelheiten über das Verbrechen in der Sonntagszeitung gelesen, was unmöglich war, da die Meldung erst am darauf folgenden Montag veröffentlicht wurde. Dann erklärte er, er habe – ebenfalls am Sonntag – in der Bar davon gehört, doch dies wurde vom Inhaber der Bar und dessen Angestellten dementiert. Er behauptete außerdem, er habe an jenem Abend die Bar gegen elf Uhr verlassen, um unverzüglich nach Hause zu gehen – eine Aussage, der von Ehefrau und Freund widersprochen wurde. Er schwor hoch und heilig, mit Fosco nicht gesprochen, geschweige denn ihn getroffen zu haben.

Seine Unaufrichtigkeit und das Verschweigen von Tatsachen veranlassten die Ermittler, verschiedene Hypothesen aufzustellen: dass er der Täter sei; dass er die Tat beobachtet oder die Leichen gesehen habe, ehe sie von dem Polizeibeamten entdeckt wurden; oder dass ihm ein Freund die Tat anvertraut habe, den er nicht verraten wolle.

Enzo allerdings blieb stur und gab nie irgendetwas zu. Er zog es vor, ins Gefängnis zu gehen. Um es bald wieder zu verlassen, als nämlich in jenem Jahr das »Monster«, wie man den Täter hie und da bereits zu nennen begann, ein zweites Mal zuschlug.

Seltsam, denke ich, als ich die Akte schließe, nachdem ich weitere Hinweise auf Spalletti gesucht habe. Es gab keine.

Der Mann hatte doch zumindest etwas gesehen, wie war es möglich, dass niemand ihn sich danach noch einmal vorgeknöpft hatte? Seine Freilassung war aus rechtlicher Sicht verständlich: Die Anklage hatte nämlich am Ende nicht auf Verschweigen bedeutsamer Umstände im Rahmen der Zeugenvernehmung oder auf Falschaussage gelautet – in dem Fall wäre er auch nach dem neuen Mord im Gefängnis verblieben –, sondern auf Mord, und das Folgeverbrechen von möglicherweise gleicher Hand entlastete ihn automatisch.

Mit einer gewissen Bitterkeit denke ich über die allzu große Eile nach, die die Sicherheitsbehörden manchmal an den Tag legen. Ich persönlich hätte Enzo Spalletti damals auf Grundlage der damaligen Ermittlungsergebnisse nicht einmal verhaften lassen. Vielmehr hätte ich ihn zum Objekt einer gezielten Überwachung gemacht, bis er sich verraten hätte. Aber solche Fahndungsmethoden lernt man erst nach und nach und aus eigenen bitteren Erfahrungen.

Ich halte weitere bemerkenswerte Aspekte fest:

- die Entfernung des Schamteils, möglicher Hinweis auf ein Ritual, das vielleicht mit dem Rebschössling in der Vagina des vorherigen Opfers in Zusammenhang steht;
- der Unterschied bei den Projektilen: diesmal reine Bleigeschosse, wie sie auf Schießplätzen verwendet werden; kupferummantelte Geschosse (sie verhindern Bleiablagerungen in dem geriffelten Lauf und verringern die Deformation der Kugeln beim Aufprall) bei den Morden sieben Jahre zuvor;
- die Tatsache, dass auch diesmal weniger Patronenhülsen gefunden wurden als Projektile (fünf zu acht). Schwer vorstellbar, dass auch dieses Mal bei der Tatortbesichtigung hastig und oberflächlich gesucht worden wäre!

Ohne diese Gedanken weiter zu vertiefen, widme ich mich dem Studium des nächsten Doppelmordes.

Susanna Cambi und Stefano Baldi wurden in der Nacht des 22. Oktober ermordet. Einer Neumondnacht.

Ihre Leichen wurden am 23. Oktober morgens gefunden, einem Freitag, als wenige Kilometer nordwestlich von Florenz unweit von Prato in Le Bartoline bei Calenzano ein Generalstreik stattfand. Beide lagen außerhalb ihres Wagens, eines am Rande einer ungeteerten kleinen Straße geparkten VW Golf Diesel mit unübersehbaren Einschusslöchern im rechten vorderen Seitenfenster. Die Straße, von der aus das von Baumreihen bestandene Gelände leicht abfiel, endete bei einem abgelegenen, verlassenen Haus. Der nahe gelegene Fluss führte aufgrund der starken Regenfälle in den vorausgegangenen Tagen reichlich Wasser.

Stefanos Leiche lag unweit des Autos, die von Susanna etwa zwölf Meter entfernt in einem Graben.

Bei der Tatortbesichtigung sammelten die Carabinieri in der Umgebung des Autos sieben Pistolen-Patronenhülsen Kaliber 22 auf, die alle nebeneinander auf der rechten Seite lagen, allesamt von Winchester-Patronen stammten und auf dem Hülsenboden den Buchstaben »H« trugen. Gefunden wurde außerdem eine Damenhandtasche, deren Inhalt auf dem Boden verstreut lag, und halb versteckt ein seltsamer, glatt polierter Stein, fast pyramidal und teilweise rot angemalt. Dieser Stein passte nicht ins Bild, er stammte sicher nicht vom Tatort und war daher höchstwahrscheinlich von jemandem dort hingebracht worden.

Fünfeinhalb Meter vom Auto entfernt fanden sich zwei frische und deutliche Abdrücke von Schuhen mit Gummisohlen, wie sie bei der Jagd oder beim Fischen getragen werden. Die mit Hilfe eines Gipsabdrucks vorgenommene Vermessung ergab Schuhgröße 44.

Susannas Leichnam lag auf dem Rücken, die Arme waren nach oben gedreht, die Beine gebeugt und gespreizt. Sie trug einen Büstenhalter und ein weißes, bis zum Hals nach oben geschobenes T-Shirt, einen beigen Pullover und eine Strickjacke, von der nur der linke Ärmel angezogen war, einen Kordrock, der vorne einen klaffenden Riss aufwies, einen am linken Schenkel zerschnittenen Slip und braune Stiefeletten.

Man hatte ihr die Scham, die Innenseite der Oberschenkel und den Damm bis zur Anusöffnung herausgeschnitten. Unter der linken Brust, wenige Zentimeter von der Brustwarze entfernt, befand sich eine Stich- und Schnittwunde von geringer Tiefe und einem Durchmesser von etwa drei Zentimetern, die das darunterliegende Gewebe offenlegte.

Ihre eine Hand umklammerte ein Haarbüschel.

Stefanos Leichnam lag auf der rechten Seite, der Kopf blickte zum Auto, die Füße in Richtung einer Rebzeile. Seine Augen waren geschlossen, der Mund halb geöffnet. Er trug ein Hemd. Unter ihm lag ein Pullover und neben ihm eine Kordhose.

Außer den durch die Pistolenschüsse verursachten Wunden waren auch Stichwunden zu verzeichnen.

Die Autopsie ergab am Körper des Mädchens außer der exsisierten Scham zwei Schnittwunden, fünf Einschüsse von Pistolengeschossen, einen Austritt, vier im Körper verbliebene Projektile. Am Körper des jungen Mannes vier Stich- und Schnittwunden, davon drei im Rücken, sowie vier Einschüsse von Projektilen, zwei Austritte und zwei im Körper verbliebene Projektile.

Bei allen Projektilen handelte es sich um reine Bleigeschosse.

Bei der Untersuchung des Vaginalsekrets der jungen Frau wurden keine Spermaspuren gefunden, und es ergaben sich keinerlei Hinweise auf irgendeine Form sadistischer oder sexueller Gewaltanwendung.

An einem Finger der rechten Hand des jungen Mannes war an der Ellenseite eines Nagels ein kleines, fast viereckiges Stück abgebrochen, und darunter hatte sich ein Bluterguss gebildet. Unter dem Nagel fanden sich zwei lange, dunkelbraune Haare sowie einige kurze, dünne Fasern, wahrscheinlich von einem Bekleidungsstück aus Strick.

Der Zeitpunkt des Todes wurde auf die Zeit zwischen 22.30 und 23.00 Uhr beziehungsweise 24.00 Uhr am 22. Oktober eingegrenzt. Aus Zeugenaussagen der Verwandten schloss man, dass die beiden kurz nach ihrem Eintreffen vor Ort getötet wurden. Erneut in einer Neumondnacht. Ebenfalls von Angehörigen wurde ein bislang einzigartiger Aspekt ins Spiel gebracht. Noch bevor die Leichen gefunden wurden, hatte ein Mann bei Susannas Tante angerufen und Susannas Mutter verlangt, doch während der Wartezeit war die Verbindung – vielleicht wegen einer technischen Störung – unterbrochen worden. Kaum jemand wusste, dass Susanna und ihre Familie in diesen Tagen bei der Tante zu Besuch waren.

Hinsichtlich des Tathergangs war dieser Mord beinahe vollkommen identisch mit dem einige Monate zurückliegenden Verbrechen, mit zwei erheblichen Abweichungen: der junge Mann war nicht im Auto gefunden worden, und der Mörder hatte wahrscheinlich Spuren hinterlassen: den lackierten Stein, vor allem aber die Haare in der Hand des Mädchens und unter dem Nagel des jungen Mannes sowie die Fasern von einem Strick-Kleidungsstück.

Und genau an diesem Punkt erlebe ich die erste unangenehme Überraschung: In der Aufstellung der Asservatenkammer des Gerichts war von dem Stein nicht mehr die

Rede, ebenso wenig wie von dem Haarbüschel, das Susanna ausgerissen hatte. Sie waren offenbar nie untersucht worden!

Und doch berichteten die Protokolle eindeutig sowohl über den Fund des seltsamen Gegenstandes als über die nachfolgenden Ermittlungen der Carabinieri, die auf der Suche nach weiteren Hinweisen die Umgebung und die nahe gelegenen Landhäuser durchkämmten (und dabei herausfanden, dass ähnliche, sehr alte Steine gern als Türstopper verwendet wurden). Und im Ermittlungsbescheid, den die Generalstaatsanwaltschaft am 24. Oktober von Elio Pasquariello, dem Staatsanwalt von Prato, erhielt (der persönlich am Tatort aufgetaucht und bei der Tatortbesichtigung anwesend gewesen war), wird explizit auf das Haarbüschel in der Hand des Mädchens Bezug genommen. Dieses wird, so stelle ich fest, im gerichtsmedizinischen Untersuchungsbericht nicht mehr erwähnt, während es zu den Haaren unter dem Fingernagel heißt, sie könnten »mit allergrößter Wahrscheinlichkeit Susanna Cambi zugeordnet werden«.[2]

Ich denke darüber nach, dass die Florentiner Staatsanwaltschaft, in deren Zuständigkeitsbereich beide Verbrechen fielen, die erste Tat im Jahr 1981 schnell mit jener von 1974 in Verbindung gebracht hatte (ohne dass damals bereits diffus vom »Monster« die Rede gewesen wäre). Dieser zweite Doppelmord hingegen wurde zunächst von den Gerichtsbehörden von Prato untersucht und erst später mit den anderen in Beziehung gesetzt und nach Florenz überstellt. Die Entstehung beziehungsweise endgültige Konsolidierung des Mythos von einem »Monster« geht erst auf diese Zeit zurück. Zunächst nannte man den Täter »das Monster von Scandicci« und später »Pärchenmörder« oder »Monster von Florenz«.

Und Angst machte sich breit.

Zeitungsberichte aus jener Zeit bestätigen, dass sich die Atmosphäre in der »ruhigen« ländlichen Toskana Ende 1981 radikal veränderte. Die Angst hatte alle angesteckt, gleichzeitig wurden überall Verdächtigungen laut. Man verdächtigte den Nachbarn, den Ladenbesitzer, bei dem man jeden Morgen einkaufte, den Arbeitskollegen. Die gewagtesten Hypothesen wurden aufgestellt: War das »Monster« ein Metzger? Ein Arzt? Ein unverdächtiger Akademiker? Ein Mann von beachtlichem Körperbau und enormen Kräften? Eine Art Superman?[3]

Die Polizei rief die Jugendlichen auf, sich nicht an abgelegene Orte zu begeben, auch mit Plakaten, die überall in der Stadt und in der Provinz – besonders in den Hügeln über der Stadt Florenz – angeschlagen wurden. *Vorsicht, ihr jungen Leute – Gefahr von tätlichen Angriffen* stand in mehreren Sprachen auf diesen Plakaten, auf denen auch die Telefonnummern von Polizei und Carabinieri angegeben waren, denen man verdächtige Beobachtungen melden konnte.

Es gab jetzt keine Zweifel mehr. Irgendjemand attackierte einsame Pärchen, um den Körper der Frau auf makabre und brutale Weise zu schänden.

Ich stelle allerdings fest, dass erstaunlicherweise erst kurz zuvor, und zwar nach dem Verbrechen an Susanna und Stefano, zum ersten Mal die Hypothese geäußert wurde, der Mörder habe möglicherweise nicht allein gehandelt. Unter dem Aspekt meiner neuen Ermittlungen ein äußerst aufschlussreiches Detail, das vielleicht in der Folge – mit der Vereinheitlichung der Nachforschungen und dem Festhalten am Gedanken eines »Monsters« – verhängnisvollerweise außer Acht gelassen wurde.

Es ist das Gerichtsmedizinische Institut der Universität Florenz, das diese Hypothese aufstellt. Dem Institut zufolge ist der Tathergang nicht nachvollziehbar, wenn nur eine einzige Person beteiligt gewesen wäre.

Dazu seien zu viele Handlungen vorgenommen worden.

Die Körper waren aus dem Auto gezerrt und in eine Entfernung von mehreren Metern gebracht worden, ohne über den Boden geschleift zu werden. Das Schamteil des Mädchens war mit sauberen, präzisen, beinahe fachmännischen Schnitten entfernt worden, was zu der Annahme Anlass gab, dass der Bereich, in dem agiert wurde, in irgendeiner Weise beleuchtet gewesen sein musste – sehr wahrscheinlich mit einer Lampe, die derjenige, der mit solcher Fertigkeit die Exzision vorgenommen hatte, nicht in der Hand gehalten haben konnte.

Ich versuche, mir die Szene vorzustellen, und eine in meinen Augen plausible Vermutung kommt mir in den Sinn: dass die Körper nicht vom Auto weggetragen, sondern bei einem Fluchtversuch eingeholt wurden. So ließe sich erklären, warum sich – im Gegensatz zu den anderen Fällen – die Leiche des Mannes nicht im Auto befand; dann wären die ausgerissenen Haare und vielleicht auch die Pulloverfasern Zeichen für eine Reaktion auf den Angriff. In diesem Fall hätten allerdings die Angreifer mindestens zu zweit sein müssen, wie der Gerichtsmediziner angesichts der Tatsache meinte, dass die Leichen weit voneinander entfernt in entgegengesetzten Richtungen gefunden wurden.

Bei aller Vorsicht gegenüber einer nicht durch Beweise oder Überprüfungen gestützten Hypothese fühle ich mich ermutigt, mit der Auswertung der Fakten fortzufahren. Trotz meiner Enttäuschung über die unwiederbringlich verschwundenen Beweisstücke habe ich das Gefühl, diese Hypothese könne zu konkreten Ergebnissen führen.

## 4. 1982

Nur acht Monate vergingen. In der Nacht vom Samstag, dem 19. Juni, wurden in Baccaiano di Montespertoli, einer Gemeinde südwestlich von Florenz, Antonella Migliorini, neunzehn Jahre, und Paolo Mainardi, zweiundzwanzig, ermordet.

Es war eine Neumondnacht.

Antonella lag, vollständig bekleidet, auf der Rückbank des Autos, eines Seat 147, der mit im Straßengraben feststeckenden Hinterrädern quer am Straßenrand stand. Paolo saß auf dem Fahrersitz und war noch am Leben, als man die beiden noch in derselben Nacht fand. Man brachte ihn ins Krankenhaus von Empoli, wo er in tiefem Koma eintraf und wenige Stunden später verstarb, ohne das Bewusstsein wiedererlangt zu haben.

Die Carabinieri zählten am Tatort neun Patronenhülsen Kaliber 22: drei an einer Ausweichstelle gegenüber der Stelle, an der sich das Auto befand, zwei auf der Straße zwischen der Ausweichstelle und dem Auto, drei vor dem Fahrzeug und eine im Wageninneren. Alle waren Marke Winchester und trugen auf dem Hülsenboden den Buchstaben »H«.

Die Projektile waren aus reinem Blei.

Auf dem leicht nach hinten geneigten linken Vordersitz des Autos fanden sich, ebenso wie auf der Rückbank, große Blutflecken. Im Wageninneren wurden außerdem ein – schmutziges – Papiertaschentuch und ein gebrauchtes Präservativ sichergestellt.

Der Autoschlüssel steckte nicht im Zündschloss, sondern wurde in einigen Metern Entfernung auf einem angrenzenden Feld gefunden.

Die Carabinieri rekonstruierten den Tathergang folgendermaßen: Begünstigt durch die pechschwarze Nacht, hatte der Angreifer die jungen Leute überrascht, die ihren Wagen an der Ausweichstelle geparkt hatten, als Antonella, die sich nach dem Geschlechtsverkehr bereits wieder angezogen hatte, noch auf der Rückbank saß. Paolo hingegen hatte bereits auf dem Fahrersitz gesessen und war offenbar im Begriff gewesen, den Motor anzulassen und abzufahren. Der Mörder hatte zunächst einen ersten Schuss auf Paolo abgefeuert, der ihn in die Schulter traf, und unmittelbar darauf einen zweiten Schuss auf Antonella. Dem jungen Mann war es offenbar noch gelungen, den Motor zu starten und im Rückwärtsgang loszufahren, aber nachdem das Auto die Fahrbahn diagonal überquert hatte, war es mit den Hinterrädern im Straßengraben stecken geblieben.

Im Licht der Autoscheinwerfer hatte der Angreifer sich genähert und dabei mehrmals geschossen. Zunächst hatte er mit absoluter Präzision beide Scheinwerfer getroffen, um dann weitere Schüsse auf die beiden jungen Leute abzufeuern, die im Wageninneren in der Falle saßen. Schließlich hatte er den Schlüssel aus dem Zündschloss gezogen und weggeworfen, ehe er verschwand.

Die Untersuchung der Patronenhülsen und der Vergleich mit den bei den anderen Verbrechen verwendeten brachte die Bestätigung, dass es sich stets um die gleiche Waffe handelte. Es gab keinen Zweifel: Dies war ein weiterer Doppelmord des »Monsters«.

In jener Nacht allerdings hatte der grausame Mörder sein makabres Ritual, den Körper des Mädchens betreffend, nicht ausgeführt. Wahrscheinlich, so die mehr als plausible Hypothese der Carabinieri, weil Paolo, obgleich verletzt, die Kraft und Geistesgegenwart besessen hatte, das Auto in Gang zu setzen, um einen verzweifelten Fluchtversuch zu wagen. Der Mörder war wohl geflohen, ohne seine Tat zu Ende zu führen, weil das Auto, das nun nicht mehr an der

Ausweichstelle stand, sondern quer zur Fahrbahn, leicht die Aufmerksamkeit anderer Autofahrer hätte erregen können, was ja auch tatsächlich der Fall gewesen war.

Die Untersuchung des Papiertaschentuchs ergab, dass es von Samenflüssigkeit getränkt war, und auch in dem Präservativ wurden Spuren von Samenflüssigkeit gefunden. Es war aber nicht feststellbar, ob das Paar vor kurzem Geschlechtsverkehr gehabt hatte, da das Sperma bereits ziemlich zersetzt war. Dieses Detail legte die Vermutung nahe, dass sich das Präservativ bereits seit längerer Zeit im Auto befunden hatte.

Zunächst ergaben die Ermittlungen nichts Neues. Dann aber geschah etwas.

Francesco Fiori, Maresciallo der Carabinieri, erinnerte sich an ein Verbrechen, das 1968 begangen worden war, als er in der Kaserne in Signa gearbeitet hatte. Auch damals war ein Liebespaar, das sich in einer abgelegenen Gegend im Auto geliebt hatte, mit einer Pistole Kaliber 22 getötet worden.

Der Mörder war identifiziert und festgenommen worden – es war der Ehemann der Frau gewesen.

Die Pistole allerdings hatte man nie gefunden.

Der Untersuchungsrichter Mario Rotella, der die Ermittlungen im Mordfall von Montespertoli verfolgte, ließ sich die Akten zu dem Fall von 1968 bringen und stieß auf eine erste irritierende Überraschung: In einer Tüte befanden sich, zwölf Jahre nach dem Urteil, immer noch die Patronenhülsen und Projektile. Ein seltsamer »Glücksfall«, vermerke ich beim Studium des Falles, denn Beweisstücke müssen eigentlich vernichtet werden, sobald der Schuldige definitiv verurteilt ist. Das Gesetz sieht vor, dass die Beweisstücke nach dem Urteil beim für die Region zuständigen Ufficio Artiglieria abgegeben und dort vernichtet werden. Warum war das in diesem Fall nicht geschehen? Und warum befanden sich die Patronenhülsen und die Projektile sogar in einer den Akten beigehefteten Plastiktüte, obwohl das vollkommen unüblich ist?

Die zweite Überraschung war, dass der Vergleich dieser Patronenhülsen und Projektile mit denen, die das Monster bei seinen Mordtaten verwendet hatte, dem Spürsinn des Maresciallo Fiori vollkommen recht gab. Es handelte sich um Patronenhülsen der Marke Winchester mit dem auf dem Hülsenboden eingestanzten Buchstaben »H«, und die außen mit einer feinen Kupferschicht überzogenen Projektile wiesen die gleiche Riffelung auf wie diejenigen, die man bei den in jüngerer Zeit begangenen Morden gefunden hatte.

Für die Ermittlungsbeamten gab es keinen Zweifel.

All diese Projektile waren aus der gleichen Waffe abgefeuert worden, einer halbautomatischen Beretta Kaliber 22.

Ich kann nicht recht sagen warum, aber die seltsamen Umstände bei dieser erstaunlichen Entdeckung beunruhigen mich mindestens ebenso sehr wie das Verschwinden des Haarbüschels aus der Hand von Susanna Cambi. Wenn nun das Verschwinden dieses Haarbüschel kein Zufall ist, was hätten diese Haare wohl verraten? Und was könnten sie mir heute sagen, wenn man sie einer DNA-Analyse unterzöge? Und, um diesen Gedanken fortzuführen, ist das Auffinden der Projektile, die eigentlich nicht mehr existieren dürften, vielleicht gar beabsichtigt? Die Idee, dass über alledem eine geheime Regie steht, behagt mir gar nicht, aber das mysteriöse Verschwinden von Beweisstücken einerseits und das ebenso mysteriöse Auftauchen anderer ist kein gutes Zeichen.

Ich klammere mich an die Fakten, und das einzig Sichere ist, dass die Entdeckung des Untersuchungsrichters die Ermittler auf die sogenannte »sardische Spur« führt, die in der Angelegenheit eine so große Rolle spielen soll. Sie wird von 1982 bis 1989 verfolgt werden – vehement vertreten von denjenigen, die Pietro Pacciani für unschuldig halten und mit besonderem Nachdruck gestützt von Mario Spezi, Journalist bei der Zeitung *La Nazione* – und ist einen kleinen Exkurs wert.

## 4 a. 1968 und die »sardische Spur«

Am 22. August 1968 wurden an einer Landstraße unweit des Friedhofs von Signa, einer Gemeinde westlich von Florenz, die zweiunddreißigjährige Barbara Locci und der neunundzwanzigjährige Antonio Lo Bianco in ihrem Alfa Romeo Giulietta während des Sexualakts überrascht und ermordet. Man fand das Liebespaar auf dem Beifahrersitz liegend. Auf dem Rücksitz schlief der sechsjährige Sohn der Frau, den der Mörder verschont und der Alarm geschlagen hatte.

Bevor sich der Täter entfernt hatte, waren die Leichen – insbesondere die der Frau – notdürftig wieder mit Kleidung bedeckt worden.

Die aus Sardinien stammende Barbara war schon vor Jahren mit ihrer Familie in die Toskana gezogen und hatte den Maurer Stefano Mele geheiratet, der ebenfalls Sarde war. Wegen der häufigen Affären der Frau hatte die Ehe jedoch rasch zu kriseln begonnen. Sie hatte angefangen, sich in Prato mit Sarden und Sizilianern zu treffen, von denen einige dem organisierten Verbrechen angehörten. Antonio Lo Bianco, sizilianischer Abstammung, war einer ihrer letzten Liebhaber.

Das Verbrechen machte den Anschein eines klassischen Mordes aus Eifersucht, und der erste Verdacht fiel auf Barbaras Ehemann. Stefano Mele hatte sich zunächst mit der

Behauptung zu verteidigen versucht, er sei an besagtem Abend zu Hause gewesen, und die Namen anderer Sarden genannt, die alle Liebhaber seiner Frau gewesen waren, darunter Salvatore Vinci, Carmelo Cutrona und Francesco Vinci, Salvatores Bruder, an dem er später in den verschiedenen Phasen des Prozesses besonders hartnäckig festhielt. Aber seine Aussagen waren nicht stichhaltig, und die Richter am Schwurgericht in Florenz erklärten ihn am 25. März 1970 für allein schuldig und verurteilten ihn zu vierzehn Jahren Gefängnis wegen Doppelmordes, aber auch wegen Verleumdung und falscher Bezichtigung anderer.

Nach Rückverweis durch das Kassationsgericht setzte das zweitinstanzliche Schwurgericht in Perugia am 12. April 1973 die Strafe auf dreizehn Jahre Haft fest und bestätigte im Übrigen das Urteil, gegen das Berufung eingelegt worden war.

Im Verlauf der Ermittlungen hatte Stefano Mele schließlich seine Schuld eingestanden, gleichzeitig aber versucht, Salvatore Vinci, zu dem er eine homosexuelle Beziehung gehabt hatte, mit hineinzuziehen.

Die Tatwaffe wurde nicht gefunden. Dem ballistischen Gutachten zufolge handelte es sich um eine automatische Pistole Kaliber 22 Long Rifle, »möglicherweise eine alte Scheibenschusswaffe mit langem Lauf, bei der Schlagbolzen, Auszieher, Auswerfer und Brennkammer bereits sehr abgenutzt waren«.

Als man 1982 die neuen Verbrechen mit dem von 1968 verglich, war jedoch sofort klar, dass Stefano Mele, der betrogene Ehemann und Rächer, nicht das »Monster« sein konnte. 1974 befand er sich noch in Haft, und von 1981 an lebte er in einem von Ordensbrüdern geführten Heim unweit von Verona.

Damals wurde die Hypothese aufgestellt, dass der Mörder ein Komplize Stefanos sein könnte, der in jener Augustnacht 1968 mit ihm zusammen gewesen war und die Pistole an sich genommen hatte. Der Verdacht richtete sich gegen Barbaras sardische Liebhaber, die der Verurteilte damals mit hineingezogen hatte, und insbesondere gegen Francesco Vinci, der – im August 1982 wegen Misshandlung seiner Frau im Gefängnis gelandet – schließlich der dem »Monster« zugeschriebenen Verbrechen angeklagt wurde.

Florenz und Umgebung seufzten vor Erleichterung vorsichtig auf. Aber das war verfrüht.

Das »Monster« schlug erneut zu, während sich Francesco Vinci im Gefängnis befand.

## 5. 1983

Diesmal waren zwei Männer die Opfer: Uwe Jens Rusch und Horst Meyer, deutsche Staatsangehörige, beide vierundzwanzig Jahre alt. Ihre Leichen wurden am 10. September in einem VW-Bus mit deutschem Kennzeichen gefunden, der auf einem grasbewachsenen Platz unweit der Umfriedungsmauer einer Villa in Galluzzo geparkt war, einer Ortschaft südwestlich von Florenz. Rusch, der lange blonde Haare hatte, lag auf dem Rücken hinten links im Wagen, den Kopf an das Blech gelehnt, die Beine zur Mitte hin ausgestreckt und nur mit einem Slip bekleidet. Horst lag bäuchlings im linken vorderen Wagenteil, teilweise mit einem Schlafsack zugedeckt. Sein Kopf blickte in Richtung Fahrerkabine, und die Beine ragten ins Wageninnere.

Bei der Tatortbesichtigung wurden vier Patronenhülsen Marke Winchester gefunden, mit dem Buchstaben »H« auf dem Hülsenboden. Auf der Erde in der Nähe des Busses lagen Zeitschriften pornographischen Inhalts, »wahrscheinlich homosexueller Ausrichtung«, hieß es in den Akten. Sie waren zerrissen, ansonsten aber in gutem Zustand – ein Zeichen dafür, dass sie sich noch nicht lange dort befanden. Das Papier wies keine Spuren von Feuchtigkeit auf und hatte sich auch nicht eingerollt, war also nicht lange der Sonne ausgesetzt gewesen.

Ein Detail allerdings erschien besonders bemerkenswert: zwei der fünf Einschusslöcher in den Seitenfenstern befanden sich 137 Zentimeter, zwei weitere 140 Zentimeter über dem Boden. Angenommen, die Schüsse waren aus einer normalen Position abgefeuert worden, oder jedenfalls mit nur so weit erhobenen Arm, dass die Effizienz des Schusses und die Präzision beim Zielen (jeder Schuss war ein Treffer gewesen!) nicht darunter litt, ließ sich die Hypothese aufstellen, dass der Mörder ziemlich groß sein musste, wahrscheinlich über eins achtzig.

Der Tathergang wurde wie folgt rekonstruiert: Der Angreifer hatte die beiden jungen Männer überrascht, als sie gerade Radio hörten (es lief noch, als man sie fand) und wahrscheinlich lasen. Er hatte sieben Pistolenschüsse abgefeuert, fast alle durch die Seitenfenster links und rechts, und die Männer im Wagen waren sofort tot gewesen. Dann hatte er die Schiebetür des Busses geöffnet und im Wageninneren herumgestöbert.

Die Untersuchung der Patronenhülsen ergab, dass sie aus der altbekannten Pistole stammten. Also lag die Vermutung nahe, dass die beiden Deutschen die jüngsten Opfer des »Monsters« waren, das sich an ihren Leichen nicht vergriffen hatte, weil es gemerkt hatte, dass auch die Person mit den langen Haaren ein Mann war und nicht eine Frau, wie er angenommen haben musste, als er sich entschloss zuzuschlagen.

Wie im Jahr davor war es dem »Monster« nicht gelungen, bis zum Ende nach dem gewohnten Tatmuster vorzugehen.

Dem gerichtsmedizinischen Gutachten zufolge waren Uwe Jens Rusch und Horst Meyer in der Nacht vom Freitag getötet worden. Einer sehr dunklen Neumondnacht.

Die Gutachten zeigten, dass insgesamt siebenmal geschossen worden war und dass alle Projektile aus reinem Blei bestanden, mit Ausnahme eines einzigen kupferummantelten Geschosses.

Drei Patronenhülsen fehlten.

Der Mord war von einem anderen Deutschen entdeckt worden – Rolf Reinecke, der in einem ganz in der Nähe des Tatorts gelegenen Landhaus wohnte. Bei der Vernehmung erklärte er, er sei am 10. September gegen 9 Uhr morgens aus dem Haus gegangen und habe den auf der Freifläche geparkten VW-Bus entdeckt. Er habe angehalten und sich genähert, um die Insassen darüber zu informieren, dass Camping hier verboten war. Durch die Windschutzscheibe des Busses habe er eine Person ausmachen können, die auf ihn den Eindruck machte, als schlafe sie. Er habe geklopft und laut gerufen, ohne eine Antwort zu erhalten. Dann sei er weggegangen. Am Abend auf dem Nachhauseweg habe er den Bus wieder gesehen, genau in der gleichen Position geparkt wie am Morgen. Er habe angehalten, um die Insassen zu verjagen. Erst dann seien ihm die Löcher in den Seitenfenstern aufgefallen, und dass die Person, die er am Morgen gesehen hatte, immer noch die gleiche Haltung einnahm. Er sei nach Hause geeilt und habe die Carabinieri benachrichtigt.

Bei der Vernehmung gab er zu, mehrere Waffen zu besitzen, woraufhin sein Wohnhaus durchsucht und Anklage wegen illegalen Waffenbesitzes in mehreren Fällen erhoben wurde.

Rolf Reineckes Verlobte, die Schweizer Staatsangehörige Françoise Walther, der er von der Person im VW-Bus erzählt hatte, die den ganzen Tag in ein und derselben Haltung dagelegen habe, bestätigte den Bericht ihres Lebensgefährten und fügte hinzu: »Mein siebter Sinn sagte mir, dass sie tot waren und dass es zwei waren… ich glaubte, es könnten zwei Tote sein, ich bin nämlich ein Medium.«

Andere Zeugen berichteten, sie hätten vor beziehungsweise nach der Tat Autos bemerkt, die in der Nähe des VW-Busses geparkt hätten. Einer von ihnen, der vereidigte Wachmann Giancarlo Menichetti (der zehn Jahre später von einem Kollegen erschossen werden sollte), erklärte:

Gestern zwischen 9.30 und 10 Uhr, als ich durch besagte Straße fuhr, bemerkte ich erneut den VW-Bus am gewohnten Platz und mit geschlossenen Türen. Daneben sah ich allerdings einen weißen Fiat 126, ohne sonstige Aufkleber und ohne Gepäckträger, aber mit einem Aufkleber, der 80 km/h als zulässige Höchstgeschwindigkeit angab, links vom Nummernschild. Mir schien, dass bei besagtem Fahrzeug die linke Tür nur angelehnt war. Da ich niemanden in der Nähe bemerkte, setzte ich meine Rundfahrt zu den bewachten Objekten fort. Ich möchte noch erwähnen, dass der Motor des Autos nicht lief und es mit der Schnauze Richtung Felder stand, drei bis vier Meter von dem deutschen Bus entfernt.

Vom Untersuchungsrichter befragt, bestätigte er diese Angaben und fügte hinzu, das Auto, das ihm aufgefallen sei, sei hundertprozentig ein Fiat 126 mit Geschwindigkeitsschild genau neben dem Kennzeichen gewesen. Somit war ausgeschlossen, dass es sich um Rolf Reineckes Auto gehandelt haben könnte. Er fuhr eine andere Marke und das Fahrzeug hatte am Heck keinen Aufkleber. Der Wachmann präzisierte außerdem, die angelehnte Tür sei die Fahrertür gewesen, und es habe etwas herausgehangen, Lumpen vielleicht.

Ein weiterer Anwohner, Giovanni Nenci, berichtete, er sei am Freitag, dem 9., morgens gegen 7.30 Uhr an dem VW-Bus vorbeigefahren und habe daneben einen roten Fiat 128 mit Florentiner Nummernschild stehen sehen, aber nichts Verdächtiges bemerkt. Seine Frau hingegen war am folgenden Morgen zwischen 7.00 und 7.30 Uhr an der Stelle vorbeigefahren und hatte neben dem Bus einen weißen Kleinwagen gesehen.

Wem die beiden Autos gehörten, fand man nie heraus. Ebenso wenig ließ sich feststellen, ob die zerrissenen pornographischen Zeitschriften den Opfern oder jemand anderem gehört hatten.

In Ermangelung von Alternativen verfolgte man weiter die »sardische Spur«. Die Ermittlungen gegen die Angehörigen von Stefano Mele führten zur Verhaftung seines Bruders Giovanni und seines Schwagers – sie wurden des ersten Verbrechens von 1968 und aller weiteren Morde angeklagt.

Vor allem gegen Giovanni schien es schwerwiegende Indizien zu geben, insbesondere im Lichte der Erklärungen, die eine seiner Geliebten, eine gewisse Jolanda, abgab. Der Frau zufolge hatte Giovanni Mele gern Sex auf einem alten Friedhof, erwähnte ihr gegenüber häufig die zur Selbsterdrosselung führende Fesselungstechnik des *incaprettamento*, ein Tötungsritual der Mafia, und hatte im Kofferraum seines Autos Schnüre und – teilweise sehr große – Messer. All diese Objekte wurden bei der Durchsuchung durch die Carabinieri gefunden und bestätigten die Aussage der Frau.

Über die Indizien allerdings kamen die Ermittlungen nicht hinaus, und wenig später wurden die Beschuldigten erneut auf freien Fuß gesetzt.

Wieder geschah die endgültige Entlastung durch das »Monster«, das ein weiteres junges Paar ermordete.

Als ich bei meinem Studium der Dokumente an diesem Punkt angelangt bin, beschließe ich, Rolf Reinecke und seine Lebensgefährtin zu vernehmen. Dass Reinecke die zerschossenen Fenster angeblich nicht bereits am Morgen bemerkt hatte, war genauso seltsam wie die »medialen« Fähigkeiten, dank derer Françoise gewusst haben wollte, dass sich in dem Bus zwei Tote befanden. Wir schreiben Dezember 1995. Ich suche die beiden Zeugen, erfahre aber, dass sie Italien 1983 verlassen haben, um nach Deutschland zurückzukehren, und dass Reinecke im Garten seines Hauses tot aufgefunden worden und vermutlich an einem Herzinfarkt gestorben ist.

Dann denke ich darüber nach, dass die offenbar stattliche Körpergröße des Mörders mit der untersetzten Statur Paccianis nicht vereinbar ist. Die Pistole in der Hand eines eins achtzig großen Mannes stützt die These, dass es einen Komplizen gegeben hat. Dadurch erklärte sich der Umstand, dass neben kupferummantelten Projektilen auch reine Bleigeschosse gefunden wurden, also vermutlich zwei Waffen zum Einsatz kamen und eine davon ein Trommelrevolver war. Das würde auch nachvollziehbar machen, warum bei einigen der Morde Patronenhülsen fehlten. Für eine Beteiligung mehrerer Personen spricht auch, dass der VW-Bus von beiden Seiten angegriffen wurde, wenngleich nicht mit letzter Sicherheit ausgeschlossen werden kann, dass der Mörder zuerst von der einen und dann von der anderen Seite zuschlug.

All das sind jedoch bloße Vermutungen, die bislang nicht durch Beweise erhärtet werden konnten. Der Bericht, den ich dem Staatsanwalt nach Abschluss meiner Bestandsaufnahme vorzulegen habe, hat sich allein auf gesicherte und unbestreitbare Fakten zu stützen.

Ich fahre also mit meinen Recherchen fort.

## 6. 1984

In der Neumondnacht vom 29. auf den 30. Juli führte ein anonymer Hinweis die Carabinieri von Borgo San Lorenzo im Mugello nach La Boschetta, einem Ortsteil von Vicchio, wo sie zwei junge Leute tot auffanden. Ihr Auto, ein Fiat Panda, stand mit eingelegtem Rückwärtsgang auf einem abgelegenen Feldweg, der etwa drei Kilometer hinter Ponte a Vicchio von der Landstraße abzweigte. Das leicht ansteigende, knapp zwei Meter breite ungeteerte Sträßchen machte eine Rechtskurve und endete nach etwa sechzig Metern hinter einem steilen Hügel mit wild wuchernder Vegetation. Rechter Hand wuchs Gestrüpp und dichtes Gesträuch, während sich linker Hand ein Feld mit Heilkräutern befand.

Das nächstgelegene Wohnhaus lag etwa dreihundert Meter entfernt am Hang gegenüber dem Wald.

Einige hundert Meter weiter verlief der Fluss Sieve.

Die Autotüren waren geschlossen. An der linken Tür war die Sicherung heruntergedrückt, an der rechten das Glas zersplittert, und es fanden sich Blutspuren, ebenso auf dem Erdboden.

Die Sitzlehnen waren nach vorn geklappt. Auf der Rückbank lag der leblose Körper eines jungen Mannes, in sich zusammengesunken und mit angewinkelten Knien. Er war mit einem Slip und einem T-Shirt bekleidet und wies auffällige Schuss- und Stichverletzungen auf.

Etwa sechs Meter vom Auto entfernt im Heilkräuterfeld lag rücklings der Leichnam der jungen Frau, vollkommen unbekleidet, aber mit mehreren Schmuckstücken behängt. Die Beine waren gespreizt, die Arme über den Kopf gestreckt. Ein T-Shirt, der Büstenhalter und der Slip, alles blutbefleckt, befanden sich teils in der Hand des Mädchens, teils unter ihrem Körper. Man hatte die linke Brust herausgeschnitten, außerdem einen annähernd ovalen Bereich, der das Schamteil, den perivaginalen Bereich, ein Stück Haut aus dem oberen Bereich der Oberschenkelinnenseite sowie einen Teil der perianalen Zonc umfasste.

Die Opfer konnten schnell identifiziert werden. Claudio Stefanacci, zweiundzwanzig, arbeitete als Verkäufer, Pia Rontini, achtzehn, war Kellnerin in einer Bar nahe dem Bahnhof von Vicchio. Die beiden waren verlobt.

An der rechten Autotür, etwa in der Mitte der staubbedeckten Zierleiste aus Plastik, waren zwei halbkreisförmige, nah beieinanderliegende Flecken zu sehen, wahrscheinlich Abdrücke der Knie des Angreifers im Staub. Unten, wo die Beifahrertür auf den Rahmen traf, fanden sich außen neben dem Sitz Blutflecken und auf dem Erdboden mutmaßliche Schleifspuren. Auf dem Erdboden neben der rechten Autotür, in etwa einem Meter Entfernung vom Vorderrad, wurde eine Patronenhülse Kaliber 22, Marke Winchester, mit eingestanztem »H« auf dem Hülsenboden, sichergestellt, in dem Panda vier weitere Patronenhülsen Kaliber 22, Marke Winchester, mit dem gleichen Buchstaben auf dem Hülsenboden. Die Projektile waren alle aus reinem Blei.

Diese Elemente und die äußeren Umstände des Doppelmords ließen keinen Zweifel: Das »Monster« hatte erneut zugeschlagen, in derselben Gegend wie 1974 beim allerersten Mal. Was er damals nicht hatte tun können, als er die gleichen Körperteile mit einer Vielzahl von Schnitten versehen, aber nichts herausgeschnitten hatte, war ihm jetzt gelungen. Und im Unterschied zu den letzten beiden Verbrechen hatte er diesmal keine Fehler begangen.

Die Ermittlungen setzten nach wie vor auf die »sardische Spur« und konzentrierten sich auf dieselben Personen wie bisher. Wenige Monate später wurden sie alle vom Haftprüfungsgericht in die Freiheit entlassen.

In der Zwischenzeit wuchs die Anspannung in Florenz und Umgebung. Angst und Schrecken griffen immer weiter um sich.

Das »Monster« war offenbar nicht zu fassen. Der Fall war längst über Italien hinaus bekannt, und überall auf der Welt verfolgte man die weiteren Entwicklungen. Die Ermittler merkten, dass sie ihre Strategie ändern und systematischer vorgehen mussten. Aus diesem Grund wurde die Sondereinheit Squadra Anti Mostro (SAM) ins Leben gerufen, die vom Polizeipräsidium in Florenz aus operierte und die Aufgabe hatte, noch einmal ganz von vorn anzufangen.

Die SAM markierte einen klaren Bruch zwischen den ermittelnden Stellen: auf der einen Seite der Untersuchungsrichter und die Carabinieri, die an der »sardischen Spur« festhielten und überzeugt waren, nur diese könne sie der Wahrheit näherbringen; auf der anderen Seite Polizei und Staatsanwaltschaft, insbesondere Staatsanwalt Piero Luigi Vigna und sein für die Ermittlungen zuständiger Kollege Paolo Canessa, die es an diesem Punkt für unabdingbar hielten, auch andere Arbeitshypothesen zu verfolgen.

Die Vertreter der Staatsanwaltschaft beauftragten daher drei Experten von der Universität Modena mit einem kriminologischen Gutachten, das unter anderem zum Zweck hatte, ein soziopsychologisches Profil des Mörders zu erstellen. Mir fällt besonders auf, dass die Studie nicht nur über den »Tätertypus« Auskunft geben sollte, sondern auch das erklärte Ziel hatte, *herauszufinden, ob möglicherweise mehrere Täter am Werk waren*.

Hier taucht also diese Hypothese zum zweiten Mal auf. Die Gutachten kamen zu dem Schluss, dass es sich bei dem Täter um einen Verbrechertypus handelte, der einige charakteristische Eigenschaften des *Lustmörders* aufwies, wie er vor allem in der angelsächsischen Welt und in Deutschland vorkommt.

Der Lustmörder wird als ein Subjekt verstanden, das für seine Taten bestimmte Orte und Situationen bevorzugt, nicht aber bestimmte Opfer – gewöhnlich sind es ihm unbekannte Personen. Auslöser ist dabei ein abnormer Sexualtrieb, in dem sich ein sexuell geprägtes Aggressionspotenzial (sexueller Sadismus) mit einer (meist heterosexuell orientierten) sexuellen Begierde verbindet, und der in der Regel keine anderen Ventile findet als jene sadistischen Handlungen sowie sadistische Masturbationsfantasien, in denen sich seine Sexualität außerhalb eines Verbrechenszusammenhangs häufig erschöpft.

Und weiter:

Fest steht, dass wir es mit einem Subjekt männlichen Geschlechts zu tun haben, das allein handelt, vermutlich Rechtshänder ist, ein fast professionelles Geschick im Umgang mit Stichwaffen aufweist und zumindest auf der Amateurebene auch mit Schusswaffen vertraut ist. (...) Die Tatumstände sprechen außerdem eher für eine Hyposexualität (unterentwickelte Sexualität) als für eine Hypersexualität, wenn nicht gar für einen Tätertyp, der kaum jemals in der Lage ist, Geschlechtsverkehr zu vollziehen: Daraus ergibt sich, dass am ehesten die Vermutung zutrifft, der Mörder sei ein Mann, dem es an affektiver und emotionaler Bindung zum weiblichen Geschlecht mangelt.

Um die »sardische Spur« weiterzuverfolgen, wurde unterdessen gegen Giovanni Calamosca ermittelt, einen Freund von Francesco Vinci, den auch der Vater der getöteten Frau verdächtigte; dieser hatte in der Zwischenzeit eigene Nachforschungen angestellt. Ermittelt wurde auch und vor allem gegen Francescos Bruder Salvatore, der nach Aussage von Stefano Mele bei der Tat im Jahr 1968 Beihilfe geleistet und mit dem er homosexuelle Kontakte gehabt hatte.

Doch auch diese Ermittlungen verliefen im Sande.

Es verging ein Jahr, dann schlug das »Monster« ein weiteres Mal zu.

Zum letzten Mal.

## 7. 1985

Am 9. September 1985 ging am frühen Nachmittag bei der Dienststelle der Carabinieri von San Casciano Val di Pesa, Provinz Florenz, die Nachricht ein, in einem Waldgebiet in unmittelbarer Nähe der Straße von Scopeti nach San Casciano, an dem Abschnitt, der San Casciano mit der Via Cassia verbindet, sei eine Leiche gefunden worden. Maresciallo Vincenzo Lodato, der Leiter der Dienststelle, der zusammen mit anderen Carabinieri sofort den angegebenen Ort aufsuchte, stellte fest, dass es sich bei der im Gestrüpp liegenden Leiche, auf die man Farbdosen geworfen hatte, um einen jungen Mann handelte, dessen Körper an mehreren Stellen Stich- und Schusswunden aufwies. Auf der oberhalb des Fundorts gelegenen Freifläche fand man in geringer Entfernung einen weißen VW Golf mit französischem Kennzeichen; daneben stand ein kanadisches Zelt, dessen Rückwand aufgeschlitzt war. Im Zeltinnern wurde der nackte, leblose Körper einer Frau gefunden, mit zahlreichen Schusswunden und grob verstümmelt. Schamteil und linke Brust waren herausgeschnitten worden.

Bereits bevor die Obduktion und die ballistischen Untersuchungen es bestätigten, war man sich aufgrund der Art der Verletzungen am Körper der Frau und aufgrund der bei der Tat verwendeten Hilfsmittel darüber im Klaren, dass es sich hier um die – chronologisch gesehen – letzte Episode in der Serie von Doppelmorden handelte, die ein mysteriöser Krimineller begangen hatte. Volkes Stimme und Fantasie hatte diesen Mörder »Monster von Florenz« oder »Pärchenmörder« getauft. Für diese Identifizierung sprach die Art der Opfer, die er sich für seine verbrecherische Aktivität ausgesucht hatte, und die Tatsache, dass die benutzte Schusswaffe auch diesmal eine Beretta-Pistole Kaliber 22 Long Rifle Serie 70 war, deren Prägung bis dahin bereits sieben Morde trugen.

So beginnt die akribische, detaillierte Beschreibung der Vorgänge im Urteil aus dem Hauptverfahren, in dem Pietro Pacciani am 1. November 1994 verurteilt wird.

Da diese letzte Tat uns zeitlich am nächsten liegt und begangen wurde, als die Nervosität in der Bevölkerung und die öffentliche Aufmerksamkeit auf die Untaten des »Monsters« ihren Höhepunkt erreicht hatten, verfügen wir in diesem Fall auch über besonders viele Einzelheiten und Anhaltspunkte.

Bei den Opfern handelte es sich um zwei französische Touristen, die sechsunddreißigjährige Nadine Mauriot und den fünfundzwanzigjährigen Jean Michel Kravechvili. Sie wurden in der Nacht zuvor, an einem Sonntag, getötet. Einer Neumondnacht.

Am Tatort fand man neun Patronenhülsen Kaliber 22, Marke Winchester, mit dem üblichen »H« auf dem Hülsenboden. Die Mehrzahl lag draußen vor dem Zelt, dessen doppelte Stoffbahn im hinteren Teil einen senkrechten Schnitt aufwies, der beinahe über die gesamte Höhe verlief. Die Projektile waren allesamt aus reinem Blei.

Die Umstände und die Rekonstruktion des Tathergangs werden im Urteil folgendermaßen geschildert:

Die Autopsie (Gutachten von Prof. Mauro Maurri, Dr. Aurelio Monelli und Dr. Antonio Cafaro) ergab, dass die Frau, deren Leiche im Zeltinnern gefunden wurde, von vier Projektilen getroffen worden war, drei davon im Schädel und eines im linken Teil des Thorax. Der Mann war ebenfalls von vier Schüssen getroffen worden, einem in den Mund, zwei in den linken Arm und einem in den rechten Ellbogen; alle Schüsse waren aus geringer Entfernung – wenige Dutzend Zentimeter – abgefeuert worden, jedoch nicht aus allernächster Nähe; einige außerhalb des Zeltes, einige darin, und zwar von außen nach innen und vom vorderen Teil des Zeltes aus in den hinteren Teil. Der Mann hatte sehr wahrscheinlich auf dem Rücken am Boden gelegen, die Frau bäuchlings auf ihm. Das Mädchen war im Zelt getötet worden, während der nur leicht verletzte Mann versucht hatte zu fliehen. Er war allerdings nur fünfzehn bis zwanzig Meter in Richtung Wald gekommen, dann hatte ihn der Mörder eingeholt und ihm in mehreren Ansätzen, aber innerhalb kürzester Zeit zahlreiche Stichwunden zugefügt, die ihn zunächst zu Boden warfen und wenig später seinen Tod herbeiführten. Anschließend war seine Leiche in das Gebüsch geworfen worden, wo man sie später fand.

Nach Meinung der Sachverständigen hatte der Mörder dann den vollkommen entblößten Körper der Frau an den Füßen halb aus dem Zelt geschleift, um mit Hilfe einer künstlichen Lichtquelle mit ausgreifenden, entschlossenen Schnitten zunächst die Scham und anschließend die linke Brust herauszuschneiden; die Schnittführung war ähnlich wie bei der Leiche von Pia Rontini. Am Ende war die Leiche der Frau wieder ins Zelt verbracht worden, während die des Mannes im Gebüsch unterhalb der Straße liegen blieb. Den Gutachtern zufolge dauerte der gesamte Tathergang nicht länger als neun Minuten, vielleicht sogar weniger.[4]

Dieser mir ein wenig kompliziert erscheinenden Rekonstruktion zufolge müsste der Mörder die Rückwand des Zeltes aufgeschlitzt haben, dann jedoch, als er merkte, dass der Stoff doppelt lag und cs ihm folglich nicht möglich war, durch den Schlitz einzudringen, schnell nach vorne gerannt sein und von dort aus zu schießen begonnen haben – wahrscheinlich, weil das Pärchen durch den Lärm aufgeschreckt war. Ich frage mich, ob es glaubhaft ist, dass der verletzte junge Mann das Zelt verlassen haben soll, obwohl der Mörder den Eingang blockierte, und wie es ihm obendrein gelungen sein soll, noch fünfzehn oder zwanzig Meter Richtung Wald zu rennen. Ich frage mich auch, warum der Mörder nicht von hinten schoss, sobald er festgestellt hatte, dass die aufgeschlitzte Zeltwand ihm keinen Zugang ins Zeltinnere verschaffte. Ich finde keine Antwort, werde aber den Verdacht nicht los, dass diese Rekonstruktion des Tathergangs dadurch zu erklären ist, dass man an der Vermutung festhielt, der Mörder habe allein gehandelt. So ließe sich vielleicht auch erklären, warum man davon ausging, die Leiche des Mädchens sei ein Stück weit aus dem Zelt herausgeschleift worden, um die Verstümmelungen vorzunehmen, und anschließend wieder hineingebracht worden – eine weitere ziemlich seltsame Passage der Rekonstruktion.

Ging man hingegen von der These aus, dass es mindestens zwei Beteiligte gab, konnte man sich ausmalen, dass der eine das Zelt aufschnitt, während der andere sich genau in dem Augenblick nach vorn begab, als der junge Mann, alarmiert, aus dem Zelt schlüpfte. Dieser zweite hätte dann ins Zelt geschossen, um zu verhindern, dass auch die Frau floh, und anschließend sofort den Jungen verfolgt und ihn beschossen. Man konnte sich auch vorstellen, dass die Verstümmelung des Körpers der Frau im Inneren des Zeltes vorgenommen worden war, wobei ein Komplize eine Taschenlampe gehalten hätte.

Es sind nur Hypothesen, Möglichkeiten, aber sie gehen in die Richtung meiner Ermittlungen, und darum will ich sie nicht von vornherein ausschließen.

Ein erstes bedeutsames Ergebnis der Ermittlungen zu dem Mord an den beiden Franzosen ist das ballistische Gutachten:

Der Sachverständige Dr. Giovanni Iadevito untersuchte rund 450 Pistolen der Marke Beretta Kaliber 22 Long Rifle, die man von den rechtmäßigen Besitzern aus der Provinz Florenz konfisziert hatte (praktisch alle Waffen, die vorschriftsmäßig angemeldet waren), um durch die Untersuchung insbesondere des Zündmechanismus so genau wie möglich festzustellen, auf welches Modell, welchen Typ und welchen Herstellungszeitraum sich die Beretta Kaliber 22 Long Rifle eingrenzen lässt, die beim letzten Doppelmord wie auch bei den vorangegangenen Morden verwendet wurde. Nach Ansicht des Sachverständigen konnte man anhand der durch Probeschüsse und einschlägige Vergleiche ermittelten Charakteristika der Zündvorrichtung der Mordwaffe ein Herstellungsdatum vor 1964 und nach 1966 ausschließen; allerdings entsprach der charakteristische Abdruck des Schlagbolzens einer Beretta Campione, Modell 71, angemeldet im September 1964, am ehesten den Vergleichsmerkmalen der Beweisstücke aus den vorliegenden Fällen.[5]

Andere Schlussfolgerungen stehen im Zusammenhang mit zwei sensationellen Entwicklungen in dem Fall.

Die einzige weibliche Staatsanwältin, Silvia Della Monica, die sich inzwischen ebenfalls mit der Angelegenheit befasste, erhielt wenige Stunden nach der Entdeckung der Leichen der beiden Franzosen einen anonymen Brief ins Büro, in dem sich ein dünner Streifen Haut von Nadines

Brust befand. Der frankierte und absenderlose Umschlag war wenige Stunden nach der Tat in San Piero a Sieve im Mugello, wenige Kilometer von Borgo San Lorenzo, in einen Briefkasten geworfen worden. Die Adresse war aus Buchstaben zusammengesetzt, die aus einer gewöhnlichen Zeitschrift ausgeschnitten waren.

Es war das erste Mal, dass das »Monster« die Behörden ganz offen provozierte, und zwar mit einer Geste, die eher als Drohung denn als Spott verstanden werden konnte.

Die Aktion war offenbar genau geplant gewesen. Um den Brief noch in der Tatnacht einzuwerfen, musste das »Monster« den Umschlag mit der Adresse der Empfängerin aus ausgeschnittenen Buchstaben schon vorbereitet haben. Und mit größter Wahrscheinlichkeit hatte es gewollt, dass der Brief zugestellt würde, noch ehe man die Leichen entdeckte.

Einige Tage später wurde in Florenz, auf dem für Pflegepersonal und Ärzte reservierten Parkplatz des Krankenhauses Ponte a Niccheri, eine Patronenhülse Kaliber 22 gefunden, Marke Winchester, mit dem Buchstaben »H« auf dem Hülsenboden. Jedes Stockwerk wurde von oben bis unten durchsucht. Jedes Zimmer, jedes Schränkchen, jeder Schreibtisch, jeder Aufenthaltsraum. Aber man fand nie heraus, wer jene Patronenhülse verloren oder dort deponiert hatte, die laut Auskunft der Gutachter mit denen des »Monsters« identisch war und zur gleichen Serie gehörte wie diejenigen, die bei den Pärchenmorden benutzt worden waren.

Die »sardische Spur«, die man nur wegen der identischen Pistolen noch nicht aufgegeben hatte, konzentrierte sich auf die üblichen Personen, die jedoch alle glaubwürdige Alibis vorzuweisen hatten.

Wenige Wochen nach dem Verbrechen, am 2. Oktober, gab es eine zweite sensationelle Entwicklung: Bei der Staatsanwaltschaft trafen drei anonyme Briefe ein, adressiert an drei Staatsanwälte, die sich mit dem Fall befassten: Piero Luigi Vigna, Paolo Canessa und Francesco Fleury. Die Umschläge trugen weder Briefmarke noch Poststempel oder Absender. Name und Adresse der Empfänger waren mit der Maschine geschrieben.

In den drei Kuverts befand sich jeweils die Fotokopie eines aus *La Nazione* ausgeschnittenen Artikels, der – zusammen mit einem Foto der drei Staatsanwälte – am Sonntag, dem 29. September 1985, im Rahmen der Berichterstattung über den Fall des »Monsters« erschienen war; außerdem ein weißes, einmal gefaltetes, mit einem bürogängigen Tacker zusammengeheftetes Blatt Papier, das je einen von einem blassgelben Gummihandschuh aus halb transparentem Material abgeschnittenen Finger enthielt, in den eine Patronenhülse Marke Winchester, Kaliber 22, mit dem Symbol »H« auf dem Hülsenboden geschoben war.

»Eine pro Kopf genügt für euch« stand maschinenschriftlich am Rand des fotokopierten Artikels, in dem es hieß, die drei Staatsanwälte seien diesmal auf einer heißen Spur.

*Wieder ein Fehler des Monsters*, lautete die Überschrift, und der Untertitel: *In der Tatnacht wurden alle Straßen kontrolliert, und möglicherweise wird sein Auto vom Kassierer einer Mautstelle gemeldet.* Und dazu die Bildunterschrift: »Die drei Staatsanwälte, die die Ermittlungen zu den Verbrechen des Monsters leiten. Sie halten alles in der Hand, was zur Ergreifung des obsessiven Mörders führen könnte«.

Die Briefumschläge und ihr Inhalt wurden jeder nur erdenklichen Untersuchung und Analyse unterzogen. Die chemisch-warenkundlichen Tests ergaben, dass die drei Kuverts vollkommen identisch waren. Sie gehörten zu einer Produktlinie, die von einer großen Supermarktkette mit Verkaufsstellen in ganz Italien geführt wird, und waren mit dem dafür vorgesehenen Kleberand verschlossen worden. Die drei Handschuhfinger glichen einander sowohl der äußeren Beschaffenheit wie auch der chemischen Zusammensetzung nach. Die biologische Untersuchung ergab, dass sich an den Kleberändern der drei Umschläge Speichelspuren befanden, die laut Befund von einer Person der Blutgruppe A stammten.

Die Untersuchung des Umschlags, den die Staatsanwältin Silvia Della Monica erhalten hatte, ergab, dass es sich um ein Briefkuvert aus einem gewöhnlichen Schreibwarengeschäft handelte und sich weder an seinen Rändern noch unter der Briefmarke Speichelspuren fanden. Zum Verschließen des Umschlags und zum Aufkleben der Briefmarke war Klebstoff verwendet worden.[6]

Damit erreicht der Fall des »Monsters von Florenz« seinen Höhepunkt.

Innenminister Oscar Luigi Scalfaro wird unmittelbar aktiv, im Polizeipräsidium von Florenz wird eine Sitzung der betroffenen Bürgermeister mit den Sicherheitsbehörden einberufen, und man beschließt, ein Kopfgeld von einer halben Milliarde Lire für Hinweise auszusetzen, die zur Ergreifung des Mörders führen. Es ist das erste Mal, dass der Staat mit Zustimmung der Staatsanwaltschaft zu Ermittlungszwecken offiziell auf die Zahlung einer hohen Geldsumme zurückgreift – ein Zeichen dafür, dass die öffentliche Sicherheit dramatisch gefährdet ist.

Aber die Ermittlungen treten auf der Stelle, bis 1989 der Untersuchungsrichter Dr. Mario Rotella in einem Untersuchungsurteil alle Personen freispricht, die der »sardischen Spur« zugerechnet werden. Die »sardische Spur« taucht von da an in der Ermittlungsarbeit nicht mehr auf. Unterdessen kristallisiert sich für die Squadra Anti Mostro immer mehr der Name Pietro Pacciani heraus.

# 4. Die Ermittlungen gegen Pietro Pacciani

## 1. Die Identifizierung

Mit dem Doppelmord von 1985 endete die tragische, dem als »Monster« bekannten Täter zugeschriebene Verbrechensserie ebenso mysteriös, wie sie begonnen hatte. Gerade als sein Bekanntheitsgrad auf dem Höhepunkt war und er sogar die Tollkühnheit besaß, die Sicherheitsbehörden ganz offen zu verhöhnen und herauszufordern, hörte er mit seinem blutigen Werk schlagartig auf.

Doch die Ermittlungsbehörden und insbesondere die Squadra Anti Mostro (SAM) ließen nicht locker. Da die »sardische Spur« nicht weiterverfolgt wurde, befassten sich die Carabinieri immer weniger mit dem Fall. Die 1984 nach dem Mord an Rontini und Stefanacci in La Boschetta bei Vicchio gebildete Sondereinheit aus Polizei und Carabinieri hingegen setzte alles daran, denjenigen dingfest zu machen, der in den Hügeln rund um Florenz Angst und Schrecken verbreitet hatte und dort vielleicht weiter sein Unwesen treiben würde, wenn man ihm Gelegenheit dazu gab.

Mit den Jahren legte sich zwar die Aufregung, die der Fall ausgelöst hatte, aber die Untaten des »Monsters« hatten sich tief in das Bewusstsein der Florentiner eingegraben, und die Angst, es könnte erneut zuschlagen, war stets präsent.

Jahr um Jahr fahndeten die Ermittler unermüdlich nach neuen Anhaltspunkten und prüften die Spuren sämtlicher potenzieller Verdächtiger, auch derjenigen, die nur durch einen anonymen Brief oder Anruf ins Fadenkreuz der Ermittler geraten waren. Auf Anweisung der Staatsanwaltschaft wurden außerdem alle Autos überprüft, die in den Mordnächten oder an den Tagen unmittelbar davor oder danach die Autobahnmautstellen von Florenz passiert hatten.

Jeder Hinweis und jedes kleinste Detail, auch wenn es noch so unbedeutend zu sein schien, wurde in die Datenbank des Fahndungscomputers eingespeist.

Es klingt paradox, aber gerade das rätselhafte Ende der Aktivität des »Monsters« war eines der Schlüsselelemente, die es der SAM möglich machten, den Kreis der Verdächtigen immer enger einzugrenzen, bis schließlich 1990, fünf Jahre nach dem letzten Verbrechen, nur noch ein einziger übrig blieb: Pietro Pacciani.

Zwischen den Doppelmorden von 1974 und 1981 waren zwar fast sieben Jahre vergangen, aber im Zeitraum zwischen 1981 und 1985 hatte das »Monster« besonders oft zugeschlagen und es sogar gewagt, die Sicherheitsbehörden herauszufordern, um anschließend urplötzlich von der Bildfläche zu verschwinden. Für dieses Verschwinden gab es vier mögliche Gründe: Der Mörder war entweder tot oder schwer krank; er hatte die Stadt oder das Land verlassen; die Polizei war ihm zu nahe auf den Fersen gewesen; oder aber er saß im Gefängnis oder in einer psychiatrischen Klinik.

Nach Sichtung der von der Sondereinheit unter Leitung Ruggero Peruginis und dem Justizministerium zusammengetragenen Daten wurden die Namen von sechzig Personen im Alter zwischen dreißig und sechzig Jahren extrapoliert. Dieser Personenkreis wurde dann auf sechsundzwanzig eingegrenzt, die im Zeitraum von einer Woche vor und einer Woche nach den Morden auf freiem Fuß und daher konkret in der Lage gewesen waren, die Verbrechen zu begehen.

Einer von ihnen war Pacciani, der bereits auf der Liste der zweiundachtzig Personen auftauchte, die nach dem letzten Verbrechen in irgendeiner Weise in der Angelegenheit des »Monsters« mit der Justiz zu tun gehabt und daher womöglich beschlossen hatten, nicht mehr zu morden, weil sie bereits als verdächtig galten. Die Ermittlungen gegen Pacciani waren zehn Tage nach dem letzten Mord aufgenommen worden, nachdem ein handgeschriebener anonymer Brief eingegangen war, datiert »Mercatale, den 11.9.1985«, abgeschickt aus Florenz und adressiert an die Kaserne der Carabinieri:

Würden Sie bitte so schnell wie möglich unseren Mitbürger Pacciani Pietro verhören, geboren in Vicchio, wohnhaft Piazza del Popolo, Mercatale V.P. Dieses Individuum hat, so ist immer wieder zu hören, wegen Mordes an seiner Verlobten fünfzehn Jahre lang im Gefängnis gesessen; er ist in tausend Dingen bewandert. Seine Grobschlächtigkeit täuscht über seine Schläue hinweg. Er tyrannisiert die ganze Familie, seine einfältige Ehefrau und seine Töchter, die nie das Haus verlassen dürfen und keine Freundinnen haben. Unternehmen Sie etwas und verhören Sie den Mann und die Töchter. Er ist ein hervorragender Schütze.

Am 19. September 1985 hatten die Carabinieri seine Wohnung durchsucht, ohne irgendetwas Verdächtiges zu finden.

Doch im Jahr 1990 ergab das Fahndungsraster der SAM, dass Pacciani noch in eine weitere Kategorie passte: die Kategorie der Personen, die nach dem letzten Mord aus irgendeinem Grund verhaftet worden waren und seither im Gefängnis saßen.

Eine seiner beiden Töchter hatte sich zunächst der Familie anvertraut, bei der sie als Dienstmädchen arbeitete, und dann den Mut gefunden, ihren Vater anzuzeigen. 1987 wurde er verhaftet und wegen Misshandlung seiner Frau und seiner Töchter sowie wegen fortgesetzter Vergewaltigung letzterer zu acht Jahren Haft verurteilt. Die Töchter waren seit ihrem neunten oder zehnten Lebensjahr Opfer seiner sexuellen Begierde. Anfangs hatte er sie zu sexuellen Handlungen außerhalb des Hauses und seit ihrem siebzehnten Lebensjahr zu Geschlechtsverkehr im eigenen Haus gezwungen. Die beiden Mädchen mussten sich im Bett ihres Vaters abwechseln, während die Mutter in ein anderes Zimmer verbannt wurde.

Es lag also genug vor, was für die Ermittler von Interesse sein konnte, und sie begannen, in seiner Vergangenheit zu forschen.

Der damals fünfundsechzigjährige Pacciani war in Vicchio geboren, lebte aber seit mehr als fünfzehn Jahren mit seiner Familie als Bauer in der Gegend von San Casciano Val di Pesa. Im Dorf nannte man ihn »Vampa«, »Flamme«, weil er ein Hitzkopf war und, wie es hieß, außerdem gegen ein geringes Entgelt als Feuerspucker auftrat.

Gedrungen und stiernackig, besaß er eine ungeheure körperliche Kraft und war seiner Gewalttätigkeit wegen gefürchtet. Besonders seine Frau und seine Töchter, die er in vollkommener Abhängigkeit hielt und – wie in dem anonymen Brief von 1985 angedeutet – fast vollständig nach außen abschirmte, zitterten vor ihm. Aufgrund dieser Umstände, so die Ermittler, konnte er so ziemlich alles tun und lassen, was ihm beliebte.

Im Jahr 1951, mit sechsundzwanzig, hatte er einen Mann getötet – nicht seine Verlobte, wie der anonyme Briefschreiber behauptete.

Am Morgen des 11. April 1951 wartete Pacciani auf seine

sechzehnjährige Freundin Miranda, die die Schafe auf die Weide treiben sollte. Als er sie aber in Begleitung eines Dorfbewohners kommen sah, der ihr eine Hand auf die Schulter legte, versteckte er sich im Gebüsch, beobachtete, wie sich die beiden auf den Boden setzten, und hörte, wie der Mann das Mädchen aufforderte, ihm für zweitausend Lire sexuell zu Diensten zu sein. Miranda legte sich auf den Rücken, knöpfte sich die Bluse auf und entblößte ihre linke Brust. Wutentbrannt sprang Pacciani aus seinem Versteck und fiel über den Mann her. Er schlug ihn, vermutlich mit einem großen Stein, mehrfach auf den Kopf und traktierte ihn mit Messerstichen in Brust und Gesicht, bis er tot war. Er nahm dem Mädchen das Versprechen ab, ihn zu heiraten, und hatte gleich neben der Leiche Geschlechtsverkehr mit ihr.

In der Nacht kehrte Pacciani zum Tatort zurück, um die Leiche zu verstecken. Zunächst entwendete er die Geldbörse des Opfers, in der sich mehrere Tausend Lire befanden, schleifte dann die Leiche ein paar Hundert Meter weit und versteckte sie hinter einem Gebüsch. Das letzte Stück zog er den Toten an einem Seil, das er ihm um den Hals gebunden hatte.

Nur wenige Stunden nachdem man die Leiche entdeckt hatte, wurde Pacciani verhaftet. Am 5. Januar 1952 verurteilt, verbüßte er eine Haftstrafe und wurde 1964 entlassen.

Im Zuge der Ermittlungen kristallisierte sich das Bild eines fast tierhaften Mannes, eines »Monsters«, heraus, wie es im Bewusstsein der Bevölkerung auch der Pärchenmörder war – kein kaltblütiger und nüchterner Profi mit höherer Bildung, wie man aufgrund seiner tatsächlichen oder vermeintlichen Fertigkeit im Durchführen von Exzisionen und wegen seines Geschicks, sich dem Zugriff der Sicherheitsbehörden immer wieder zu entziehen, in letzter Zeit geglaubt hatte, sondern der ungebildete, brutale, grausame und primitive Verbrecher, den diejenigen im Sinn gehabt hatten, die die Bezeichnung »Monster« geprägt hatten.

Pacciani hatte seinerzeit übrigens einen Volksdichter aus dem Mugello zu Vierzeilern angeregt – ein Beleg dafür, dass es sich bei ihm nicht um einen gewöhnlichen Straftäter handelte. Aldo Fezzi, genannt »Giubba«, weil er auch im Hochsommer stets eine Jacke trug, hatte Paccianis Mordtat besungen. Ein Autodidakt, der sich selbst lesen und schreiben beigebracht hatte und Dantes *Göttliche Komödie* liebte, war Fezzi einer der letzten Moritatensänger, die eine für bestimmte Regionen des Südens typische Art der Literatur in der Toskana populär gemacht hatten, ein Chronist, der mit begnadetem Scharfsinn überraschende oder Aufsehen erregende Fakten aus dem Tagesgeschehen verarbeitete und auf Volksfesten und Märkten sein Publikum damit erfreute.

Ich lese seine Lebensgeschichte in einem Artikel der Zeitung *La Nazione* vom 29. Oktober 1981. In dieser Ausgabe ist auch der Anfang seiner Ballade über Pacciani abgedruckt.

*Eine große Tragödie ist das Ereignis,*
*Das in Vicchio im Mugello geschah.*
*Ein niederträchtiger Bursche fürwahr,*
*Der wahrhaftig kein Mitleid verdient.*
*In Iaccia auf väterlichem Hofe*
*Lebt Pacciani, der junge Tunichtgut.*
*In den Adern gefriert euch das Blut,*
*Wenn ihr nun hört, was er angerichtet.*

Natürlich wird Pacciani damit nicht automatisch zum »Monster von Florenz«, aber seine Vorgeschichte erklärt, warum die SAM unter Peruginis Leitung alle Ermittlungen auf ihn konzentrierte.

Die Überprüfung ergab, dass der Verdächtige mit Waffen umgehen konnte und zum Zeitpunkt des Mordes im Jahr 1951 außerdem wegen illegalen Besitzes einer Pistole und eines – allerdings unauffindbaren – Revolvers (einer Waffe, bei der die Patronenhülsen nach einem Schuss nicht automatisch ausgeworfen werden) angeklagt war. Er besaß damals zudem einen Vorderlader, den er regelmäßig einem Verwandten lieh, und nach Aussage mehrerer Zeugen auch ein Jagdgewehr.

Es wurde festgehalten, dass Pacciani aus dem Mugello stammte und bis zum 22. Dezember 1972 in verschiedenen Dörfern dieses Landstrichs gewohnt hatte. In den Augen der Ermittler war dies ein besonders interessantes Detail, bedeutete es doch, dass ihm die Orte der beiden Verbrechen von 1974 und 1984 vertraut waren – ein für das Treiben des »Monsters« nicht unerheblicher Umstand, denn alle Verbrechen waren in der Provinz Florenz verübt worden und der Mörder hatte gezeigt, dass er sich in dieser Gegend bestens auskannte. Es war daher wahrscheinlich, dass er dort gelebt und gearbeitet hatte und somit im Fall gelegentlicher Polizeikontrollen auch plausible Gründe für seine Anwesenheit an diesen Orten vorbringen konnte.

Am 6. Juni 1990 war Pacciani wegen des illegalen Tragens und Besitzes von Schusswaffen ein Ermittlungsbescheid zugestellt worden. Damit hatte eine Serie von Hausuchungen begonnen.

## 2. Die ersten Durchsuchungen

Die erste Durchsuchung fand am 11. Juni statt. Paccianis Gefängniszelle wurde auf den Kopf gestellt, ebenso die beiden ihm gehörenden Domizile: das Haus, in dem er mit seiner Frau lebte, und die wenige Hundert Meter entfernte Wohnung der beiden Töchter.

In der Zelle fand man Fotokopien von Briefen, Zeitungsausschnitte, Notizbücher. Außerdem einzelne Heftseiten mit Zeichnungen von seiner Hand: Darstellungen von Tieren und Personen, aber auch solche pornographischen Inhalts mit Paarungen in verschiedenen Positionen.

In den Wohnungen wurden verdächtige oder Besorgnis erregende Objekte beschlagnahmt:

1) Jagdausrüstung (Jagdmesser, Patronengurt, Patronentasche), ein Jugendfoto, auf dem er eine Maschinenpistole schultert, Zeitungsausschnitte mit Abbildungen einer weiblichen Brust und einer nackten Frau, eine Agip-Straßenkarte mit blauen Markierungen der Orte Signa und San Casciano Val di Pesa, ein weißes Fernglas mit guter Sichtweite in seinem Auto;
2) zwei Heftseiten mit handgeschriebenen »Rezepten« zur schwarzen Magie:

> Um einen Todeszauber herzustellen, nimmt man den Knochen eines Toten vom Friedhof, zermahlt ihn zu Pulver, lässt dieses Pulver in der Kirche mit Weihwasser weihen und mischt es in eine Süßspeise oder ein Glas Wein; dies bringt dem Opfer den Tod oder den Wahnsinn.
>
> Um eine Frau lebenslang in Liebe an sich zu binden, genügen drei Tropfen Blut, in eine Süßspeise gerührt, in der Kirche mit Weihwasser geweiht und dem Opfer gereicht.
>
> Um eine Frau zu betören, genügt es, im Zuge eines magischen Rituals einen Wollzopf in ihren Bettsack zu legen.
>
> Um den Bindungszauber aufzuheben, eignet man sich etwas aus dem Besitz des Opfers an, zerreibt es zu Pulver,

lässt es sieben Tage an der Sonne trocknen und gibt es dem Opfer in einem Glas Wein zu trinken.

Schwarze Magie bringt Unheil, weiße Magie heilt.

Um sich von einem Zauberbann zu befreien, erhitzt man in einem Gefäß Tannenharz oder Weihrauch über Feuer und atmet den aufsteigenden Rauch ein.

Amulette und Hörner, links getragen, bringen Glück und Wohlstand und schützen vor dem bösen Blick.

Amulett für Kleinkinder, ein Hufeisen, drei Weinbeeren, drei Körnchen Salz, Heiligenfigürchen, ein schwarzes Haar von einem schwarzen Hund.

Jesus, Maria und Josef, macht aus zweien ein Herz und eine Seele, Wunsch für die eheliche Verbundenheit.

3) eine vielleicht mit diesen Rezepten in Zusammenhang stehende Tafel: an deren Rändern die Buchstaben des Alphabets (auf drei Seiten) und die Zahlen von eins bis zehn (auf der vierten Seite), in der Mitte drei Kreise (der mittlere trägt die Inschrift »Zentrum«, der linke die Inschrift »Ja«, der rechte die Inschrift »Nein«).
4) ein Bild mit der Darstellung einer monströsen menschlichen Figur in Militäruniform mit weiblichem Geschlecht, das von einer Schlange gefressen wird; die Figur hat Eselsbeine mit Tennisschuhen und schwenkt in der rechten Hand einen Säbel in der Luft. Seitlich ein aufgespannter Schirm mit sechs Sternchen und im unteren Teil sechs Kreuzen.

Ein Experte, der hinzugezogen wurde, um diese Symbole zu entschlüsseln, sprach von einer Verquickung von Sexualität und Gewalt, von durch Gewalttätigkeit erlangter Befriedigung. Die sechs Kreuze und die sechs Sternchen versinnbildlichten seiner Ansicht nach ein sakrales (Opfer-?) Ritual.

Am 24. Oktober wurde Pietro Pacciani auch formell in die Ermittlungen gegen das »Monster« einbezogen. Die Staatsanwaltschaft stellte einen Ermittlungsbescheid aus, der ihm im Gefängnis von Florenz zugestellt wurde und in dem ihm alle Doppelmorde zur Last gelegt wurden.

Unterdessen aber rückte der 6. Dezember 1991 näher, der Tag seiner Haftentlassung. Wenn sich Pacciani erst einmal auf freiem Fuß befände, so die Befürchtung, würde er weiteres belastendes Material beiseiteschaffen, unter anderem das Jagdgewehr, das man bei der Haussuchung nicht gefunden hatte, ebenso wenig wie weitere Schusswaffen.

Aus diesem Grund nahm man am 3. Dezember eine erneute Durchsuchung seiner Domizile und seines Autos vor.

Aus dem Kofferraum des Autos förderte man eine Wochenzeitung vom 1. August 1968 zutage, aufgeschlagen auf der Seite mit einem Artikel zum Thema *Die Sorgen und Ängste der Liebespaare.* Im Wageninneren wurde ein kleiner gelber Notizblock gefunden, auf dessen letzter Seite die Entfernung zwischen Vicchio und Mercatale eingetragen war (132 Kilometer hin und zurück), außerdem eine verchromte elektrische Taschenlampe und ein weißes Tuch mit Flecken unterschiedlicher Art.

Im Schuppen neben einem der beiden Häuser entdeckten die Fahnder ein weiteres schwarzes, voll funktionstüchtiges Fernglas.

In der Schlafzimmerkommode stellte man einen Reklamezettel sicher, einen nachgeahmten Bankscheck mit dem aufgedruckten Datum 1. Oktober 1985, auf dessen Rückseite Pacciani sich mit blauem Kugelschreiber das Wort »Paar« und eine Autonummer aus der Provinz Florenz notiert hatte.

Bei seiner Haftentlassung am 6. Dezember wurde Pacciani erneut durchsucht. Bei ihm fanden sich Zeitungsausschnitte über das »Monster«; Briefe und Verteidigungsschriften; ein Buch von H.A. Maxwell Whyte mit dem Titel *Dominion over demons*; ein Album mit dem Titel *I miei disegni – Pacciani Pietro (Meine Zeichnungen – Pacciani Pietro);* das aus einer Zeitschrift ausgeschnittene Foto einer Frau in einem roten Kleid, deren Brüste und Schambereich mit blauem Kugelschreiber eingekreist waren; einen Ausschnitt aus der Tageszeitung *La Nazione* vom 8. September 1991, darauf mit rotem Kugelschreiber markiert ein Artikel mit dem Titel *Der Litauer, der seine Frau in der Küche verspeiste;* ein weiterer Artikel aus *La Nazione* vom 7. November 1991 mit dem Titel *Die Familie – eine Hölle;* ein Stück Karton mit zwei aufgeklebten Heiligenbildern auf der einen und Notizen unter anderem mit Bezug zum Zeitpunkt des Doppelmords an den Franzosen auf der anderen Seite.

Beschlagnahmt wurde auch eine Broschüre mit dem Titel *Lebensgefahr,* in der vor den Gefahren der Magie und des Satanismus gewarnt wurde. Unter anderem hieß es darin:

Wann immer der Mensch mit Okkultismus in irgendeiner Form (Magie, Wahrsagerei, Spiritismus, Hypnose, Aberglaube, Astrologie etc. etc.) in Verbindung tritt, begegnet er automatisch unreinen Geistern, Dämonen und allen anderen Mächten aus dem Reich der Finsternis, schließt einen regelrechten Pakt mit dem Satan und unterwirft sich, freiwillig oder unfreiwillig, seinem Willen …

Von seinem Haus aus, das er offensichtlich nicht zu verlassen wagte, gab der erkrankte Pacciani am Tag nach seiner Entlassung einem Journalisten der *Nazione* eine Erklärung, in der er gegen die Durchsuchungen wetterte, die er über sich hatte ergehen lassen müssen: »Es reicht! Sie sollen die wahren Schuldigen ausfindig machen und aufhören, mein

Leben zu zerstören, das langsam zum Hölle wird. Lasst mich in Frieden, lasst mich leben.«

Die Verwendung des Plurals war dem Journalisten aufgefallen, er hatte die entsprechenden Passagen sogar hervorgehoben.[7]

Doch die Ermittlungen wurden natürlich nicht eingestellt, ganz im Gegenteil. Zwischen dem 27. April und dem 8. Mai 1992 wurden seine Domizile noch gründlicher durchsucht, diesmal auch der Garten im Innenhof des Hauses, das er mit seiner Frau bewohnte. Mit Hilfe von Metalldetektoren zum Aufspüren von Waffen und Patronen versuchte man die berühmte Pistole zu finden, die man als sicheren Beweis für seine Beteiligung an den Bluttaten erachtete. Am späten Nachmittag des 29. April entdeckte man im erdgefüllten Hohlraum eines Betonpfahls, der normalerweise als Stütze für Rebstöcke dient, hier aber zur Begrenzung eines Gartenwegs verwendet wurde, eine Patrone, die in der kompakten Erde steckte. Unter welchen Umständen diese Patrone entdeckt wurde, ist durch eine Videoaufzeichnung dokumentiert.

Als Pacciani den Betonpfahl an der Stelle inspizierte, wo die Patrone steckte, fragte er:

»Was ist denn das? ... eine Koschenille-Schildlaus? ... sind die nicht giftig ... es ist nicht genau zu sehen.«

Ein Polizist: »Ich zeige es Ihnen – schauen Sie.«

Pacciani: »Ahh! ... ja, ja – ich hab's gesehen. Man sagt, das bringt Glück! ... aber es bringt Unglück.«

Polizist: »Die Schildlaus?«

Pacciani: »Schildläuse? ... das ist Ungeziefer.«

Und dann: »Es ist ein Nagel ... ganz krumm ... ein krummer Nagel.«

Während man die Patrone herauszog und Pacciani aufforderte, so nah wie möglich heranzutreten, um besser zu sehen, protestierte er: »Was wollen Sie eigentlich von mir? Was soll ich anschauen? ... einen Stein? ... da lachen ja die Hühner ... was soll ich anschauen?«

Als man die Patrone herausgezogen hatte, studierte Pacciani sie sehr genau.

»Was ist das?«, fragte er. »Ein Nagel? ... was soll das sein? ... eine Glasscherbe? ... kann mir vielleicht jemand sagen, was das ist?«

Polizist: »Das ist weder eine Schildlaus noch ein Nagel.«

Pacciani: »Dürfte ich wenigstens erfahren, was es ist? ... Zeigen Sie her – eine Patrone! ... wer hat sie hierher getan? ... wer hat diese Patrone hierher getan?«

Die Patrone stammte aus einer Pistole Kaliber 22 Long Rifle, sie war aus reinem Blei, Marke Winchester Standard, Serie »H«.

Vor allem aber gehörte sie dem Erkennungsdienst zufolge zur selben Serie, die das »Monster« benutzt hatte. Mehr noch: Auf dem Hülsenboden befand sich ein deutlicher, klar umrissener »Abdruck«, eine feine Riffelung der Wandung, verursacht durch den misslungenen Ladeversuch einer Waffe mit Ladehemmung. Die Riffelung war, wie sich herausstellte, identisch mit der auf einigen der Patronenhülsen, die bei sechs der acht Doppelmorde des »Monsters« verwendet worden waren.

### 3. Die Federführungsstange

Etwa einen Monat später, am 25. Mai 1992, erhielt der Maresciallo der Carabinieri von San Casciano Val di Pesa einen Brief. Er trug keinen Absender, war jedoch vorschriftsmäßig frankiert und mit dem Vermerk »Wichtig« auf dem Kuvert versehen.

Der Brief trug den örtlichen Poststempel.

Er enthielt eine Überraschung: eine Metallstange, umwickelt mit zwei Streifen eines weißen Baumwollstoffes mit grünem Blumenmuster, und einen Brief in Blockschrift, der lautete:

Dies ist ein Teil der Pistole des Monsters von Florenz und war in der *Nazione*. Mit einem Foto. Die Stange befand sich in einem zerbrochenen Glasgefäß (jemand hatte es schon vor mir entdeckt). Unter einem Baum in Crespello-Luiano. Da ist ein Bildstock der Jungfrau Maria. Auf dem dortigen Gutshof arbeitete Pacciani. Auch seine Frau und seine ältere Tochter gingen hier spazieren. Sie sind dumm und tun, was er ihnen befiehlt. Sonst kriegen sie Prügel. Pacciani ist ein Teufel und verhext die Blödmänner im Fernsehen. Aber wir kennen ihn gut und auch Sie haben ihn kennen gelernt. Bestrafen Sie ihn. Gott wird es Ihnen lohnen. Denn er ist kein Mensch, sondern eine Bestie. Danke.

Neben dem Brief enthielt der Umschlag noch eine handgezeichnete Karte, auf der die Stelle markiert war, wo das Gefäß gefunden wurde.

Der Brief bezog sich auf einen Zeitungsartikel vom 5. Mai über das »Monster« mit dem Titel *Die Besonderheiten der Beretta, einer in vierzig Teile zerlegbaren Pistole,* in dem die technischen Details der Pistole Kaliber 22 erörtert und jeweils mit einem Foto vorgestellt werden.

Die erkennungsdienstliche Untersuchung der Metallstange ergab, dass es sich um eine Federführungsstange handelte. Sie stammte von einer halbautomatischen Waffe aus brüniertem Stahl – Länge 68,43 mm, Durchmesser 5,46 mm, mit einem Kopf von 8,85 mm Durchmesser und einer Dicke von 1,52 mm –, einer Beretta, deren Prototyp 1955 gebaut wurde. Die Stange wurde für Modell 70 und

75 Kaliber 7,65 und Modell 73, 74 und 76 Kaliber 22 verwendet, mithin auch für Modelle der Serie 70, aus der nach Ansicht der Experten die Pistole des »Monsters« stammte.

Die Besichtigung des von dem anonymen Briefschreiber angegebenen Ortes (Crespello-Luiano) führte nicht zur Identifizierung der Stelle, an der das »zerbrochene Glasgefäß« mit dem Teil der Waffe angeblich gefunden worden war.

Am 31. Mai wurden Paccianis Töchter gebeten nachzusehen, ob sich in ihrer Wohnung Kleidungsstücke, Kissenbezüge oder anderes aus einem leichten, weiß grundierten Stoff mit grünem Blumenmuster befänden. Nicht nur, dass die Antwort positiv war, eine der Töchter übergab der Polizei sogar zwei Stoffstücke dieser Art: einer hing am Gasherd und wurde als Wischtuch verwendet, der andere befand sich in der Schuhkammer. Die Frau erklärte, es handle sich um Reste eines Bettlakens, das sie vor der Haftentlassung ihres Vaters von der Schwester ihrer Arbeitgeberin geschenkt bekommen habe.

Am 2. Juni 1992 fand man bei einer neuerlichen Haussuchung folgende Gegenstände:

- eine Seifenschale aus Plastik mit dem Aufdruck »Deis« (hergestellt in Deutschland) mit Ringen und Kettchen darin;
- einen Skizzenblock mit rotem Deckblatt und dem Aufdruck »Skizzen Brunnen«, darin handschriftliche Notizen Paccianis mit dem Datum vom 10. Juli 1980 und vom 13. Juli 1981, auf der Rückseite die Ziffern 424/4,60 (offensichtlich der Preis in D-Mark);
- ein italienisch-deutsches Taschenwörterbuch;
- Postkarten aus Deutschland mit deutschem Text.

In der Garage neben dem Wohnhaus der Töchter wurde in einem vom Vater zur Aufbewahrung von Gegenständen benutzten Möbelstück ein Stück jenes Stoffes entdeckt, in den auch die Federführungsstange eingewickelt war.

Nur elf Tage später wurde die Wohnung der Töchter durchsucht.

Man beschlagnahmte unter anderem eine Schneidemaschine deutschen Fabrikats, Fotografien von Amsterdam und ein aus dem »Skizzen Brunnen«-Block herausgerissenes Blatt mit handschriftlichen Notizen Paccianis. Die Herkunft dieser Objekte nährte den Verdacht gegen Pacciani. Man beschloss, die Angehörigen der beiden deutschen Opfer zu befragen, die bestätigten, dass einer der beiden jungen Männer eine Zeichen- und Grafikschule besucht und Zeichenblöcke ähnlich dem sichergestellten verwendet hatte. Auch wurde bestätigt, dass die Zahl 4,60 den D-Mark-Preis um das Jahr 1983 bezeichnete.

Am 9. Dezember 1992 beantragte die Staatsanwaltschaft beim Ermittlungsrichter Untersuchungshaft für Pietro Pacciani wegen der zwischen 1974 und 1985 begangenen Verbrechen des »Monsters von Florenz«.

Am 16. Januar 1993 wurde Pacciani verhaftet. Ihm wurden Totschlag in mehreren und besonders schweren Fällen, Leichenschändung in mehreren Fällen sowie illegaler Besitz und Tragen von Stichwaffen zur Last gelegt.

Am 15. Januar 1994 ordnete der Ermittlungsrichter vor dem Schwurgericht von Florenz die Eröffnung des Hauptverfahrens gegen Pacciani an.

In der öffentlichen Hauptverhandlung, die am 19. April 1994 begann und bis Oktober desselben Jahres mit einundvierzig Sitzungen geführt wurde, wurden 156 Zeugen gehört, eine Fülle von Unterlagen vorgelegt und von den Richtern sogar Tatortbesichtigungen in Mercatale und in Scopeti vorgenommen, dem Schauplatz des letzten Verbrechens.

Im Verlauf des Prozesses gab es einige Sensationen, beispielsweise, dass das Gemälde *Science-Fiction-Traum,* das bis dahin als ein Werk des Angeklagten galt und vor Gericht als Beleg für seine geistige Verwirrtheit vorgelegt worden war, die Kopie eines Werks des chilenischen Malers Christian Olivares war. Ein Ehepaar aus Bologna erkannte das in der Zeitung abgedruckte Bild, und Olivares selbst bestätigte, dass er es 1973 als Kritik an den Schrecknissen der Diktatur in seinem Land gemalt hatte.

Ein spektakuläres Eigentor der Anklage, das allerdings keineswegs genügte, um Pacciani zu entlasten.

Zu den Zeugen zählten auch Freunde und Bekannte des Angeklagten, darunter der ehemalige Postbote Mario Vanni, mit Spitznamen »Torsolo« (Tollpatsch), dessen Aussage gelinde gesagt merkwürdig war. Kaum hatte er Platz genommen, erklärte er, ohne auf die Frage des Staatsanwalts nach seinem Beruf zu antworten:

»Ich habe mich mit Pacciani nur zum Imbiss getroffen, mehr nicht.«

»Sie schaden sich selbst, denn Sie sagen uns offenbar ein auswendig gelerntes Sprüchlein auf«, ermahnte ihn der vorsitzende Richter Enrico Ognibene. »Sie sollen nur die Fragen beantworten. Das sagen, was man von Ihnen wissen will.«

Aber Vannis Antworten blieben ausweichend, er versuchte ständig zu betonen, dass er mit Pacciani nur eine oberflächliche Beziehung gehabt und sich nur selten mit ihm getroffen habe, um »einen Imbiss einzunehmen«.

Sonst nichts. Alle Versuche des Staatsanwalts und des vorsitzenden Richters, Auskunft zu erhalten über die von Vanni gemeinsam mit Pacciani besuchten Orte, über ihren Freundeskreis und das, was er über die seinem Freund zur Last gelegten Straftaten wusste, liefen ins Leere.

Eines allerdings gab er schließlich zu.

Auf die Frage, ob er vor Pacciani Angst habe, erklärte er:

»Ja, das stimmt, ich habe wirklich ein bisschen Angst vor Pacciani! Er hat mich bedroht! Er hat mich bei den Carabinieri gesehen und mich angerufen. ›Du redest zu viel‹, hat er gesagt. ›Ich glaube, ich muss dir einen Denkzettel verpassen‹ ... Ich habe geantwortet: ›Aber was habe ich dir denn getan, wovon redest du?‹ Jetzt habe ich schon ein bisschen Angst.«

Und auf die Frage des Staatsanwalts, ob der Brief, den ihm Pacciani aus dem Gefängnis geschickt hatte, ein Drohbrief gewesen sei, antwortete er:

»Ja, oder vielmehr nein ... aber ich habe ihn vernichtet.«

»Warum?«

Keine Antwort.

Pacciani, der bei allen öffentlichen Verhandlungen anwesend war, weigerte sich, sich den vom Staatsanwalt geforderten Vernehmungen zu unterziehen, gab aber wiederholt und mit Billigung des vorsitzenden Richters spontane Erklärungen ab, so zum Beispiel am Ende der Hauptverhandlung, als er unter Tränen aufstand und rief:

»Ich bin unschuldig ... Jesus ist mein Bruder!«

Während des gesamten Prozesses beteuerte Pacciani immer wieder seine Unschuld, lediglich den Mord von 1951 gestand er ein. »Als junger Mann habe ich einen Fehler gemacht, für diese Straftat habe ich gebüßt und um Rehabilitierung gebeten«, wiederholte er gebetsmühlenhaft. Er bezeichnete sich als »lammfromm«, bestritt die Gewalttätigkeiten gegen seine Töchter, den Besitz von Waffen und den Vorwurf, er sei ein Voyeur, doch in allen Punkten sagten Zeugen das Gegenteil aus:

Er schlug uns, wenn wir nicht gehen wollten (erinnerten sich die Töchter). Wir mussten uns splitternackt ausziehen, dann traf er seine Wahl. Manchmal alle beide, manchmal nur eine von uns… er benutzte einen Gummipenis, oft bei uns, aber auch bei sich selbst… er steckte uns kleine Gurken oder Zucchini rein und sagte, so würden wir nicht schwanger werden, bei ihm würde nichts passieren… er zeigte uns Fotos seiner ehemaligen Verlobten Miranda, die seinen Penis in den Mund nahm, und befahl uns, dasselbe zu tun… nachts weckte er uns auf und zwang uns, ihn in den Mund zu nehmen…[8]

Aus dem Gefängnis schickte er Verteidigungsschriften an die Presse, die Richter und seine Anwälte. Er zählte alle seine Krankheiten auf, ließ sich über seine körperlichen Besonderheiten aus, die angeblich bewiesen, dass er nicht das »Monster« sein könne, listete alle seine Arbeitgeber und Arbeitsplätze auf und legte seine Version über den Verlauf der Durchsuchung seines Gartens dar, bei der die berühmte Patrone gefunden worden war.

Und er fuhr fort zu zeichnen. Es wurde eine richtige Sammlung, der er den Titel *Meine Zeichnungen* gab. Den Deckel des Blocks zierte eine Abbildung des Ponte Vecchio.

Auf den Zeichnungen war Heiliges ebenso zu finden wie Profanes, Pornographisches, satirische Karikaturen, Waffen, Hunde, die nach Beute schnappen, die Sehnsucht nach der Natur, seine Begeisterung für Autos wie den Lancia Thema, den er »fliegende Bestie« nannte, Gedanken über den Krieg und über die »Herren der Welt nach Christus: Giorgio Busce, Michele Gorbasciof und Sadanussei«. Er schien Angst vor einem Krieg zu haben. Er schrieb: »Krieg zwischen Iran und Irak, Achtung, Rakete auf der Abschussrampe, Terror und Tod im Universum. Zwischen den Völkern Frieden, nicht Krieg.«

Diese Zeichnungen, die auf eine ungeschliffene, keineswegs aber primitive Persönlichkeit hindeuteten, spalteten die Öffentlichkeit: die einen hielten für unschuldig, die anderen für schuldig.

Am 1. Juni dann eine weitere spektakuläre Enthüllung.

Bei der Eröffnung der Verhandlung sagte Staatsanwalt Paolo Canessa, Pacciani sei im Besitz einer Beretta Kaliber 22 Long Rifle gewesen, was von zwei Zeugen bestätigt werde.

Der Jagdaufseher Gino Bruni hat Pacciani in den siebziger Jahren gut gekannt. Die beiden Waffenkenner hatten damals ihre Beretta-Pistolen miteinander verglichen.

Gianpaolo Cairoli sagte im Zeugenstand:

Ich wohne in Vicchio im Mugello und habe einen Hof in der Gemarkung Uliveta. Vor etwa eineinhalb Jahren besuchte ich den Jagdaufseher Gino Bruni in seiner Jagdhütte, als ich dort vorbeikam. Als ich aus dem Auto stieg, sprachen Bruni und einer seiner Bekannten, den sie, glaube ich, »Il Ridicolo« nannten, über Pacciani. Damals war sein Name in allen Zeitungen, man schrieb, er sei das mutmaßliche Monster von Florenz. Bruni sagte, er kenne ihn gut und habe ihn von dem Mord erzählen hören, den er 1951 begangen hätte. Er habe so kaltblütig darüber gesprochen, sagte Bruni, als habe er einen Ziegenbock getötet. Der Jagdaufseher fügte hinzu: »Ich finde es merkwürdig, dass er bestreitet, eine Pistole zu besitzen. Ich habe sie selbst gesehen, er hatte eine Beretta Kaliber 22, die gleiche wie ich.«

Die Pistole des Jagdaufsehers – sie war vorschriftsmäßig gemeldet – wurde von der Staatsanwaltschaft Florenz zweimal ballistisch untersucht, und damals hatte Bruni gemeint, so einer wie Pacciani habe seine Waffe ganz bestimmt nicht überprüfen lassen.

Auch Renzo Rontini sagte aus, gleichfalls aus Vicchio und der Vater von Pia, einem der Opfer:

Bruni entdeckte, dass Pacciani in seinem Revier wilderte. Er war nachts mit seiner Pistole unterwegs. Mit dieser Beretta schoss er Fasane ab, die wie ein Stein zu Boden fielen. Bruni lauerte ihm auf und ertappte ihn auf frischer Tat. Aber er zeigte ihn nicht an, weil Pacciani mit einer Mistgabel auf ihn losging und drohte, ihn umzubringen. Er hatte Angst.

Der Prozess bewegte die Gemüter. Es wurden sogar Wetten abgeschlossen, wie er ausgehen würde. In den letzten Tagen hatte das Verhältnis Freispruch zu schuldig zehn zu eins betragen, doch jetzt gewann die Schuldvermutung immer mehr Anhänger.

Am 1. November 1994 um 19.02 Uhr erging das Urteil:

»Lebenslängliche Freiheitsstrafe für alle Doppelmorde zwischen 1974 und 1985, begangen mit ein und derselben Pistole Beretta Kaliber 22; Freispruch für das Verbrechen von 1968.«

Für das Schwurgericht war Pietro Pacciani das »Monster von Florenz«.

Bevor der Verurteilte den Saal verließ, schrie er:

»Ich war es nicht, ich bin nicht das ›Monster‹«.

Damit endete der Prozess in erster Instanz.

Das Berufungsverfahren wurde auf den 29. Januar 1996 festgesetzt.

## 1. Das Gutachten des FBI

Ende der achtziger Jahre geriet die Jagd nach dem Mörder, der zwar nicht mehr zuschlug, im Gedächtnis der Florentiner und der Italiener aber nach wie vor präsent war, ins Stocken. Die Ermittlungen gingen jedoch weiter, und schließlich griff man auf die Amtshilfe der Experten des FBI zurück.

Der Tathergang und das immer gleiche Muster der Morde hatten Anlass zu der Vermutung gegeben, dass es sich um einen Serienkiller handelte – ein Phänomen, das bis dahin zwar in Italien unbekannt, in anderen Ländern aber durchaus geläufig war. Fälle von Serientätern waren inzwischen sogar durch eine umfangreiche Literatur dokumentiert. Bereits am Tag nach dem Verbrechen von 1974 hatte übrigens ein bekannter Anthropologe den Mord in einem Interview als »typisch angelsächsisch« bezeichnet und »Rache als Motiv ausgeschlossen«. Die Morde seien vielmehr von einem »sexuell frustrierten« Täter begangen worden, »worauf der Rebschössling und die zahlreichen Messerstiche am Körper des weiblichen Opfers hindeuten«.[9]

Warum sollte man sich also nicht an eine Behörde wenden, die auf diesem Gebiet mehr Erfahrungen hatte als wir?

Am 30. Juni 1989 erstellte die Abteilung für Verhaltensforschung (Behavioral Science Unit) des FBI in Quantico, Virginia, ein Täterprofil des »Monsters«, wies allerdings darauf hin, dass diese Studie umfassende Ermittlungen nicht ersetzen könne und allein auf der Wahrscheinlichkeit basiere. Weiterhin hieß es zutreffend, dass »keine zwei kriminellen Handlungen oder Persönlichkeiten exakt identisch sind und der Täter daher dem analytisch erstellten Profil nicht in jedem Fall entspricht.«

Grundlage des FBI-Gutachtens waren die Tatort- und Obduktionsfotos, die Landkarten des Gebietes, in denen die Verbrechen begangen wurden, und die Ermittlungsberichte der Polizei.

Die Ergebnisse der FBI-Analyse lassen sich folgendermaßen zusammenfassen:

- Die Opfer zählten nicht zu einer Risikogruppe und waren vermutlich ausgewählt worden, weil sie sich rein zufällig zu einer bestimmten Zeit an dem vom Mörder bestimmten Ort aufgehalten hatten. Es war daher unwahrscheinlich, dass das »Monster« die Opfer kannte oder mit ihnen in einer persönlichen Beziehung stand. Nein, sie waren ihm unbekannt und nur zufällig zu Opfern geworden.
- Die Verbrechen, die man als »Lustmorde« klassifizieren könnte, waren von ein und demselben Täter begangen worden, der allein gehandelt hatte. Diese Art des Mords unterscheidet sich vom »sadistischen Mord« dahingehend, dass hier »das Opfer sofort außer Gefecht gesetzt und nach dem Tod verstümmelt wird und die typische sexuelle Penetration nicht stattfindet.« Der Lustmörder führt gewöhnlich Fremdkörper in die Vagina oder in das Rektum des Opfers ein, wie bei dem Mord von 1974, wo dieser Fremdkörper ein Rebschössling war.
- Der Täter kannte sich in der Gegend, in der die Verbrechen begangen wurden, bestens aus und wusste daher, dass jene Orte von Liebespärchen aufgesucht wurden, die hier in verschiedenen Stadien sexueller Handlungen

anzutreffen waren. Nach Ansicht der Experten machte er »sich mit diesen Orten immer besser vertraut, nachdem er sie überwacht und damit ausgewählt hatte.« Die Abgeschiedenheit dieser Orte vermittelte ihm ein Gefühl der Sicherheit, weil er wusste, dass er während seiner Angriffe nicht entdeckt werden würde. »Täter dieses Typs«, so der Bericht weiter, »neigen dazu, an ›risikoarmen‹ Orten aktiv zu werden, wo sie sich sicher fühlen, beispielsweise in der Nähe ihres eigenen Arbeitsplatzes oder Wohnorts.« Und weiter: »Je mehr Sicherheit er mit jeder neuen Tat gewinnt, desto eher kann er seinen gewohnten geographischen Radius überschreiten.«

- Das eigentliche Ziel des Mörders war die Verstümmelung des weiblichen Opfers nach dessen Tod, während mit der Tötung des Mannes nur ein Hindernis aus dem Weg geräumt werden sollte. »Die Inbesitznahme« und das Ritual waren für diesen Tätertyp sehr wichtig und zeigen seine Aggression gegen Frauen allgemein.
- Die herausgeschnittenen weiblichen Geschlechtsteile nahm der Täter als Souvenir mit. Sie halfen ihm, eine Zeit lang das Ereignis in seiner Fantasie nachzuerleben.
- Die Tatsache, dass der Täter ein Stück von der Brust eines der Opfer an die Staatsanwaltschaft geschickt hatte, könnte darauf hindeuten, dass er sich über die Polizei lustig machen wollte und dass auch die öffentliche Aufmerksamkeit für ihn wichtig war.
- Der Angreifer war ein sexuell unzulänglicher und unreifer Mensch, der mit Frauen seines Alters kaum sexuelle Kontakte gehabt hatte und möglicherweise an einer sexuellen Störung litt. Bevor er die Tat ausführte, hatte er vielleicht Drogen und/oder Alkohol zu sich genommen, um seine Hemmungen zu überwinden und sich Mut zu machen.

- Der Täter musste eine Vorliebe für Pornographie haben, besonders für solche, die Gewalttätigkeiten des dominanten Mannes bildlich zum Ausdruck brachte.

2. Unterlagen, die im Prozess nicht vorgelegt wurden

In den Akten der Staatsanwaltschaft und der Gerichtspolizei, die bei der Hauptverhandlung nicht herangezogen wurden, gibt es Unterlagen, die meines Erachtens hochinteressant sind. Es handelt sich um Zeugenaussagen nach den beiden letzten Verbrechen von 1984 und 1985.

Selbstverständlich legen in einem Prozess Anklage und Verteidigung jeweils nur Beweismittel vor, die ihre Thesen stützen, nicht solche, die aus ihrer Sicht die Sache nur kompliziert machen würden (freilich ohne Beweise zu unterschlagen, wodurch sie sich strafbar machen würden).

Ich dagegen lese diese Unterlagen aus einer völlig anderen Perspektive, mir erscheinen sie durchaus relevant.

Personen, die sich untereinander nicht kannten, haben diese Aussagen freiwillig gemacht, nachdem sie von dem Verbrechen erfahren hatten – entweder sofort oder später, entweder im Zuge der Ermittlungen oder während der Prozess gegen Pacciani bereits im Gange war.

Da sind zunächst die Aussagen des Ehepaars Tiziana Martelli und Andrea Caini sowie der Unternehmerin Maria Grazia Frigo, die in der Gegend wohnten, wo der Doppelmord von 1984 begangen wurde.

Das Ehepaar kehrte in der Tatnacht mit dem Auto nach Fiesole zurück, wo sie wohnten. Sie waren auf einem Fest im Haus ihrer Verwandten in der Ortschaft Santa Margherita gewesen, nur wenige Kilometer vom Tatort entfernt. Gegen Mitternacht stoppten sie an einem Brunnen am Rand einer ungeteerten Straße, die von der Sagginalese nach San Martino a Scopeto und Bricciana führt, gleichfalls unweit des Verbrechensschauplatzes gelegen. Dabei fielen ihnen zwei Autos auf – ein dunkleres und ein helleres mit jeweils einem kräftig gebauten, erwachsenen Mann am Steuer –, die auf dieser ungeteerten und sehr kurvenreichen Straße mit hoher Geschwindigkeit in Richtung San Martino a Scopeto und Dicomano an ihnen vorbeifuhren.

Als sie dann von dem Mord erfuhren, meldeten sie sich bei den Ermittlungsbehörden. Jahre später, während der Prozess gegen Pacciani im Gange war und ihre Überzeugung wuchs, dass diese beiden Autos irgendetwas mit dem Verbrechen zu tun hatte, sprachen sie erneut bei der Polizei vor und wiederholten ihre Aussage:

Die beiden Autos, die mit einer Geschwindigkeit von etwa sechzig Stundenkilometern fuhren, zeigten zweierlei: erstens, dass es sich nicht um Bewohner aus dem näheren Umkreis handeln konnte, weil das vorausfahrende Auto das nachfolgende regelrecht in eine Staubwolke einhüllte; und zweitens, dass sie auf jeden Fall den Eindruck machten, sie gehörten zusammen und würden den Weg kennen. Das erste Auto hatte rechteckige Frontscheinwerfer und ein Schrägheck, vielleicht aber auch ein Stufenheck, jedenfalls ein kurzes Heck… Das zweite Auto war möglicherweise rot… beide waren Mittelklassewagen; das zweite fiel uns besonders auf, und wir tauschten darüber Bemerkungen aus: Schau mal, wie dicht der an dem ersten Auto dranhängt, und er fährt nur mit Standlicht! Beide Fahrer wirkten kräftig und waren nicht mehr jung… sie fuhren in die entgegengesetzte Richtung wie wir: von San Martino a Scopeto Richtung Dicomano.

Das Ehepaar war nicht allein im Auto. Doch die älteren Verwandten, die mit ihnen fuhren, starben 1987 beziehungsweise 1988 eines natürlichen Todes und konnten daher nicht mehr aussagen.

Die aus Mailand stammende Unternehmerin sagte, sie habe einen Mittelklassewagen ausländischen Fabrikats bemerkt, der ohne Licht in der betreffenden Gegend unterwegs war – zu einer Uhrzeit, die von großer Bedeutung sein könnte. Zusammen mit ihrem Ehemann und ihrer damals zehnjährigen Tochter kehrte sie von einem Besuch bei Freunden nach Hause zurück, die etwa einen Kilometer von der Stelle entfernt wohnten, an der ihnen das Auto entgegenkam. Ich lese die Zeugenaussage in einem zusammenfassenden Bericht des Staatsanwalts, bei dem die Frau am 2. Dezember 1992 angerufen hatte, und in dem Protokoll vom 4. Dezember 1992, das in seinem Auftrag von der Polizei aufgesetzt wurde. In diesem Polizeiprotokoll erklärt die Zeugin unter anderem:

Gegen 23.55 Uhr fuhren wir, vom Gutshof La Rena kommend, auf dieser Straße in Richtung der Sagginalese. Die Straße führt in die Nähe des Ortes, wo der Doppelmord stattfand. Zirka einen Kilometer vor dem Ende der ungeteerten Straße kam uns ein Auto entgegen, an dessen Steuer ein Mann saß, der keine Anstalten machte, die Geschwindigkeit zu drosseln, und nur das Standlicht eingeschaltet hatte. Das beunruhigte mich, aber mein Mann beschwichtigte mich und meinte: Du wirst sehen, er hält gleich an. Der Mann am Steuer war etwa fünfzig Jahre alt, grau meliertes Haar, Bürstenschnitt, und trug ein kariertes Hemd mit hochgekrempelten Ärmeln und offenem Kragen. Sein Blick war entschlossen und energisch ... Das Auto selbst war ein Mittelklassewagen, mit Sicherheit kein italienisches Fabrikat. Bezüglich der Farbe möchte ich mich nicht endgültig festlegen, obwohl ich glaube, sie war eher dunkel. Es gab keine Nackenstützen. Eine weitere Besonderheit, die ich zu Protokoll geben möchte, ist, dass ich an jenem Abend zwischen 22.30 Uhr und 23.00 Uhr einen Knall hörte, den ich für einen Schuss hielt, während ich mich im Garten der Familie aufhielt, wo wir zu Besuch waren und von wo wir kamen. Der Garten liegt unmittelbar hinter dem Gutshof La Rena…

Die Frau erklärte weiterhin, sie habe den Fahrer des Wagens erkannt. Sie habe Fotos von ihm in der Zeitung und Aufnahmen im Fernsehen gesehen. Es sei Pacciani gewesen, da sei sie ganz sicher:

Ich bin mir sicher, dass die Person auf Foto Nummer 5 diejenige ist, die ich in jener Nacht unter den oben genannten Umständen gesehen habe. Außer dem Gesicht und den Haaren erkenne ich insbesondere auch den Stiernacken und den entschlossenen Blick.

Die Farbe des Wagens, den die Frau im Polizeiprotokoll als »dunkel« beschrieben hatte, war im Bericht des Staatsanwalts mit »rot« wiedergegeben.

Noch bemerkenswerter als die einzelnen Zeugenaussagen erscheinen mir die Übereinstimmungen, die sie aufweisen. Zusammengenommen geben sie deutliche Hinweise darauf, dass in der Nacht des Verbrechens mehr als ein verdächtiges Auto in der Gegend unterwegs war: ein helles und ein dunkles, das nach Aussage des Ehepaars wahrscheinlich rot war. Letzteres, das mit Standlicht und damit fast ohne Beleuchtung fuhr, folgte nach Aussage des Ehepaars dem anderen Auto in sehr geringem Abstand. Und ein dunkles, wahrscheinlich rotes Auto mit Standlicht, an dessen Steuer Pacciani saß, hatte auch die Unternehmerin aus Mailand gesehen.

Der Zeitpunkt, zu dem diese Autos gesehen wurden, ist nahezu identisch. Mit einem geringfügigen Unterschied, der erklärt, warum das Ehepaar zwei und die Unternehmerin nur ein Auto gesehen hatte. Man könnte, wie ich finde, mutmaßen, dass sich die beiden Autos wieder trafen, nachdem sie den Straßenabschnitt, auf dem die Unternehmerin fuhr und der dem Schauplatz des Verbrechens am nächsten liegt, getrennt zurückgelegt hatten. Maria Grazia Frigo hatte das Auto gegen 23.55 Uhr gesehen, das Ehepaar gegen 24 Uhr. Der Unterschied beträgt nur fünf Minuten, exakt die Zeit, die es brauchte, bevor die beiden Autos einander wieder begegneten. Und diese Zeitangaben stimmen exakt mit der Uhrzeit überein, in der der Täter und – wie inzwischen angenommen wird – ein oder mehrere mutmaßliche Komplizen den Schauplatz des Verbrechens verließen. Zwischen dem Beginn der Mordtat (22.30 bis 23.00 Uhr) und deren Abschluss mit den makabren Ritualen muss eine gewisse Zeit vergangen sein. Rechnet man hierzu die Zeit, die es dauert, um zu den Autos zurückzukehren und loszufahren, ergibt sich fast automatisch die Uhrzeit, zu der die beiden Autos gesehen wurden.

Die Zeugenaussagen erscheinen mir so bedeutsam, dass ich beschließe, mir vor Ort selbst ein Bild zu machen. Ich fühle mich in meiner Vermutung bestärkt. Es zeigt sich nämlich, dass diese ungeteerte Straße ein idealer Fluchtweg ist – die einzige Möglichkeit, sich vom Tatort zu entfernen, ohne die Hauptstraße zu nehmen, wo es wahrscheinlicher gewesen wäre, anderen Autos zu begegnen. Außerdem vermeidet man auf diese Weise den Bahnübergang unweit des Tatorts, der die Flucht hätte behindern und verlangsamen können. Ich verstehe jetzt auch besser, warum dem Ehepaar zufolge die Autofahrer nicht aus der Gegend waren: Die Straße ist so beschaffen, dass ein Ortskundiger gewiss nicht derart schnell fahren würde, dass Staubwolken aufgewirbelt werden, und das noch, ohne abzubremsen, wenn ihm ein Fahrzeug entgegenkommt.

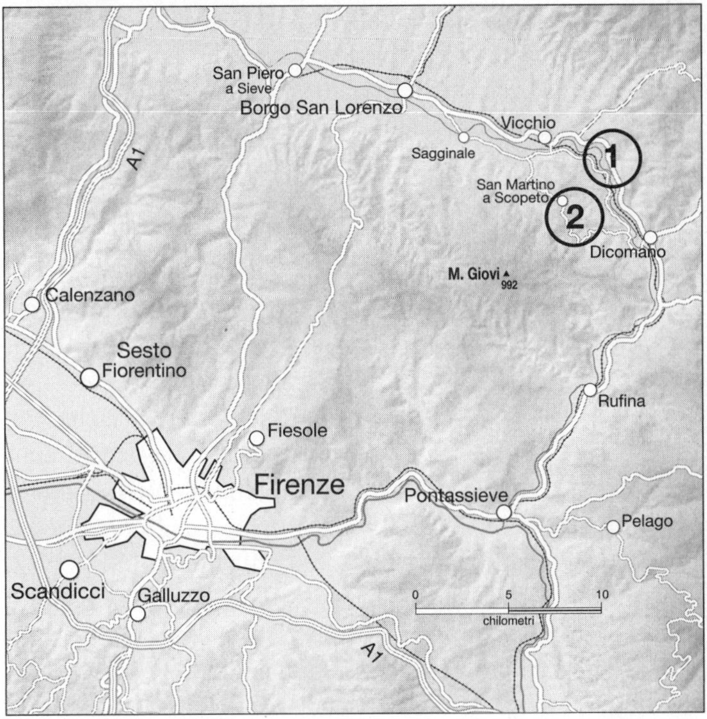


*1. Mord 2. Der von den Zeugen genommene Weg*

Und Pacciani stammt wohlgemerkt aus Vicchio, dem Dorf, in dessen Nähe 1984 jenes Verbrechen geschah, auf das sich die Zeugen beziehen.

Noch zahlreicher sind die Zeugenaussagen zum Verbrechen von 1985, einmal abgesehen von den Zeugen Nesi und Zanetti, die im Urteil genannt werden. Sie stammen allesamt von Personen, die sich unverzüglich mit den Carabinieri in

Verbindung setzten, nachdem sie von der Entdeckung der Leichen der beiden Franzosen erfahren hatten.

Eine davon ist die amerikanische Staatsbürgerin Sharon Stepman.

Sie war Pressemitarbeiterin und kehrte in jener Nacht von einem Besuch bei einem Freund in San Casciano allein mit dem Auto nach Florenz zurück. Es war zirka 23 Uhr. Auf der Höhe von Scopeti unweit der Stelle, wo die beiden Franzosen ihr Zelt aufgeschlagen hatten, bemerkte sie einen weißen Mittelklassewagen mit kantiger Vorderfront, der im Begriff war, aus dem Sträßchen herauszufahren, das zum Ort des Verbrechens führte. Beim Anblick ihres Wagens schaltete der Fahrer die Scheinwerfer aus und fuhr rückwärts, ganz offensichtlich mit dem Ziel, nicht gesehen zu werden. Sharon Stepman hatte allerdings den Eindruck, dass im Auto zwei Personen saßen, vielleicht ein Liebespärchen, das unerkannt bleiben wollte. Später, als sie von dem Verbrechen erfuhr, maß sie dem Vorfall eine völlig andere Bedeutung bei.

Der Arbeiter Giuseppe Pordoli hatte erklärt:

Etwa eine Woche lang, zwischen dem 2. und Donnerstag, dem 5. des laufenden Monats sah ich an dem Ort, wo die jungen Leute getötet wurden, ein Zelt stehen – ich kann mich nicht erinnern, wie groß es war – und zwei weiße Autos, ein helleres und ein dunkleres … etwa fünfzehn Tage lang, bevor der Doppelmord geschah, bemerkte ich unweit desselben Orts ein Motorrad von uneinheitlicher Farbe. Ich erinnere mich, dass es verschiedenfarbige Streifen hatte, zum Beispiel gelbgrün und weiß. Das Nummernschild habe ich mir nicht gemerkt, nur FI für Florenz. Eine Person trieb sich in der näheren Umgebung herum. Sie war etwa vierzig Jahre alt, von kräftigem Körperbau, etwa 1,75 groß, mit hellbraunem schütterem Haar von unauffälligem Schnitt. Ich fahre jeden Abend mit dem Auto von Florenz an Scopeti vorbei. Immer gegen 17 Uhr. Und da fielen mir zirka fünfzehn bis zwanzig Tage lang diese Person und das Motorrad auf. Es war ein Mittelklasse-Motorrad.

Sabrina Carmignani, die aus dieser Gegend stammte und auf dem elterlichen Bauernhof mitarbeitete, hatte den Carabinieri an dem Tag, als die Leichen gefunden wurden, berichtet:

Gestern, am 8. des laufenden Monats, fuhr ich gegen 17.30 Uhr mit meinem Verlobten nach Scopeti, dorthin, wo am heutigen Tag die Leichen der beiden Personen aufgefunden wurden. Ich möchte sagen, dass wir in unmittelbarer Nähe des Zelts anhielten, das sehr klein und von hellgrauer Farbe war. Da wir die Leute, die möglicherweise in dem Zelt schliefen, nicht stören wollten, wendeten wir, ohne auszusteigen, und stellten unser Auto ein paar Meter weiter ab. Wir aßen ein belegtes Brötchen ... ich erinnere mich, dass ich vor dem Zelt, auf der zur Straße liegenden Seite einen Schmutzfleck bemerkte ... ich erinnere mich genau, dass in der Nähe des Zelts ein Auto von heller Farbe geparkt war, ich glaube, nein, ich bin mir sicher, dass es ein Golf war, dessen Scheinwerfer auf das in etwa eineinhalb Meter Entfernung stehende Zelt gerichtet waren. Etwa eine halbe Stunde nach unserer Ankunft fuhren wir wieder weg. Während wir wegfuhren, kam ein anderes Auto mit einer Person an Bord. Ein Auto des Typs Regata, aber genauer beschreiben kann ich es nicht, nicht zuletzt deshalb, weil ich der Sache keine Bedeutung zumaß ... In der Gegend, wo das Verbrechen geschehen ist, sieht man oft einsame Spaziergänger, die einem, wenn ein Autoscheinwerfer auf sie gerichtet ist, den Rücken zuwenden, um nicht erkannt zu werden.

Der amerikanische Fotograf James Taylor, der, auf Urlaub in Italien, in San Casciano eine Freundin besuchte, hatte den Carabinieri berichtet, er sei in der Tatnacht gegen Mitternacht im Auto unterwegs gewesen und habe in der Nähe des Tatorts am Straßenrand einen silbergrauen Fiat 131 bemerkt.

Und Fabrizio Mazzocchi, ein junger Mann, der in der Nacht des Verbrechens mit dem Motorrad nach Hause fuhr, hatte dort einen Mercedes 240 oder ein ähnliches Fahrzeug mit Florentiner Kennzeichen stehen sehen, dessen Innenbeleuchtung eingeschaltet und dessen Fahrertür angelehnt war. Die Sache war ihm besonders suspekt gewesen, weil er jeden Abend dort vorbeikam und noch nie ein Auto dort hatte stehen sehen.

Die deutsche Staatsbürgerin Petra Weber, die in San Casciano Urlaub machte, hatte am 12. September die Carabinieri aufgesucht und berichtet, sie habe in der Tatnacht im Garten des Hauses gesessen, in dem sie zu Gast war und das per Luftlinie gerechnet sehr nah am Tatort lag, und ein Geräusch wie »beim Entkorken einer Flasche« gehört, das aus der Richtung des Tatorts kam. Das Geräusch habe auch ihre Mutter gehört, die es für einen Schuss gehalten habe. Die alte Dame habe sich sehr erschreckt und nicht länger im Garten bleiben wollen; sie sei am nächsten Tag nach Deutschland zurückgekehrt.

Der Bauunternehmer Giancarlo Rufo, Besitzer des Bauernhauses auf der anderen Straßenseite gegenüber dem Schauplatz des Verbrechens, war am 10. September 1985 befragt worden. Er hatte berichtet, am Sonntagnachmittag, dem 8., sei er zu Hause gewesen, es sei ihm jedoch nichts Ungewöhnliches aufgefallen. Er habe Freunde zu Gast gehabt, darunter ein Ehepaar. Die Lehrerin Marcella De Faveri und ihr Mann, der Musiklehrer Vittorio Chiarappa, wurden erst zehn Jahre später befragt – am 11. Oktober 1995, wenige Tage, bevor ich meine neue Aufgabe übernahm und mit den Ermittlungen begann.

Die Lehrerin hatte bestätigt, dass sie am Sonntag, dem 8. September 1985, zusammen mit ihrem Ehemann am frühen Nachmittag im Bauernhaus des Freundes zu Gast gewesen sei. Bei der Einfahrt durch das Tor seien sie von einem Auto behindert worden, das rechts von der Fahrbahn geparkt gewesen sei, ein »Auto mit kurzem Heck und roter Farbe, die nicht mehr neu und glänzend, sondern schon etwas verblasst war«.

In der Nähe dieses Autos habe sie zwei Männer gesehen, die sie folgendermaßen beschrieb:

Der eine war mittleren Alters, gedrungen, mittelgroß, mit Stiernacken und eckigem Schädel, er sah aus wie ein Bauer. Er stand gegen die Motorhaube des Wagens gelehnt (also vorne, auf der Seite, die Richtung San Casciano zeigte) und blickte vor sich hin, die Straße entlang. Ich glaube, er hatte kurz geschnittenes Haar. Der andere lehnte an der rechten Seite der Autos und blickte in den Wald. Er war, scheint mir, etwas größer als der andere und kam mir weniger grobschlächtig vor.

Gleichlautend die Version des Ehemanns, der hinzugefügt hatte:

Mir fiel auf, dass das Auto parallel zur Straße geparkt war, mit der Schnauze Richtung San Casciano, ein Auto von ausgebleichtem Rot, mit kurzem Heck. Auch ein Mann fiel mir auf, der uns den Rücken zuwandte und auf den Weg blickte, der zum Ort des Verbrechens führte. Dieser Mann stand unbeweglich und stützte sich auf das Autodach, auf der Seite zur

Straße hin, sodass ich ihn nur von hinten sah... Ich bemerkte den Mann auch, als ich mit meinem Auto gegen 15.30 Uhr allein nach Florenz fuhr, und mir fiel auf, dass ich ihn eineinhalb Stunden später noch immer in derselben Position antraf – gegen 17 Uhr, als ich zum Haus meines Freundes zurückkam... Er war kräftig gebaut und mittleren Alters...

Die Schilderungen geben mir zu denken. Es ist offensichtlich, dass aus dem Prozess Zeugenaussagen ausgeklammert worden waren, die von einer potenziellen Beteiligung mehrerer Personen an den Verbrechen des »Monsters« ausgingen. Vielleicht hatte Staatsanwalt Canessa sie deshalb nicht zulassen wollen, weil er, genau wie der Leiter der Squadra Anti Mostro, der festen Überzeugung war, dass die Morde alle von einem einzigen Täter begangen worden waren: von Pietro Pacciani.

## 3. Die Presse

Nicht weniger eindrucksvoll als die Akten, die sich auf meinem Schreibtisch türmen, ist die Mappe mit den Zeitungs- und Zeitschriftenartikeln. Trotz aller gebotenen Vorsicht gegenüber Zeitungsartikeln, in denen Fakten oft ausgeschmückt und pointiert dargestellt werden, möchte ich hier einige Passagen zitieren. Denn diese Texte bringen nicht nur neue Aspekte ins Spiel, sie zeigen auch die moralische Verkommenheit vieler der Akteure, die im Zusammenhang mit den Pärchenmorden im Rampenlicht stehen, und zeichnen das Bild eines »ganz bestimmten« Italien. Deutlich wird auch das große Interesse, mit dem die Öffentlichkeit den Prozess gegen Pacciani verfolgte – auch dies bezeichnend für das damals herrschende Klima.

*Corriere della Sera*, 25. Mai 1994:

Sie heißt Maria Antonia Sperduto und macht einen geistig minderbemittelten Eindruck. Und was sie sagt, klingt wie aus einem abgeschmackten Rührstück exklusiv für Männer. Ein Gummivibrator spielt dabei eine Hauptrolle. Sie erzählt von Kratzern an der linken Brust. Den Hintergrund bildet der Tod eines Erhängten, des armen Ehemanns dieser Frau, die sich mit dem heißblütigen Pietro in den Wald zurückzieht. Gleichzeitig hat sie ein Verhältnis mit dem Dorfpostboten. Der Bauer aus dem Mugello kapiert auf Anhieb, dass das nicht gut gehen kann.

*L'Epoca*, 7. Juni 1994. Titel: *Sexuelle Obsession.* Untertitel: *Der Prozess gegen Pacciani enthüllt unverhofft ein geheimes Italien der zügellosen Liebe.*

Was Sie schon immer über das Geschlechtsleben der Italiener wissen wollten und sich nie zu fragen trauten, ist jetzt in den Protokollen zum Prozess gegen Pietro Pacciani nachzulesen, der unter der Anklage, das »Monster« von Florenz zu sein, vor Gericht steht. Das Entsetzen, das die Schilderung der grausamen Verbrechen dieses Wahnsinnigen bei den Zuhörern im Saal bisher hervorrief, hat letzte Woche einer Posse (und Tragödie) Platz gemacht, in der sich alles nur um Sex dreht. Im Mittelpunkt der Aufmerksamkeit steht nunmehr eine bislang unbekannte Toskana, ein unbekanntes Italien.

Wir wissen nicht einmal, welchen Titel wir der Geschichte geben sollen. Am besten greifen wir auf Pornofilme zurück wie *Zwei Schwänze für ein einziges Loch; Ein Mund voll Sex; Drei Männer und ein Luder; Anal bestial scoops.*

(...) Die Wirkung der Enthüllungen (von Maria Antonietta Sperduto) war so gewaltig, dass selbst ein Journalist wie Vittorio Monti geschockt war, der sich im Laufe der Jahre bei seiner Beschäftigung mit den Verbrechen und Untaten eines Italien der tiefsten Provinz ein dickes Fell zugelegt hat. Im *Corriere della Sera* äußerte er sein Erstaunen über die hier zutage tretende »dunkle, verkommene Welt mit Nachtwächtern, leichten Mädchen, Streit zwischen Männern, Vergewaltigung in der Familie, pornographischen Fotos, die als Trophäen dienen, arglistigem Beäugen kleiner Mädchen, verbotenen Spielen mit Vibratoren, Selbstmord aus Scham, dem Postmann, der stets zweimal klingelt und Ansprüche stellt.« All dies mitten in der schönsten ländlichen Toskana. Von wegen geruhsames Landleben. Die Hardcore-Version des Mugello, wie es Pacciani und seine Kumpane schildern, hätte Boccaccio die Schamröte ins Gesicht getrieben.

Doch Leute wie Pacciani, seine Freunde und Freundinnen gibt es nicht erst seit gestern. Auf der Suche nach dem wahnsinnigen Mörder, der nicht zu fassen ist, stießen die Ermittler im Laufe der Jahre immer wieder auf Sex-Zirkel, denen zahlreiche hemmungslose Bewohner der über jeden Verdacht erhabenen Provinz Florenz angehören. Da ist beispielsweise der sardische Maurer Salvatore Vinci, ein Besessener, dessen (von den Carabinieri verfasste) Vernehmungsprotokolle sich lesen wie Abhandlungen über Sexualforschung und Sexbesessenheit. Dies ist die Gelegenheit, sie noch einmal zur Hand zu nehmen.

Salvatore kam Anfang der sechziger Jahre in die Toskana, als das heute heruntergekommene und etwas frigide Schweden noch das Erotikparadies war. Aber auch in Lastra a Signa, Provinz Florenz, verstand man, sich zu amüsieren. Hier lernte Salvatore Barbara Locci kennen, die 1968 das erste Opfer des Monsters wurde. Barbara war zwar mit Stefano Mele verheiratet, hatte aber einen ganzen »Schwarm von Liebhabern«, wie die Carabinieri festhielten.

Unter ihnen Giovanni, Salvatores Bruder, der ihm seine Favoritin großzügig abtrat. Salvatore zog bei Barbara ein – »mit Billigung des Ehemanns der Frau, der nichts dabei fand, dem Liebespaar sogar den Kaffee ans Bett zu bringen«. Ein fast gleichschenkliges Dreieck, spielten doch »die beiden Männer zugleich Mann und Frau«. Bis Barbara, die sich vernachlässigt fühlte – die Frau als Objekt *avant la lettre* –, die beiden links liegen ließ und sich jüngeren Männern wie Francesco Vinci und Antonio Lo Bianco zuwandte. Lo Bianco wurde später zusammen mit Barbara von dem wahnsinnigen Täter ermordet. Francesco Vinci ist der jüngere Bruder von Salvatore und Vater von Fabio, dem Lebensgefährten von Anna Silvia Mattei, einer Prostituierten, die letzte Woche in San Mauro a Signa mit einem Halstuch erdrosselt wurde. Die vorerst letzte Folge des florentinischen Pornokrimis. Rosa (Salvatores Ehefrau) verlässt Florenz, wohin das Ehepaar inzwischen gezogen ist, und Salvatore lernt in der Diskothek »Il Progetto« Ada kennen. Einige Zeit später gibt er ihr zu verstehen, dass es ihm gefallen würde, »zuzusehen, wenn sie mit anderen Männern Geschlechtsverkehr hat; mit ihr zu schlafen, während ein anderer mit ihm Analverkehr hat; und wenn sie seinen Penis in den Mund nimmt beziehungsweise lutscht«. Eines Abends fährt er sie ins Motel Agip an der Mautstelle Firenze Nord, »wo er vergeblich versucht, sie einem anderen Mann zuzuführen«. Ein anderes Mal besuchen sie das Pornokino »Arlecchino«, wo ein Unbekannter, der neben Ada sitzt, zudringlich wird. Ada wehrt sich. Salvatore, der ein Stück von Ada entfernt Platz genommen hat, fordert sie auf zuzulassen, dass der Mann sie weiter begrapscht. Salvatore vertraut ihr voller Wehmut an, dass einmal, als er mit der Alfetta auf der Autobahn fuhr, seine Frau auf dem Rücksitz mit einem anderen Sex hatte.

In Adas Erinnerung wird der Mann zu einem Superhelden in Sachen Sex. Er bestreicht einen Vibrator mit Seife und benutzt ihn an sich selbst. Bisweilen weicht die Technik der Ökologie, dann wird der Vibrator durch eine große Gurke ersetzt oder durch »eine Zucchini in einem Präservativ«. Doch diese Hilfsmittel bewähren sich nicht. Einmal »bricht die Gurke ab, als sie in ihm steckt«. Ada erzählt keineswegs Märchen. Im Juni 1985 durchsuchen die Carabinieri Salvatores Wohnung. Sie finden: eine grüne Gurke (achtzehn Zentimeter lang, fünf bis sechs Zentimeter Durchmesser) im Schlafzimmerschrank (»der Fundort ist bezeichnend, die Gurke wurde sicher nicht für den Salat verwendet«); einen Vibrator »auf der Kommode«; eine Art Klistier; »eine Zucchini in fortgeschrittenem Stadium der Fäulnis«. Der Mann ist kein Holzklotz und auch nicht die Carabinieri, die in ihrem Bericht schreiben: »Man ist unschlüssig, ob man aus vollem Halse lachen oder angesichts der menschlichen Abgründe in tiefes Bedauern verfallen soll.«

Pietro Pacciani, sein Freund Mario Vanni, Postbote und Kumpan erotischer Spritztouren, und Maria Sperduto, fünfundfünfzig, klein, fast zahnlos, Analphabetin und Geliebte beider Männer (obwohl Pietro dies bestreitet) haben also nichts erfunden? Offensichtlich nicht. Und in dieser Gegend treiben es viele so.

In einem anderen Artikel (*Panorama*, 2. Juli 1994) geht es um den Gesundheitszustand des Angeklagten – während des Prozesses Gegenstand heftiger Debatten, weil nach Ansicht der Verteidigung Pacciani in so schlechter körperlicher Verfassung war, dass er die ihm zur Last gelegten Taten unmöglich hatte ausführen können. Ich lese, dass Pacciani

im Juni 1976 mit »einem Fremdkörper« im Rektum, einem gewöhnlichen Massagevibrator, in eben jenes Krankenhaus

(San Giovanni di Dio) eingeliefert wurde (...) Die Frage seiner körperlichen Verfassung ist von entscheidender Bedeutung, sind doch die Umtriebe des Monsters mit einem Herzleiden unvereinbar (Pacciani wurde 1978 wegen eines Herzinfarkts behandelt). Mir scheint, dass er damit als Täter mehr oder weniger ausscheidet. Dennoch, diesem Aspekt muss weiter nachgegangen werden, nicht zuletzt deshalb, weil er auch nach dem Infarkt seine lustvollen sexuellen Anstrengungen ohne Beeinträchtigung fortsetzte – leider mit seinen Töchtern...

Dergleichen gibt es noch mehr als genug. Kurz vor seiner Verurteilung hielten viele Pacciani für unschuldig, für das Opfer von Machenschaften, die vom echten »Monster« oder der Polizei inszeniert wurden, für einen Sündenbock. Einen Artikel aus *L'Espresso* vom 22. Juli 1994 möchte ich ungekürzt wiedergeben.

LIEBES MONSTER, ICH HAB DICH GERN
schreiben die Studentinnen. Eltern und Kinder schicken Briefe an »Opa Pietro«, den mutmaßlichen Killer von Florenz, um ihm ihre Bewunderung, Solidarität und Zuneigung zu bekunden. In genau diesen Worten.

»Ah, was für eine fromme Seele, dieser Junge, der mir geschrieben hat! Und auch sein Papa, das sind Menschen, die ein Herz haben, die Mitleid haben mit einem armen Unglücklichen wie mir, der von allen angespuckt, unschuldig vor Gericht gestellt und eingesperrt wird, alle habt ihr euch gegen mich verschworen, ihr wisst nicht, was Mitleid ist, ihr kennt keine Menschlichkeit, keiner von euch...«

Wutentbrannt wie immer, wie in jeder Pause dieses Prozesses, reckt Pietro Pacciani die Fäuste und stößt Verwünschungen aus. Der Bunkersaal, in dem sich die Zeugen die Klinke in die Hand geben, ist halb leer. Es ist heiß. Florenz ist voll von Touristen, die Massen, die an den ersten Verhandlungstagen im April hierherströmten, haben inzwischen anderes im Kopf als das mutmaßliche Monster, den Bauern aus Mercatale, dem sechzehn Morde zur Last gelegt werden.

Thomas Harris, Verfasser von *Das Schweigen der Lämmer*, der eine Zeit lang die Technik des »serial killing« all' italiana hier studiert hat, ist längst abgereist; geblieben ist die japanische Journalistin Nahoko Kametsu, die sich vorgenommen hat, »meinen Landsleuten von der dunklen und bizarren Seite der Italiener zu erzählen; die glauben nämlich, Italiener seien unkompliziert, fröhlich, essen gern und viel und lieben die Oper«.

Nun, hier offenbart sie sich, die »dunkle Seite« der Italiener. In einem Stapel von Papieren, die keine Prozessakten sind. In Hunderten von strafrechtlich irrelevanten Briefen pro und kontra Pacciani, die bei der Staatsanwaltschaft und bei Gericht eingegangen sind und, so die gesetzliche Vorschrift, mindestens fünf Jahre lang katalogisiert, archiviert und aufbewahrt werden müssen. In den Schreiben seiner Bewunderer, vor allem oftmals junger Frauen. In den linierten Protokollseiten, die Pacciani mit Zeichnungen, Gedichten, Beschwörungen und Klagen vollgekritzelt hat. In T-Shirts mit der Aufschrift »I love Pacciani« und auf der Rückseite: »Ein Angeklagter ist so lange unschuldig, bis seine Schuld bewiesen ist«, die von dem geschäftstüchtigen Römer Paolo Muccifora auf den Markt geworfen wurden.[10]

»Sehr geehrter Signor Pacciani, Sie sind mein absolut größter und bester Freund«, schreibt ihm der dreizehnjährige Matteo aus der Lombardei, die »fromme Seele«, wie Pacciani sagt: »Ich fand die Geschichte Ihres schweren, unglücklichen und entbehrungsreichen Lebens sehr interessant. Als Ihr wichtiger

Brief eintraf, empfand ich Freude, Glück und Zufriedenheit«. Und der Vater des Jungen? »Matteo verpasst keine Sendung, in der es um Ihre Sache geht«, schreibt er als Fußnote am Ende des Briefs. »Er bewahrt sämtliche Zeitungen auf und verfolgt Ihr Schicksal mit großer Aufmerksamkeit, er spricht zu Hause ständig von Ihnen, und seine Gedanken drehen sich nur um Sie. Ich möchte Ihnen meine Solidarität bekunden, in der festen Überzeugung, dass Sie mit dieser ganzen traurigen Angelegenheit, die von einer bestimmten Art Presse und Fernsehen aufgebauscht wird, nichts zu tun haben.«

Ein kleiner Junge nennt ihn »Opa«, zitiert aus dem Gedächtnis Pietro Fioravanti, Paccianis Anwalt (zusammen mit Rosario Bevacqua), seinen wichtigsten Ratgeber und Vertreter der These, dass »Pacciani zwar vielleicht aufgrund seiner Vergangenheit ein Monster ist, aber nicht das Monster von Florenz«. Fioravanti wiederum zitiert den Brief von Katy, einer Jurastudentin aus Florenz: »Mich packt die Wut, wenn du den Vorwürfen nicht entgegentrittst. Auch wenn du deinen Töchtern wehgetan hast, sechzehn Morde können einfach nicht auf deinem Gewissen lasten. Ich hab dich gern.« Wegen Vergewaltigung seiner beiden Töchter Rossana und Gabriella wurde Pacciani 1987 verurteilt und verbüßte eine Freiheitsstrafe von viereinhalb Jahren. Weitere vierzehn Jahre (von den siebzehn, zu denen er verurteilt worden war) verbrachte er wegen eines 1951 begangenen Mordes aus Eifersucht im Gefängnis.

Ist er nicht ein Grauen erregender Mensch, ob er nun das »Monster« ist oder nicht? Aber nicht doch. »Du bist ein wunderbarer Mensch«, schreibt ihm eine Lehrerin aus Arona, »schon allein deshalb, weil du die Natur liebst und die Felder bestellst. Ich möchte von dir die Güte deiner Sprache und die Güte deiner Seele lernen«. Vergewaltigung der Töchter? »Ich habe von Anfang an die Aussagen deiner Mädchen, wie du sie nennst, bezweifelt«, schreibt ihm eine Jurastudentin aus Brescia. Und wenn sich Freunde und Verwandte von ihm abwenden: »Lass sie. Wenn sie dir nicht glauben, haben sie deine Zuneigung nicht verdient. Vergiss nicht, du bist nicht allein, ich bin bei dir und mit mir viele andere, die genauso denken. Ich hab dich gern.«

Das menschliche Mitgefühl ist unermesslich: »Sicher, als junger Mensch warst du nicht gerade ein Heiliger«, schreibt die Studentin aus Brescia, »wenn du beispielsweise nachts unterwegs warst und Pärchen beobachtet hast. Was zum Teufel hast du dir dabei bloß gedacht! Okay! Aber inzwischen hast du dich geändert, das weiß ich ...« Und die Sprache verklärt die Fakten: »Ich betrachte dich als echten Mann, auch in deinem Ungestüm«, begeistert sich ein anderes Mädchen.

Es handelt sich, wohlgemerkt, nicht um eine Auseinandersetzung zwischen denen, die ihn für schuldig, und denen, die ihn für unschuldig halten, um Streitschriften, welche die Entscheidung über Schuld und Unschuld bis zur Urteilsverkündung offenlassen. Briefe in diesem Tenor überschwänglicher Solidarität und grenzenloser Bewunderung erhielt seinerzeit auch Pietro Maso, der junge Mann aus der Gegend von Verona, der zugegeben hatte, um des Geldes willen Vater und Mutter getötet zu haben. Das Besondere an Pacciani im Unterschied zu Maso ist die Begeisterung der Italiener für einen Gewalttäter, der weint, droht und verzweifelt ist, der die eigenen Töchter missbraucht und andere als undankbar verflucht. Seine Äußerungen sind sprachlich und inhaltlich wirr, aber sie sind überschwänglich und gehen zu Herzen: Seine Tränen im Fernsehen rühren die Leute und veranlassen sie zu diesen Briefen, ebenso sehr und noch mehr als seine Flüche.

Wer immer er ist und was immer er getan hat, in dieser Rolle ist Pietro Pacciani absolut glaubwürdig. Auf den Protokollseiten, die er im Gefängnis – tatsächlich mit einiger Fertigkeit – mit blauem, roten und schwarzem Stift vollkritzelt, gibt er sich als Kind in kurzer Hose wieder, mit einem Stock auf eine Schlange einschlagend; als Bauer am Pflug mit einem Ochsengespann; und heute als »armen leidenden Pietro«, »ich Armer, ein altes elendes Männlein«. Er zeichnet Kirchen, Kathedralen, Kapellen, Katzen, Pferde, Eidechsen, Gänse, mit nuklearen Sprengköpfen bestückte Raketen und schreibt darunter die Verse: »Die Welt ist voller Qualen und Wehklagen/deren Widerhall wir von ferne vernehmen/ein Aufbruch zu unbekannten Orten/Pensionierung ohne Beitragszahlungen«. Er bemüht auch das große Herz Mariens und Jesu Christi: »Hilf mir, Jesus. Bleib bei mir, du bist erlöst, und ich?«

Ja, genau – und ich? Lassen wir Leiden und menschliches Mitgefühl einmal beiseite. Vielleicht ist dies der Schlussstein dieses paradoxen Einklangs zwischen einem Teil Italiens und dem Bauern, der als das Monster vor Gericht steht. Dieses Grundgefühl der Trauer angesichts erlittenen Unrechts – sei es real oder eingebildet – und angesichts von Unrecht überhaupt. Dieses Gefühl, einen Anspruch zu haben – sei es auf Liebe, Wohlwollen, sexuelle Dienste oder Sozialversicherungsleistungen.

In diesem heftigen Gegreine, das selbst eine Tragödie noch zu einer Seifenoper macht. Mit einer Hand auf dem Herzen und einem scheelen Blick nach dem Fernseher.

Um das Bild jener Zeit Mitte der neunziger Jahre, in der der Prozess stattfindet, komplett zu machen, muss man sich das gesellschaftliche Klima vergegenwärtigen, in dem die Verbrechen begangen wurden. Es waren die Jahre des italienischen Terrorismus, der Provokation staatlicher Macht, des Ausnahmezustands, der im Kampf gegen die Roten

Brigaden verhängt wurde. Ein Ausnahmezustand, der vielleicht zumindest teilweise die relative Oberflächlichkeit und Ungenauigkeit der anfänglichen Ermittlungen zu den Verbrechen des »Monsters«, das Verschwinden von Beweisstücken, die Lückenhaftigkeit der Zeugenaussagen erklärt, wenn auch nicht rechtfertigt.

Zumindest teilweise.

Wohl aber nicht ganz.

## 6. Skizzen, Notizen, Gedanken

Ich klappe den letzten Ordner zu. Es ist Nacht. Meine Frau ist schon zu Bett gegangen. Sie schläft. Es ist kalt in Florenz.

In diesen letzten Wochen habe ich sehr wenig geschlafen, ich habe mir Unterlagen mit nach Hause genommen, um sie mit der gebotenen Konzentration studieren zu können und nicht von den tausend anderen Problemen, die meine neue Aufgabe mit sich bringt, abgelenkt zu werden.

Darüber ist es Dezember geworden, in knapp zwei Monaten soll das Berufungsverfahren beginnen. Die Zeit drängt, und das drückt auf meine Stimmung.

Der erstinstanzliche Prozess war ein typischer Indizienprozess. Es gab kein Geständnis des Angeklagten, die Pistole, für viele das wichtigste Beweisstück, fehlte, und es gab auch keine Augenzeugen.

Man beginnt bereits zu ahnen, dass die Beweise, die die Geschworenen damals für stichhaltig hielten, nunmehr von anderen Geschworenen für schwach erachtet werden könnten. Und da bei unsicherer Beweislage die freie richterliche Überzeugung das einzige Urteilskriterium ist, könnten die Geschworenen Pacciani freisprechen.

Dass er unschuldig ist, halte ich, gelinde gesagt, für unwahrscheinlich.

Die Ermittlungen, die auf seine Spur führten, waren hervorragende Arbeit. In dem durch den Computer möglich gewordenen Datenvergleich war eine einzige Person identifiziert worden. Zwar hatte die Verteidigung diese Methode kritisiert und Einspruch erhoben, der Computer habe einen »Tätertypus« erstellt, dem man Pacciani mit Gewalt habe angleichen wollen, aber die Geschworenen hatten dem Ermittlungsverfahren wieder die richtigen Dimensionen gegeben und betont, die Entdeckung des Mörders sei keineswegs »das Ergebnis eines spannenden Videospiels«, einer virtuellen, nicht faktischen Realität gewesen.

Die Realität der Fakten (heißt es im Urteil) ist eine völlig andere und hat nichts mit jener virtuellen Realität zu tun, von der die Verteidigung spricht. Denn der Computer ist keine künstliche, zu eigenständigen Entscheidungen fähige Intelligenz, wie behauptet wird, sondern nur ein Speicher, der eine enorme Datenmenge aufnehmen und so verarbeiten kann, wie es der Operator vorgibt. Es ist daher nicht die Maschine, sondern einzig und allein der Mensch, der über die Vorgehensweise entscheidet und bestimmt, welche Ergebnisse erzielt werden sollen. Der Computer ist lediglich das Hilfsmittel, das die Datensuche beschleunigt, die Daten nach genau definierten Parametern prüft und vergleicht – all das in kürzester Zeit. Dennoch ist es einzig und allein der Operator – also der Mensch –, der die Ergebnisse zu interpretieren, deren Wert zu beurteilen und über die weiteren Schritte zu entscheiden hat.[11]

Ruggero Perugini, der sich den Ruf eines »Polizisten des Theorems Pacciani« erworben hatte, widersprach vor Gericht entschieden dem Vorwurf, man wolle Pacciani mit allen Mitteln die Verbrechen anhängen:

Herr Anwalt, ich verstehe, worauf Sie hinauswollen, und möchte Ihnen direkt antworten. Es ging uns keineswegs darum, Pacciani die Schuld anzuhängen. Vielleicht ist es Ihnen nicht bekannt, aber bis 1992 war Signor Pacciani nur eine von vielen Optionen. Der Kreis der Personen, gegen die wir ermittelt haben, war so groß, wie Sie es sich gar nicht vorstellen können …[12]

Und an einer anderen Stelle:

Ich bin nie hinter Pacciani hergelaufen, ganz im Gegenteil. Ich habe alles getan, um ihn loszuwerden, nur um festzustellen, dass das unmöglich ist. Jahrelang haben wir vergeblich versucht, Beweise zu finden, die ihn als Verdächtigen ausschließen.[13]

Auch die Sündenbock-Theorie war letztlich unhaltbar. Warum sollte man einen solchen Sündenbock erst nach fünf Jahren präsentieren, zu einem Zeitpunkt, da sich die Aufregung um den Fall bereits zu legen begann? Wenn man einen Sündenbock gebraucht hätte, hätte man ihn sich viel früher »zurechtgebastelt«.

Außerdem wiesen die Zeugenaussagen in der Hauptverhandlung und die bei den Durchsuchungen sichergestellten Beweisstücke alle unzweideutig in diese Richtung.

Nein, an Paccianis Schuld kann es keine ernsthaften Zweifel geben.

Aber zu vieles erscheint mir ungereimt.

Ich versuche, meine Gedanken zu ordnen, und zeichne zu diesem Zweck die Verbrechensschauplätze auf einer Karte ein:

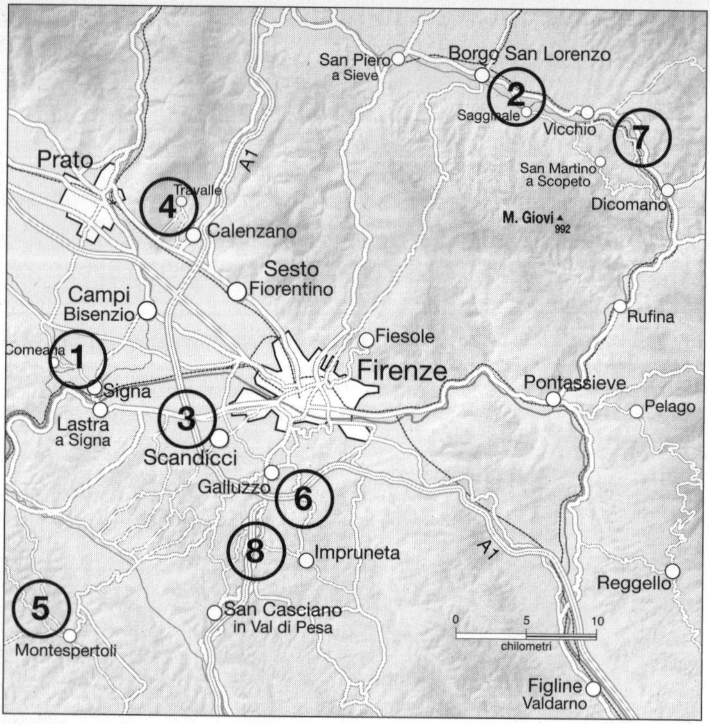


1) 21. August 1968 Signa
2) 14. September 1974 Borgo San Lorenzo
3) 6. Juni 1981 Scandicci
4) 22. Oktober 1981 Calenzano
5) 19. Juni 1982 Montespertoli
6) 9. September 1983 Giogoli
7) 29. Juli 1984 Vicchio
8) 8. September 1985 San Casciano Val di Pesa

Dann erstelle ich zwei Tabellen.

In der ersten sammle ich die Daten zu den Verbrechensschauplätzen, zu den mutmaßlichen Charakteristika des Mörders auf Grundlage der Ermittlungsergebnisse, den gemeinsamen Merkmalen der Opfer, der Klassifizierung der Morde auf Grundlage der Gutachten, der verwendeten Waffen und der hinterlassenen Spuren:

| Schauplätze des Verbrechens | Täterprofil |
|---|---|
| – Orte im Freien in den Hügeln im Umkreis von Florenz, die gern von Pärchen besucht wurden. | – Größe 1,80 Meter<br>– körperlich sehr kräftig<br>– semiprofessioneller Umgang mit Stichwaffen<br>– amateurhafte Kenntnisse im Umgang mit Schusswaffen<br>– Rechtshänder<br>– kennt die Tatorte sehr genau<br>– lebt und arbeitet möglicherweise in dieser Gegend<br>– möglicherweise ein Arbeiter (er schlägt am Wochenende oder, wie 1981, am Tag vor einem Generalstreik zu)<br>– er gebraucht keine sexuelle Gewalt und vollzieht keine sexuellen Handlungen<br>– möglicherweise sexuell frustriert (Rebschössling)<br>– hyposexuell |

| | |
|---|---|
| | – traktiert seine Opfer auch noch post mortem mit Messerstichen<br>– durchstöbert die Handtaschen der Opfer<br>– Vorliebe für Pornographie<br>– nimmt wahrscheinlich Drogen und/oder Alkohol<br>– schickte einen Streifen Haut von der Brust eines Opfers an die Polizei, um sie zu narren<br>– schickte drei Projektile, um zu provozieren |
| Opferprofil | – Liebespaare aus der näheren Umgebung, die die anderen Paare nicht kannten<br>– keiner Risikogruppe angehörend, wahrscheinlich zufällig ausgewählt |
| Waffen | – Pistole Beretta Kaliber 22, Serie 70, Modell 73 oder 74 mit zehn Schuss, seit 1959 im Handel erhältlich, möglicherweise sehr abgenutzt<br>– Patronen Marke Winchester Kaliber 22 mit dem Symbol »H« auf dem Hülsenboden und mit kupferummantelten Projektilen (bei den Verbrechen 1968–1974–1983 (ein einziges solches Projektil)) und mit Projektilen aus reinem Blei ohne Ummantelung (bei den anderen Verbrechen) |

| | |
|---|---|
| Spuren | – Messer<br>– Skalpell oder ein anderes sehr scharfes Werkzeug<br>– Abdruck Größe 44 eines Schuhs, wie man ihm zum Jagen oder Angeln trägt<br>– Haarbüschel in der Hand der im Oktober 1981 getöteten Frau und zwei dunkelbraune Haare unter dem Fingernagel des Mannes<br>– Stein in Form eines Pyramidenstumpfs, teils rot angestrichen (Verbrechen Oktober 1981)<br>– Abdruck in der Staubschicht auf dem Auto der Opfer von 1984<br>– Speichelspuren einer Person mit der Blutgruppe A |
| Klassifikation der Verbrechen | – Lustmord (nach Ansicht einiger der Experten, darunter des FBI)<br>– Mord aus sexuellem Sadismus (nach Ansicht anderer Experten)<br>– die aus den Frauenleichen herausgeschnittenen Teile sind Souvenirs |

Einige Ungereimtheiten springen sofort ins Auge: die körperlichen Merkmale (Pacciani ist etwa 1,60 Meter groß), die mutmaßliche Hyposexualität (im Widerspruch zur Hypersexualität des Beschuldigten).

Alles Einwände, die im Prozess erörtert, aber nicht abschließend geklärt wurden.

Die zweite Tabelle bezieht sich auf die Durchsuchungen:

| Zeitpunkt der Durchsuchung | Beschlagnahmtes Material |
|---|---|
| 11. Juni 1990 | Briefe, Zeitungsausschnitte mit Berichten über das »Monster«, pornographische Zeitschriften, Notizbücher, Fotos mit pornographischen Abbildungen, Heftseiten mit Zeichnungen von Personen und Tieren, teilweise pornographischen Inhalts, Jagdgeräte, ein Fernglas, »Rezepte der schwarzen Magie«, Tafel mit »Ja« und »Nein«, ein Gemälde *Mercatale. Ein Science-Fiction Traum, Pacciani, Pietro, 10.4.1985* |
| 3. Dezember 1991 | Ein weiteres Fernglas, elektrische Taschenlampe, Tücher mit Flecken, Zeitschriften, Reklamezettel, darauf das Wort »Paar« und eine Autonummer |
| 6. Dezember 1991 | Zeitungsausschnitte (einige mit Nachrichten über das »Monster«), Briefe, Verteidigungsschriften (Lebenslauf von der »Geburt bis heute«), Buch mit dem Titel *Dominion over demons*, Album *Meine Zeichnungen* mit erotischen Skizzen, Broschüre zum Thema Magie und Satanismus |

| | |
|---|---|
| Vom 27. April bis zum 9. Mai 1992 | Patrone im Garten, Marke Winchester Kaliber 22, Serie »H« mit feiner Riffelung auf der Unterseite, mehrere Landschaftsgemälde von Pacciani |
| 31. Mai 1992 (polizeiliche Durchsuchung in der Wohnung der Töchter) | Drei Stoffstücke identisch mit denen, in die die Federführungsstange eingewickelt war |
| 2. Juni 1992 | Seifenschale mit dem Aufdruck »Deis«, Zeichenblock »Skizzen Brunnen«, Stoffstück identisch mit dem, in das die Federführungsstange eingewickelt war |
| 13. Juni 1992 | Bleistifte, Pastellstifte, Kugelschreiber, eine Schneidemaschine deutschen Fabrikats, Blatt eines Zeichenblocks »Skizzen Brunnen« mit handschriftlichen Notizen Paccianis |
| 16. Januar 1993 (anlässlich der Festnahme) | Nichts |
| 30. April 1993 | Sieben Brillen und Teil eines Gestells aus gelbem Metall ohne Gläser und Bügel |

Ein Streitpunkt in der Hauptverhandlung war der Zeitpunkt der Aufzeichnungen Paccianis auf dem Block »Skizzen Brunnen«, die allesamt aus der Zeit vor dem Mord an den beiden Deutschen datiert sind. Der Staatsanwalt widersprach dem Einwand der Verteidigung mit dem Argument, diese Datierungen seien, wenn überhaupt, nur ein weiterer Beleg für die Schuld des Angeklagten, der in seiner »Bauernschläue« die Notizen vordatiert haben könnte, nachdem die Carabinieri sein Haus durchsucht hatten. Sie hätten den Block mit Sicherheit entdeckt, aber nicht genauer untersucht.

Das erscheint mir aber nicht der entscheidende Punkt.

Ich folge der Spur, die man mir gewiesen hat, und sie erscheint mir zunehmend plausibler, um nicht zu sagen einleuchtend.

Der Schwachpunkt des Anklageaufbaus ist nicht die Identifizierung des Mörders, sondern seine Klassifizierung und folglich auch die Tatmotive.

Hier wurde nach meiner Ansicht sehr wohl etwas konstruiert. Das müssen die Richter zumindest geahnt haben, da es Hinweise auf mögliche Komplizen durchaus gab.

Ruggero Perugini hatte die Fälle der Serienkiller gründlich studiert und seine Rekonstruktion unter anderem auf das mutmaßliche Trauma gestützt, das Pacciani bei seinem ersten Mord erlitten hatte, für den er seinerzeit eine Haftstrafe verbüßte. Damals hatte der junge Pacciani mit großem Entsetzen beobachtet, wie seine Verlobte Miranda vor einem anderen ihre linke Brust entblößte – was dazu geführt haben könnte, dass er später zweien der Frauenleichen die linke Brust abgeschnitten hatte. Hier könnte der Ursprung für den mutmaßlichen blindwütigen, von Rachegefühlen getriebenen Serienkiller liegen, der Jahre später in Aktion trat.

Aber die Theorie vom einsamen Serienkiller, wie ihn

die Gutachten – auch jenes des FBI – nahelegen, hat einen Haken: Sie lässt zu vieles außen vor. Nicht nur die Zeugenaussagen, die nicht in den Gerichtssaal gelangen.

Ausgeklammert werden vor allem auch potenzielle größer gewachsene, gesündere Komplizen mit Schuhgröße 44.

Ebenso alles, was auf ein Ritual möglicherweise der schwarzen Magie hindeuten könnte (für die sich seinen Notizen zufolge auch Pacciani interessierte). Anhaltspunkte dafür gibt es zumindest bei einigen der Verbrechen (der Rebschössling in der Vagina, die Grabschändung, der pyramidenförmige Stein, die Neumondnächte). All dies wurde im Prozess zwar erörtert, aber nur, um vom Gericht als unerheblich verworfen zu werden. Das rituelle Motiv deutet im Übrigen gleichfalls auf mehrere Beteiligte hin und wäre eine Erklärung für die Messerstiche, die den Männerleichen zugefügt wurden. Im Prozess wurde die Ermordung der Männer stets damit erklärt, dass ein Hindernis aus dem Weg geräumt werden musste, um an die Frau, das eigentliche Angriffsziel, heranzukommen. Wenn nun aber auch die Ermordung der Männer, wenngleich in geringerem Maße, Teil eines esoterischen Rituals war, bei dem auch ihre leblosen Körper geschändet wurden?

Die Theorie vom Einzeltäter klammert auch einen Gesichtspunkt aus, der mich als Sizilianer bei der Lektüre des Urteils wie ein Peitschenhieb getroffen hatte. Ich meine die Stelle, wo von der »Kenntnis der Umgebung und Orte und der *Mauer des Schweigens (omertà)*« die Rede ist (S. 48; Kursivierung vom Autor).

Dieser Ausdruck, bezogen auf eine Region so fern von Sizilien und Kalabrien, wo dieses Phänomen beheimatet ist, hatte mir zu denken gegeben. Denn die Vorstellung einer wie auch immer gearteten Komplizenschaft passt nicht in das Bild des einsamen Serienkillers, der in einer »Kultur des Schweigens« keine Chance gehabt hätte. Das »Monster von Florenz« hätte es in einem von der Mafia kontrollierten Umfeld so schwer gehabt wie ein Kinderschänder im Gefängnis.

Die *omertà* ist das Ergebnis von Angst, keinesfalls aber die Angst vor einem Einzelnen, denn mit ihm wird die Gruppe problemlos fertig. Oder die Folge von Solidarität aufgrund unaussprechlicher Wahrheiten, wie es sie insbesondere im Bereich der Sexualität häufig gibt, was meiner Ansicht nach die Zeitungsartikel über ein »Italien der tiefsten Provinz« und deren Laster umso aktueller macht. Hier werde ich weiter nachforschen müssen.

Und auch dies spricht eindeutig für mehrere Komplizen.

Womöglich haben einige von ihnen etwas mit dem mysteriösen Verschwinden ermittlungsrelevanter Gegenstände zu tun.

Vielleicht auch mit dem Verschwinden von Zeugen.

## Anmerkungen

1 Urteil des Schwurgerichts von Florenz vom 1.11.1994, S. 441–454 ff. Insbesondere: »Ein mit Sicherheit nicht nebensächlicher Aspekt der Ermittlungen dreht sich um die Mitwirkung möglicher Komplizen an den Pacciani zugeschriebenen Straftaten (…) Am Tatort deutet zwar objektiv nichts auf die Mitwirkung eventueller Komplizen hin (…) aber es liegen auch keine Elemente vor, anhand derer sich prinzipiell ausschließen ließe, dass sich am Tatort oder in dessen unmittelbarer Nähe mögliche Komplizen von Pacciani aufhielten, die als Helfer fungierten, ganz im Gegenteil. *Es gibt sogar einen sicheren und eindeutigen Beweis für eine solche Anwesenheit*, und zwar die Aussage des Zeugen Lorenzo Nesi (s.o., S. 147 ff.), der in der Nacht des Mordes an den jungen Franzosen zu einer Uhrzeit, die mit dem Zeitpunkt des Doppelmordes übereinstimmt, in der Via di Faltignano den Ford Fiesta von Pacciani vorbeifahren sah, neben dem ein Individuum saß, das Nesi zwar nicht erkennen konnte, das aber angesichts der spezifischen zeitlichen und örtlichen Situation zwangsläufig mit diesem sehr vertraut sein und wohl auch mit dem Verbrechen in Zusammenhang stehen muss. (…) Daraus lässt sich schließen, dass es *zumindest für letztgenannten Vorfall einen sicheren Beweis* dafür gibt, dass Pacciani an jenem Abend eine weitere Person bei sich hatte, die der Zeuge Lorenzo Nesi gesehen hat – wahrscheinlich, aber nicht unbedingt dieselbe Person, die der Zeuge Zanetti gesehen hat. (…) Daher ist es nicht unwahrscheinlich, dass man durch induktive Logik auf die Hypothese eines potenziellen Komplizen kommen kann. Die Verteidigung des Angeklagten beharrte darauf, dass es dem Angeklagten unmöglich gewesen wäre, den schweren Leichnam von Jean Michel Kravechvili hochzuheben und die Böschung hinunterzuwerfen. Dies wäre natürlich sehr viel leichter machbar gewesen, wenn sich vor Ort eine weitere Person befunden hätte, die bei seinem schändlichen Tun mit ihm zusammenarbeitete.« (Kursivsetzungen vom Autor)

2 Gutachten der Ärzte Mauro Maurri, Giovanni Morello und Maria Grazia Cucurnia vom 4.1.1982, S. 153–157.

3 Das Phänomen nahm solche Ausmaße an, dass sich die Richter, die Pietro Pacciani verurteilt hatten, bemüßigt fühlten, im zitierten Urteil (S. 39) zu Recht zu präzisieren, dass »jedes Mal, wenn im vorliegenden Schriftstück der Ausdruck ›Monster‹ für den Urheber der abscheulichen Verbrechen benutzt wurde oder werden wird, dies nur geschehen ist oder geschehen wird, um auf praktische und unmittelbare Weise, bar jeder moralischen Wertung oder gar Abwertung, jenes Subjekt zu beschreiben, dem die Medien und die volkstümliche Fantasie im Laufe der Zeit diese Bezeichnung zugeschrieben haben, offensichtlich mit völlig unterschiedlicher, verurteilender Absicht.«

4 Zitiertes Gerichtsurteil vom 1.11.1994, S. 16–18.

5 Ebd., S. 18.

6 Bericht des Polizeilichen Erkennungsdienstes (Servizio Polizia Scientifica) in Rom, Abteilung physikalische, chemische und warenkundliche Untersuchungen, vom 5. November 1985.

7 *La Nazione*, 8. Dezember 1991, Artikel von Roberto Baldini.

8 Zeugenaussage abgedruckt in der Wochenzeitschrift *L'Epoca*, 7. Juni 1994.

9 *La Nazione*, 9. Juni 1981.

10 Der Verkauf dieser T-Shirts empörte den Vater von Pia Rontini, der sich an den Staatspräsidenten wandte: »Herr Präsident, helfen Sie mir, die Händler aus dem Tempel zu werfen, die aus den sechzehn Opfern des Monsters von Florenz Kapital zu schlagen versuchen« (vgl. *La Repubblica*, 26. Juli 1994).

11 Urteil vom 1.11.1994, S. 50f.

12 *La Repubblica*, 24. Mai 1994.

13 *Il Corriere della Sera*, 17. Januar 1994.

# Zweiter Teil

## 1. Pietro Paccianis Freunde

»Herr Staatsanwalt, ich halte Pacciani tatsächlich für schuldig, glaube aber, dass er noch Komplizen hatte«, antworte ich auf die erste Frage, die mir Piero Luigi Vigna stellt, als ich ihm am 4. Dezember 1995 morgens meinen Bericht übergebe.

Ich bin mir sehr wohl über die Verantwortung im Klaren, die ich mit dieser Aussage auf mich nehme.

Meine Leute und ich stehen in einem verzweifelten Wettlauf mit der Zeit, denn der Berufungstermin rückt immer näher, und in weniger als zwei Monaten müsste ich Beweise für das liefern, was in jahrelanger Ermittlungsarbeit nicht ans Licht gekommen ist – jedenfalls nicht in der nötigen Klarheit. Eine Aufgabe, die für mich als Ordnungshüter zwingend ist, da eine Haftentlassung Paccianis, von dessen Schuld ich mich gerade erst überzeugt habe, bedeuten würde, dass ein grausamer Mörder in Freiheit gelangt, der imstande ist, erneut zuzuschlagen.

Ich weiß auch gar nicht, ob die Staatsanwaltschaft meine Position teilt. Allerdings glaube ich verstanden zu haben, dass Vigna von mir erwartet, dass ich diese Beweise liefere. Er hat mich mit einem Lächeln und der nun zwischen uns üblichen Herzlichkeit empfangen, die auf gegenseitiger Wertschätzung beruht. Weniger sicher bin ich mir bei seinem für die Ermittlungen zuständigen Kollegen Paolo Canessa, der immerhin im erstinstanzlichen Prozess mit voller Überzeugung die Hypothese vom allein handelnden Serienmörder vertreten hatte.

An diesem Morgen ist auch er anwesend, und ich begegne ihm zum ersten Mal. Er wirkt auf mich weder feindselig noch präjudiziell gegen die Linie eingestellt, die ich im Zuge meines langwierigen und gewissenhaften Aktenstudiums entwickelt habe.

Ein gründliches Studium, für das ich jetzt büßen muss, weil mir nur noch so wenig Zeit bleibt, das ich aber nicht hätte abkürzen oder oberflächlich halten können. Dergleichen liegt mir nicht. So unerbittlich die Tyrannei der Zeit auch sein mag, niemals rechtfertigt sie überhastete Manöver, denn diese – das hat mich meine Erfahrung als Fahnder gelehrt – haben stets auch etwas Leichtfertiges. Diesem Grundsatz folgend, werden wir in den kommenden Wochen und Monaten mehr Stunden am Tag arbeiten, als normalerweise von uns verlangt, aber wir werden auch kein Detail übersehen und keine voreiligen oder oberflächlichen Schlüsse ziehen.

Der Bericht, den ich für Vigna geschrieben und ihm übergeben habe, enthält alle Zeugenaussagen, die meiner Ansicht nach dienlich sind, um die Plausibilität der Hypothese von den Komplizen aufzuzeigen. Außerdem jene Fahndungsinitiativen, die mir für das Vorgehen bei den neuen Ermittlungen, die diese Hypothese beweisen sollen, besonders nützlich erscheinen.

Der Weg ist quasi vorgezeichnet.

Nach Durchsicht aller Akten war ich zu dem Schluss gekommen, dass Paccianis Komplizen, sollte er denn welche gehabt haben, zunächst unter seinen engsten Bekannten zu suchen waren. An erster Stelle in seinem Freundeskreis, dann unter den Prostituierten, die sie zusammen aufzusuchen pflegten.

Dieses zutiefst provinzielle Italien war es, in dem man vor allem herumstöbern musste.

Freundschaft hat auch bei Menschen einen hohen Stellenwert, die gemeinschaftlich ein Verbrechen begehen, denn sie trägt stark dazu bei, ein Band der Komplizenschaft zu schmieden, das auf hundertprozentigem gegenseitigem Vertrauen in das Stillschweigen des anderen basiert. Freundschaft entsteht zwischen Menschen, die im Leben gemeinsame Interessen haben, und sie bleibt bestehen, solange sie von diesen Interessen gespeist wird.

Die Suche gestaltet sich nicht weiter schwierig.

Pacciani hatte, vielleicht seines schlechten Charakters wegen, nicht viele Freunde, und einer davon war bereits eines natürlichen Todes gestorben. Die Namen der wenigen Verbleibenden standen alle in den Akten zum erstinstanzlichen Prozess.

Als Erstes war mir fast automatisch der Name Mario Vanni ins Auge gesprungen – vielleicht, weil mich die seltsame Geschichte mit den »Imbissen« beeindruckt hatte, die er bei seiner Vernehmung im Prozess erzählt hatte.

Beim Stöbern in den Archiven des Polizeipräsidiums finde ich einen alten Zeitungsartikel vom 21. März 1964, verblichen und brüchig, weil er nicht sorgfältig konserviert worden ist. Die Überschrift lautet *Postbote von San Casciano wegen Misshandlung seiner Ehefrau verhaftet*, und die Essenz ist folgende: Vanni hatte häufig Streit mit seiner Frau und wurde dabei gewalttätig. Nachdem beim letzten Mal die Carabinieri eingeschritten waren, um den Streit zu schlichten, hatte sich etwas sehr Schwerwiegendes ereignet: Als die beiden wieder allein waren, hatte der Mann seine im neunten Monat schwangere Frau gezwungen, auf einem kleinen Sofa zu schlafen. Als die Ärmste um 4 Uhr morgens immer noch keinen Schlaf gefunden hatte, fasste sie sich ein Herz und versuchte, sich ins Ehebett zu legen. Der Mann war aufgewacht, hatte sich auf sie gestürzt und sie verprügelt. Als er dann am nächsten Tag auch noch fortgegangen war, ohne ihr Geld dazulassen, hatte sie ihn bei den Carabinieri zum x-ten Male wegen Gewalttätigkeit angezeigt. Kaum war die Anzeige beim Staatsanwalt eingegangen, hatte dieser sofort Haftbefehl erlassen, und Vanni war noch am gleichen Tag festgenommen worden.

Ein interessantes Individuum, ganz zweifellos.

Ein anderer Freund ist Giancarlo Lotti.

Den Akten zufolge hatte er eher zu Vanni als zu Pacciani freundschaftliche Beziehungen unterhalten und sich mit ihm auch regelmäßiger getroffen.

Im Zuge der Vorermittlungen gegen Pacciani war er 1990 und 1994 von der Polizei verhört worden.[1]

Bei diesen Gelegenheiten hatte er versucht, seine Beziehung nicht nur zum Angeklagten, sondern auch zu Vanni herunterzuspielen, so als wollte er möglichst überhaupt nichts mit der Angelegenheit zu tun haben. Er hatte sehr allgemein gehaltene, ziemlich kurze Erklärungen abgegeben, die gespickt waren mit Sätzen wie: »Daran kann ich mich nicht erinnern.« Zugegeben hatte er lediglich, sich – zufällig genau wie Vanni – sporadisch und ausschließlich zu »Imbissen« mit Vanni und Pacciani getroffen zu haben.

Schließlich hatte es noch einen weiteren Freund gegeben, einen Maresciallo der Carabinieri, doch dieser war bereits Jahre zuvor eines natürlichen Todes gestorben.

Schlussendlich bleiben nur zwei Freunde übrig: Mario Vanni und Giancarlo Lotti.

Als Ermittlungshandlungen empfehle ich also die Überwachung der Telefone von Vanni und der Bar von San Casciano, in der Lotti Stammgast ist – ein aus der Bahn Geworfener ohne eigenen Wohnsitz und somit auch ohne eigenes Telefon, wohnhaft in einem von dem Priester Don Fabrizio geleiteten Pfarrheim in der Nähe von San Casciano.

Weiter empfehle ich, das Telefon einer Freundin von Lotti, einer gewissen Filippa Nicoletti, abzuhören. Die Frau war einige Wochen zuvor, als bereits vieles auf Pacciani als Täter hindeutete, von Staatsanwalt Canessa selbst routinemäßig verhört worden und hatte von sehr engen Kontakten Lottis sowohl zu Pacciani als auch zu Vanni berichtet. Außerdem habe Lotti, als er von ihrer Vorladung zur Staatsanwaltschaft erfuhr, unbedingt wissen wollen, welche Fragen man ihr gestellt habe. Dieses Interesse an den laufenden Ermittlungen war durchaus verdächtig.

Ich beantrage auch eine Vollmacht des Staatsanwalts, um die betroffenen Personen befragen zu können, ebenso einige Frauen, die den Akten zufolge mit Vanni, Lotti und Pacciani selbst bekannt waren und sich mit ihnen trafen. Auf diese Weise würde ich die Individuen näher kennen lernen und gegebenenfalls weitere Kontaktpersonen ermitteln können.

Ein einfacher Arbeitsplan, aber unabdingbar, um den Fahndungsmechanismus in Gang zu setzen.

Der Staatsanwalt überfliegt kurz meinen Bericht und wechselt schweigend einen Blick mit seinem Kollegen.

Dann sagt er zu mir:

»Ich bin vollkommen einverstanden mit Vannis Telefon, denn wir vermuten, dass er Dinge weiß, die für die Ermittlungen wichtig sein könnten. Im Falle von Lotti hingegen halten wir es nicht für zweckmäßig, auch weil das Telefon in der Bar von so vielen Menschen benutzt wird und das Abhören für Ihre Leute sehr mühselig wäre.«

Ich widerspreche nicht. Ich bin es gewohnt, mich an die Anweisungen meiner Vorgesetzten zu halten, und zudem erscheint mir die Begründung vernünftig, vielleicht sogar nachvollziehbar: eine Bar ist ein öffentlicher Ort, und viele wären von den Abhörmaßnahmen betroffen; das Telefon zu überwachen würde angesichts der Vielzahl von Telefonaten zudem einen Personaleinsatz rund um die Uhr bedeuten.

Zurück in meinem Büro ändere ich die erste und die letzte Seite meines Berichts. Ich streiche die Passagen, in denen ich das Abhören des Telefons in der Bar beantrage, und leite ihn anschließend weiter.

Einige Tage später lässt mir der Staatsanwalt die Genehmigung zukommen, Vannis und Filippas Telefon zu überwachen, und bevollmächtigt mich außerdem, die beantragten Vernehmungen durchzuführen.

Der Fahndungsmechanismus kommt in Gang.

## 2. Giancarlo Lotti wird vernommen

Die Tage vergehen, und aus den Abhörmaßnahmen ergibt sich nichts Verwertbares.

Ich warte ein, zwei, sieben, acht Tage und zwinge mich dazu, meine Anspannung hinter einer mühsam zur Schau getragenen Ruhe zu verstecken. Mit jeder Stunde, jeder Minute rückt der Prozessbeginn näher. Aber ich kann die konsolidierten Abläufe nicht verändern und ziehe es vor, irgendetwas – das ich durch das Abhören der Telefone zu gewinnen hoffe – in der Hand zu haben, ehe ich mit den Vernehmungen beginne, um so die Antworten besser einschätzen und erkennen zu können, ob der Betreffende lügt oder etwas verheimlicht.

Unter anderem deshalb habe ich bereits beschlossen, mir Mario Vanni, der Pacciani am nächsten steht und meinen bisherigen Informationen zufolge die härteste Nuss ist, bis zum Schluss aufzuheben. Ein verschlossener, feindseliger Mensch, der mit Sicherheit wenig Bereitschaft zur Zusammenarbeit zeigen wird. Ich werde versuchen, von den anderen so viel wie möglich über ihn zu erfahren, um bessere Chancen zu haben, wenn er vor mir steht.

Aber man kann immer nur eine begrenzte Zeit warten, und am Ende dieser langen, unfruchtbaren Tage zwinge ich mich zu einer Änderung meiner Strategie: Die Vernehmungen sollen nun dazu dienen, in Telefongesprächen auf die Ermittlungen bezogene vertrauliche Äußerungen zu provozieren, die bislang ungesagt geblieben sind.

Als Datum für die erste Vernehmung setze ich den 15. Dezember fest, und ich beginne mit Giancarlo Lotti, dem gesellschaftlichen Außenseiter, dem Don Fabrizio Obdach gewährt.

Er erscheint pünktlich in meinem Büro.

Ein großer, kräftiger Mann mit vollem Gesicht, trägt er ein kariertes Hemd im schottischen Stil und eine Stoffjacke. Sein sonstiges Aussehen entspricht dieser bescheidenen Kleidung. Er wirkt befangen, nervös, als sei er über die Vorladung verärgert.

Ich biete ihm einen der beiden Sessel an, die für Besucher vor meinem Schreibtisch stehen.

Mit eher langsamen Bewegungen und ohne mir ins Gesicht zu sehen, nimmt er Platz und murmelt dabei mehrmals mit dünner Stimme, er habe es eilig.

»Warum?«, frage ich.

Den Blick zum Boden gerichtet erklärt er mir, er habe das Auto auf einem gebührenpflichtigen Parkplatz abgestellt und wolle nicht zu viel bezahlen.

Er spricht ein ungeschliffenes Italienisch, das zu verstehen ich manchmal Mühe habe.

Nach wie vor sieht er mir nicht ins Gesicht, ein Umstand, der mich sehr ärgert, was ich jedoch nicht zeige, denn ich muss im Gegenteil versuchen zu erreichen, dass er sich möglichst wohl fühlt.

Ich frage ihn, ob er seine in den vergangenen Jahren bei der Polizei gemachten Aussagen bestätigen kann, und lese ihm den vollen Wortlaut der Protokolle vor. Damit hat er keine Schwierigkeiten, er erinnert sich gut daran.

Dann komme ich auf die Freundschaften und Damenbekanntschaften zu sprechen, zuallererst auf Filippa Nicoletti.

Mit einem schwachen Lächeln erzählt er mir, dass ihr Kontakt auf das Jahr 1981 zurückgeht. Er habe sie damals besucht, erklärt er mir, »wie eben ein Mann eine Frau besucht«. Zunächst als Kunde, später auch als Freund. Er habe sie in der Zeit aufgesucht, als sie ein altes Bauernhaus bei San Casciano bewohnte, und auch später noch, nachdem sie innerhalb der Toskana umgezogen sei. Ihre Freundschaft bestehe noch immer: So habe ihn Filippa gerade wenige Tage zuvor in der Dorfbar angerufen, um zu fragen, ob er sie aufs Präsidium begleiten könne – sie sei dort vorgeladen. Er habe geantwortet, das sei ihm nicht möglich, weil er an diesem Tag arbeiten müsse.

»Kennen Sie andere Personen, die Filippa aufgesucht haben?«, frage ich.

Er nennt einen einzigen Namen: Mario Vanni.

Schlagartig wird mir bewusst, dass er einige Male den Blick vom Boden gehoben und meine Augen gesucht hat, ich merke aber, dass sein Blick unstet ist. Nachdem er den Namen des Freundes genannt hat, senkt er die Augen wieder, und das schwache Lächeln, das sich hin und wieder auf seinem breiten Gesicht zeigt, verschwindet.

Er wirkt auf mich jetzt noch ausweichender als beim Betreten meines Büros.

»War er ihr Kunde?«, frage ich.

Keine Antwort. Ihm ist anzumerken, dass er nervös ist.

Er bewegt fortwährend die Beine und wendet den Kopf häufig zum Fenster, das sich in seinem Rücken befindet.

»War Vanni ihr Kunde?«, bohre ich weiter.

Er antwortet, aber sein Blick ist immer noch zu Boden gerichtet.

Vanni habe ihm einmal erzählt, er sei zu Filippa gegangen, um Geschlechtsverkehr zu haben. Dieser sei jedoch nicht vollzogen worden, weil »Mario Neigungen hat, die nicht der Norm entsprechen und denen auch Prostituierte sich manchmal verweigern«.

»Erklären Sie das genauer, Lotti.«

»Filippa hat mir einmal gesagt, Vanni ist bei ihr gewesen und hat Analverkehr gewünscht, aber sie hat sich nicht darüber geäußert, ob sie dem Wunsch entsprochen hat oder nicht. Sie hat mich nur gefragt, ob ich den Vanni zu ihr geschickt habe, und ich habe nein gesagt.«

Offenbar ist er durchaus bereit, über Vanni zu sprechen, und ich frage mich, ob er auf diese Weise das Gespräch von sich selbst ablenken will, oder ob er das Bedürfnis verspürt, sich von einer Last zu befreien, wie es bei Menschen, die ein Geheimnis haben, häufig vorkommt.

»Welche Art von Beziehung besteht zwischen Ihnen und Vanni?«, dränge ich sanft.

Er antwortet, in der Vergangenheit hätten sie ein gutes Verhältnis gehabt und sich gegenseitig besucht, doch in letzter Zeit seien diese Besuche selten geworden, und der Freund habe bei diesen Gelegenheiten einen bedrückten Eindruck auf ihn gemacht. Auch gesundheitlich sei er sehr anfällig gewesen. Anschließend erzählt er von sich aus mehr über Vannis sexuelle Perversionen.

»Was die Sexualität betrifft, war er ein bisschen seltsam, er zog nicht nur den Analverkehr vor, sondern benutzte auch oft einen Gummipenis, den er in der Tasche mit sich herumtrug. Ich erinnere mich, dass ihm manchmal in der Bar, wenn er etwas aus der Tasche holte, so ein Penis auf den Boden fiel.«

Während er spricht, zeigt sich auf seinen Lippen wieder ein feines Lächeln. Ich unterbreche ihn nicht. Er erzählt weiter. Und dieses Mal kommt er auf Pacciani zu sprechen.

Er erklärt, Vanni habe sie einander vorgestellt.

Es sei gegen Ende der siebziger Jahre gewesen. Pacciani habe damals in Sant'Anna di Montefilidolfi bei San Casciano gewohnt. Nach der ersten Begegnung habe Lotti sich gelegentlich mit Pacciani getroffen, um in einer Trattoria oder einem Lebensmittelgeschäft in der Nähe »einen Imbiss« einzunehmen. Manchmal habe man sich auch zum Trinken und Reden bei ihm zu Hause getroffen.

»Wie ist das Verhältnis zwischen Pacciani und Vanni?«, frage ich.

»Früher war es sehr gut, inzwischen nicht mehr«, gibt er zurück.

»Warum nicht?«

Als Pacciani wegen des Missbrauchs an seinen Töchtern im Gefängnis gewesen sei, erklärt er mir, habe Vanni auf ihn, Lotti, eine Zeit lang ernsthaft besorgt gewirkt, und zwar wegen eines Drohbriefes, den ihm der Freund geschrieben habe. Diesen Brief habe Vanni jemandem zu lesen geben und bei den Carabinieri abliefern wollen – das zumindest habe er ihm gegenüber behauptet.

Der Brief, auf den sich eben dieser Vanni bei seiner Zeugenaussage während des Prozesses bezogen hat, denke ich und schließe daraus, dass er in diesem Punkt die Wahrheit sagt.

Ich versuche, mehr darüber zu erfahren.

Lotti verschließt sich nicht. Er erzählt mir, nach Paccianis Haftentlassung sei Vanni seinem Eindruck nach höchst beunruhigt gewesen, nicht zuletzt, weil er etliche Anrufe erhielt, bei denen aufgelegt wurde, sobald er abnahm.

Im Prozess hat Vanni berichtet, Pacciani habe ihn telefonisch bedroht, sage ich mir.

Lotti berichtet über einen Vorfall, der ihm in den Sinn kommt: Eines Tages sei er mit Vanni zusammen auf der Piazza von San Casciano gewesen und habe Pacciani auf dem Rand eines großen Blumenkübels sitzen sehen. Der sichtlich eingeschüchterte Vanni habe erklärt, er wolle ihm nicht begegnen, darum hätten sie kehrtgemacht.

Wenn Lotti die Wahrheit sagt, muss zwischen Pacciani und Vanni etwas wirklich Gravierendes vorgefallen sein.

Ich setze das Verhör mit der Frage fort, welche anderen Prostituierten Vanni noch besucht habe. Er erwähnt eine gewisse Gabriella, eine Florentiner Prostituierte, die in den achtziger Jahren in den bahnhofsnahen Hotels von Florenz aktiv war und mit der ihn eine tiefe Freundschaft verbunden habe.

Inzwischen ist es 22.15 Uhr geworden. Ich beende das Verhör.

Als das Protokoll verlesen und unterschrieben ist, verlässt Lotti das Büro und klagt darüber, dass er nun doch eine Menge für den Parkplatz wird bezahlen müssen.

»Tut mir leid, aber Sie müssen noch einmal kommen«, gebe ich zurück und drücke ihm die Hand.

Als ich allein bin, lese ich das Protokoll noch einmal durch. Mein Urteil ist positiv. Ich habe viele Einzelheiten entdeckt.

Dass die Beziehung zwischen Pacciani und Vanni einen Riss bekommen hatte, und zwar offenbar während Ersterer sich im Gefängnis befand.

Dass zu den Damenbekanntschaften Vannis Filippa zählt, die beim Verhör durch den Staatsanwalt einige Wochen zuvor geleugnet hat, ihn zu kennen.

Dass es eine neue Person namens Gabriella gibt, von der in den Akten bisher nicht die Rede ist und die so schnell wie möglich identifiziert werden muss.

Aber das ist noch nicht alles.

Ich habe Gelegenheit gehabt, den Zeugen persönlich kennen zu lernen und nicht, wie es so oft der Fall ist, nur anhand von Dokumenten und alten Akten.

Lotti hat sich als Mensch von auffallend geringer Bildung erwiesen, aber sehr wohl die Fähigkeit gezeigt, Zusammenhänge zu begreifen, und im Grunde auch, sie darzustellen.

Die persönliche Bekanntschaft mit den Zeugen und Angeklagten ist für den Ermittler häufig von entscheidender Bedeutung, denn der direkte Kontakt verrät mehr als alle Worte und entschieden mehr als jedes Schriftstück.

Mir drängt sich der Eindruck auf, dass Lotti Dinge weiß, die er nicht im Detail offenlegen wollte, und dass diese vielleicht mit den sexuellen Neigungen Vannis zu tun haben.

Kein Zweifel, ich muss ihn wiedersehen.

Bereits am folgenden Tag, dem 16. Dezember, hören wir um 11.49 Uhr auf Filippas Telefonanschluss einen Anruf Lottis ab. Es läuft alles wie geschmiert.

Lotti erzählt ihr, er sei ebenfalls im Polizeipräsidium vorgeladen gewesen und dort fünf Stunden lang vernommen worden. Er unterrichtet sie über alle Fragen, die man ihm gestellt hat.

Filippa wirkt besorgt. Sie hat Angst, Lotti könnte erzählt haben, dass er sie mit Pietro Pacciani bekannt gemacht hat.

Sie sagt sofort: »Ich kenne den Typen nicht! Ich weiß von ihm gar nichts! Du hast ihn mir nie vorgestellt!« Lotti beruhigt sie.

Er erzählt ihr auch, er sei manchmal bei Pacciani zu Hause gewesen und habe in verschiedenen Lokalen mit ihm »einen Imbiss eingenommen«.

Er berichtet, er sei in einem Büro verhört worden, »wo ein Dottore und ein Inspektor waren. Die haben mich ganz schön in die Mangel genommen! Die erwischen jeden, keine Frage! Der eine da in seinem Sessel mit der Zigarre im Mund, und ich saß da wie ein Schwachkopf und hab zugehört.«

Filippa fragt, ob auch der leitende Oberstaatsanwalt anwesend war.

»Vigna? *Mamma mia!* Wenn Vigna da gewesen wäre, dann wär erst was los gewesen. Aber vielleicht wäre Vigna sogar ein bisschen verständnisvoller gewesen. Der da jedenfalls …! Von drei bis um neun! Ich konnte echt nicht mehr.«

Dann fragt Lotti Filippa, was für Fragen man ihr gestellt habe.

»Wann ich dich ungefähr kennen gelernt habe. Und wie. Und ein Fotoalbum haben sie mir gezeigt und gefragt, ob ich die Leute auf den Fotos kenne. Ob ich weiß, was du für ein Auto hast. Ob du ein rotes Auto fährst!«, antwortet sie.

Und Lotti:

»Ein rotes Auto?... Ah, ja! Ich hatte eines! Dieses Coupé, den 128er! Nach dem haben sie dich gefragt?«

Und dann:

»Mich haben sie diesmal zu lange dort behalten.«

An diesem Punkt wird Lotti, so scheint es, nervös.

Das Gespräch geht folgendermaßen weiter:

Filippa: »Du musst Ruhe bewahren! Und sagen, was du weißt!...«

Lotti: »Ich bin nicht ruhig, ich bin nervös! Das weißt du genau! Du kennst mich doch!«

Filippa: »Du musst die Wahrheit sagen, wenn du etwas weißt.«

Lotti: »Er (der Polizist) hat zu mir gesagt: ›Nur die Ruhe, entspannen Sie sich, Sie brauchen nicht nervös zu werden.‹ ›Wie stellen Sie sich das denn vor‹, hab ich gesagt, ›klar bin ich nervös.‹«

Filippa: »Ich dagegen war die Ruhe selbst! Ich habe alles so erzählt, wie es war! Ich habe dich im August 1981 kennen gelernt, als mein Mann im Knast war. Du hast mich zum Besuch bei meinem Mann begleitet, hast draußen auf mich gewartet und mich anschließend nach Hause gebracht. Wir waren uns sympathisch, und es kam auch zu Intimitäten... sozusagen... aber die Dinge sind, wie sie sind...«

Lotti: »Ich sage: Ob unsereins ein Verhältnis hatte oder nicht, was geht denn die das an?«

Filippa: »Egal, jedenfalls musst du die Wahrheit sagen! Es ist sinnlos, ihnen nicht die Wahrheit zu sagen!«

Lotti: »Ich habe ihnen gesagt, dass ich mit dir im Bett war.«

Filippa: »So ist das nun mal zwischen Mann und Frau, oder?«

Lotti: »Ja! Ich weiß es nicht.«

Filippa: »Ich hatte nichts zu verbergen. Absolut nichts.«

Lotti: »Du hast ihn ja nicht kennen gelernt, weißt nicht, was für ein Mensch er ist. Du weißt ja nicht mal, wie er aussieht! Ob er dick ist, ob er klein ist, ob er groß ist, dieser Typ.«

Filippa: »Keine Ahnung! Ich hab die ja nie gesehen. Ich kenne die nur aus der Zeitung und dem Fernsehen, aber das waren ja Freunde von ihm. Was weiß ich schon von Freunden von ihm?«

Lotti: »Wusstest du denn nicht, was er treibt?«

Filippa: »Keinen blassen Dunst! Er war mit Antonietta befreundet.«

Lotti: »Antonietta?«

Filippa: »Aber ich hab nichts mitgekriegt! Wenn er da war, guten Tag und guten Abend, ich war doch sowieso fast nie zu Hause! Wie hätte ich da wissen sollen, ob sie dahin gingen? Was weiß denn ich?«

Das Gespräch dreht sich weiter um dasselbe Thema, und am Ende gibt ihr Lotti einen Rat:

»Ich habe dich angerufen, um dir das alles zu erzählen, aber es soll unter uns bleiben.«

Im letzten Teil des Gesprächs ist eine neue Person aufgetaucht – Antonietta, Freundin von jemandem, der nicht namentlich genannt wird und seinerseits mit Pacciani und Vanni befreundet gewesen sein soll, die Filippa »nur aus der Zeitung und dem Fernsehen« kennt. Jedenfalls wird es sich lohnen, auch Antonietta ausfindig zu machen, die eine Nachbarin gewesen sein muss.

Gabriella zu identifizieren ist kein Problem.

Lotti hatte gesagt, sie sei in jenen Jahren in Pensionen im Umkreis des Bahnhofs Santa Maria Novella der Prostitution nachgegangen. Ich schicke ein paar Männer von der SAM los, die die Etablissements in dieser Gegend durchkämmen, und in den Registrierungslisten aus jener Zeit stoßen wir auf eine gewisse Gabriella Ghiribelli, die am 21. Dezember von meinen Mitarbeitern vernommen wird.

So erfahre ich, dass sie Vanni kennen gelernt hatte, weil er in San Casciano ihr Nachbar gewesen war, und dass Vanni zu einer Gruppe von Männern – alle aus San Casciano, unter ihnen auch Lotti – gehörte, die regelmäßig am Sonntagnachmittag bei ihr auftauchten, als sie später in Florenz dem ältesten Gewerbe der Welt nachging.

Über ihn lässt sie verlauten: »Ein Typ, über den unter anderem wegen eines lustigen Vorfalls geredet wurde – ihm war nämlich einmal im SITA-Bus ein eingeschalteter Vibrator aus der Tasche gefallen, im Beisein einiger Leute aus seinem Dorf und anderer Reisender. Seitdem lachte man über ihn.«

Sie erzählt außerdem, Vanni habe sie wiederholt zum Geschlechtsverkehr gedrängt, sie habe aber nicht nachgegeben, weil ihr seine vulgäre Art missfallen habe. Mit Lotti hingegen habe sie nach wie vor eine sexuelle Beziehung, allerdings sei er seit dem Verhör im Präsidium nicht mehr zu ihr gekommen, da er das Gefühl habe, »von der Polizei beschattet zu werden«.

Filippa, die sie ebenfalls schon seit jener Zeit kannte, sei damals mit einem gewissen Salvatore Indovino zusammen gewesen, den Gabriella als »sexbesessen« bezeichnete und in dessen Bauernhaus spiritistische Sitzungen abgehalten wurden. In besagtem Haus sei sie auch Pacciani begegnet.

Nach dem Verhör, um 18.29 Uhr am selben Nachmittag, ruft Gabriella Filippa an; das Gespräch wird mitgeschnitten.

Als Erstes beschwert sie sich, sie sei aufs Präsidium bestellt worden und Giancarlo sei schuld daran, da er unter anderem auch ihren Namen angegeben habe. Dann lässt sie sich zu einer Reihe interessanter Erklärungen hinreißen:

Gabriella: »Sie wissen sogar von dem Kaufhaus-Typen! Von dem, der das Lebensmittelgeschäft in Scopeti hatte.«

Filippa: »Ja.«

Gabriella: »Sie haben meinen Namen, sie haben seinen Namen, sie haben deinen Namen! Giancarlo hat Namen genannt.«

Filippa: »Hast du ihn denn gekannt?«

Gabriella: »Nein.«

Filippa: »Ich hab ihn auch noch nie gesehen.«

Gabriella: »Nein, den Pacciani habe ich nicht gekannt.«

Filippa: »Dann kann's uns ja egal sein.«

Gabriella: »Stimmt, aber warum hat Giancarlo dann meinen Namen genannt? Und deinen?«

Filippa: »Weil er ein Volltrottel ist, deshalb.«

Gabriella: »Wir müssen diese Sache klären! Jetzt muss ich morgen früh da hin.«

Filippa: »Aber wir haben eine reine Weste! Wir haben nicht das Geringste damit zu tun.«

Gabriella: »Nein, nein, sie wollen wissen, wer der Typ aus Prato ist. Erinnerst du dich?«

Filippa: »Den kenn ich nicht.«

Gabriella: »Offiziell nicht, das ist klar! Ich kenne ihn auch nicht. Und dann wollen sie noch wissen, wer dieser Magier war, der bei Salvatore die schwarze Magie ausübte! Ich weiß es aber nicht! Er kam mit einem Wohnwagen. Ein Sizilianer, hab ich ihnen gesagt. Aber ich weiß es nicht! Bei Salvatore bin ich jeden Abend auf dem Rückweg von meinem Nuttenjob vorbeigefahren, um ihm die Spritze zu geben. Ich gab ihm seine Spritze und fertig.«

Filippa: »Aber das war, nachdem ich verschwunden war.«

Gabriella: »Das alles passiert nur, weil dieser Schwachkopf von Giancarlo deinen und meinen Namen genannt hat. Ich versteh einfach nicht, warum! Er ist ein Schwachkopf.«

Filippa: »Der bringt sich ungewollt in Schwierigkeiten, denn er weiß nichts. Und jetzt nennt er einfach die Namen der Leute, die er kennt. Was zum Teufel haben wir mit denen zu tun?«

Gabriella: »Mich haben sie gefragt: ›Und woher kennen Sie Giancarlo?‹ ›Na, ich geh mit ihm ins Bett und er bezahlt mich dafür.‹ War das nun richtig oder falsch? … Und dann: ›Kennen Sie Filippa?‹«

Filippa: »Ich habe ihn im Fernsehen gesehen.«

Gabriella: »Ja, ich hab ihn auch zum ersten Mal im Fernsehen gesehen.«

Filippa: »Und aus der Zeitung kenne ich ihn auch.«

Gabriella: »Und der geht einfach hin und erzählt, dass du und ich den Pacciani kennen.«

Filippa: »So ein Arschloch! Weißt du was? Wenn du mich fragst, der hat sie abgemurkst!«

Gabriella: »Neiiiin, da irrst du dich.«

Filippa: »Und warum, bitte schön, verwickelt er mich dann in die ganze Chose?«

Gabriella: »Das Gleiche kann ich auch fragen. Ich habe

als Nutte gearbeitet. Aber was hat Pacciani damit zu tun, verdammte Scheiße!«

In diesem Schlagabtausch finden sich etliche interessante Stichworte. Zum Beispiel streitet Gabriella entschieden ab, Pacciani zu kennen, während sie bei der Vernehmung gesagt hat, sie habe ihn im Bauernhaus von Salvatore Indovino kennen gelernt. Vor allem aber die Hinweise auf einen Schwarze-Magie-Zirkel im Umfeld von Salvatore, damals Filippas Lebensgefährte und möglicherweise jener »Er« aus dem Telefongespräch zwischen Lotti und Filippa, der mit Antoinetta, Pacciani und Vanni befreundet war.

Diesen Salvatore kann ich leider nicht befragen, da sich herausstellt, dass er 1986 verstorben ist.

Im Vernehmungsprotokoll sind jene Fragen meiner Männer nicht festgehalten – ein Zeichen dafür, dass sie am Rande gestellt wurden, nach der Vernehmung, auf informeller Ebene. Wahrscheinlich haben sie ihr anschließend nahegelegt, sie zu kontaktieren, falls ihr noch etwas dazu einfallen sollte. Darum wahrscheinlich das Telefongespräch mit Filippa – um herauszufinden, ob sie sich daran erinnert, wer der Sizilianer mit dem Wohnwagen war, der zu Salvatore kam, um schwarze Magie zu betreiben. Jedenfalls sind es hochinteressante Details aus dem von Pacciani und seinen Kumpanen frequentierten Umfeld, und ich nehme mir vor, mich eingehender damit zu befassen.

Nur zwei Tage vergehen, bis Gabriella am 23. Dezember, wieder gegen Abend, um 18.42 Uhr, Filippa anruft und den Namen des Mannes mit dem Wohnwagen erfährt: »Manuel«. Filippa präzisiert jedoch sofort: »Aber wir haben nicht gesehen, wie er irgendwas gemacht hat.«

Später sagt Gabriella, sie kenne Vanni, und erinnert sich an die Geschichte mit dem Vibrator im voll besetzten Autobus. Dann äußert sie sich verwundert darüber, dass Lotti nicht auch Fernando ins Spiel gebracht hat. Filippa sagt, Giancarlo sei zu eng mit Pacciani befreundet und habe deshalb versucht, andere mit hineinzuziehen, um die Ermittlungcn in dic Irre zu leiten.

Also gibt es jetzt noch zwei Namen, die überprüft werden müssen: Manuel, »der Typ mit dem Wohnwagen«, und vor allem Fernando, der bisher »nicht ins Spiel« gebracht wurde!

Auf jeden Fall ist es angebracht, Gabriella erneut zu vernehmen, und zwar schnellstmöglich, denn die Zeit verrinnt unerbittlich. Obwohl ich sicher bin, dass wir Fortschritte machen, muss ich mir auch eingestehen, dass wir immer noch sehr weit vom Ziel entfernt sind und die Stunden gnadenlos verrinnen.

Ich bestelle Gabriella für den 27. Dezember zu mir ins Büro. Es ist Weihnachten, aber im Polizeipräsidium spielt das keine Rolle, und angesichts des Damoklesschwerts, das über uns hängt, erst recht nicht.

Gabriella Ghiribelli ist eine Frau mittleren Alters, von kleiner Statur, dunkelhaarig und sehr lebendig – das merkt man vom ersten Wort an, das sie in ziemlich gutem Italienisch von sich gibt. Sie wirkt nicht verärgert darüber, dass sie nun schon zum zweiten Mal innerhalb weniger Tage die Amtsräume der Squadra Mobile aufsuchen muss.

Ich frage sie nach ihrer Vergangenheit, nach ihrem Leben als Prostituierte in der ersten Hälfte der achtziger Jahre. Eine allgemeine Frage, um in die Vernehmung einzusteigen.

Die Frau hat keine Schwierigkeiten damit, über ihr Leben und ihre Kunden zu sprechen, die mich natürlich interessieren.

Sie erzählt von der Gruppe von Freunden, die sonntagnachmittags mit dem Überlandbus der SITA von San

Casciano zu ihr nach Florenz gefahren kamen, um bezahlten Verkehr zu haben. Zu dieser Gruppe gehörten Vanni, Lotti und ein enger Freund der beiden, ein gewisser Fernando, der allerdings immer mit Lotti in dessen Auto anreiste.

Mit all diesen Kunden habe sie normalen Geschlechtsverkehr gehabt, mit Ausnahme von Vanni: Ihm habe sie sich schlicht verweigert, da er ein »lasterhafter« Mensch war, der »wenn er zu den Frauen ging, Vibratoren und Gummipenisse mit sich führte, deren Gebrauch ich absolut ablehne«.

Dann berichtet sie mir, nachdem sie Ende der achtziger Jahre ihr Gewerbe aufgegeben habe, sei nur der Kontakt zu Lotti bestehen geblieben, mit dem sie sich angefreundet habe und den sie fast jede Woche treffe. Ganz unerwartet erzählt sie von einem Vorfall, der sich auf die laufenden Ermittlungen zurückführen lässt. Zuvor allerdings erklärt sie mir, sie habe dies so lange Zeit für sich behalten, da ihr damaliger Zuhälter Norberto Galli dazu geraten habe – ein gewalttätiger Mensch, der bereits mit dem Gesetz in Konflikt geraten war.

Als ich am Abend vor dem Tag, an dem die Nachricht über den Doppelmord von Scopeti verbreitet wurde, gegen 22.30 Uhr mit meinem damaligen Zuhälter aus Florenz zurückkam (erzählt sie mir in aller Ruhe), stand in unmittelbarer Nähe des von mir bereits in den vorangegangenen Tagen bemerkten Zeltes ein rotes oder orangerotes Auto, dessen Fahrertür eine andere Farbe hatte – ebenfalls rötlich, aber heller als der Rest des Fahrzeugs. Ich muss hinzufügen, dass die Farbe des Autos auf mich deshalb ein wenig anders wirkte, weil das Scheinwerferlicht des Wagens, in dem ich fuhr, darauf fiel. Als man in San Casciano von dem Doppelmord erfuhr, sagte mir Norberto, ich solle schweigen, damit wir nicht beide in Schwierigkeiten gerieten, und darum habe ich den Mund gehalten, auch weil ich zu Tode erschrocken war, und weil niemand mich etwas fragte.

Bei diesen Worten wechsele ich einen Blick mit meinen Mitarbeitern, die der Vernehmung beiwohnen.

»Gabriella, was für ein Autotyp war das?«, frage ich.

»Ein Sportwagen mit kurzem Heck. Er stand zwischen dem grasbewachsenen Bereich und dem Asphalt, direkt neben dem Zelt der beiden französischen Touristen, die Schnauze wies in Richtung San Casciano.«

Das sind sehr genaue Angaben. Ich beschließe, sie anhand von Fotos noch weiter einzugrenzen, und zeige ihr ein Album mit Abbildungen einiger Autotypen. Sie blättert es sofort durch und studiert jedes Foto eingehend.

Am Ende identifiziert sie das Fahrzeug. Es ist ein Fiat 128 Coupé.

Dann fügt sie hinzu, ein identisches Auto, allerdings von blasserer Farbe, habe damals Giancarlo Lotti besessen, zu dem sie einmal gesagt habe: »Soll ich dir beweisen, dass du das ›Monster‹ bist?«

»Und was hat Lotti geantwortet?«, frage ich.

»›Wieso?‹ ... Und er hat ein wenig nervös gewirkt.«

»Fahren Sie fort!«

»Ich habe ihm erklärt, dass ich in der Nacht des Verbrechens von Scopeti unterhalb der Freifläche ein Auto hätte stehen sehen, das aussah wie seines.«

»Und was hat er darauf gesagt?«

»Er hat geantwortet: ›Was hat mein Auto mit dem zu tun, das du gesehen hast?‹«

»Und dann?«

»Nichts weiter. Damit war das Gespräch zu Ende.«

Ich komme jetzt auf die spiritistischen Sitzungen zu sprechen.

Es hat zwar den Anschein, als seien diese für die Ermittlungen irrelevant, aber meine berufsbedingte Neugier und vielleicht auch der Umstand, dass Pacciani in Salvatore Indovinos Bauernhaus gesehen worden ist, legen mir nahe, hier konkreter zu werden und zu versuchen, Salvatore und seinen Freundeskreis näher kennen zu lernen.

»Warum haben Sie bei der letzten Vernehmung von spiritistischen Sitzungen gesprochen?«

»Ich habe die Spuren gesehen, die diese Versammlungen hinterließen, an denen teilzunehmen ich mich stets geweigert habe.«

»Spuren welcher Art?«

»Gelöschte Kerzen, mit Holzkohle gezeichnete Kreuze, Präservative, leere Schnapsflaschen, außerdem eine an einen Tisch gelehnte Tafel mit allen Buchstaben des Alphabets und Zahlen, an deren Rand – sie war oval – zwei Kreise die Inschriften JA und NEIN trugen. In der Mitte schließlich eine schwarz verschmierte Untertasse.«

Ich denke unwillkürlich an die im Hause Paccianis sichergestellte Tafel, die ich in die Liste der im Laufe der zahlreichen Durchsuchungen entdeckten Gegenstände eingetragen habe.

Im weiteren Verlauf ihres Berichts erklärt Gabriella, in diesem Zustand habe sie Indovinos Haus gewöhnlich vorgefunden, wenn sie am Sonntagmorgen, ehe sie nach Florenz fuhr, um ihrem Gewerbe nachzugehen, auf einen Sprung bei Salvatore vorbeikam. Aus diesem Grund sei sie zu dem Schluss gekommen, dass die Treffen am Samstagabend abgehalten wurden.

»Wissen Sie, was bei diesen Sitzungen gemacht wurde?«

»Zunächst wurden die Karten gelegt, dann wurde getrunken und am Ende wurden Orgien gefeiert.«

»Erzählen Sie mir mehr über diesen Salvatore.«

Sie sagt, sie habe von Leuten aus dem Ort – unter anderem einem Lebensmittelhändler – erfahren, dass sein Bauernhaus sich zum Anziehungspunkt für abergläubische Menschen entwickelt habe, die sich die Karten legen und Liebeszauber machen ließen, und dass unter den Besuchern auch junge Pärchen kurz vor der Hochzeit gewesen seien.

Ich bin zufrieden und lasse sie gehen, auch weil ich inzwischen gespannt darauf bin, ihren ehemaligen Zuhälter Norberto kennen zu lernen, der sie daran gehindert hat, von dem Auto zu erzählen.

Ehe sie den Raum verlässt, verabschiedet sich Gabriella Ghiribelli von mir und erklärt sich gleichzeitig bereit, noch einmal zu kommen, falls wir an weiteren Fakten interessiert seien; sie wolle dazu beitragen, dass Gerechtigkeit geschehe.

Als ich schließlich mit meinen Kollegen allein bin, äußern wir uns alle positiv über die Ergebnisse der Vernehmung. Zum einen haben wir einen sehr nützlichen Hinweis erhalten – nämlich den, dass ein dem Fahrzeug Lottis ähnliches Auto unter zeitlich wie örtlich überaus verdächtigen Umständen beobachtet wurde. Zum anderen hat sich uns ein neues Szenario eröffnet, das bisher nie so deutlich zutage getreten war, obgleich es an – vielleicht allzu sehr vernachlässigten – Indizien für mögliche esoterische Riten bei einigen der Doppelmorde nicht gefehlt hatte. Die Protagonisten dieses Szenarios waren Bewohner der florentinischen Provinz, die aus einfachen Verhältnissen stammten, ihre sexuellen Perversionen auslebten und Anhänger von Ritualen der sogenannten »schwarzen Magie« oder »Sexualmagie« waren. Diese Welt der Prostituierten, der Zuhälter, Vorbestraften und Perversen hatte ihren Mittelpunkt in dem Bauernhaus des unbestreitbar »sexuell gestörten« Salvatore Indovino, das rein zufällig in unmittelbarer

Nähe des Ortes lag, an dem sich das letzte Verbrechen des »Monsters« abgespielt hatte.

Ohne weitere Zeit zu verlieren, ordne ich an, Norberto aufzuspüren, den ich noch in dieser Nacht vernehmen will.

Die Erwähnung der »Liebeszauber« für junge Pärchen erinnert mich an etwas, was mir während meines Aktenstudiums begegnet ist. Also fange ich mit einigen meiner Mitarbeiter an zu recherchieren. Nachdem wir mehrere Ordner durchforstet haben, stelle ich fest, dass ich mich nicht getäuscht habe.

Es ist das Protokoll der Vernehmung einer Malerin, der siebenunddreißigjährigen Silvia.

Sie war am 9. Juli 1994 – der Prozess gegen Pacciani war gerade in vollem Gange – auf dem Präsidium vorstellig geworden und hatte einen Vorfall zu Protokoll gegeben, der sich Anfang der achtziger Jahre abgespielt hatte.

Sie war damals auf der Suche nach einem Mietobjekt in der Gegend von San Casciano gewesen und hatte irgendwann an einem Bauernhaus das Schild »Zu verkaufen« entdeckt. Zwei Passanten, nach näheren Informationen gefragt, hatten ihr erklärt, in dem Haus wohne der »Magier von San Casciano«, der für seine Liebeszauber bekannt sei. Sie hatte sich sehr skeptisch gezeigt, woraufhin einer der beiden sich als der Magier vorgestellt und ihr Einzelheiten über die magischen Riten erzählt hatte. Insbesondere hatte er erwähnt, was vonnöten war, um ein Paar für immer zu vereinen: ein Foto und ein Stück Stoff von einem Kleidungsstück des Mannes, Vaginalsekret und Schamhaare der Frau. Damit der Zauber sich erfülle, müsse die Frau den Mann überreden, irgendwo draußen im Auto Geschlechtsverkehr zu haben, und dem Magier den Tag, den Ort sowie das Auto zu nennen, das benutzt werden würde.

Diese Details erinnern in auffälliger Weise an den bei den Morden des »Monsters« üblichen Tathergang: Jemand weiß im Voraus, wann, wo und in was für einem Auto ein Pärchen beim Liebesspiel zu finden sein wird. Das kann kein Zufall sein – zumal es um genau das Bauernhaus geht, das sehr wahrscheinlich Salvatore Indovino gehörte und in dem Pacciani ein und aus ging!

Ich setze Silvia auf die Liste der nächsten zu befragenden Personen. Aber nicht mehr an diesem Tag, denn es ist inzwischen elf Uhr nachts, und Norberto Galli trifft im Büro ein.

Der Mann mittleren Alters ist offensichtlich verärgert über die Vorladung.

Kaum hat er den Raum betreten, platzt er damit heraus: Die Aufforderung, zu dieser Stunde hier zu erscheinen, wo er nach einem langen Arbeitstag bereits zu Bett gehen wollte, findet er unverständlich, um nicht zu sagen, eine Zumutung.

Ganz unrecht hat er nicht, aber jeder, der weiß, wie und in welchem Zeitrahmen Ermittlungen ablaufen, wird verstehen, dass bestimmte Handlungen unbedingt im richtigen Moment ausgeführt werden müssen, damit sie möglichst unverfälscht bleiben.

Ich beschränke mich darauf zu bemerken, dass dies kein Akt der Willkür sei, denn niemand habe Zeit zu verlieren oder wolle anderen die Zeit stehlen. Es gebe gute Gründe.

»Es ist auch in Ihrem Interesse«, füge ich hinzu.

Ich bemerke in seinem Gesicht einen Anflug von Neugier.

Dann beginne ich die Vernehmung mit der Frage nach seiner familiären Situation in den achtziger Jahren.

Damit beschreite ich einen Weg, der mich ausgehend

von allgemeinen Punkten fast wie von selbst den Tatsachen näher bringt, die ich wirklich mit ihm klären will.

Er antwortet, er habe sich 1982 von seiner Frau getrennt und sei mit einer Prostituierten namens Gabriella zusammengezogen, in die er sich verliebt habe. Sie hätten bis 1988 zusammengelebt. Anschließend habe er eine Frau philippinischer Abstammung geheiratet.

»Erzählen Sie mir mehr über Ihr Zusammenleben mit Gabriella und wo Sie gewohnt haben.«

Er erzählt, sie hätten ungefähr ein Jahr lang in San Casciano gewohnt und anschließend in Florenz, wo Gabriella der Prostitution nachging, eine Mietwohnung bezogen. Während der Zeit in San Casciano habe er sie jeweils am frühen Nachmittag mit dem Auto nach Florenz gebracht. Gegen elf, halb zwölf seien sie gewöhnlich nach Hause zurückgefahren.

An dieser Stelle entschließe ich mich, mit einer unverblümten Frage direkt zur Sache zu kommen. So habe ich auch Gelegenheit zu beobachten, wie er auf den abrupten Richtungswechsel reagiert.

»Wissen Sie von dem Verbrechen, dass 1985 bei Scopeti geschehen ist, und wenn ja, erinnern Sie sich an irgendwelche Einzelheiten?«

Ich habe mich nicht getäuscht. Er verzieht das Gesicht sofort zu einer angedeuteten Grimasse. Dann murmelt er ein paar unverständliche Worte.

»Pardon ... was haben Sie gesagt?«

»Nichts ... Gabriella, die ich seit Jahren nicht gesehen habe, will mich in Schwierigkeiten bringen.«

Er hat verstanden.

»Es geht nicht darum, irgendjemanden in Schwierigkeiten zu bringen. Sagen Sie mir einfach das, was Sie wissen, denn sonst ...«

»Sonst was? Wollen Sie mich etwa verhaften?«

Er hat ein wenig die Stimme erhoben, wird langsam nervös.

»Niemand will Sie verhaften. Es ist einfach nur wichtig, dass Sie uns sagen, was Sie wissen, und vor allem, dass Sie die Wahrheit sagen.«

Schweigen. Ich beobachte ihn weiter sehr eingehend und versuche herauszufinden, was in seinem Kopf vorgeht. Er denkt anscheinend nach, und ich unterbreche ihn nicht dabei. Endlich entschließt er sich zu sprechen.

Er sagt, er könne sich gut daran erinnern, an jenem Abend gegen Mitternacht am Steuer seines Autos in Begleitung von Gabriella und einem gemeinsamen Freund – einem gewissen Salvatore, dessen Leidenschaft die Magie gewesen sei – an besagter Stelle vorbeigefahren zu sein. Direkt unterhalb des Tatorts habe er einen Mittelklassewagen stehen sehen, aber nicht erkennen können, ob sich Personen darin befanden. Salvatore und Gabriella hätten mit Blick auf das Zelt ausgerufen:

»Die Glücklichen, wenigstens vögeln sie.«

Nachdem sie Salvatore, der ganz in der Nähe wohnte, abgesetzt hatten, seien sie nach Hause gefahren, nach San Casciano. Als er am Tag darauf ausgegangen sei, habe er von dem Mord erfahren. Er sei nach Hause zurückgekehrt, um Gabriella zu berichten, was bei Scopeti vorgefallen sei.

»Versuchen Sie sich an jedes Detail zu erinnern, das Ihnen aufgefallen ist.«

Er erklärt, gewöhnlich sei er nicht oft in die Nähe von Scopeti gekommen, doch an diesem Abend habe der schwer erkrankte Salvatore ihn gebeten, ihn ein wenig spazieren zu fahren.

Interessant, denke ich: Ein Schwerkranker, der ausgerechnet in dieser Nacht, ausgerechnet zu dieser Stunde am Tatort vorbeifahren will!

Ich frage nach weiteren Einzelheiten über Salvatore.

Er erzählt, er habe in dem Ruf gestanden, ein Magier zu sein, und sei vor allem mit Leuten aus dem Süden befreundet gewesen, die in Prato und in der Provinz Pistoia lebten. Auch in Florenz habe es einen berühmten Magier gegeben.

»Sagen Sie mir die Namen dieser Leute.«

Als Freunde aus San Casciano nennt er Giancarlo, der zu dieser Zeit einen Fiat 124 und einen Fiat 128 Coupé besessen habe und gut mit Salvatores Lebensgefährtin Filippa befreundet gewesen sei. Er fügt hinzu, Giancarlo, dessen Nachnamen er nicht kennt, habe er in San Casciano häufig mit einem älteren Mann, einem gewissen Fernando, gesehen.

Giancarlo kann niemand anders als Lotti sein.

Also hat auch Lotti den Magier Salvatore aufgesucht und ist in Gesellschaft von Fernando gesehen worden, bei dem es sich wahrscheinlich um denjenigen handelt, von dem Gabriella gesprochen hat und dessen Identität ich immer noch nicht kenne.

»Warum haben Sie den Carabinieri nicht von Ihren Beobachtungen in jener Nacht erzählt, als Sie von der Tat erfuhren?«

Auf diese Frage hin wirft er zunächst verlegen einen Blick auf die Uhr, ehe er schließlich zugibt, er habe zwar begriffen, dass dieses Auto für die Carabinieri wichtig sein könnte, es aber vorgezogen zu schweigen, um nicht wegen der Art seines Zusammenlebens mit Gabriella mit der Justiz in Konflikt zu kommen.

Damit bestätigt er die Angaben der Frau.

Ich kann die Vernehmung schließen. Inzwischen ist es fast 4 Uhr morgens.

# 6. Fernando

Das neue Jahr beginnt mit der Vernehmung Fernandos am Nachmittag des 2. Januar 1996.

In der Stadt herrscht noch Feiertagsstimmung.

Meine Leute haben eilig alle brauchbaren Daten zusammengesucht, um ihn identifizieren und vorladen zu können. Sie haben nachgeprüft, dass er in den Jahren, die uns interessieren, häufig Lotti besucht hat, eine sogenannte Ape – ein dreirädriges Motorfahrzeug – besaß und unverheiratet bei seinen Geschwistern in Montefilidolfi wohnte. Die Bewohner der kleinen Ortschaft in der Nähe von San Casciano hatten ihn sofort als Fernando Pucci identifiziert, denn nur auf ihn trafen alle diese Merkmale zu.

Für uns ist er ein vollkommen unbeschriebenes Blatt. Nicht nur, dass er in den Ermittlungen zum Fall des »Monsters« bisher nicht aufgetaucht ist, auch sonst war er noch nie aktenkundig geworden. In den Computern des Innenministeriums war er ebenso ein Unbekannter wie in den Archiven des Polizeipräsidiums. Er besaß nicht einmal einen Pass.

Als er mein Büro betritt, versucht er seine Nervosität gar nicht erst zu verbergen.

Noch bevor er sich gesetzt hat, erklärt er mir, er müsse so schnell wie möglich wieder nach Hause, da seine Geschwister mit dem Abendessen auf ihn warteten. Dabei ist es erst 4 Uhr nachmittags.

Dann sucht er sich einen Sessel aus – den, der dem Fenster am nächsten steht – und nimmt Platz, ohne mich anzuschauen.

Das Ganze ist wie eine Wiederholung der Szene, die ich mit Lotti erlebt habe. Ich mag Menschen nicht, die anderen nicht ins Gesicht sehen können.

Ich gehe sofort zum Angriff über, indem ich ihn bitte, mir seine Beziehung zu Lotti zu beschreiben.

Er sagt, er habe sechs oder sieben Jahre lang in engem Kontakt zu ihm gestanden, bis sie sich vor etwa zehn Jahren zerstritten hätten. An jenem Tag sei der Freund nicht zu ihrer Verabredung erschienen – wie fast jeden Sonntag hätten sie nach Florenz zu den Prostituierten gehen wollen; meist hätten sie Gabriella in ihrer kleinen Wohnung aufgesucht.

Beim Thema Frauen scheint er sich zu entspannen, offenbar spricht er gern darüber. Er erzählt auch von anderen Prostituierten, die sie in der Gegend um den Bahnhof Santa Maria Novella oder im Parco delle Cascine in Florenz kennen gelernt hätten und zu denen sie gegangen seien, ehe sie Gabriellas Bekanntschaft machten. Dann spricht er wieder von ihr und beschreibt sie folgendermaßen: »Sie ist klein, dunkel, füllig und hat in San Casciano in der gleichen Straße gewohnt wie Vanni.«

Ohne jeden Zweifel die Ghiribelli.

Ich frage, ob noch andere Männer an ihren »Sonntagsausflügen nach Florenz« teilgenommen hätten. Er antwortet, er und Giancarlo seien so etwas wie ein festes Paar gewesen, dem sich nur gelegentlich auch Mario Vanni angeschlossen habe. Soweit er wisse, habe Vanni jedoch nicht mit jenen Prostituierten Verkehr gehabt. Er beschreibt ihn als »guter Freund Lottis, ein etwas seltsamer Typ; jedenfalls war er nicht normal, denn er trug Gummipenisse mit sich herum.«

Inzwischen erscheint er mir beinah gut gelaunt. Er klagt nicht mehr, er habe es eilig. Auf mich macht er den Eindruck eines einfachen, aber nicht unintelligenten Mannes, der weiß, was er sagt.

Jetzt herrschen eindeutig günstige Bedingungen für eine direktere Frage, und so erkundige ich mich, ob sie auf diesen »Ausflügen« jemals an jener Stelle bei Scopeti Halt gemacht hätten.

Die Frage scheint ihn weder zu überraschen noch zu beunruhigen.

Ich weiß, dass wir nur einmal an dieser Stelle stehen geblieben sind, und zwar ungefähr vor zehn Jahren an einem Sonntagabend. Wir waren auf dem Heimweg von unserem üblichen Ausflug und dem üblichen Besuch bei Gabriella, und wir sind stehen geblieben, weil wir beide ein dringendes Bedürfnis verspürten. Ich glaube, es war Giancarlo, der vorschlug, an besagtem Ort zu halten.

Ich weiß noch genau, dass wir am Anfang des Sträßchens Halt machten, das zu dieser Stelle führt, und dass wir ein helles Auto bemerkten, das wenige Meter von einem Zelt geparkt stand. In dem Auto saßen zwei Männer. Sobald sie uns sahen, stiegen sie aus und begannen uns lauthals schreiend zu drohen, woraufhin wir uns sofort aus dem Staub machten. Die beiden haben gedroht, uns zu töten, falls wir nicht sofort wegfahren, und wir haben es mit der Angst gekriegt und gemacht, dass wir wegkamen. Giancarlo brachte mich dann nach San Casciano, wo ich meine Ape hatte stehen lassen, mit der ich schließlich nach Hause fuhr.

»Um welche Uhrzeit war das?«, frage ich, bemüht, die Euphorie zu unterdrücken, die mich angesichts dieser unerwarteten Antwort überkommt, die uns höchstwahrscheinlich soeben den ersten Augenzeugen geliefert hat.

Er kann es nicht mit Bestimmtheit sagen, erzählt mir aber,

sie seien meist gegen 2 Uhr nachmittags in San Casciano losgefahren und in der Regel erst nach Einbruch der Dunkelheit zurückgekommen, oft nach einem Abendessen bei Gabriella oder in irgendeinem Restaurant im historischen Stadtzentrum.

»Was für ein Auto fuhr Giancarlo damals?«

»Als wir bei Scopeti anhielten und sich der Vorfall ereignete, über den ich gerade berichtet habe, besaß Giancarlo einen 128er Coupé oder einen Fiat 131. In welchem dieser beiden Autos wir unterwegs waren, kann ich nicht genau sagen, dazu ist alles viel zu lange her.«

Lotti hatte diesen Vorfall nicht erwähnt. Zwar war zum Zeitpunkt der Vernehmung am 15. Dezember über das Auto noch nichts bekannt und er daher auch nicht danach gefragt worden. Aber da es keinesfalls ein nebensächliches oder unerhebliches Detail ist, erscheint es merkwürdig und aufschlussreich, dass es, falls es der Wahrheit entspricht, nicht zur Sprache kam. Ich merke es mir für Lottis nächste Vernehmung vor und fahre mit einer weiteren direkten Frage fort.

»Wie haben Sie von den beiden an eben diesem Ort bei Scopeti ermordeten französischen Touristen erfahren?«

»Aus der Zeitung und aus dem Fernsehen.«

Kurzes Schweigen.

Fernando wirkt immer gelöster, um nicht zu sagen, er fühlt sich wohl. Ohne dass ich ihn darum bitten muss, fährt er fort:

Ich erinnere mich, dass sowohl ich als auch Giancarlo in der Bar im Dorf erzählten, dass wir abends dort angehalten hatten und von zwei Männern verjagt worden waren, die sich bereits dort befanden und die uns nachliefen, um uns zu vertreiben. Da sich die beiden Männer in der Nähe des Zeltes aufgehalten hatten und sich die Sache einen Tag vor Bekanntwerden des Verbrechens zutrug, ließen wir auch verlauten, dass die beiden vermutlich etwas damit zu tun hatten.

Er sagt das so ruhig, als hätte er nicht soeben eine Bombe platzen lassen. War es denn möglich, dass ein so schwerwiegender Vorfall, über den in der Öffentlichkeit – ausgerechnet in einer Bar – gesprochen wurde, geheim blieb? Über all die Jahre hinweg? Dass kein Polizist, kein Journalist in der Lage war, diese Mauer des Schweigens einzureißen? Es erscheint mir unglaublich – allerdings findet sich ja im Urteil auch ein Hinweis auf die *omertà*, das Schweigegebot, an dessen Existenz in den sanften toskanischen Hügeln ich noch immer kaum glauben kann.

»Wer befand sich in der Bar? Erinnern Sie sich an die Namen?«

»Ich weiß nicht mehr, mit wem wir in der Bar gesprochen haben, aber der Wirt war auf jeden Fall dabei.«[2]

Wieder eine Pause. Sie dauert etwas länger als die vorige.

Um die Stille zu durchbrechen, zünde ich mir die x-te Zigarre dieses Tages an.

»Erzählen Sie mir in allen Einzelheiten, was Ihnen zum Verlauf dieses Abends noch einfällt, angefangen mit dem Augenblick, in dem Sie an besagter Stelle eintrafen.«

Er antwortet sofort:

Ich erinnere mich, dass Giancarlo mit dem Auto an der Straße von Scopeti nach San Casciano anhielt, genau bei der kleinen Straße, die zu der Freifläche führt, in Fahrtrichtung nach San Casciano. Kaum waren wir ausgestiegen, kamen uns die beiden Männer entgegen, die in einem Auto, ich glaube von heller Farbe, gesessen hatten, das an der kleinen Straße zu der Freifläche geparkt war – zwischen dem Asphalt und der Freifläche selbst, wo das Zelt stand.

Um die Örtlichkeiten genau zu dokumentieren, zeige ich ihm eine farbige Luftaufnahme, auf der die Freifläche und deren Umgebung zu sehen sind.

Fernando betrachtet das Foto und erkennt die Orte mit absoluter Sicherheit. Er zeigt mir, wo genau sie mit dem Auto angehalten hatten, wo das Auto der beiden Männer und wo das Zelt der beiden Touristen stand.

»Wie sahen die beiden Männer aus?«

Sie waren beide mittleren Alters und von kräftigem Körperbau, etwa so wie Giancarlo. Auf mich wirkten sie ziemlich grobschlächtig. Sie waren sehr einfach gekleidet, in dem Sinn, dass sie keine feine Kleidung trugen. Vielmehr eine Sportjacke oder einen Anorak. Ich weiß noch, dass auch ihre Sprache primitiv war – die Sätze, die ich verstehen konnte, lauteten: »Was wollt ihr hier, lasst uns in Ruhe! Haut ab, sonst murksen wir euch ab!« Sie sprachen toskanischen, genauer gesagt Florentiner Dialekt. Einen der beiden konnte ich besser sehen. Er war mittelgroß und untersetzt, mit vollem Gesicht und Geheimratsecken.

Pacciani?

Die Frage liegt mir auf der Zunge, aber ich beherrsche mich. Ich darf sie nicht stellen. Nicht ich, nicht jetzt.

Selbst wenn Pucci ihn damals noch nicht gekannt hatte, müsste er jetzt, nach all dem Wirbel in letzter Zeit, zwangsläufig Bescheid wissen, falls es tatsächlich Pacciani gewesen war. Doch das muss er von sich aus sagen – oder der Staatsanwalt muss ihn dazu bringen, es zu sagen. Wenn ich es ihm in den Mund lege, kann jeder Anwalt sofort dagegenhalten, die Aussage sei Pucci suggeriert worden, und auf dieser Grundlage auch eine vor dem Staatsanwalt abgegebene Erklärung anfechten.

Stattdessen frage ich ihn, wieso sie sich nicht an die Carabinieri gewandt hätten, nachdem man sie bedroht hatte und genau am gleichen Ort das Verbrechen begangen worden war.

Auch dieses Mal zögert er nicht mit der Antwort.

Als wir von dem Verbrechen erfuhren, sagte ich zu Giancarlo, dass ich zu den Carabinieri gehen und alles erzählen wollte, auch von den Drohungen, aber er sagte, ich solle es nicht tun, weil er seinerseits auf keinen Fall hingehen werde, um nicht als Denunziant angesehen zu werden. Genau das hat er mir gesagt: »Ich will nicht für einen Denunzianten gehalten werden.« So gab er mir zu verstehen, dass er die beiden Personen tatsächlich erkannt hatte und nun nicht wagte, mit den Carabinieri zu sprechen. Allerdings hat er mir nie gesagt, wer die beiden waren, aber ich bin sicher, dass er sie wiedererkennen würde. Nur so lässt sich auch seine Nervosität erklären, die noch tagelang anhielt, und auch der Bruch unserer Freundschaft.

Unglaublich! Wenn er die Wahrheit sagt, befindet sich Lotti in einer entschieden kompromittierenden Lage. Mehr noch: Die ganze Geschichte von dem »Monster« hätte seit dem letzten Mord eine völlig andere Entwicklung nehmen können. Es hätte genügt, dass Gabriella, ihr Zuhälter, Giancarlo, Fernando und wer weiß wie viele andere, die sich regelmäßig in der Bar versammelten, den Ermittlern gesagt hätten, was sie gesehen oder auch nur gehört hatten. In den Untersuchungsakten hingegen kam all dies gar nicht vor. Kein Wort davon.

»Wie war das Verhältnis zwischen Giancarlo und Vanni?«, bohre ich angesichts von Fernandos Gesprächsbereitschaft und der reichen Ausbeute an Neuigkeiten weiter.

Nach seinem Eindruck, sagt er, habe Giancarlo vor Vanni und Pacciani (den er jetzt namentlich nennt) Angst gehabt, als stünde er in einem Abhängigkeitsverhältnis zu ihnen. So sei es auch in den Tagen nach dem Vorfall von Scopeti gewesen, bevor ihr Kontakt abbrach.

Inzwischen ist es 19.30 Uhr. Ich kann die Vernehmung beenden.

Nachdem Fernando Pucci das Protokoll unterschrieben hat, sagt er, ehe er sich verabschiedet, noch mit einem schwachen Lächeln:

»Bestellen Sie mich nicht mehr hierher, ich möchte nämlich nicht wiederkommen.«

Ich antworte nicht, sondern lächle nur zurück.

Als ich wieder allein in meinem Büro bin, denke ich weiter darüber nach, was für außergewöhnliche Erklärungen er abgegeben hat.

Die Begründung, die Fernando dafür gegeben hat, dass sie am Tatort Halt machten, erscheint mir fadenscheinig und wenig glaubwürdig – nicht aber der Umstand, dass er und Lotti tatsächlich dort gewesen sind und etwas gesehen haben. Der Bruch zwischen ihnen lässt sich also vermutlich auf genau das zurückführen, was sie bei dieser Gelegenheit gesehen und erlebt haben.

Die Tatsache, dass die beiden Freunde wahrscheinlich auch einen Teil des Nachmittags an jenem Ort verbracht haben, gewinnt nun eine besondere und beunruhigende Bedeutung. Die Eheleute Marcella De Faveri und Vittorio Chairappa hatten nämlich am selben Sonntagnachmittag in der Nähe des Sträßchens, das zu der Freifläche führt, ein

Auto von blassroter Farbe und mit kurzem Heck gesehen, wie Lotti es fuhr, und zwei Personen beobachtet, deren körperliche Merkmale gut auf Lotti und Fernando passen.

Die Überprüfung von Fernandos Aussagen ist also nicht nur außerordentlich wichtig, sie muss auch besonders schnell geschehen.

Es folgen Tage hektischer Aktivität. Achtzehn-Stunden-Tage werden zur Regel, manchmal arbeiten wir noch länger. Der 29. Januar rückt näher.

Die Zeitungen, insbesondere die Regionalblätter, verstärken im Vorfeld des Berufungsverfahrens mit einer Vielzahl von Artikeln die Spannung in der Bevölkerung. Der zweite Akt dieses Prozesses hat das Zeug dazu, als Jahrhundertprozess in die Geschichte einzugehen.

Um die Atmosphäre noch zusätzlich aufzuheizen, berichten sie am 6. Januar von einer Verteidigungsschrift – vier eng beschriebene Seiten aus einem linierten Schreibheft – die Pacciani in einem x-ten Versuch, sich öffentlich zu verteidigen, aus dem Gefängnis einer italienischen Presseagentur hat zukommen lassen, die die Schrift sofort verbreitete.

Darin behauptet Pacciani: »Die Staatsanwaltschaft hat sich anstelle des Wolfes ein Schaf geschnappt« und schreibt: »Das wahre Monster hat noch fünf- oder sechsmal zugeschlagen, während ich im Gefängnis saß«.

Kryptische Sätze, vielleicht ein Signal für den, der Ohren hat zu hören.

Jedenfalls ist es das erste Mal, dass das »Monster« zu seiner Verteidigung andere Morde ins Spiel bringt: Der wahre Mörder sei derjenige, der Francesco Vinci und Angelo Vargiu, Milva Malatesta und deren dreijährigen Sohn (die Frau, so erklärt er, sei Vincis Geliebte gewesen) sowie Milvia Mattei (ebenfalls eine Geliebte Vincis) getötet habe. Außerdem noch eine weitere Frau, deren Namen er jedoch nicht nennt.

»Das Monster«, erklärt Pacciani, »ist ein teuflischer Mörder, ein niederträchtiger Kerl, der die armen Frauen hasst, ein Verfluchter – möge Gott ihn bis in alle Ewigkeit in der Hölle schmoren lassen.«

Seine für ihn ungewöhnliche Initiative löst Diskussionen aus.

Manch einer behauptet sogar, der Vorstoß sei nicht auf seinem Mist gewachsen.

Außerdem jagt eine Nachricht über den sogenannten »Reigen der Anwälte« die andere: Pacciani wendet sich an einen bekannten römischen Anwalt, der zusammen mit einem Team von privaten Ermittlern und Kriminologen die Verteidigung übernimmt. Alles deutet darauf hin, dass es sensationelle Enthüllungen geben wird.

Irgendwie bekommt man den Eindruck, der Prozess habe vor seinem offiziellen Beginn beim Berufungsschwurgericht bereits in den Medien begonnen und Pacciani schlüpfe immer mehr in die Rolle eines Opfers der italienischen Justiz.

Die aufgeheizte Atmosphäre zwingt zu »ökonomischem« Vorgehen bei den Ermittlungen. Wir müssen diejenigen Spuren auswählen, die am ehesten geeignet sind, innerhalb möglichst kurzer Zeit konkrete Ergebnisse zu bringen.

Aus diesem Grund beschließe ich, der Spur, die Pacciani in seiner Verteidigungsschrift andeutet, vorerst nicht nachzugehen. Gut möglich, dass es sich um ein verzweifeltes Ablenkungsmanöver handelt (es ist derselbe Francesco Vinci, der bereits im Zusammenhang mit der »sardischen Spur« auftaucht), aber es könnte auch eine Botschaft sein. Bei Ermittlungen, deren Ziel die Überführung möglicher Komplizen ist, könnte eine solche Verwicklung anderer auf jeden Fall von Interesse sein. So ist es zum Beispiel nicht ausgeschlossen, dass seine Komplizen getötet haben, um ihn zu entlasten – auch wenn mir die Morde, auf die er anspielt, nach dem wenigen, was mir bekannt ist, nicht die Merkmale der durch das »Monster« verübten Verbrechen aufzuweisen scheinen. Trotzdem, auch hier sind Menschen eines gewaltsamen Todes gestorben, auch ihr Tod ist rätselhaft, und darum zweifle ich nicht im Mindesten daran, dass ich mich früher oder später damit werde befassen müssen. Sollte es sich um eine Botschaft handeln, wäre es interessant zu wissen, an wen sie gerichtet ist.

Die Strategie, die ich verfolge, scheint bisher am vielversprechendsten. Ich beantrage also beim Staatsanwalt erneut, das Telefon der Bar, in der Lotti ein und aus geht, abhören zu dürfen. Diesmal stützt sich die Anfrage auf fundierte Gründe. Das Abhören könnte in mehrfacher Hinsicht sinnvoll sein: der Telefongespräche wegen, die Filippa vielleicht von einem anderen als dem eigenen, bereits abgehörten Anschluss aus mit Lotti führt; um Aufschluss über mögliche Kontakte zwischen Lotti und Gabriella zu erhalten; und schließlich, um zu sehen, wie die Stammgäste der Bar reagieren, wenn der Wirt und mögliche Kunden aus der Zeit der Verbrechen zum Zweck der Überprüfung von Fernandos Aussage vernommen werden. Dies, so nehme ich mir erneut vor, werde ich schnellstmöglich tun.

Ein Ermittlungsverfahren, das wie dieses zweigleisig läuft – mit Vernehmungen und Telefonüberwachungen und den sich daraus ergebenden Zusammenhängen (bei dem also die Vernehmungen telefonische Bekenntnisse oder Geständnisse provozieren) –, erfordert Zeit und kann die Nerven des Ermittlers auf manch harte Probe stellen, wenn wie jetzt die Zeit drängt. Aber dieses Vorgehen hat bereits Früchte getragen, und nach den Aussagen von Lotti und

Pucci bin ich mir sicher, dass es weitere Erkenntnisse bringen wird. Also kann und will ich nicht darauf verzichten und erlege mir und meinen Leuten die – auch mentale – Disziplin auf, die nötig ist, um falsche oder übereilte Schritte zu vermeiden.

Diesmal willigt der Staatsanwalt ein und erteilt am 13. Januar 1996 die Genehmigung.

Am 22. Januar werden die Wohnungen von Vanni, Fernando, Gabriella, ihrem ehemaligen Zuhälter, Filippa und Lotti durchsucht. Wir beschlagnahmen einiges an Papiermaterial, darunter Kalender, Zettel mit Notizen, und in Filippas Wohnung auch einige Briefe, die Salvatore ihr aus dem Gefängnis geschickt hat.[3]

Und ich setze die Vernehmungen fort, mit immer interessanteren Ergebnissen.

Der Barbesitzer und seine Gäste schütteln anfangs nur die Köpfe und wiederholen gebetsmühlenartig immer den gleichen Satz: »Nach all den Jahren, Dottore, wie soll ich mich da noch erinnern.«

Ich muss raffiniert vorgehen, um ihr Vertrauen zu gewinnen, bis mir schließlich ein gewisser Raffaello, ein sechsundsechzigjähriger Mann, erzählt, er habe nach der Tat in eben dieser Bar einmal gehört, dass irgendjemand am Tatabend etwas Verdächtiges beobachtet hätte. Ein anderer Stammgast, Giovanni, berichtet: »Ich habe gehört, dass darüber gesprochen wurde, kann aber kein Gespräch mehr genau wiedergeben, nicht zuletzt deshalb, weil ich meist sofort an den Billardtisch ging, wenn ich in die Bar kam.«

Ich bitte ihn, sich anzustrengen, und er fügt hinzu: »Ich erinnere mich, dass irgendjemand gesagt hat, er sei am Tatabend zufällig die Straße zwischen Scopeti und San Casciano entlanggefahren. Mehrere Leute haben sich darüber unterhalten, Lotti auch. Ich weiß nicht mehr, ob er gesagt hat, er sei mit Pucci zusammen gewesen, aber es ist wahrscheinlich, weil die beiden oft zusammensteckten.«

Das ist immerhin etwas. Nicht viel, aber mehr ist aus ihm nicht herauszuholen. Wir identifizieren und vernehmen auch den Inhaber des Lebensmittelgeschäftes, das unweit des Bauernhauses von Filippa und Salvatore liegt.

Der Mann heißt Ezio Pestelli und ist mittleren Alters.

Auch er berichtet, dass Lotti und Fernando sich gewöhnlich am Sonntagnachmittag in seinem Laden zu einem

Imbiss trafen, um anschließend nach Florenz zu fahren und Prostituierte aufzusuchen. Er erwähnt Gabriella und sagt mir, die beiden seien auch nachts unzertrennlich gewesen.

Fernandos beide Brüder berichten, sie hätten ihn gefragt, warum er im Polizeipräsidium vorgeladen worden sei, und Fernando habe ihnen nur sehr widerstrebend von dem Vorfall bei Scopeti in der Tatnacht erzählt und erklärt: »Wir sind abgehauen. Ich wollte zu den Carabinieri gehen, aber Giancarlo war dagegen.«

Silvia – die Malerin, deren Vernehmungsprotokoll ich gelesen habe und die ich persönlich befragen will, um nachzuprüfen, ob es sich bei dem von ihr erwähnten Magier um eben jenen Salvatore handelt, mit dem Filippa zusammenlebte – ist eine ruhige, ausgeglichene und recht gebildete Frau, die der Vorladung gern nachkommt.

Sie bestätigt ihre 1994 gemachten Aussagen und betont, sie habe damals die Notwendigkeit gesehen, ja es als ihre Pflicht erachtet, diese Vorfälle zu melden, da der beunruhigende Inhalt des Gesprächs mit demjenigen, der sich als Magier vorgestellt habe, sie zutiefst getroffen hätte.

»Seine Schilderungen haben mich erschüttert, vor allem vor dem Hintergrund der Art, wie bei den Pärchenmorden vorgegangen wurde«, sagt sie. Noch beunruhigender sei ihr all das erschienen, als sie von dem Doppelmord bei Scopeti – in unmittelbarer Nähe des Domizils des Magiers – erfahren hätte.

Ich bitte sie, mir noch einmal die Fakten zu schildern. Die Malerin erinnert sich, dass der Magier sie hereingebeten und erzählt habe, ihm sei vom Vermieter gekündigt worden und er müsse demnächst umziehen. Sie habe sich darüber gewundert, dass der Mann die Tür zu einem Zimmer, die sie habe öffnen wollen, sofort wieder geschlossen und gesagt hatte, sie führe lediglich zu einem Kellerraum.

Sehr gut erinnert sie sich an die Ausführungen des Magiers über seine Fähigkeit, ein Paar durch einen Zauber auf immer zu vereinen.

»Alles Sätze, die im Licht der Vernunft betrachtet mit den Taten des ›Monsters‹ in Verbindung gebracht werden können«, sagt sie.

Bevor ich sie das Protokoll unterschreiben lasse, zeige ich ihr ein altes Foto von Salvatore, das wir im Zuge der Durchsuchung von Filippas Wohnung beschlagnahmt haben.

»Das ist der Magier, den ich kennen gelernt habe«, erklärt sie, ohne zu zögern.

Jetzt habe ich die Gewissheit, dass es sich um dieselbe Person handelt, in deren Haus an Samstagabenden »spiritistische Sitzungen« und Orgien stattfanden – einem Haus, in dem auch Pacciani ein und aus ging.

Es gelingt uns, Manuel, den Magier mit dem Wohnwagen, zu identifizieren, aber seine Aussage hilft uns nicht weiter.

Die abgehörten Telefongespräche hingegen sehr wohl. Insbesondere eines.

»Man kann da nicht mal eine Pinkelpause machen, das hast du gesagt!«

Das ist Gabriellas Stimme.

Sie spricht mit Giancarlo, den sie auf dem Anschluss in der Bar von San Casciano angerufen hat, der diesmal abgehört wird.

Es ist der 25. Januar 1996.

Der Prozessbeginn steht unmittelbar bevor.

Gabriella Ghiribelli und Giancarlo Lotti unterhalten sich über das Verbrechen bei Scopeti, und sie erinnert ihn daran, dass er selbst ihr gesagt habe, er habe dort angehalten, um ein Bedürfnis zu erledigen, und befände sich deshalb jetzt in Schwierigkeiten.

Eine äußerst wichtige Antwort, die Puccis Version bestätigt.

Wenn sie sich nicht in der Zwischenzeit persönlich getroffen haben – was wir nicht wissen –, müssen sie zumindest am Telefon darüber gesprochen haben, wahrscheinlich ebenfalls über das Telefon in der Bar, als dieses noch nicht abgehört wurde. Vielleicht sind die Bedenken, aufgrund derer meinem Wunsch nicht stattgegeben wurde, übertrieben gewesen, und wir haben eine großartige Chance verpasst.

Immerhin haben wir jetzt die genaue Bestätigung Gabriellas, der von Giancarlo nicht widersprochen wird, sowie die Aussagen Fernandos.

Allmählich fügt sich ein Puzzleteil zum anderen.

Eines jedenfalls ist klar: Lotti und Pucci waren tatsächlich in der Tatnacht dort und haben etwas gesehen. Der Grund dafür war vermutlich wirklich ein körperliches Bedürfnis, denn beide erwähnen sie dies verschiedenen Gesprächspartnern gegenüber und in vollkommen unterschiedlichen Zusammenhängen. Zumindest, wenn man nicht davon ausgeht, dass sie sich abgesprochen haben, was mir aber wenig wahrscheinlich erscheint.

Wir sind zweifellos auf dem richtigen Weg, aber noch weit entfernt von Ergebnissen, die man in der Öffentlichkeit präsentieren könnte – und inzwischen beginnt der Prozess.

Die Zeit läuft unerbittlich.

# 10. Der Name des Anonymen

Im Saal des Berufungsschwurgerichts herrscht von den ersten Wortgefechten an dicke Luft, und die Zeitungen drängen mit den üblichen Fragen: Ist Pacciani schuldig oder unschuldig? Werden die Indizien zu seinen Lasten auch der Prüfung durch die Berufungsrichter standhalten? Was ist aus der berühmt-berüchtigten Pistole geworden?

Pacciani erscheint, anders als im erstinstanzlichen Prozess, nicht im Saal. Er bleibt in seiner Gefängniszelle.

In diesen allerersten Stunden des Verfahrens kommt der Anwalt der Nebenklage, Aldo Colao, der die Familie eines der Opfer vertritt, in mein Büro und sagt mir, ein Bekannter von ihm, ein pensionierter Bankangestellter, habe etwas über den Angeklagten zu sagen, was von Wichtigkeit sein könnte.

Ich empfange den Mann am Nachmittag.

Er erzählt mir, er habe 1981 zusammen mit einigen Freunden ein paar Zimmer in einem Landhaus direkt gegenüber von dem damals von Pacciani bewohnten Haus gemietet. Eines Tages seien sie unerwartet dort eingetroffen und hätten »eklige Dinge« (so seine Wortwahl) bemerkt, etwas wie Hautstücke mit dunklen Fasern, die bei einem Brunnen neben dem Haus des Angeklagten zum Trocknen in der Sonne lagen. Seine Frau und seine Freunde könnten dies bestätigen.

Mehr als die Zeugenaussage beschäftigt mich allerdings die Unterschrift, die er unter das Protokoll setzt. Das »F« in seinem Namen ist sehr eigentümlich und scheint mir identisch mit dem »F« in dem ersten anonymen Brief vom 11. September 1985, der die Carabinieri auf Paccianis Spur gebracht hat. Es ist ein winziges, scheinbar unbedeutendes Detail, das keinesfalls ausreicht, um sagen zu können, dass es sich um ein und dieselbe Person handelt. Aber in dieser Zeit bin ich dermaßen konzentriert und unter Druck, dass es genügt, um mich in Alarmbereitschaft zu versetzen. Ohne einen Grund dafür zu nennen, bitte ich ihn höflich, doch ein paar Zeilen zu schreiben, und der Mann, der korrekt wirkt und in gutem Glauben zu handeln scheint, tut dies anstandslos.

Mit Genehmigung des Staatsanwalts lasse ich die Schriftprobe erkennungsdienstlich untersuchen. Das Ergebnis des Vergleichs mit dem anonymen Brief, in dem Pacciani als schlau und als »hervorragender Schütze« bezeichnet wird, erreicht mich wenige Stunden später:

Eine erste Untersuchung ergab starke allgemeine Ähnlichkeiten und Analogien zwischen den Schriftproben;, Größe, Anordnung, Neigung und Ligaturen der Buchstaben stimmen überein. Die Detailanalyse der einzelnen homographischen Daten zeigte gleichfalls strukturelle Übereinstimmungen, was die konzeptionellen Parameter wie auch die Art und Weise der Ausführung betrifft. Ja, es wurden typische, charakteristische Elemente festgestellt, die die Eigentümlichkeiten der Handschrift erkennen lassen und qualitativ wie quantitativ auf ein wirklich »ausgeprägtes Schriftbild« hindeuten (…) Unter Berücksichtigung dessen, was oben dargelegt und dokumentiert ist, wird festgestellt, dass der untersuchte anonyme Brief aus der Feder des Herrn F. D. stammt.[4]

Ohne Zeit zu verlieren, bestelle ich den Mann erneut in mein Büro. Anwesend ist diesmal auch der Staatsanwalt, dem die schwierigere Aufgabe zukommt, das, was wir festgestellt haben, zu überprüfen und zu bestätigen.

»Ich habe kein Problem damit zuzugeben, dass ich ihn geschrieben und abgeschickt habe. Ich habe ihn verfasst, als ich in der Zeitung von dem Mord von Scopeti gelesen hatte«, gibt der Befragte zu.

Wir haben also den Mann vor uns, der den Justizapparat gegen Pacciani in Bewegung gesetzt hat.

Doch die Euphorie hält nicht lange an.

Seine Beschuldigung basiert nicht auf Fakten, sondern auf bloßen Ahnungen und Verdachtsmomenten. Darüber kommt der Zeuge nicht hinaus, und als er schließlich mein Büro verlässt, ist er beunruhigt. Er fürchtet mögliche rechtliche Konsequenzen und vielleicht auch die Reaktion Paccianis, wenn seine Anwälte Gelegenheit haben, diese Aktennotizen zu lesen.

Ich hingegen bin beunruhigt, weil das Verfahren in einem zunehmend aufgeheizten Klima zum Abschluss kommt und ich dem Staatsanwalt keine sichereren Beweise vorlegen kann. Aber ich habe genügend Material gesammelt, um die Hauptakteure direkter anzugehen. Lotti und vor allem Vanni noch nicht, auf jeden Fall aber Filippa Nicoletti, die Lebensgefährtin des Magiers Salvatore.

# 11. Filippa

Filippa Nicoletti, sizilianischer Herkunft, klein von Wuchs und mittleren Alters, betritt am 6. Februar 1996 zum ersten Mal mein Büro.

Sie wirkt wie jemand, der im Leben viel gelitten hat.

Die erste Frage, die ich ihr stelle, betrifft ihre Beziehung zu Salvatore, dem »Magier von San Casciano«.

Ihre Sprechweise, das merkt man bei ihrer Antwort, wirkt nicht wie die einer gewöhnlichen Prostituierten. Das ist sie auch tatsächlich nicht.

Sie erzählt, sie habe Salvatore in den siebziger Jahren kennen gelernt, als sie in einer kleinen Stadt in Norditalien gelebt habe, wo er in einer Fabrik arbeitete. Sie sei verheiratet gewesen, und Salvatore habe sich zunächst mit ihrem Mann angefreundet und sei später ihr Geliebter geworden. Als ihre Ehe unerträglich geworden sei, da ihr Mann sich häufig betrank und dann gewalttätig wurde, habe sie beschlossen, sich von ihm zu trennen und mit Salvatore zu leben. Sie sei also zunächst für kurze Zeit mit ihrem Geliebten nach Sizilien in sein Heimatdorf gezogen und 1978 dann in die Toskana, nach Prato, wo Salvatore Verwandte hatte. In jenem Jahr hätten sie ein Bauernhaus in der Nähe von San Casciano gemietet und dort gelebt, bis sie 1984 nach einem heftigen Streit mit Salvatore ausgezogen sei. Manchmal sei sie später noch zu Besuch vorbeigekommen, da zwischen ihnen auch weiterhin eine ehrliche Freundschaft bestanden habe.

»Erzählen Sie mehr über dieses Haus«, fordere ich sie auf.

»Es war klein. Ein Küchenraum gleich beim Eingang, ein Schlafzimmer und eine Abstellkammer. Ein Bad und ein WC. 1981 schickte uns der Eigentümer die Kündigung, weil Salvatore im Gefängnis saß und die Miete nicht bezahlt hatte. Ich beglich den ausstehenden Betrag und die folgenden Mieten. Daraufhin gewannen wir den Rechtsstreit und konnten dort wohnen bleiben.«

Ich frage, mit wem Salvatore in jenen Jahren befreundet war und mit wem er sich regelmäßig traf. Sie nennt eine Nachbarin namens Milva, Tochter einer gewissen Antonietta, und deren Lebensgefährten Vincenzo Limongi; einen Obsthändler aus Prato namens Domenico; sowie einen Magier, der im alten Stadtkern von Florenz gelebt habe, an dessen Namen sie sich jedoch nicht erinnere.

»Und Salvatore war ebenfalls in Magie bewandert?«

»Nein«, antwortet sie kurz und bündig.

Es folgt eine Pause.

Ich lasse ihr Zeit zum Nachdenken und komme dann auf einen Widerspruch zu sprechen: Aus einigen im Zuge der Durchsuchungen sichergestellten Briefen, so lasse ich sie wissen, geht hervor, dass Salvatore sich sehr wohl mit Magie beschäftigte. In einem dieser Briefe schrieb er ihr aus dem Gefängnis, er habe vor, Magier zu werden, da er entdeckt habe, dass er hellseherische Fähigkeiten besitze.

Ohne im Geringsten aus der Fassung zu geraten, sieht mir Filippa Nicoletti direkt in die Augen und gibt zurück:

»Ich weiß von diesem Wunsch, aber solange wir zusammengelebt haben, habe ich weder miterlebt, dass er Magie praktizierte, noch, dass er spiritistische Sitzungen abhielt.«

Diese wahrscheinlich unabsichtliche Erwähnung der spiritistischen Sitzungen, nach denen ich nicht gefragt habe, von denen jedoch Gabriella Ghiribelli erzählt hat, gibt mir das Gefühl, dass die Frau nicht die ganze Wahrheit sagt. Ich ziehe es jedoch vor, nicht weiter zu bohren, und schneide ein anderes Thema an: Ihr Verhältnis zu Giancarlo Lotti.

Als ich ihn erwähne, zeigt sich auf ihren Lippen ein verhaltenes Lächeln. Sie sagt, es sei nach wie vor sehr gut; Giancarlo besuche sie immer noch ab und an, wenn er etwas Geld in der Tasche habe.

Das Lächeln wird breiter, und ihr Mund erscheint mir jetzt größer, als er in Wirklichkeit ist.

»Wissen Sie, dass Giancarlo ein Voyeur ist?«, frage ich.

»Nein, das wusste ich nicht. Aber einmal hat Giancarlo mir anvertraut, dass seine Freunde Vanni und Pacciani oft in den Wald fuhren und Pärchen beobachteten, die sich im Auto liebten.«

Die unerwartete Erwähnung Vannis und Paccianis, nach denen ich gar nicht gefragt habe, ist ein Strohhalm, an den ich mich sofort klammere.

»Wohin fuhren sie … an welche Orte?«

»In die Wälder in der Nähe von San Casciano, auch nach Scopeti, wo der Mord passiert ist.«

Ich bin überrascht. Sie bestätigt nicht nur, dass die beiden Voyeure sind, sondern erwähnt auch den Tatort.

Ich versuche, weiter in die Tiefe zu gehen.

»Haben Sie die beiden Voyeure jemals selbst bei ihrem Treiben beobachtet?«

»Nein. Ich habe es von Giancarlo erfahren.«

»Haben Sie selbst jemals Orte unter freiem Himmel aufgesucht, um mit einem Mann intim zu werden oder Ihre berufliche Tätigkeit auszuüben?«

Sie verschweigt mir nicht, dass sie einen Ort in der Nähe des Friedhofs von San Casciano aufgesucht hat, außerdem die Freiflächen bei Scopeti und bei Vicchio. Beides Orte, an denen das »Monster« in zwei aufeinanderfolgenden Jahren zuschlug.

»Mit wem waren Sie dort?«

»Mit meinem Liebhaber … dem aktuellen.«

Außer dem Namen des Liebhabers fügt sie weiter nichts hinzu, und die Vernehmung ist beendet. Beim Abschied gebe ich ihr zu verstehen, dass wir uns wahrscheinlich werden wiedersehen müssen. Sie fragt nicht, warum. Vielleicht hat sie es auch nur eilig, den Raum zu verlassen.

Sie grüßt und geht.

Ich frage mich, warum sie ausgerechnet diese beiden Orte erwähnt hat, die übrigens nicht einmal nah beieinander liegen, sondern fünfundsechzig Kilometer voneinander entfernt und an gegenüberliegenden Höhenzügen. Ihr Liebhaber bestätigt zwar bei der Vernehmung, er sei hin und wieder mit Filippa im Auto in die ländliche Umgebung von San Casciano gefahren; niemals jedoch hätten sie die Freifläche bei Scopeti und die bei Vicchio aufgesucht.

Das ist seltsam, und ich kann nicht an einen Zufall glauben.

Wie es auch kein Zufall sein kann, dass unter den als Freundinnen Salvatores benannten Frauen, die meine Leute zu identifizieren beginnen, jene Milva ist, die zu den neuen Opfern des »echten Monsters« zählt, auf das Pacciani in seiner Verteidigungsschrift hinweist.

Jetzt kann ich nicht länger warten.

## 12. Die toten Zeugen

Salvatore Indovino kann nicht mehr sprechen. Eine unheilbare Krankheit hat ihn 1986 hinweggerafft.

Auch seine Nachbarin Milva ist tot.

Sie hieß Milva Malatesta und war einunddreißig Jahre alt.

In den frühen Morgenstunden des 20. August 1993 war ihre Leiche in der Nähe von Poneta bei Barberino Val d'Elsa, zwischen Florenz und Siena, gefunden worden. Neben ihr die Leiche ihres dreijährigen Sohnes.

Sie waren in dem Fiat Panda der jungen Frau verbrannt, der von der Straße abgekommen und in Flammen aufgegangen war. Allem Anschein nach ein Verkehrsunfall, was aber nicht stimmte.

Der Asphalt zeigte keine Spuren einer Vollbremsung oder eines Gegenlenkversuchs, wie man sie gewöhnlich vorfindet, wenn ein Auto umgekippt ist. Stattdessen fanden sich Benzinflecken in großer Zahl, die auch noch einen starken Geruch verströmten. In der Böschung unweit des Fahrzeugs wurde ein blutverschmierter Plastikkanister gefunden, der gleichfalls stark nach Treibstoff roch.[5]

Dass ein Mord vorlag, stand außer Zweifel.

Die Ermittlungen richteten sich sofort gegen den Ehemann, von dem sie getrennt gelebt hatte. Er wurde verhaftet und vor Gericht gestellt, aber am Ende wegen erwiesener Unschuld freigesprochen.

Das Verbrechen wurde mit dem Vermerk »Täter unbekannt« zu den Akten genommen.

Milva war gut mit Salvatore befreundet gewesen. Die beschlagnahmten Briefe, die er Filippa aus der Haft geschrieben hatte, beendete er stets mit einem Gruß an sie.

Im Mai 1991, wenige Tage vor seiner Entlassung aus dem Gefängnis von Sollicciano, wurde Milvas Lebensgefährte Vincenzo Limongi erhängt in seiner Zelle gefunden. Pacciani saß in dieser Zeit im selben Trakt desselben Gefängnisses.

Auch Milvas Vater Renato Malatesta wurde am Weihnachtsabend 1980 erhängt im Keller des alten Bauernhauses gefunden, das er mit Frau und Kindern bewohnte. Der Fall wurde als Selbstmord zu den Akten gelegt. Ein seltsamer Fall von Selbstmord: seine Füße hatten den Boden berührt.

Domenico, der Obsthändler aus Prato, verschwand im August 1994 aus seiner Wohnung. Da er nie gefunden wurde, mutmaßte man, es könnte sich um einen klassischen Fall von *lupara bianca* – bei bestimmten mafiosen Organisationen übliche Morde, bei denen die Leiche nie gefunden wird – handeln. Den Akten zum Prozess gegen Pacciani zufolge hatte Milvas Mutter Antonietta sowohl mit dem Angeklagten als auch mit Vanni sexuelle Beziehungen unterhalten und war zu diesen Kontakten in der Hauptverhandlung auch befragt worden. Sie hatte berichtet, sie habe mit ihrem Liebhaber, dessen Namen sie nicht nannte, die Freifläche bei Scopeti aufgesucht, um dort mit ihm intim zu werden, und dabei Voyeure bemerkt, unter denen sie Pacciani erkannte. Sie hatte auch gesagt, Letzterer hätte ihr gedroht, sie und ihren Liebhaber zu töten, weil sie mit allen schlief, nur nicht mit Pacciani. Weiter hatte sie präzisiert, sie sei eine Zeit lang auch Paccianis und Vannis Geliebte gewesen.

Antoniettas andere Tochter, Milvas Schwester, hatte die Beziehung zwischen ihrer Mutter und Pacciani bestätigt und hinzugefügt, der Angeklagte habe ihren Vater wiederholt mit dem Tod bedroht und ihn tätlich angegriffen. Auch die sexuellen Kontakte ihrer Mutter zu Vanni hatte sie bestätigt.

Milvas Ehemann, zu dem Zeitpunkt im Gefängnis, hatte die sexuelle Beziehung seiner Schwiegermutter zu Pacciani und Vanni gleichfalls bestätigt, ebenso die Tatsache, dass die beiden seinen Schwiegervater tätlich angegriffen hatten.

Für einen Ermittler allzu viele Zufälle.

Sämtliche Freunde Salvatores, die Filippa als Besucher des Bauernhauses nannte, waren verschwunden: auf raffinierte Weise getötet, um die Morde wie einen Unfall aussehen zu lassen (Milva und ihr Sohn), unauffindbar wie der Obsthändler aus Prato oder als »Selbstmörder« unter zumindest verdächtigen Umständen geendet, was den Zeitpunkt (Vincenzo sollte aus dem Gefängnis entlassen werden) oder die Bedingungen (Milvas Vater berührte mit den Füßen den Boden) betraf.

Paccianis *J'accuse* drängt sich wieder in meine Gedanken. Und zumindest eines steht jetzt fest: In diesem komplizierten Wirrwarr von Ereignissen ist das »Monster« von Florenz nicht allein und auch nie allein gewesen.

Aber die Neuigkeiten bezüglich Salvatore sind damit noch nicht erschöpft.

In den Akten zu seiner Person entdecken wir eine bei den Carabinieri eingegangene Anzeige gegen unbekannt, datiert vom 28. August 1985 – mithin wenige Tage vor dem Verbrechen von Scopeti. Indovino hatte einen während seiner Abwesenheit vorgefallenen Diebstahl gemeldet: Der Dieb hatte ein Fenster eingeschlagen und am Fenster selbst sowie an einigen Gegenständen im Haus Blutspuren hinterlassen. Ein großes Küchenmesser und ein Vergrößerungsglas waren verschwunden.

Der mehrfach vorbestrafte, Gabriella und ihrem Zuhälter zufolge damals schwer kranke Salvatore hatte wenige Tage vor dem Verbrechen einen einfachen Messerdiebstahl angezeigt. Ausgerechnet er, der für seine »Liebeszauber« bekannte »Magier«, Veranstalter von spiritistischen Sitzungen und Sexorgien, hatte Gabriellas Zuhälter gebeten, an der Freifläche vorbeizufahren, wo vermutlich genau in diesem Moment der Mord an dem französischen Paar begangen wurde.

Ich lege die Papiere zusammen und schließe die Augen.

Meiner Ansicht nach gibt es Gründe genug für den Staatsanwalt, noch vor Prozessende zur Sache zu kommen und zu verhindern, dass ein Mörder wieder in Freiheit gelangt, und gleichzeitig andere der Justiz zuzuführen, die an Paccianis grausamen Taten nicht unbeteiligt waren.

Ich verfasse einen ausführlichen Bericht für die Staatsanwaltschaft.

Die im Laufe der Nachforschungen zutage getretenen Ermittlungstatbestände deuten mit hinreichender Klarheit auf Mario Vanni hin, dessen freundschaftliche Verbundenheit mit Pacciani immer klarer wird. Wir werden diejenigen in die Zange nehmen müssen, die mit ihm näher zu tun haben.

Die nächsten Vernehmungen finden im Beisein des Staatsanwalts Paolo Canessa statt und werden von ihm persönlich geleitet.

Wir beginnen erneut mit Filippa Nicoletti.

Als wir auf die Freifläche bei Vicchio zu sprechen kommen, an der sich der Mord von 1984 zugetragen hat, sagt sie: »Mit Salvatore war ich nie dort, wohl aber mit meinem gegenwärtigen Liebhaber, weil wir immer viel in der Gegend rumfuhren und anhielten, wenn sich Gelegenheit ergab. Ich fahre selbst nicht Auto, also war er es, der die Orte wählte.«

Canessa fragt, ob sie auch mit Lotti dort gewesen sei, und ich merke, dass die Frage sie nervös macht. Die oberflächliche Ruhe ist aus ihrem Gesicht gewichen, und sie wirkt nicht mehr so gefasst wie damals in meinem Büro. Fast scheint es, als hätten wir es mit einer anderen Person zu tun. Hände und Beine sind pausenlos in Bewegung, und sie rutscht auf ihrem Stuhl herum, als sei dieser heiß wie eine Herdplatte. Es sieht so aus, als wolle sie gleich aufspringen.

Sie antwortet nicht sofort.

Sie denkt nach und sagt dann: »Kann sein, jetzt, wo sie mich fragen… Vielleicht war ich auch mit Lotti dort. Ich konnte damals noch nicht Auto fahren, erst 1992 habe ich den Führerschein gemacht, und jetzt habe ich einen kleinen Fiat… An jener Stelle war ich ungefähr dreimal mit meinem Geliebten und wohl auch mit Lotti. Meist im Sommer, tagsüber.«

Dies zuzugeben ist ihr offenbar nicht leichtgefallen, und das ist kein Zufall. Wir haben jetzt die wichtige Information, dass sie und Lotti bei Vicchio Halt gemacht haben, dort, wo das Verbrechen begangen wurde.

Die nächste Frage betrifft die ehemaligen Nachbarinnen, Antonietta und deren Tochter Milva.

Filippa antwortet, sie habe sie gekannt und es gebe Anhaltspunkte dafür, dass Milva eine Zeit lang Salvatores Geliebte gewesen sei.

»Anhaltspunkte welcher Art?«, fragt der Staatsanwalt, und sie erzählt, sie habe bei ihrer Rückkehr nach einer mehrwöchigen Abwesenheit in Salvatores Haus, genauer gesagt, in den Schubladen, die sie selbst benutzte, Unterwäsche und Schminkzeug von Milva gefunden. Sie habe mit Salvatore gestritten und sei für ein paar Tage nicht nach Hause gekommen.

»Wie ist Lotti im Bett?«, wird sie gefragt.

»Salvatore würde ich zehn Punkte geben«, antwortet sie lächelnd, »Lotti drei, meinem gegenwärtigen Geliebten sieben. Lotti ist nichts weiter als ein Stück Fleisch mit Augen.«

»Haben Sie Freunde Lottis kennen gelernt?«

»Ja, einen gewissen Fernando. Ja, das ist er«, sagt sie, als der Staatsanwalt ihr ein Foto vorlegt. »Genau den meine ich. Ich habe von Lotti gehört, dass die beiden zusammen zu Gabriella gingen. Lotti hat ihn mir vorgestellt, und die beiden waren vor einigen Jahren auch bei mir zu Hause, da, wo ich jetzt wohne, und ich habe ihnen was zum Abendessen gemacht. Sie haben mir gesagt, dass sie vorbeigekommen sind, weil sie zufällig gerade in der Nähe waren. Sie haben gegessen, und als sie fertig waren, sind sie wieder gegangen.«

»Haben Sie mit ihnen über den letzten Mord des ›Monsters‹ gesprochen?«

»Ich weiß es nicht mehr, das ist zu lange her.«

Der Staatsanwalt drängt sie: »Hatten Sie Lotti im Verdacht?«

»Kann sein, dass ich mit Gabriella am Telefon darüber gesprochen und gesagt habe, dass die Polizei Lotti verdächtigt, oder, besser gesagt, dass Lotti etwas weiß und nicht reden will.«

»Wie kamen Sie darauf?«

»Der Gedanke ist mir gekommen, weil man so viel hört und in der Zeitung liest.«

Sie ist ganz offensichtlich in der Klemme, und Canessa kennt keine Gnade. Er teilt ihr mit, dass jemand zu Gabriella gesagt habe, die Polizei verdächtige Lotti, weil sein Wagen bei Scopeti gesehen worden sei.

»Aber mit wem war er dort? Mit mir?«

Das entziehe sich seiner Kenntnis, gibt der Staatsanwalt zurück und fährt fort:

»Warum haben Sie zu Gabriella diese Bemerkung über Lotti gemacht?«

»Es war nur so eine Idee von mir.«

Canessa fragt sie, ob sie es nicht vielmehr von Lotti erfahren habe.

»Er hat es mir nicht gesagt.«

Nach einer Pause fügt sie hinzu:

»Vielleicht habe ich zu Lotti gesagt: ›Wenn Du etwas

weißt, sag es, schweig nicht‹, und er hat gesagt, er habe nichts damit zu tun.«

»Aber warum haben Sie ausgerechnet Lotti diesen Rat gegeben?«

»Weil er mir von Pacciani und dessen Gewalttätigkeit erzählt hatte.«

»War da gerade von Pacciani die Rede?«

»Nein. Es sprach niemand von Pacciani. Ich sagte zu Lotti: ›Du fährst doch so oft an dieser Straße vorbei, wenn du etwas weißt, sprich, sag es!‹ Er meinte, er habe nichts damit zu tun. Wenn mir zufällig noch irgendwas anderes einfällt, werde ich es Sie wissen lassen, das verspreche ich. Ich schwöre es.«

Es ist klar, dass sie mehr weiß, aber noch nicht bereit ist, es zu sagen.

Der Staatsanwalt streicht noch nicht die Segel. Die Gelegenheit scheint günstig.

Er weist sie darauf hin, dass mehrere Personen ausgesagt haben, Lotti sei am Mordabend auf der Straße zu der Freifläche bei Scopeti gewesen, und sie selbst habe bei einem Telefongespräch Gabriella gegenüber erwähnt, die Polizei ahne möglicherweise, dass Lotti etwas wisse, da er an diesem Abend dort vorbeigekommen sei.

»Sagen Sie die Wahrheit«, schließt er. »Von wem haben Sie erfahren, dass Lotti an jenem Abend dort war?«

Schweigen.

Der Blick der Frau ist fest auf ihre Knie geheftet. Schließlich schaut sie hoch und gibt zu:

»Kann sein, dass Lotti selbst es mir gesagt hat, aber ich bin nicht hundertprozentig sicher.«

Damit ist diese Vernehmung zu Ende, aber es ist mehr wie eine Unterbrechung, denn Filippa wird unmittelbar darauf erneut zu uns zitiert. Sie hatte ja beinahe selbst darum gebeten, als sie sagte: »Wenn mir zufällig noch irgendwas anderes einfällt, werde ich es Sie wissen lassen, das verspreche ich. Ich schwöre es.«

Als sie wieder vor uns steht, wirkt sie fast erleichtert.

Sie erzählt in allen Einzelheiten von ihren »Ausflügen« im Auto mit Lotti. Vor allem von den Samstags- und Sonntagsausflügen, wenn er bei schönem Wetter »ein bisschen raus« wollte. Sie bestätigt diesmal mit Sicherheit, dass sie mit Lotti die Freifläche bei Vicchio aufgesucht hat.

Er sei es gewesen, der den Platz gekannt habe.

Sie beschreibt den Ort genau und erklärt auch, wie Lotti sein Auto abzustellen pflegte: mit den Scheinwerfern Richtung Straße, das Heck dem Hügel zugewandt. Bei diesen Gelegenheiten, führt sie aus, habe Lotti sie in der nahe gelegenen »Casa del Prosciutto« zum Essen eingeladen. Wenn er gerade Geld hatte, bezahlte er sie auch.

Es scheint, als würde sie die Wahrheit sagen. Vor allem wirkt sie dessen, was sie erzählt, immer sicherer.

»Worüber haben Sie sich bei diesen Ausflügen unterhalten?«, fragt der Staatsanwalt.

»Über dies und das, dummes Zeug. Ich sprach über meine Beziehung zu Salvatore, während Lotti ziemlich verschlossen war und nicht viel über sich erzählte. Er redete über seine kranke Mutter und über seine Arbeit als Baggerführer.«

Dann erzählt sie, manchmal habe er bei ihr übernachtet, wenn Salvatore gerade im Gefängnis war, und dass sie auch manchmal gestritten hätten, wenn sie zu viel getrunken hatte und dann nicht mit ihm schlafen wollte. Lotti vertraute ihr, die ihn neugierig nach seinen Bekannten und seiner Arbeit ausfragte. Manchmal hatte Lotti auch von Filippa aus Gabriella angerufen und gefragt: »Rate mal, wo ich gerade bin?«

Sie und Gabriella seien sich nicht wohlgesonnen.

Sie berichtet, Salvatore habe Gabriella in Prato kennen gelernt, wo er nach seiner Haftentlassung im Dezember 1981 gewohnt habe. Einmal habe sie sich, um ihn aufzuspüren, in eine Bar an der Piazza Duomo in Prato gesetzt und gewartet, aber keinen von beiden angetroffen. Stattdessen habe sie einen gewissen Giuseppe kennen gelernt, mit dem sie etwa drei Wochen in einem abgelegenen Haus, mitten im Wald in den Bergen nahe Prato, verbracht habe. Nach ihrer Rückkehr aus Prato sei ihr aufgefallen, dass Gabriella häufig anrief und Salvatore sprechen wollte. Sie habe Gabriella nie »verputzen« können: »Die war mit meinem Mann zusammen, und dann tröstete sie mich, wenn ich erzählte, dass er mich schlug.«

Eben weil sie diese Situation nicht mehr ertrug, war sie am 30. März 1984 ausgezogen. Allerdings hatte sie Salvatore weiterhin ab und an besucht, weil sie ihn trotz allem immer noch liebte.

Sie wirkt jetzt glaubwürdiger und zugänglicher, so als befreie sie sich langsam von einer schweren Last.

Nach ihr ist Gabriella dran.

Sie ergänzt dem Staatsanwalt gegenüber ein paar Dinge über ihre Freundschaft mit Lotti und ihre Besuche in Salvatores Bauernhaus.

Ab und zu hatte Lotti sie im Auto zu einem Kunden gebracht, der auf dem Land wohnte. Es war auch vorgekommen, dass sie unterwegs an der kleinen Straße zu einem Friedhof anhielten, um Geschlechtsverkehr zu haben, besonders freitags, denn da war der Friedhof geschlossen. Nach der Trennung von ihrem Ehemann Ende 1977 war Gabriella nach Prato gezogen, wo sie einige Sizilianer und Sarden kennen gelernt hatte, Stammgäste in der Bar an der Piazza Duomo. Unter anderem einen Bruder Salvatores, mit dem sie in einem Lieferwagen, der dem Mann als Firmenauto zur Verfügung stand, Sex gehabt hatte. Durch ihn hatte sie dann Salvatore kennen gelernt und von da an regelmäßig mit einer Gruppe von Sizilianern und Sarden zu tun gehabt, die Raubüberfälle und Diebstähle begingen und mit Drogen handelten. 1978 war sie aus Prato nach Florenz gezogen und hatte dort den Mann kennen gelernt, der ihr Zuhälter wurde und sie dazu brachte, sich auf der Straße zu prostituieren. In Florenz kamen auch die Freunde aus Prato noch zu ihr, darunter der Bruder von Salvatore, der sie mehrmals »zu einem Ausflug« mitgenommen und nach San Casciano in Salvatores Haus gebracht hatte. Das war in den Jahren 1978/79. Von da an hatte sie die Freundschaft zu Salvatore immer weiter vertieft. Er besuchte sie und stand ihr auch bei, als sie zwischen 1984 und 1986 schwer krank war.

Interessanter werden ihre Ausführungen, als sie von »seltsamen Dingen« zu sprechen beginnt, die sie im Hause Salvatores gesehen hat.

Wenn sie sich sonntagvormittags aufmachte, um nach Florenz zu fahren und dort der Prostitution nachzugehen, fuhr sie gewöhnlich zuerst bei Salvatore vorbei, um ihm im Haushalt zu helfen. Die Spuren dessen, was am Samstagabend und in der Nacht dort geschehen war, seien unübersehbar gewesen, sagt sie. Im ersten Zimmer habe sie stets die Reste erloschener Kerzen bemerkt, einen mit Kohle auf den Boden gezeichneten fünfzackigen Stern, Dreck und Unordnung überall, Alkoholflaschen, gebrauchte Präservative und Anzeichen sexueller Handlungen. Auch Blutspuren in der Mitte des Lakens auf einem französischen Bett. In den Jahren 1984 und 1985 habe Filippa, die sie nach einer Erklärung gefragt hatte, geantwortet, das Blut stamme von ihr, sie habe ihre Menstruation gehabt. Eine offensichtliche

Lüge, sei es doch unmöglich, dass diese Frau jede Woche menstruierte!

Auch am Samstag vor dem Mord im Jahre 1985 habe sie im Haus die üblichen Freunde von Salvatore versammelt gesehen. Sie erinnert sich, eine Bemerkung über das Pärchen gemacht zu haben, das bei Scopeti sein Zelt aufgeschlagen hatte. Sie habe sich darüber verwundert gezeigt, dass jemand an einem so dunklen und verlassenen Ort übernachten mochte. Salvatore habe geantwortet:

»Die Glücklichen!«

Zu denen, die bei Salvatore ein und aus gingen, habe auch Mario Vanni gezählt, berichtet Gabriella. Filippa habe ihr gesagt, er sei ein »sehr seltsamer« Mensch, der ihr beim Sex »einen Vibrator reinschob und sie beobachtete«.

Später habe auch sie Vanni kennen gelernt, ebenfalls in diesem Haus.

Einem Haus, das gewiss nicht wenige Geheimnisse hütete. Sie waren mitsamt dem scheinheiligen »Magier« verloren.[6]

# 14. Der Kreis schliesst sich: Pucci 1

Nach den Frauen nehmen wir uns Pucci und Lotti vor.

Die Zeit drängt noch mehr als unsere Fragen.

Fernando betritt zum allerersten Mal ein Büro der Staatsanwaltschaft, und empfangen wird er nicht nur von Canessa und mir, sondern auch von Fleury, dem Oberstaatsanwalt, und einigen meiner Mitarbeiter.

Der Mann wirkt ruhig und gelassen. Einer seiner Brüder hat ihn begleitet und wartet auf einem Stuhl draußen im Flur auf ihn.

Die Angaben, die er am 2. Januar der Polizei gemacht hat, werden verlesen. Er bestätigt sie in allen Punkten.

Dann erklärt er auf die Frage nach dem Vorfall in der Tatnacht:

Wir hatten angehalten, um ein dringendes Bedürfnis zu erledigen, aber auch, um vielleicht das eine oder andere Pärchen beobachten zu können, das sich im Auto auf der Freifläche zurückgezogen hatte. Wir ließen unser Auto am Straßenrand stehen und näherten uns zu Fuß den ansteigenden Weg entlang. Ich kann mich erinnern, ein geparktes Auto mit ausgeschalteten Scheinwerfern sowie ein hüttenförmiges Zelt gesehen zu haben. Während wir uns dem Heck des Autos näherten, stiegen aus diesem zwei Personen aus und kamen uns entgegen. Einer von ihnen brüllte Drohungen mehr oder weniger mit dem Inhalt, wenn wir nicht abhauten, würden sie uns umbringen. Ich konnte sehen, dass er eine Pistole in der Hand hatte.

»Haben Sie die Pistole erkennen können?«, fragt der Oberstaatsanwalt.

»Ich habe gesehen, dass es eine Pistole war. Es war zwar tiefe Nacht, aber am Himmel war ein heller Schimmer.«

»Gut, fahren Sie fort, Signor Fernando.«

»Wir sind sofort umgekehrt, wieder ins Auto gestiegen und in Richtung San Casciano davongefahren. Dort hat mich Lotti rausgelassen, und ich bin in mein Fahrzeug, eine Ape 50, umgestiegen und nach Hause gefahren.«

»Haben Sie mit Lotti über den Vorfall gesprochen?«, fragt der Oberstaatsanwalt weiter.

»Lotti hat zu mir gesagt: ›Den einen habe ich erkannt.‹ Wir haben überlegt, ob wir zu den Carabinieri gehen sollten, da wir doch mit einer Pistole bedroht worden waren, aber Lotti meinte, das sei nicht nötig und er wolle nicht ›für einen Denunzianten gehalten werden‹. Wen er erkannt hatte, das hat er mir nicht gesagt.«

»Wann haben Sie sich in San Casciano getrennt?«, schaltet sich Staatsanwalt Canessa ein.

»So gegen 1 Uhr morgens. Wir hatten an diesem Abend in Florenz bei Gabriella gegessen und waren ziemlich spät aufgebrochen.«

»Haben Sie mit Lotti noch einmal über den Vorfall gesprochen?«, beharrt Canessa.

»Am nächsten Tag war der Mord im Dorf Gesprächsthema. Mit Lotti habe ich erst ein paar Tage später darüber geredet. Wir haben uns in der Bar mit den anderen Gästen unterhalten.«

»Wer war das?«, fragt der Oberstaatsanwalt.

»An Namen erinnere ich mich nicht. Ich weiß noch, dass der Inhaber eines Möbelgeschäfts dort war, und ein Goldschmied auch.«

»Haben Sie, Signor Fernando, auch bei anderen Gelegenheiten zusammen mit Lotti Pärchen beobachtet?«, fragt der Staatsanwalt.

»Gelegentlich. Giancarlo hat mir gesagt, dass er manchmal auch mit Vanni und mit Pacciani loszog. Jetzt fällt mir gerade etwas ein, was einmal in der Bar passiert ist. Ich sah Lotti, Vanni und Pacciani zusammen mit einem sehr betagten, pensionierten Maresciallo hereinkommen. Sie fingen alle an zu trinken, und dann habe ich erfahren, dass sie anschließend nicht mehr wussten, wo sie ihr Auto abgestellt hatten. Ich weiß nicht, wem das Auto gehörte. Ich weiß nur, dass der Maresciallo einen Fiat 500 besaß.«

An diesem Punkt entsteht eine Pause. Fernando wirkt immer noch ziemlich ruhig. Er macht einen entspannten Eindruck und hat offenbar keine Eile. Kaum zu glauben, dass es sich um den gleichen Menschen handelt, der vor nicht allzu langer Zeit in meinem Büro war.

Die beiden Staatsanwälte wechseln ständig Blicke und flüstern sich etwas zu, was die anderen nicht mitbekommen. Ein paar Minuten lang geschieht nichts, so als wollte niemand das Wort ergreifen, bis schließlich der Oberstaatsanwalt das Schweigen mit einer Frage bricht, die bereits gestellt wurde, auf die jedoch keine befriedigende Antwort kam:

»Haben Sie nach diesem Vorfall noch einmal mit Lotti darüber gesprochen?«

»Wir haben nur noch einmal darüber geredet, als auch Vanni dabei war, der uns sagte, Pacciani besäße eine Pistole. Genauer gesagt, er meinte: ›Passt auf, Pacciani hat nämlich eine Pistole.‹«

Ich fordere ihn auf, genauer zu werden, und er erzählt:

»Wir sprachen über die Leute, die uns bedroht hatten, und ich fragte Lotti, ob er jemanden erkannt habe. Er sagte zu mir: ›Ich glaube, einer von den beiden war Pacciani‹ und fügte, wie um mich zu warnen, hinzu: ›Pass auf, Pacciani hat eine Pistole!‹«

Auf den Widerspruch zu dem, was er kurz zuvor erklärt hat (»Wen er erkannt hatte, das hat er mir nicht gesagt«), wird er nicht hingewiesen, um ihn nicht in Schwierigkeiten zu bringen, was dazu führen könnte, dass er sich einigelt. Wir sind uns alle darüber im Klaren, wie heikel dieser Moment ist und wie wichtig die soeben erfolgte Enthüllung, und wir haben den Eindruck, dass Pucci sich langsam, aber immer sicherer löst.

Jetzt ist ein guter Zeitpunkt, um nachzubohren, und die Staatsanwälte erkennen das.

»Noch einmal zu jener Nacht. Sagen Sie uns ganz genau, was Sie gesehen haben«, fordert der Staatsanwalt ihn auf.

Er antwortet sofort, ohne das kleinste Zögern und immer noch entspannt.

»Einer hatte ein Messer und der andere eine Pistole. Der mit dem Messer war Vanni, den anderen habe ich nicht erkannt.«

Ein weiteres Eingeständnis von größtem Wert! Vanni kommt hier zum ersten Mal explizit ins Spiel. Das Netz um ihn beginnt sich zuzuziehen.

»Konnten Sie beurteilen, ob das Verbrechen bereits begangen war?«, fragt der Staatsanwalt weiter, ohne im Geringsten aus der Fassung zu geraten.

»Vanni hat gesagt, sie seien schon tot gewesen.«

»Damals hat er das gesagt?«

»Nein, ein paar Tage später in der Bar. Auch Lotti war dabei, als er es sagte.«

»Was hat er ganz genau gesagt?«

»Vanni hat nicht gesagt, dass sie sie umgebracht haben, sondern nur, dass die beiden getötet worden seien.«

Damit endet die Vernehmung, und Fernando verlässt

zusammen mit seinem Bruder das Büro der Staatsanwaltschaft.

Es gelingt uns nicht, eine gewisse Euphorie zu verbergen. Wir stehen in permanentem Kontakt zum Berufungsschwurgericht und wissen, dass in dem Prozess, der kurz vor dem Abschluss steht, noch keine endgültigen Beschlüsse gefasst sind – vielleicht können wir also noch rechtzeitig die definitiven Beweise liefern.

Am Tag darauf befragen wir Fernandos Brüder, die erklären: »Als Fernando nach der Vernehmung nach Hause kam, haben wir ihn gefragt, wie es gelaufen sei, und er hat sehr ruhig und heiter geantwortet: ›Genauso wie beim letzten Mal. Sie waren sehr freundlich, und wenn ich noch einmal kommen muss, tue ich das ohne Weiteres.‹«

Sie bestätigen auch, dass Fernando das Dorf nur an Sonn- und Feiertagen verlässt, und behaupten, ihr Bruder habe ihnen nie von jenem Vorfall erzählt. Und weiter: »Uns überrascht das nicht, denn er ist sehr zurückhaltend, auch was persönliche Fragen bezüglich etwaiger Damenbekanntschaften betrifft.«

Es sieht so aus, als habe Fernando jahrelang Geheimnisse gehütet, die dem Fall des »Monsters von Florenz« schon unmittelbar nach dem letzten Verbrechen eine entscheidende Wende hätten geben können. Aber stehen wir jetzt wirklich vor einer solchen Wende?

Das wünschen wir uns alle. Und alle sind wir davon überzeugt, dass Fernando immer noch nicht alles erzählt hat.

Als er erneut vorgeladen wird, geht er tatsächlich noch weiter. Sehr viel weiter.

Außer dem Staatsanwalt sind noch ein junger Kollege, Fausto Vinci, und ich dabei.

Fernando beginnt ausführlicher zu erzählen, wie er den Sonntag verbracht hat, an dem der Doppelmord geschah, und was er am späteren Tatort gesehen hat.

Am frühen Nachmittag sei er zusammen mit Lotti und Vanni in Lottis Auto zu Gabriella gefahren. Er und Lotti hätten, unabhängig voneinander, mit der Frau Geschlechtsverkehr gehabt, während sie Vanni fortgeschickt hätte.

Über Vanni sagt er:

Er ist ein ziemlich seltsamer Typ ... einer, der nicht viel zustande bringt, was Frauen betrifft ... er sah zu und weiter nichts ... er wollte einen Vibrator verwenden, denn das erregte ihn. An jenem Tag, nachdem Gabriella sich ihm verweigert hatte, war Vanni total wütend, so wütend, dass er allein wegging, statt auf uns zu warten.

Nachdem sie noch ein wenig durch die Straßen von Florenz gestreift seien, hätten sie sich am Abend wieder im Auto auf den Heimweg gemacht.

An der Freifläche bei Scopeti habe Giancarlo angehalten und vorgeschlagen: »Steigen wir aus, da gibt's bestimmt was zu sehen. Ein Pärchen hat hier sein Zelt aufgeschlagen.«

Sie seien ganz leise ausgestiegen, wie immer bei solchen Gelegenheiten. Es sei ein schöner Abend mit zunehmenden Mond gewesen, »dem guten, der die Pilze wachsen lässt«, und mit klarer Sicht. Als sie im Begriff gewesen seien, sich dem Zelt zu nähern, seien sie von zwei bewaffneten Personen verbal angegriffen worden: der Kleinere hätte eine Pistole in der Hand gehabt, der Größere ein Messer.

Pietro Pacciani und Mario Vanni.

An dieser Stelle seines Berichts hält Fernando Pucci einen Moment inne.

Es hat den Anschein, als habe ihn ein seltsames Gefühl erfasst. Seinem Gesichtsausdruck nach zu schließen ein spontanes, ehrliches Gefühl.

Im Raum hängt gespanntes Schweigen.

Dann fährt er fort:

»Mich hat das ziemlich durcheinandergebracht, und jedes Mal, wenn ich diese Straße entlangfahren musste, hat mich wieder die Angst gepackt.«

Und weiter:

Jetzt, wo ich gefragt werde, ob ich sonst noch etwas gesehen habe, was mich derart erschreckt hat, will ich es sagen, um mich von der Last zu befreien. Ich habe den Vorfall mit angesehen und beobachtet, wie geschossen wurde.

Wir drei wechseln fast ungläubige Blicke. Sogar ich, der ich so sorgfältig den Boden bereitet habe und am ehesten überzeugt und zuversichtlich bin, kann kaum glauben, was er gerade gesagt hat.

Fernando wirkt zunehmend aufgewühlt. Er spielt uns nichts vor, das könnte ich schwören.

»Signor Fernando«, schaltet sich der Staatsanwalt erneut ein, »Sie brauchen keine Angst zu haben. Erzählen Sie uns jetzt, was genau Sie gesehen haben.«

Also, es war so. Als die beiden uns bedroht haben, wollte ich weg von dort. Lotti jedoch sagte: »Gehen wir, gehen wir hin und sehen uns an, was hier weiter geschieht!« Wir warteten ein paar Minuten und näherten uns dann ganz leise und ohne uns sehen zu lassen von der Seite her, wo das Auto stand. Wir hielten uns im Gebüsch. Kurz darauf beobachteten wir folgende Szene: Einer der beiden, der Größere, also Vanni, ging hinter das Zelt und schlitzte mit dem Küchenmesser, das er in der Hand hatte, die Zeltwand auf. Ich erinnere mich genau an das Geräusch zerreißenden Stoffs.

Es ist fast, als könnte man das Geräusch des mit dem Messer aufgeschlitzten Stoffs auch in unserem Raum hören.

Pucci unterbricht sich kurz, als müsse er erst wieder Atem schöpfen, und fährt dann fort:

Mir schien es, als würde die Bewegung, die ich sah, von unten nach oben ausgeführt. In dem Moment kam ein Mann aus dem Zelt, durch den vorderen Eingang, und floh in Richtung Wald, also auf die gegenüberliegende Straßenseite. Der andere, der mit der Pistole, Pacciani also, schoss auf den Fliehenden, rannte ihm nach und feuerte weitere Schüsse ab. Gleichzeitig betrat Vanni das Zelt. Das war der Moment, in dem wir uns zu Tode erschrocken davonmachten, und ich erinnere mich nicht, noch mehr gesehen zu haben. Ich habe weder Vanni aus dem Zelt kommen noch Pacciani aus dem Wald zurückkehren sehen. Als wir wieder ins Auto stiegen, sagte Lotti: »Sie haben sie umgebracht.«

Es entsteht wieder eine Pause, gefolgt von neuerlichem langen Schweigen.

Fernando Pucci ist jetzt wieder entspannt, als habe er sich endlich von einer gewaltigen Last befreit, die seit Jahren sein Gewissen quälte und ihn zwang, schweigend zu leiden.

Als er zum Weitererzählen aufgefordert wird, fährt er gelassen fort:

Wir kehrten zu Tode erschrocken nach San Casciano zurück. Lotti war dagegen, zu den Carabinieri zu gehen. Ich allein traute mich nicht, weil ich schreckliche Angst hatte. In dieser Nacht tat ich kein Auge zu vor lauter Todesangst. Wenig später kam Vanni zu mir, zeigte mir ein Messer und sagte: »Ich bringe jemanden um.« Mir schien, als wäre er betrunken, und ich hatte den Eindruck, dass er eigens gekommen war, um mir Angst einzujagen. Jedenfalls hatte ich wirklich schreckliche Angst vor Vanni und Pacciani. Ich weiß noch, dass mir ein Bekannter aus dem Dorf während des Prozesses gegen Pacciani vorschlug, zusammen hinzugehen, aber ich hatte solche Panik, dass ich lieber nicht hinging, denn er kannte mich ja.

Wieder eine Pause. Wieder Schweigen. Wieder Blicke hin und her.

Diesen Moment wählt der Staatsanwalt, um eine heikle Frage zu stellen. Es ist der richtige Moment, eine jener Gelegenheiten im Laufe einer Vernehmung, die man am Schopf packen und nutzen muss.

»Sind Sie mit Lotti auch in der Gegend von Vicchio gewesen, um Pärchen zu beobachten?«

Fernando hebt den Blick und antwortet prompt.

Dort war ich nur ein einziges Mal, kann mich aber daran erinnern, weil wenige Tage darauf ein Pärchen in einem Auto ermordet wurde und Lotti zu mir sagte: »Du, jetzt haben sie die umgebracht, die wir gesehen haben!« Das hat er am

Sonntagmorgen zu mir gesagt, als wir in San Casciano vor der Bar standen.

Die Augen des Staatsanwalts leuchten – ebenso wie meine eigenen und die des jungen Kommissars.

»Wer hat die Orte ausgewählt, an die Sie fuhren, um Pärchen zu beobachten?«, fragt er.

Es war immer Lotti, der die Orte kannte und mir vorschlug, mit ihm an eine bestimmte Stelle zu fahren, weil es dort ein Pärchen zu beobachten gebe. So war es auch das eine Mal, als wir nach Vicchio fuhren. Weil Lotti es mir erzählt hat, weiß ich auch, dass er mit Filippa sowohl zur Freifläche von Vicchio als auch zu der bei Scopeti fuhr, um Sex zu haben.

Das war die Wahrheit – Filippa hatte es uns bereits erzählt.

»Sind Sie auch mit Pacciani und Vanni unterwegs gewesen, um Pärchen zu beobachten?«

Nein. Ich nicht, aber Lotti. Er hat mir erzählt, dass er mit Pacciani und Vanni auch an der Freifläche bei Scopeti war. Ich wollte nie mit den beiden losziehen, weil sie gewalttätig waren. Wenn sie getrunken hatten, war es noch schlimmer.

Der Staatsanwalt hat eine letzte Frage.

»Haben Sie Salvatore gekannt, den Magier von San Casciano?«

Ich kannte ihn nur vom Sehen. Er war mit Filippa zusammen, ehe sie sich mit Lotti einließ. Ich weiß, dass ganz in der Nähe von seinem Haus eine Frau wohnte, die Vanni und Pacciani regelmäßig aufsuchten, aber ich weiß nicht, wie sie hieß.

Soweit mir bekannt ist, hat Vanni allerdings mit den Frauen nichts angefangen. Immer nur zugeschaut.

Die Vernehmung wird geschlossen. Wir haben den deutlichen Eindruck, dass die lang erwartete Wende gekommen oder zumindest zum Greifen nah ist.

Fernandos Ausführungen wirken im Großen und Ganzen glaubwürdig, und sie entsprechen den Fakten auf eine Art und Weise, die unmöglich oder unglaublich wäre, wenn er nicht selbst dabei gewesen wäre.

Der Staatsanwalt, der schon so lange gegen das »Monster« ermittelt und – das sollten wir uns ins Gedächtnis zurückrufen – am allerwenigsten daran interessiert sein kann, dass die Theorie von den Komplizen bestätigt wird, weil er im Prozess die These vom Einzeltäter vertreten hat, teilt uns mit, dass die seinerzeit von den Sachverständigen durchgeführten Gutachten (die im Prozess nicht thematisiert und der Presse nie zugänglich gemacht worden waren) ergeben hatten, dass der Schlitz in der Zeltwand durch einen Schnitt von unten nach oben zustande gekommen war, genau wie Fernando es geschildert hat.

Es wird Zeit, uns anzuhören, wie zu diesem Zeitpunkt die andere Glocke klingt: Giancarlo Lotti.

## 16. Die Wende

Am Morgen des 11. Februar 1996 betritt Lotti die Amtsräume der Staatsanwaltschaft. Auch für ihn ist es das erste Mal.

Er hat Beschwerden beim Gehen – Rückenprobleme, erklärt er – und nimmt auf einem Besuchersessel vor dem Schreibtisch Platz.

Ihm gegenüber sitzen der leitende Oberstaatsanwalt Piero Luigi Vigna persönlich sowie seine drei Kollegen Fleury, Crini und Canessa. Außerdem sind der junge Kommissar Vinci und ich zugegen.

Die Staatsanwaltschaft hat vor, jetzt alle ihre Trümpfe auszuspielen. Das Berufungsverfahren steht kurz vor dem Abschluss, und die Zeichen stehen schlecht.

Generalstaatsanwalt Pietro Tony hat bereits sein Plädoyer gehalten und die Freilassung Paccianis gefordert, nachdem er die Indizien eines nach dem anderen entkräftet und beinahe sarkastisch festgestellt hat: »Ein halbes Indiz plus ein halbes Indiz ist kein Indiz.«

Es fehlt nur noch das Urteil der Richter.

Wenn wir die Schlacht gewinnen wollen, muss die Staatsanwaltschaft diese Lücke nutzen, die jetzt winzig wie ein Nadelöhr erscheint.

Allerdings merke ich von Anfang an, dass Vigna die Vernehmung mit dem gleichen gelassenen, professionellen Ernst führt, der das Vorgehen der Staatsanwaltschaft in diesem Fall bisher gekennzeichnet hat – so, als würde die Zeit keine Rolle spielen. Keine verzerrten Auslegungen, keinerlei durch Nervosität bedingte Ausübung von Druck. Wir alle wissen, dass diese Begegnung wenige Minuten, aber auch viele Stunden dauern kann, doch wir sind bereit, sein Vorgehen mitzutragen und dessen innere Logik konsequent zu respektieren.

Lotti hält die Augen gesenkt. Nur ab und zu hebt er ganz kurz den Blick, um die vor ihm Sitzenden anzusehen. Dann starrt er sofort wieder zu Boden.

Der Staatsanwalt verliest die Aussage, die Lotti am 15. Dezember 1995 bei der Polizei gemacht hat, und Lotti nickt mehrmals zur Bestätigung. Dann fragt der Staatsanwalt nach Filippa, Gabriella und Fernando. Er bestätigt, was er über die Frauen gesagt hat, und im Hinblick auf Fernando erklärt er: »Ich habe ihn vor etwa zwanzig Jahren kennen gelernt. Anfangs, als noch keiner von uns ein Auto hatte, sind wir immer mit dem SITA-Bus nach Florenz gefahren. Fernando kam mit seinem 48er Moped nach San Casciano, und dort stiegen wir in den Bus. Am Anfang unserer Bekanntschaft haben wir immer wieder andere Prostituierte aufgesucht, und dann hat er mir Gabriella vorgestellt.«

Als er gefragt wird, was für Autos er später im Laufe der Jahre besessen habe, nennt er alle außer dem blassroten Fiat 128 Coupé.

Auf die erste direkte Frage – »Wissen Sie noch, was Sie an dem Sonntag 1985 gemacht haben, als der Mord bei Scopeti geschah?« – ändert sich sein Verhalten. Er wird unruhig, wirkt, als stecke er in Schwierigkeiten. Schweigen breitet sich im Raum aus. Der leitende Oberstaatsanwalt und seine Kollegen wechseln fortwährend Blicke. Die Antwort lässt auf sich warten. Vigna wiederholt die Frage. Einmal, zweimal …

Bis Lotti schließlich spricht.

»An jenem Sonntag … sind wir zurückgefahren.«

Er unterbricht sich, setzt wieder an:

»Ich habe überhaupt nicht dort angehalten.«

Wieder Schweigen.

Kurzzeitig.

»Um 11 Uhr abends war ich in San Casciano.«

Dieses Verhalten scheint zu bestätigen und zu unterstreichen, dass der Mann in Schwierigkeiten steckt. Die Staatsanwälte wechseln weiter Blicke, während das Schweigen andauert. Niemand hat ihn gefragt, ob er am Tatort angehalten habe. Nur, was er an jenem Tag gemacht habe.

Vigna stellt eine weitere Frage.

»Signor Lotti, haben Sie das Zelt der beiden Touristen gesehen, die ermordet wurden?«

»Ich hatte es nie zuvor gesehen. An jenem Sonntag kam ich aus Galluzzo zurück, allein, ich war im Kino gewesen.«

Wenn das ein Alibi sein soll, so ist es äußerst wackelig. Er hat gesagt, er sei allein gewesen.

Sein Blick bleibt jetzt fest auf seine Beine geheftet, die ständig in Bewegung sind, als fände er keine bequeme Position.

Er ist äußerst angespannt.

Vigna nutzt die Gelegenheit, um ihn auf einen eindeutigen Widerspruch hinzuweisen.

»Signor Lotti, Ihr Auto, der Fiat 128 Coupé, wurde an jenem Sonntag nach 11 Uhr abends an der Straße bei Scopeti gesehen.«

Er zögert nicht mit der Antwort.

»Das war nicht mein Auto ... wenn ich nein sage, heißt das nein.«

Die Tonlage seiner Stimme wird höher, er wirkt immer unruhiger.

»Haben Sie Angst vor irgendetwas ... oder irgendjemandem?«, fragt der Staatsanwalt.

»Ich habe keine Angst.«

»Denken Sie gut nach, Signor Lotti... denken Sie gut nach... Ihr Auto ist an genau jenem Abend genau dort gesehen worden.«

Schweigen.

Drückendes Schweigen. Ein entscheidender Augenblick: Statt zu antworten, windet sich der Mann weiter auf seinem Stuhl. Wie ein gehetztes Tier, kommt mir in den Sinn – ein abgedroschenes Bild zwar, aber es trifft zu.

Dann hebt er ein wenig den Kopf und sagt:

»Vielleicht habe ich tatsächlich einen Augenblick dort angehalten, sonst nichts... dann sind wir weitergefahren... ich habe das Zelt gesehen... dann sind wir wieder los und weggefahren, neben dem Zelt stand ein weißes Auto.«

Er senkt erneut den Kopf.

»Wir sind weitergefahren... wir sind weggefahren...«

Vielleicht unabsichtlich gibt er uns zu verstehen, dass er nicht allein war. Vigna ergreift die Gelegenheit beim Schopf und hakt nach:

»Warum sind Sie weggefahren?«

Diesmal antwortet er sofort.

»Wir sind stehen geblieben, um Wasser zu lassen, dann sind wir weitergefahren, nach Hause. Es war etwa Viertel nach elf.«

Das ist die Bestätigung des Satzes aus Gabriellas abgehörtem Telefonat und der Ausführungen Fernandos.

»Wer war mit Ihnen dort?... Sie haben im Plural gesprochen... und uns ist bekannt, dass Sie an jenem Abend mit Fernando zusammen waren«, bohrt Vigna weiter.

»Stimmt, ich habe im Plural gesprochen, und Fernando war tatsächlich bei mir.«

»Haben Sie in der Nähe des Zeltes noch weitere Personen gesehen?«

»Wenn da noch andere gewesen wären, hätte Fernando sie gesehen.«

»Richtig, Fernando hat behauptet, es seien noch weitere Personen dort gewesen«, beharrt Vigna.

Es entsteht eine Pause. Lotti scheint nachzudenken, wirkt aber nicht mehr so angespannt wie noch vor wenigen Minuten.

Nach kurzem Schweigen antwortet er:

»Ja, na schön, zwei Leute haben uns fortgeschickt und uns gesagt: ›Wenn ihr nicht abhaut, murksen wir euch ab‹ ... Einer von ihnen hatte eine Pistole.«

Die gleiche Version wie die Fernandos.

»Wer war der mit der Pistole?«

»Ich weiß nicht, wer es war«, sagt er sofort und fügt hinzu: »Es fällt mir nicht ein.« Das ist ganz etwas anderes.

»Beschreiben Sie uns die Person, die Sie mit der Pistole bedroht hat«, fordert ihn der Staatsanwalt auf.

»Es war Nacht, ich habe nicht gesehen, was er anhatte ... nachts, wenn es dunkel ist, sieht man ziemlich schlecht«, versucht er sich, sichtlich gestresst, herauszuwinden.

»Ähnelte die Person mit der Pistole jemandem, den Sie kennen?«, hakt Vigna nach.

»Wie hätte ich das in der Dunkelheit feststellen können?«

Schweigen. Es währt wenige Minuten.

»Ich schaffe es nicht, den Namen zu sagen ... es ist alles andere als einfach.«

Er senkt den Kopf.

»Sind Sie beide nach diesem Vorfall zu den Carabinieri gegangen, um zu melden, dass Sie bedroht wurden?«

»Nein.«

Eine magere Antwort.

»Fernando hat erzählt, er habe zu den Carabinieri gehen

wollen«, drängt Vigna, der inzwischen begriffen hat, dass er Lotti klar widersprechen muss, wenn er etwas aus ihm herausholen will.

»Wir sind nicht hingegangen.«

»Warum nicht?«

»Es erschien mir nicht besonders schön.«

Bei dieser Antwort kommen mir wieder Fernandos Worte in den Sinn: »Er meinte, er wolle nicht für einen Denunzianten gehalten werden«.

»Erklären Sie das näher, Lotti.«

Er wartet einen Moment und sagt dann:

»Es war wegen der Angst.«

Wieder eine Pause, diesmal länger als zuvor.

Schließlich fährt er fort: »An dem Abend vor dem Mord bin ich allein an der Stelle bei Scopeti vorbeigekommen, am Tag, an dem es geschah, mit Fernando zusammen. Am Abend, an dem es geschah, hatte ich große Angst. Ich habe den mit der Pistole gesehen, der uns mit den erwähnten Worten gedroht hat. Es war noch ein anderer bei ihm, aber ich habe sie beide nicht erkannt.«

Er macht jetzt einen weniger angespannten Eindruck. Den Blick hält er weiter gesenkt, aber ab und zu hebt er die Augen, um die Anwesenden anzusehen. Mal den einen, mal den anderen. Aber keinen länger.

»Fernando hat gesagt, er habe sie erkannt«, erwidert der Staatsanwalt.

»Ich weiß nicht mehr, was er gesagt hat, wer sie seien, es fällt mir nicht ein, was er gesagt hat, ich erinnere mich nicht«, antwortet er sofort, in dem entschiedenen Tonfall dessen, der überzeugend wirken will.

»Hat Fernando Ihnen gesagt, unter den erkannten Personen sei Salvatore, der Magier aus San Casciano?«

»Nein, der hat nichts damit zu tun.«

Auch das ist ihm mit größter Wahrscheinlichkeit einfach herausgerutscht: indem er sagt, Salvatore habe nichts damit zu tun, gesteht er praktisch ein, dass andere damit zu tun haben und dass er mit ziemlicher Sicherheit weiß, wer.

Wieder folgt ein langes Schweigen, in dessen Verlauf jeder von uns seine Schlüsse zieht und wir zufriedene Blicke wechseln.

Er dagegen starrt wieder auf seine Knie.

Dann hebt er erneut den Blick und bricht das Schweigen, das er vermutlich nicht länger erträgt.

»Ich hatte Angst, war nicht besonders gut drauf! Nach zehn Jahren kann ich mich nicht mehr so genau erinnern.«

Und er schließt sofort eine Frage an:

»Welche Namen hat Fernando genannt?«

»Die Namen müssen Sie uns sagen, Lotti. Spielen Sie hier nicht den Schlaumeier!«

Wieder senkt er den Blick.

Vigna fährt fort:

»Sagen Sie uns, wo die beiden Personen standen, im Verhältnis zum Zelt und zum Auto.«

»Sie standen nebeneinander... ungefähr einen Meter auseinander... der mit der Pistole stand rechts... der andere links.«

»Und Sie? Wo standen Sie?«

»Wir befanden uns auf dem ansteigenden Sträßchen... das Zelt war weiter vorne, auf der freien Fläche vor uns... das weiße Auto stand hinter dem Zelt.«

»Nachdem die beiden Personen Ihnen gedroht hatten, wo sind sie dann hingegangen?«

»In Richtung Zelt... und wir sind weggefahren... ich habe Schüsse gehört... wir sind weggegangen, weil wir die Schüsse gehört haben... ich habe zwei Schüsse gehört.«

»Handelte es sich um zwei Männer?«

»Ja, es waren zwei Männer.«

»Beschreiben Sie sie uns.«

»Sie hatten ungefähr die gleiche Statur ... aber einer war größer als der andere.«

Schweigen.

Vigna beschließt, das Thema zu wechseln.

»Haben Sie je gesehen, dass Vanni Vibratoren besaß?«

Er hebt den Blick und antwortet sofort.

»Ja, habe ich. Er hat mir zwei gezeigt. Das war bei ihm zu Hause, als seine Frau einmal nicht da war. Er hat sie mir gezeigt: einer war weiß und mit Batterie, der andere bräunlich. Er hat mir erzählt, ein Briefträgerkollege habe sie ihm besorgt. Er bewahrte sie in einer Schublade auf, damit seine Frau sie nicht entdeckte, in einem kleinen Raum in dem alten Haus, wo auch das Holz gelagert wurde, gleich beim Eingang. Soviel ich weiß, lief bei Vanni nichts mit Frauen.«

Vigna wechselt erneut das Thema:

»Lotti, waren Sie je in Vicchio?«

»Nein, noch nie.«

»Hatten Sie je Sex im Auto mit Filippa?«

»Niemals ... entweder sie kam zu mir nach Hause, oder ich fuhr zu ihr.«

»Lotti, warum nennen Sie uns nicht die Namen jener Personen? ... Haben Sie etwa Angst?«

»Ich bin blockiert ... ich schaffe es nicht, es zu sagen ... ich habe Angst. Ich bin nie wieder an diesem Ort gewesen.«

Die Worte Fernandos kommen mir wieder in den Sinn: »Mich hat das ziemlich durcheinandergebracht, und jedes Mal, wenn ich diese Straße entlangfahren musste, hat mich wieder die Angst gepackt.« Lotti ist überhaupt nicht mehr dort entlanggefahren!

An diesem Punkt zeigt ihm der Staatsanwalt in der Fotoakte zur Tat von 1985 die Aufnahmen der beiden Leichen.

Nach einem raschen Blick auf das erste Bild klagt er:

»Ich kann nichts anderes sagen… ich schaffe es nicht.«

Wieder breitet sich Schweigen im Raum aus. Ein Schweigen, das diesmal anscheinend niemand brechen will.

Vigna entschließt sich, die Vernehmung zu beenden. Es ist 5 Uhr nachmittags, aber der Arbeitstag ist noch nicht vorbei: die Staatsanwälte planen als Nächstes eine Gegenüberstellung von Lotti und Fernando, die auf halb sieben festgesetzt wird. Man lässt Lotti in einem Raum warten, wo er ein Brötchen isst – unter den Augen eines Polizisten, damit er nicht etwas Unbesonnenes tut, aber auch, um zu verhindern, dass er fortgeht und zur festgesetzten Zeit nicht wiederkommt, oder dass er telefoniert, vielleicht mit Fernando, um zu wissen, was dieser bei den Vernehmungen erzählt hat.

Es ist eine Sicherheitsmaßnahme im Sinne aller, vor allem aber im Sinne der Ermittlungen.

Um 18.45 Uhr betreten zuerst Lotti und gleich darauf Fernando das Büro von Staatsanwalt Vigna.

Sie sehen sich nicht an. Sie grüßen sich nicht.

Lotti blickt weiter beharrlich zu Boden, auch nachdem er auf einem der Besuchersessel Platz genommen hat. Fernando hingegen grüßt mit einem Lächeln in die Runde, setzt sich, blickt die Staatsanwälte an, sagt aber nichts.

»Kennen Sie sich?«, lautet Vignas erste Frage.

Fernando: »Das ist Giancarlo.«

Lotti: »Ja, das ist Fernando.«

Fernando wird aufgefordert, noch einmal zu erzählen, was in jener Nacht vorgefallen ist.

Er sagt, sie hätten an der Straße angehalten, es sei Sonntag gewesen, sie seien aus Neugier hingegangen, sie hätten Geschrei gehört, einer habe eine Pistole gehabt und einer ein Küchenmesser.

Lotti erklärt, er habe nicht genau gesehen, ob einer ein Messer gehabt habe, jedoch erkannt, dass der andere eine Pistole hatte.

Fernando sagt, es sei ihnen gedroht worden, sie umzubringen, und sie seien fortgegangen. Der eine sei Pacciani gewesen und der mit dem Messer seinem Eindruck nach Vanni. Erneut gibt er an, er habe zu den Carabinieri gehen wollen, aber Lotti sei dagegen gewesen.

Beide berichten, sie hätten große Angst gehabt und nicht dort bleiben wollen, um nicht umgebracht zu werden.

Lotti fragt Fernando dann, ob sie mit dem roten 128er Fiat unterwegs gewesen seien, und Fernando bejaht dies, sie seien in Florenz bei Gabriella gewesen.

Lotti weist darauf hin, dass Fernando woanders gestanden habe als er und von dort besser habe sehen können. Fernando bestätigt dies.

Dann erzählen die beiden von den Hotels und Pensionen, die sie mit Gabriella aufgesucht hatten.

Die Gegenüberstellung dauert wenig mehr als eine halbe Stunde – genug Zeit, um Lotti zu verstehen zu geben, dass sein Freund vieles erzählt hat. Am Ende wird Fernando herausgeführt.

Lotti wird weiter befragt.

Als Erstes wird verlesen, was Fernando ausgesagt hat – angefangen mit dem Moment, als sie ihr Auto an der Einmündung des zu der Freifläche führenden Sträßchens abgestellt hatten.

Lotti bestätigt, die beiden Personen seien Vanni und Pacciani gewesen, und fügt hinzu:

»Das Messer in Vannis Hand habe ich nicht gesehen. Ich glaube, Fernando hat es besser sehen können, weil er ein Stück von mir entfernt auf der gegenüberliegenden Seite stand. Und tatsächlich sind wir, wie Fernando gesagt hat, umgekehrt, nachdem man uns bedroht hatte, und haben uns im Gebüsch versteckt, um zu sehen, was weiter geschah.«

»Haben Sie gesehen, wer das Zelt aufgeschlitzt hat?«, fragt der Staatsanwalt.

»Ich habe gesehen, dass einer von beiden von hinten das Zelt aufschlitzte, aber ich kann nicht sagen, wer. Wahrscheinlich Vanni. Auch ich habe, wie Fernando, das Geräusch des zerreißenden Stoffes gehört.«

Dann wird der Abschnitt aus der Vernehmung Fernandos verlesen, wo es heißt, er habe einen Mann aus dem Zelt kommen und in Richtung Wald fliehen sehen, und Pacciani habe auf diesen Mann geschossen und ihn verfolgt.

»Ich habe nicht gesehen, was passiert ist, nachdem der junge Mann Richtung Wald gelaufen ist. Ich weiß nicht, was im Wald passiert ist. Ich habe ihn nur aus dem Zelt kommen sehen, und wie Pacciani auf ihn geschossen hat. In dem Moment sind wir abgehauen und ich habe nichts weiter gesehen.«

Damit endet die Vernehmung.

Nicht aber die Arbeit der Staatsanwälte, die einerseits die Papiere vorbereiten, in denen die Richter im Prozess gegen Pacciani aufgefordert werden, die neuen Zeugen anzuhören, und andererseits die Anweisung an den Innenminister, den obersten Polizeichef, sofort Maßnahmen zum Schutze Lottis in die Wege zu leiten.

Vigna schreibt, Lotti habe »für die Rekonstruktion der Taten und die Identifizierung der Täter äußerst wichtige Informationen» geliefert; er wohne »in der Nähe von Vanni«, sei »alleinstehend«, »lebe gezwungenermaßen in einem Pfarrheim mit vielen Immigranten» und sei »um seine körperliche Unversehrtheit besorgt«.

Noch am gleichen Abend wird das Gesuch dem Innenminister zugestellt.

In den Aussagen der beiden Hauptzeugen und insbesondere bei Pucci ist eine seltsame Steigerung feststellbar, die vermuten lässt, sie hätten noch viel zu sagen. Bei jeder neuen Vernehmung hat Fernando der Geschichte ein Stückchen mehr hinzugefügt, bis eine Rekonstruktion möglich geworden ist, die bislang zwar vielleicht immer noch nicht vollständig, aber doch ausreichend ist, um sowohl Pacciani als auch seinen inzwischen mit Gewissheit identifizierten Komplizen – Mario Vanni – festzunageln. Bei Lotti liegen die Dinge etwas anders: in der Gegenüberstellung hat er Puccis Version bestätigt, aber es ist klar, dass er das nur getan hat, weil er mit ihm konfrontiert wurde. Von sich aus hätte er es niemals getan. Ich frage mich, warum, und ich frage mich, ob Vigna die gleichen Vermutungen hegt wie ich und ob die Maßnahmen zu seinem Schutz, die er beantragt hat, nicht vielmehr dazu dienen, ihn besser kontrollieren zu können.

Es besteht immer noch großer Klärungsbedarf, aber ich kann meine Befriedigung darüber nicht verbergen, dass wir es wahrscheinlich geschafft haben, wenn auch knapp. In der Verlängerung sozusagen.

Jetzt bin ich gespannt darauf, wie die Richter auf diese Enthüllungen reagieren werden und – vom operativen Standpunkt aus gesehen – welche Vorkehrungen die Staatsanwaltschaft im Hinblick auf Vanni treffen wird, der nun explizit des Mordes angeklagt ist.

Ich muss nicht lange warten.

Am Abend des folgenden Tages, dem 12. Februar, werde ich in Vignas Büro gerufen.

Mit dem üblichen Lächeln und einem Scherz überreicht er mir einen Umschlag:

»Bitte sehr, Herr Polizeipräsident!«

»Davon bin ich meilenweit entfernt!«, antworte ich ebenfalls lächelnd.

Ich öffne den Umschlag. Er enthält die Anordnung der Untersuchungshaft für Mario Vanni.

Ich lese die Verfügung.

Am selben Tag hatte die Staatsanwaltschaft beim Ermittlungsrichter auf der Basis der ersten Ermittlungsergebnisse die Untersuchungshaft beantragt. Die Anklagepunkte sind: »Mord in einem besonders schweren Fall unter Mittäterschaft von Pietro Pacciani, Leichenschändung, illegales Tragen und Besitzen von gewöhnlichen Schusswaffen«.

Die Maßnahme bezieht sich nur auf die Tat von Scopeti vom September 1985 und nimmt Bezug auf die Identifizierung zweier Augenzeugen, die aus unabdingbaren ermittlungstechnischen Erfordernissen heraus mit den griechischen Buchstaben »Alpha» und »Beta» (Pucci und Lotti) bezeichnet werden und deren Anwesenheit am Tatort durch Aussagen zweier weiterer Zeugen (Gabriella und Norberto) bestätigt worden ist, die aus den gleichen Gründen mit den Buchstaben »Gamma» und »Delta» benannt werden.

Die unabdingbaren ermittlungstechnischen Erfordernisse sind, dass Vanni bislang noch nicht vernommen worden ist und der Staatsanwalt es sich vorbehalten kann, die Namen erst zu preiszugeben, nachdem er anhand ihrer Aussagen den Angeklagten mit den darin enthaltenen Fakten und Beschuldigungen konfrontiert hat. Er kann es nicht nur, er muss es in vielen Fällen sogar, um zu verhindern, dass sie in irgendeiner Weise verwässert werden.

Doch dieses bedachtsame Vorgehen, ermittlungstechnisch wie auch juristisch sakrosankt, wird uns noch einen bösen Streich spielen.

Im Moment aber kann ich meine Aufregung und den Wunsch, zur Tat zu schreiten, kaum zügeln. Diese Verfügung ist der konkrete Beweis dafür, dass die Staatsanwaltschaft die geleistete Arbeit anerkennt und billigt – eine auch formale Bestätigung dafür, dass wir auf dem richtigen Weg sind.

»Setzen Sie die Anweisung sofort um«, ordnet der Staatsanwalt an, fast als habe er meine Gedanken gelesen.

»Sowie ich in meinem Büro bin, werde ich alles Nötige in die Wege leiten, Herr Oberstaatsanwalt.«

Kurz nach 11 Uhr abends stehe ich in San Casciano vor dem Eingangstor des kleinen Mehrfamilienhauses, in dem Vanni mit seiner Frau Luisa wohnt. Begleitet werde ich von einigen meiner Mitarbeiter, darunter ein Inspektor und zwei Polizisten von der Squadra Anti Mostro, die bereits die Ermittlungen gegen Pacciani professionell durchgeführt haben und über den Fall bestens im Bilde sind. Auch Kommissar Fausto Vinci ist dabei, der inzwischen ebenfalls zunehmend in die Ermittlungen involviert ist.

Die Straße ist dunkel und leer. Es ist kalt. Das Mehrfamilienhaus hat keine Gegensprechanlage, nur die zu den einzelnen Wohnungen gehörenden Klingeln. Wir klingeln.

Einmal, zweimal, dreimal …

Nichts.

In Vannis Wohnung im ersten Stock brennt kein Licht.

Wir klingeln beharrlich weiter, aber vergebens. Schließlich probieren wir es bei einer anderen Familie.

Eine Frau antwortet:

»Wer ist da, um diese Zeit?«

»Polizei! Können Sie uns öffnen?«

»Einen Augenblick.«

Während die Frau herunterkommt, schiebt einer meiner Mitarbeiter seinen Dienstausweis unter dem Tor durch, das sich endlich langsam öffnet.

»Vielen Dank, und entschuldigen Sie bitte die Störung«, sagen wir, während wir einer nach dem anderen über die Schwelle treten.

»Wir müssen zu Vanni ... wir haben mehrmals geklingelt, aber er hat nicht geöffnet.«

»Er wohnt im ersten Stock – die Tür links, wenn man raufkommt. Vielleicht schlafen sie schon. Seine Frau habe ich heute Abend gesehen.«

Wir klingeln an der Tür mit dem Schild »Vanni«. Mehrmals. Niemand reagiert. Wir klopfen. Nichts.

Wir klopfen weiter, bis wir eine Frau schreien hören. Laut und schrill. Sie brüllt unverständliche Sätze.

Als die Stimme näher kommt und deutlicher wird, verstehen wir einzelne Wörter und Satzteile.

»Lasst uns in Ruhe ... was wollt ihr ... Ihr geht uns auf den Keks.«

»Signora, wir sind von der Polizei ... öffnen Sie«, sagt der Inspektor, seinerseits fast schreiend, um sich Gehör zu verschaffen.

»Wir müssen mit Ihrem Mann sprechen.«

»Aber was wollen Sie von ihm? ... Er liegt im Bett ... es geht ihm schlecht.«

»Öffnen Sie! ... Wir müssen es selbst sehen ... wenn Sie nicht sofort öffnen, sehen wir uns gezwungen, die Tür aufzubrechen«, mische ich mich in einem Tonfall ein, der keinen Raum für Ausflüchte lässt.

Die Tür geht langsam auf.

Luisa ist eine alte Frau, klein und dicklich, die ihr Äußeres vernachlässigt. Sie trägt einen Morgenrock. Sicher keine sehr entgegenkommende Frau: Sie flucht und wettert weiter, versucht gar, uns zu schlagen, und der Inspektor entgeht um ein Haar einem Fausthieb oder einer Ohrfeige. Dann lässt sie sich auf einen Stuhl neben dem Eingang fallen.

Ein Polizist bleibt neben ihr, während ich, gefolgt von den anderen, ins Schlafzimmer gehe.

Vanni sitzt im Pyjama auf dem Bett. Ich begegne ihm zum ersten Mal persönlich.

»Signor Vanni, ziehen Sie sich an. Wir müssen Sie vernehmen … Sie müssen mitkommen.«

Er rührt sich nicht.

»Hier, das ist der Durchsuchungsbefehl der Staatsanwaltschaft. Wenn Sie wollen, können Sie einen Anwalt oder eine Person Ihres Vertrauens hinzuziehen, sofern es jemanden gibt, der sofort zur Verfügung steht.«

»Sie können alles durchsuchen … ich brauche niemanden … ich habe nichts getan … nur ab und zu mit jemand einen Imbiss eingenommen«, antwortet er jetzt, ohne die Fassung zu verlieren. Er nimmt den Durchsuchungsbefehl entgegen und legt ihn, ohne ihn gelesen zu haben, auf einem Nachttisch ab. Das werden seine einzigen Worte bleiben.

Wir durchsuchen die Wohnung: zwei Zimmer, eine kleine Kammer und den Flur.

Wir stellen zwei Gummipenisse sicher, außerdem drei Küchenmesser, die wir unter einem Haufen Holz in der Kammer finden, und zwei Paar Schuhe Größe 44, an denen noch Erde klebt.

In der Zwischenzeit kleidet sich Vanni unter ständiger Beobachtung durch einen Polizisten an.

Als wir das Schlafzimmer wieder betreten, sehen wir ihn eine Kommodenschublade öffnen, aus der er einige 100 000-Lire-Scheine zieht.

Wir wenden uns Richtung Ausgang. Vanni geht an seiner

immer noch im Flur sitzenden Frau vorbei, ohne ein Wort zu sagen. Er verabschiedet sich nicht einmal. Er spricht nicht mehr. Es ist sonnenklar, dass er diesen Augenblick hat kommen sehen.

Am nächsten Morgen berichten alle Zeitungen darüber. *La Nazione* bringt auf der Titelseite einen sechsspaltigen Bericht:

*In letzter Minute. Monster von Florenz.*
*Polizisten der Squadra Mobile verhaften in der Nacht*
*Mario Vanni: den Komplizen von Pietro Pacciani.*

Bei Redaktionsschluss wurde bekannt, dass zwei Einheiten der Squadra Mobile unter dem Kommando von deren Leiter Mario Vanni in seiner Wohnung aufgesucht und verhaftet haben.

Gegen Vanni wird in der Angelegenheit des Monsters von Florenz ermittelt, doch bislang war nicht in Erfahrung zu bringen, welche Anklagepunkte die Staatsanwaltschaft gegen ihn vorzubringen hat.

Die Ermittler schweigen sich aus und wollten telefonisch nicht einmal die Verhaftung bestätigen. Unterdessen steht heute die Entscheidung des Berufungsgerichts in Sachen Pietro Pacciani an.

Man darf auf spektakuläre Enthüllungen gespannt sein.

# 18. Die Niederlage

Am Tag darauf nehmen wir unseren mörderischen Arbeitsrhythmus wieder auf – mit neuem Enthusiasmus dank der jüngsten Entwicklungen. Die Gerechtigkeit nimmt jetzt, in letzter Minute, doch ihren Lauf, und wir haben Grund zu der Annahme, dass die Ermittlungsarbeit noch Früchte tragen wird, die es erlauben werden, endlich Licht in das dunkle Geheimnis des »Monsters« zu bringen.

Unser Enthusiasmus währt nicht lange. Am Vormittag trifft bei der Staatsanwaltschaft und im Präsidium die Nachricht ein, dass die Berufungsrichter den Antrag, die neuen Zeugen zu hören, abgelehnt haben – mit der Begründung, sie seien in den Protokollen nicht namentlich, sondern nur mit den Buchstaben des griechischen Alphabets benannt.

Die Enttäuschung ist deutlich, groß wie die Wahrheit, die wieder in die Ferne rückt, und breit wie das anzunehmende Grinsen des »Monsters«, das im Begriff ist, dem in manchen Fällen fast zu weitmaschigen Netz der Justiz zu entkommen.

Jetzt sind es nur noch wenige Stunden bis zur Urteilsverkündung, aber ohne jene so mühevoll gesammelten Zeugenaussagen ist das Ergebnis voraussehbar, es sei denn, es geschieht noch ein Wunder.

Trotzdem beschließt die Staatsanwaltschaft, die Arbeit nicht zu unterbrechen und auf der Suche nach neuen Indizien und neuen Beweisen im Beisein von Lotti und Pucci eine Tatortbesichtigung vorzunehmen.

Lotti zeigt uns die genaue Stelle, wo er in der Tatnacht

das Auto abgestellt hatte: gleich am Anfang des schmalen Schottersträßchens, das zu der Freifläche bei Scopeti führt, etwa fünfzig Meter von dieser entfernt. Er zeigt uns auch, wo er und Fernando sich befanden, als die beiden Männer ihnen drohten; wo diese in jenem Moment standen, und wo er und Pucci sich im Gebüsch versteckt hatten, um zu sehen, was weiter geschehen würde. Er beschreibt ihre Bewegungen, das Geräusch der Schüsse und wie einer der Angreifer das eine Opfer in Richtung Wald verfolgte. Lotti erklärt, er habe Pacciani und Vanni im Licht der Scheinwerfer erkannt, als er den Motor anließ, um mit Fernando ins Dorf zurückzufahren.

Lotti wirkt jetzt heiter, entspannt und zur Zusammenarbeit bereit. Er ist überzeugender als beim letzten Mal.

Auch Pucci zeigt sehr präzise und ohne jede Unsicherheit die Örtlichkeiten. Seine Version der Geschehnisse stimmt mit der des Freundes vollkommen überein.

Wir sind alle zufrieden, aber nur für kurze Zeit.

Das Mobiltelefon des Staatsanwalts beginnt in dem Moment zu klingeln, als er im Begriff ist, in seinen Dienstwagen zu steigen, um in sein Büro zurückzufahren. Canessa meldet sich.

Es ist ein kurzes Telefonat. Er beschränkt sich darauf, seinem Gesprächspartner zuzuhören. Und sein Gesichtsausdruck verändert sich schlagartig.

Wir alle verstehen.

»Ist etwas passiert?«, frage ich rhetorisch.

»Sie haben Pacciani freigelassen.«

Eine nüchterne Antwort im Telegrammstil. Etwas, das uns erschüttert, obwohl wir es nach den Nachrichten vom Vormittag erwartet haben. Aber die Vorstellung ist eine Sache, mit vollendeten Tatsachen konfrontiert zu sein eine andere. Von der Richtigkeit unserer Ermittlungen überzeugt, haben wir uns im Grunde bis zuletzt geweigert zu glauben, dass die Rechtsprechung tatsächlich den absurden Weg gehen könnte, einen Mörder auf freien Fuß zu setzen.

Aber es ist geschehen. Die Berufungsrichter haben das »Monster von Florenz« wegen erwiesener Unschuld freigesprochen, »weil er die Tat nicht begangen hat«.

Der »schlaue Bauer« Pietro Pacciani kann also hoch erhobenen Hauptes das Gefängnis verlassen, in dem seit weniger als vierundzwanzig Stunden sein mutmaßlicher Komplize eingesperrt ist.

Der mutmaßliche Komplize ist drin, und er ist draußen, als hätten sie einander, einem seltsamen Gesetz des Schicksals folgend, bei einem Stafettenlauf voller Hohn und Verachtung den Stab weitergereicht.

Eine absurde, paradoxe Situation, angesichts derer uns Mutlosigkeit überfällt.

Wenn ich mich tags zuvor noch ausgezeichnet und angespornt gefühlt habe, fühle ich mich jetzt frustriert und bestraft. Es ist hart, unmittelbar zu erleben, wie tief die Kluft zwischen ermittlerischer Wahrheit und der Wahrheit der Gerichte ist – eine Erfahrung, die auch dem hartgesottensten Polizisten leicht die Flügel stutzen kann.

Momente wie dieser sind es, in denen die starke Persönlichkeit außergewöhnlicher Menschen zutage tritt, die sich von den Ereignissen nicht beugen lassen. Zufällig haben wir das Glück, dies erleben zu dürfen.

Als eine erste Reaktion auf die Nachricht wird im Büro der Staatsanwaltschaft eine Versammlung aller Staatsanwälte organisiert, die mit dem Fall befasst sind. Auch ich und Vinci sind dabei. Es herrscht allgemeine Ratlosigkeit, Ungläubigkeit und Bedauern, doch Piero Luigi Vigna gelingt es, uns mit neuer Energie aufzuladen. Gerade er, der sich sogar auf eine Auseinandersetzung mit dem Generalstaatsanwalt eingelassen hat, indem er in den Zeitungen erklärt hat, er habe »einen breiten Buckel«, spornt uns mit den Worten an:

»Wir fahren mit den Ermittlungen fort… lassen Sie sich nicht herunterziehen… wir haben unsere Pflicht getan und werden sie weiter tun. Jetzt gehen wir erst mal ins Gefängnis und verhören Vanni, mal sehen, wie er sich verteidigt. Kommen auch Sie mit«, lädt er mich ein und bringt so die Situation schlagartig wieder auf eine praktische, operative Ebene.

# 19. Das Echo in der Presse

Die Nachricht schlägt überall auf der Welt ein wie eine Bombe. Alle befassen sich damit, vom *Corriere della Sera* bis zum *Figarò*, von der *Repubblica* über *Libération* und *Libre Belgique* bis zur deutschen *BZ*.

Pacciani ist in den wichtigsten Tageszeitungen verewigt, im Kreise seiner Anwälte lächelnd wie einer jener Stars, mit denen alle Fernsehsender ein Exklusivinterview bringen wollen.

Seiten um Seiten Reportagen und Interviews.

Der Vorsitzende des Berufungsschwurgerichts, Francesco Ferri, der die neuen Zeugen nicht zum Prozess hat zulassen wollen, weil sie angeblich »nicht zu identifizieren« sind, tritt von seinem Amt zurück und verfasst eine Schmähschrift, in der er nicht nur die Ermittlungen Pacciani betreffend hart kritisiert, sondern auch die laufenden Ermittlungen gegen dessen Komplizen, und in der er unter anderem behauptet, Lotti und Pucci würden »lügen wie gedruckt«.[7]

Zu allem Überfluss bringt *Il Giornale* einen Artikel mit dem Titel *Diese Zeugen der Anklage bringen selbst die Hühner zum Lachen …*, in dem Sätze zitiert werden, die Richter Ferri zugeschrieben werden.[8]

Und er bleibt nicht der einzige Richter, der sich polemisch gegen die Staatsanwaltschaft äußert. Die Angriffe nehmen überhand, verstärkt durch die Pacciani-freundliche Presse, die sich auf diese Weise für die Nacht-und-Nebel-Aktion rächt – die Verhaftung Vannis am Vorabend der Verhandlung. Vannis Verhaftung wurde als Versuch Vignas betrachtet, in allerletzter Minute Verwirrung zu stiften – als ein ungeschickter, unverzeihlicher Bluff.

Ein Verdacht, der mich verletzt, nicht nur weil ich Vigna kenne, sondern auch, weil niemand so gut wie ich weiß, welche Arbeit in den nur zwei Monaten seit Beginn der Untersuchung geleistet wurde, um diese keinesfalls arglistig-überstürzte Verhaftung zu ermöglichen.

Schwierige Stunden. Ich habe Mühe zu begreifen.

Ich verstehe nicht, wie ein so erfahrener Richter wie Ferri behaupten kann, dass die Zeugen »lügen«, ohne ihnen auch nur Gelegenheit zum Reden gegeben zu haben.

Die Wahrheit ist, dass Vigna dem Generalstaatsanwalt Tony regelmäßig die Protokolle der Vernehmungen weitergeleitet hat; dass dieser selbst beantragt hat, die Zeugen sollten vor Gericht gehört werden; dass aber der Vorsitzende Richter Ferri diesem Antrag nicht stattgegeben hat. Die Richter haben nämlich ihr Urteil bereits nach dem Grundsatz der freien richterlichen Überzeugungsbildung gefällt und sind nicht bereit, davon abzurücken.

Ich habe zwar größten Respekt vor diesem Prinzip, finde es aber absurd, dass sie den Urteilsspruch nicht einmal um vierundzwanzig Stunden haben verschieben wollen – die Zeit, die erforderlich gewesen wäre, um die Zeugen anzuhören. Nun haben sie verhindert, dass diese Zeugnisse zur endgültigen Formung ihrer freien Überzeugung beitragen, die mir dann noch viel mehr Respekt abgenötigt hätte.

Am Ende ist es genau diese offenkundige Verzerrung, die mir wieder Mut macht, und um Punkt 10 Uhr finde ich mich, gewappnet wie am ersten Tag, zusammen mit Canessa und Vannis Verteidiger in dem Vernehmungsraum des Gefängnisses von Sollicciano ein.

Ich setze mich in eine Ecke.

Wenig später tritt Mario Vanni in Begleitung eines Polizisten ein. Er trägt einen Pyjama und um den Hals ein großes Kruzifix aus Holz. Es ist, als wäre er innerhalb weniger Tagen stark gealtert. Die vollkommene Isolation im Gefängnis hat schnell dafür gesorgt, dass er älter und vielleicht auch kränker aussieht.

Der Staatanwalt verliest die Eröffnung des Tatvorwurfs und zählt die Beweisquellen auf.

»Möchten Sie dazu Stellung nehmen?«, fragt er am Ende.

»Das kann ich schon tun.«

»Sie haben das Wort.«

»Ich leugne alles. Lotti ist ein Lügner, denn alles, was er zu meinen Lasten gesagt hat, ist unrichtig... auch der andere ist ein Lügner... Fernando.«

»Hat Lotti Ihnen von der Freifläche bei Vicchio erzählt?«

»Ja, das hat er, aber ich weiß nicht mehr, worum es damals ging... ich jedenfalls bin dort nie gewesen.«

»Aber Sie haben sich bei Lotti erkundigt, wie man fahren muss, um dorthin zu kommen?«

»Von wegen... nein, ich habe ihn nichts dergleichen gefragt... ich bin nie dort gewesen... Lotti ist verrückt, und Fernando auch... die sind alle beide verrückt.«

Der Staatsanwalt zählt weiter Anklagepunkte auf. Er zitiert einen nach dem anderen die Fakten, von denen Lotti berichtet hat. Doch Vanni bleibt hartnäckig.

Er wiederholt immer dasselbe: »Ich bin nie an diesem Ort gewesen... ich habe nichts damit zu tun.«

Und am Ende:

»Ich will eine Gegenüberstellung mit Lotti, weil er falsche Sachen erzählt hat... und auch mit Fernando will ich eine Gegenüberstellung.«

So endet seine Vernehmung, ohne dass wir den Schritt vorwärts getan hätten, den wir uns erhofft haben.

Wir sind enttäuscht, zeigen es aber nicht. Im Grunde haben wir die Polemiken der Presse bereits hinter uns gelassen und sind froh, wieder mitten in der Arbeit zu stecken.

# Anmerkungen

1 Lotti war am 19. Juli 1990 von Mitarbeitern der Squadra Anti Mostro (SAM) und des Sondereinsatzkommandos der Carabinieri verhört und am 21. Juli 1994 von der SAM im Polizeipräsidium formlos vernommen worden (Vermerk vom 26. Juli 1994).

2 Es handelt sich um die Bar »Centrale« an der Piazza Pierozzi in San Casciano Val di Pesa.

3 Der am 22. Januar 1996 ausgestellte Durchsuchungsbefehl sah das Auffinden und die Beschlagnahmung von »Dingen, Dokumenten, Schriftstücken und allem anderen« vor, »was mit den Taten in Beziehung steht, die Gegenstand der laufenden Ermittlungen sind«.

4 Technischer Bericht des Leiters des Regionalbüros des Polizeilichen Erkennungsdienstes, Dott. Francesco Donato, vom 28. Januar 1996.

5 Dienstlicher Bericht der Polizisten einer Patrouille der Verkehrspolizei Prato, die als Erste vor Ort eintrafen, vom 20. August 1993; außerdem der Bericht der Squadra Mobile und des Sondereinsatzkommandos der Carabinieri von Florenz vom 21. September 1993.

6 In dem inzwischen vollkommen renovierten Haus ist von der ursprünglichen Struktur nichts mehr erhalten.

7 *Il Caso Pacciani: storia di una colonna infame?* Florenz, Pananti, 1996.

8 *Il Giornale* vom 8. Juli 1996, S. 9: »Ferri fügt hinzu: ›Alles gründet sich auf diese beiden neuen Zeugen, aber niemand hat sich die Mühe gemacht, nach San Casciano zu fahren, wo jeder in Gelächter ausbricht, den man auf die beiden anspricht.‹«

# Dritter Teil

## 1. Die Gerechtigkeit nimmt ihren Lauf

Anders als in Kriminalromanen gibt es bei echten Ermittlungen keine spektakulären Enthüllungen. Vielmehr geht es in kleinen Schritten voran, im Zuge einer scheinbar öden und langweiligen Alltagsroutine. Dieselben Zeugen werden immer wieder vernommen, dieselben Tatorte immer wieder besichtigt, dieselben Dinge immer und immer wieder gesagt, und manchmal kommt ein winziges Detail hinzu, das es zu erfassen gilt.

Wenn die Niederlage einen Vorteil hat, dann den, dass wir jetzt nicht mehr unter Zeitdruck stehen. Ohne diesen Termin vor Augen können wir jetzt unsere Kenntnisse über Personen, Orte und Ereignisse weiter vertiefen. Mit überraschenden Ergebnissen.

Diese unschätzbar wertvolle Erfahrung entschädigt voll und ganz für die Monotonie der bürokratischen Abläufe, die sonst unerträglich wäre.

Ermittlungen erfordern, wenn sie auf die richtige Weise geführt werden, eine Engelsgeduld. Man muss das Terrain des Gegners langsam, aber sicher unterminieren und ihm Millimeter für Millimeter die Informationen entlocken, die man braucht, um eine neue Hypothese zu formulieren, die einen weiterbringt.

Dabei leistet uns Lotti einen wertvollen Beitrag, denn er taut zunehmend auf und liefert jedes Mal ein neues, bis dahin unbekanntes Detail. Aber auch andere Personen tragen dazu bei, dass der Fall immer deutlichere Konturen gewinnt. So scheinen die Kernpunkte inzwischen klar, aber das gesellschaftliche Umfeld und die geheimen Triebfedern liegen nach wie vor im Dunkel.

Ich verfolge eine zweigleisige Strategie: Einerseits suche ich sichere Anhaltspunkte für Lottis Aussagen, andererseits sammle ich weitere Informationen über Vanni.

Staatsanwalt Canessa und ich fahren mit Filippa nach Vicchio, an den Schauplatz des vorletzten Verbrechens. Sie erkennt den Ort wieder, und Lotti, der am selben Nachmittag erneut vernommen wird, bestätigt, dass er mit ihr – und im Zuge eines ihrer »Ausflüge« auch mit Fernando – an dieser Stelle gewesen ist.

Fernando bringen wir gleichfalls an den Tatort, und er reagiert merkwürdig. Er beeilt sich zu versichern, er könne sich an nichts mehr erinnern, aber seine Miene und seine Körpersprache verraten eine gewisse Nervosität.

Wiederholt schiebt er mit den Schuhen den Kies am Boden beiseite, dann wendet er dem Tatort den Rücken zu, um den Anblick der Stelle zu vermeiden, wo man das Auto des von dem »Monster« ermordeten Pärchens gefunden hatte.

Er fühlt sich sichtlich unbehaglich und bittet, gehen zu dürfen, als sei der Aufenthalt hier eine Tortur für ihn.

Es hat keinen Sinn zu bleiben. Wir bringen ihn zur nahe gelegenen Polizeikaserne, um das Protokoll der Tatortbesichtigung aufzunehmen. Darin erklärt er: »Ich und Giancarlo waren mit dem Auto in Vicchio, wie ich Euer Ehren schon beim letzten Mal sagte. Aber ich erinnere mich nicht mehr genau an die Stelle, und deshalb habe ich auch die Stelle, an die man mich vorhin gebracht hat, nicht wiedererkannt.«

Zum x-ten Mal kehren wir mit Lotti an den Tatort zurück. Er führt uns von dem damals von Filippa und Salvatore bewohnten Bauernhaus zum Schauplatz des Verbrechens – auf Nebenstraßen, die er nach und nach wiedererkennt. Am

Tatort angelangt, stelle ich fest, dass die Gesamtentfernung exakt fünfundsechzig Kilometer beträgt.

Der Ort ruft ihm neue Details in Erinnerung. Am Tag nach dem »Ausflug« mit Filippa sei er mit Fernando erneut hierhergekommen, sagt er.

Es war dunkel gewesen. Sie hatten das Auto in der Nähe stehen gelassen und waren dann zu Fuß zu der Stelle gegangen. Dort hatte ein Kleinwagen gestanden, ein Panda in den Farben Weiß und Hellblau, dessen Heck Richtung Hügel und dessen Schnauze auf ein Bauernhaus wies, das sich drei- bis vierhundert Meter entfernt auf der gegenüberliegenden Seite befand. Im Auto hatten zwei Personen gesessen.

Lotti und Fernando hatten ihren Wagen ein paar Meter entfernt stehen gelassen, um nicht gesehen zu werden, und sich im Gebüsch versteckt, um das Pärchen zu beobachten, das Zärtlichkeiten austauschte. Sie waren nur ein paar Minuten geblieben und dann weggegangen, weil das Pärchen sie bemerkt hatte. Wenige Tage später, als er, Lotti, aus Zeitung und Fernsehen erfahren habe, dass das Pärchen ermordet worden war, habe er mit Vanni darüber gesprochen, der ihm geraten habe, nichts darüber verlauten zu lassen, da »Leute in Zivil uns belauschen könnten, und niemandem im Dorf zu sagen, dass ich ein paar Tage vorher an diesem Ort war.«

Als er aber bei anderen Gelegenheiten mit Vanni über die Verbrechen gesprochen habe, habe dieser sich über den Doppelmord in Scopeti besorgter gezeigt als über den von Vicchio; er habe einen fast verängstigten Eindruck gemacht.

Ich muss mehr über Vanni in Erfahrung bringen und beschließe daher, Lorenzo Nesi zu vernehmen, der im ersten Prozess als Zeuge ausgesagt hatte, er sei in der Tatnacht Paccianis Wagen begegnet und habe ihn am Steuer erkannt; Pacciani sei nicht allein gewesen, und das Auto sei von Scopeti gekommen. Nesi hatte weiterhin erklärt, Pacciani habe oft damit geprahlt, dass er Fasane mit der Pistole abschießen könne, und dann den Brief erwähnt, den Vanni von Pacciani erhalten hatte, als dieser im Gefängnis saß.

Im Zuge der Ermittlungen zum »Monster« war er von Beamten der Spezialeinheit SAM mehrmals vernommen worden und hatte angedeutet, er habe zusammen mit Vanni regelmäßig Prostituierte in Florenz aufgesucht.

Ich lese noch einmal die Berichte der Fahnder, die bestätigen, dass der Informant kein Protokoll hatte unterschreiben wollen.

Diese Protokolle überzeugen mich nicht.

Lorenzo Nesi hatte »häppchenweise« Auskunft gegeben und jedes Mal neue Fakten und Details hinzugefügt. Diese Auskünfte »in Raten«, offensichtlich ein Wesensmerkmal der langwierigen Ermittlungen in diesem Fall, behagen mir gar nicht und nehmen mich gegen den Zeugen ein.

Vielleicht nicht zuletzt aus diesem Grund beantrage ich bei der Staatsanwaltschaft die Erlaubnis, seine Wohnung durchsuchen zu lassen, bevor ich ihn zur Vernehmung vorlade.

Die Durchsuchung am 28. Februar bringt zwar keine aufschlussreichen Ergebnisse, aber Nesi ist sichtlich verärgert. Das fällt mir sofort auf, als er mein Büro betritt.

Er, der stets bereit gewesen sei, mit der Polizei zusammenzuarbeiten, habe eine solche Behandlung nicht verdient, erklärt er in fast aggressivem Ton.

»Ab sofort bin ich nicht mehr kooperativ, Dottore«, ruft er empört.

Er läuft nervös im Zimmer auf und ab und findet keine Ruhe. Ich lasse ihn sich austoben und beschränke mich darauf, ihn zu beobachten.

Er ist groß und schlank, Brillenträger, und hält sich ein wenig krumm.

»Beruhigen Sie sich«, sage ich in ruhigem, aber entschiedenem Ton, der keinen Widerspruch duldet. »Das hicr ist ein Polizeibüro, Sie können hier nicht herumschreien. Es reicht.« Und da er tatsächlich schweigt, füge ich hinzu: »Sie sind nicht als jemand hier, gegen den ermittelt wird, und Sie wurden auch nicht als solcher durchsucht. Sie sind eine am Rande stehende durchsuchte Person und werden als jemand befragt, der etwas über den Sachverhalt weiß. Die Durchsuchung hatte das Ziel, etwas zu finden, was im Hinblick auf Vanni und die gegen ihn laufenden Ermittlungen wichtig sein könnte. Das steht alles im Durchsuchungsbefehl des Staatsanwalts, den man Ihnen ja gezeigt hat.«

Er bleibt stehen und nimmt in dem Besuchersessel Platz, der dem Fenster am nächsten steht. Warum sie sich bloß alle ausgerechnet diesen Stuhl aussuchen, auch Lotti und Fernando?

Bevor ich eine Erklärung dafür finde, steht Nesi auf und setzt sich woanders hin. Doch es dauert nicht lange, da springt er erneut auf und fängt wieder an, hin und her zu laufen.

»Signor Lorenzo, Sie bringen uns ganz durcheinander… setzen Sie sich und bleiben Sie ruhig… wir müssen Ihnen ein paar Fragen stellen.«

Kommissar Vinci ist auch anwesend.

Nesi setzt sich wieder in den Sessel am Fenster, aber er bleibt nicht ruhig, seine Arme und Beine sind in ständiger Bewegung.

»Dottore, ich unterschreibe nichts… ich habe immer ausgesagt, ohne zu unterschreiben.«

»Was in der Vergangenheit war, interessiert jetzt nicht, Signor Lorenzo. Sie befinden sich hier im Büro des Leiters der Spezialeinheit, und wir müssen ein Protokoll aufsetzen. Es steht Ihnen frei zu entscheiden, ob Sie es unterschreiben oder nicht, mein Kollege und ich jedenfalls werden es tun. Wenn Sie die Unterschrift verweigern, ist das Ihr Problem, nicht unseres. Und jetzt fangen wir endlich an, wir verlieren nur Zeit«, gebe ich noch entschlossener zurück.

Er antwortet nicht, scheint sich aber langsam zu beruhigen.

»Kann ich eine Zigarette rauchen?«, fragt er höflich.

»Selbstverständlich.«

Während er sich die Zigarette anzündet, zünde ich meine halbe Toscano an.

Die erste Frage betrifft seine Beziehung zu Vanni.

Ich kenne ihn schon seit meiner Kindheit. Er war ein Freund meines inzwischen verstorbenen Onkels, der gleichfalls Postbote war. Und bei meinem Onkel habe ich Vanni kennen gelernt. Trotz des großen Altersunterschieds wurden wir mit der Zeit Freunde. Unsere eigentliche Bekanntschaft geht auf die erste Hälfte der siebziger Jahre zurück, als ich in der Textilbranche arbeitete und mit dem Lieferwagen oder dem Auto zu den Kunden in Florenz und Umgebung fuhr. Einmal traf ich Vanni, der per Anhalter nach Florenz wollte, um Verwandte oder Huren zu besuchen. Ich nahm ihn mit, und unterwegs erzählte er mir von den Prostituierten, zu denen er ging, darunter eine gewisse Gina, die, wie er mir vorschwärmte, beim oralen Verkehr besonders gut war. Ich sagte ihm, ich würde es gern auch mal ausprobieren.

Nach einer weiteren Zigarettenpause protestiert er: »Dottore, ich sage Ihnen alles, aber Sie dürfen mich nicht wie einen Verbrecher behandeln, Sie haben meine Wohnung durchsucht.«

»Nicht schon wieder, Signor Lorenzo! Ich habe Ihnen doch erklärt, wie es sich damit verhält. Fangen Sie nicht noch mal davon an. Sagen Sie mir lieber: Haben Sie diese Gina kennen gelernt?«

»Ja, und ich möchte von einem merkwürdigen Erlebnis erzählen.«

»Bitte.«

Er wirkt jetzt geradezu entspannt und hat ein leichtes Lächeln auf den Lippen.

Einmal setzte ich Vanni bei Gina ab und ging etwas erledigen. Nach etwa einer halben Stunde kam ich wieder, aber Vanni war nicht auf der Straße. Also ging ich hoch zu der Frau. Der Aufenthaltsraum bei den Prostituierten war leer, und überzeugt, dass Vanni noch mit Gina im Schlafzimmer war, öffnete ich die Tür. Da sah ich jemanden in einem schwarzen Umhang, wie ihn Richter tragen, und eine runde Lampe, von der ein schwaches rotes Licht ausging. Der Mann kam mir vor wie ein Magier. Er war allein und mein Anblick schien ihn zu erzürnen. Ich schloss die Tür sofort wieder und lief hinaus. Neben meinem Auto stand jetzt Vanni, der schon auf mich wartete. Ich sagte ihm, was ich gesehen hatte, und dass ich nie wieder zu Gina gehen würde.

Schon wieder ein »Magier«! Oder war es »der« Magier?

»Warum sind Sie ins Schlafzimmer gegangen und haben nicht gewartet, bis jemand kam, den Sie nach Vanni fragen konnten?«

»Ich verstehe, dass es Ihnen merkwürdig erscheint, Dottore, aber Sie müssen wissen, dass ich mit Mario, Gina und der Putzfrau Pina zu viert im selben Bett Liebe gemacht habe. Deshalb war das für mich kein Problem. Bei diesen Gelegenheiten habe ich gesehen, dass Vanni manchmal einen Vibrator benutzte, wenn er Gina nahm, und einige Male habe ich ihn auch vögeln gesehen.«

»Haben Sie den Mann im schwarzen Umhang erkannt?«

»Ich glaube, es war Salvatore, der Magier aus San Casciano. Ich habe ihn nur ganz kurz gesehen, aber ich denke, er war es.«

Volltreffer! Nur dass der geheimnisvolle und immer unheimlichere Salvatore uns jetzt nicht mehr helfen kann.

Lorenzo drückt seine Zigarette aus und zündet sich sofort eine dritte an. Das Zimmer ist mittlerweile total verqualmt. Ich stehe auf und reiße trotz der Kälte das Fenster auf. Dann lasse ich drei Espresso bringen. Einer ist für Lorenzo, der zusätzlich um eine Flasche Wasser bittet.

In der Pause fällt mir eine Zeugenaussage ein, auf die ich bei Durchsicht der Akten gestoßen bin. Ein Zeuge, der nach dem letzten Doppelmord vernommen wurde, hatte den Carabinieri gesagt, er habe Tage vor dem Verbrechen auf der Straße zwischen Scopeti und San Casciano nachts einen Mann im schwarzen Umhang gesehen, der eilig dahinschritt und ihm verdächtig erschienen sei. Dieser Salvatore hätte uns bestimmt vieles sagen können ...

»Erzählen Sie von den anderen Prostituierten, die Vanni aufgesucht hat«, fordere ich Nesi auf.

Er nennt eine in der Via della Scala und weitere, die sie im Parco delle Cascine getroffen hatten und mit denen Vanni in seinem Lieferwagen Geschlechtsverkehr hatte, während er, Nesi, draußen wartete. Und schließlich eine Frau, die in ihrer Gegend wohnte, aber in Florentiner Hotels der Prostitution nachging.

»Er wollte diese Prostituierte aufsuchen, aber vielleicht hat er es auch nicht getan.«

Das kann ja nur Gabriella sein.

Ich erinnere mich, dass ich einmal mit Mario an einem abgelegenen Haus bei San Casciano vorbeikam, nicht weit vom Schauplatz des letzten Verbrechens, und er sagte: »Hier wird gebumst.« Er sagte, er käme oft hierher, um zu »bumsen«. Ich glaube aber, dass Mario wegen Antonietta und nicht wegen Filippa hierherkam, mit der es »Garibaldi« trieb.

»Garibaldi« ist einer der Spitznamen Lottis, der aufgrund seines Äußeren auch »Katanga« genannt wurde, oder aber »Zampino« – diesen Namen hatte er von seiner Familie geerbt, aber niemand wusste, was er bedeutete. Das Haus ist eindeutig jenes, in dem Salvatore mit Filippa wohnte, es liegt direkt neben dem Haus, in dem Antonietta und ihre Kinder lebten.

Es ist 13.05 Uhr, und Lorenzo fragt, ob er ein belegtes Brötchen essen könne. Wir vereinbaren eine halbstündige Pause.

»Erzählen Sie mir von Antonietta«, fordere ich ihn auf, als wir mit der Vernehmung fortfahren.

Mario lernte sie kennen, als sie in Ponte Nuovo war, und suchte sie dann öfter auf. Er erzählte mir, anfangs habe Antonietta »es ihm nicht besorgen wollen« und er habe masturbiert, während die Frau um den Esstisch herumgerannt und vor ihm geflüchtet sei. Aber am Ende machte sie für ihn »die Beine breit«, und damit begann eine Beziehung, die auch dann noch andauerte, als die Frau in das Haus neben Filippa gezogen war. Ich möchte auch sagen, dass Mario zu Antonietta immer gut war, in dem Sinn, dass er ihr Geschenke mitbrachte. Nicht Ringe oder so was, sondern etwas zum Essen. Steaks, Hühnchen, Koteletts …

An diesem Punkt zündet er sich noch eine Zigarette an und

ich mir die halbe Zigarre, die mir noch zwischen den Lippen hängt.

Ich stelle mir vor, wie Antonietta um den Tisch herum vor Vanni Reißaus nimmt. Eine rührende, herzzerreißende Szene. Ich bin mir fast sicher, dass die Frau am Ende »die Beine breit gemacht« hat, wie der Zeuge sich ausdrückt, um diese »Geschenke« zu bekommen – Steaks, Hühnchen, Koteletts … –, die sie für ihre Kinder brauchte.

Langsam bekomme ich eine Vorstellung von Antonietta: Sie ist ein Opfer der Not und des Elends, eine arme Frau, die in ihrem Leben kein Glück gehabt hat. Jemand hat ihre Tochter Milva (die Geliebte Salvatores) und ihr dreijähriges Enkelkind getötet und den Mord als Autounfall getarnt, und vielleicht ist auch ihr Ehemann, den man an einem Deckenbalken im Keller des Hauses erhängt auffand, ermordet worden.

Was für ein Jammer!

Lorenzos Stimme reißt mich aus meinen Gedanken.

Mario sagte mir auch, er habe mit Pacciani über seine Beziehung zu Antonietta gesprochen und Pietro habe ihn überredet, ihn zu der Frau mitzunehmen. So begannen die berühmten »Expeditionen«, wie Mario es nannte, die meistens am Samstag- oder Sonntagnachmittag stattfanden.

Mario sagte mir, von diesem Augenblick an sei es mit der ruhigen und unkomplizierten Beziehung zu Antonietta aus und vorbei gewesen, denn Pacciani habe ihren Mann rausgeworfen und sich auch an die Töchter heranmachen wollen, und damit wurde die Sache schwierig. Praktisch war es so, dass Paccianis Anwesenheit Marios geruhsames »Schäferstündchen« mit Antonietta störte, so verstehe ich es. Mario sagte mir, er müsse Pacciani mitnehmen, er könne es ihm nicht abschlagen. Er meinte, Pacciani sei gegenüber Antoniettas Mann gewalttätig geworden, habe ihn bedroht und ihn aus dem Haus gejagt, um mit der Frau zu schlafen. Irgendwann sagte er, sie könnten nicht mehr zu der Frau gehen, weil sie erfahren hätten, dass sich der Mann zu seiner Verteidigung bewaffnet habe, mit einer Sense oder einer Sichel oder etwas Ähnlichem. Mario befürchtete, etwas Schlimmes könne geschehen. Das alles spielte sich zwischen 1979 und 1980 ab. Mario besuchte die Frau auch in dem neuen Haus, aber ich weiß nicht, ob mit Pacciani oder allein.

Dass Pacciani zwischen 1979 und 1980 gegenüber Antoniettas Ehemann gewalttätig geworden ist, lässt mich unwillkürlich an dessen Ende denken: Am Heiligabend 1980 fand man ihn erhängt auf. Schwer zu glauben, dass dies Zufall war. Zufälle sind einem Ermittler stets suspekt.

»Wissen Sie etwas über den Tod von Antoniettas Mann?«

Ich habe gehört, dass Antoniettas Mann erhängt aufgefunden wurde, und ich möchte meinen Eindruck wiedergeben, den ich nicht zuletzt dadurch gewonnen habe, dass sich nach diesem Ereignis Marios Verhalten geändert hat. Also, mir ist aufgefallen, dass Mario sehr nervös wurde und sich Pacciani gegenüber sehr unterwürfig zeigte. Und da kam mir der Gedanke, dass Mario womöglich in die Ermordung des Mannes verwickelt war und sich deshalb so eng an Pacciani anschloss.

Zwar nur eine Vermutung, aber wie plausibel! Leider weiß ich auch, wie schwierig es wäre, den Fall neu aufzurollen, den man seinerzeit als Selbstmord zu den Akten gelegt hat, ohne eine Obduktion durchzuführen.

»Erinnern Sie sich an irgendeinen besonderen Vorfall im

Zusammenhang mit Vanni? Etwas, das seine Wesensart besser erklären könnte?«, frage ich.

Bevor er antwortet, zündet er sich noch eine Zigarette an. Das Zimmer ist erneut von dichtem weißem Qualm erfüllt. Ich reiße das Fenster auf, diesmal lasse ich es offen. Beißende Kälte dringt herein, aber die Spannung ist so groß, dass ich es kaum bemerke. Niemand beschwert sich, weder mein Kollege noch der Zeuge.

»Ich möchte betonen, dass Mario ein guter und ruhiger Mensch war, der allerdings gewalttätig wurde, wenn er trank oder wenn eine Frau ›es ihm nicht besorgen‹ wollte.«

»Fällt Ihnen ein konkretes Beispiel ein?«

Einmal habe ich so einen Gewaltausbruch miterlebt. Ich ging mit Mario zu Pacciani, um Brennholz zu holen, und dann mit zu ihm nach Hause, wo er das Holz in einem Schuppen neben der Küche lagerte. Plötzlich fing er an, seine Frau zu beschimpfen, weil sie nicht »vögeln« wollte und ihn somit zwang, zu Prostituierten zu gehen, und weil sie nicht zu schätzen wusste, was für ein tüchtiger Kerl er war, der so viel auf sich nahm, um Holz zu holen und es unter großen Mühen und Opfern nach Hause zu bringen. Die Frau wurde wütend und wollte die Carabinieri anrufen. Mario nahm einen großen Dolch oder ein Bajonett und bedrohte sie damit; gleichzeitig holte er seinen Schwanz aus der Hose und rief: »Hier, sieh nur, mein Schwanz!« Daraufhin nahm die Frau schreiend Reißaus, und ich versuchte ihn zu beruhigen. Bei diesem ziemlich tragischen Vorfall überraschte mich, dass Mario einen »Steifen« hatte.

Mich überrascht etwas ganz anderes, aber allmählich gewöhne ich mich an dieses trostlose und verkommene Milieu, das noch viel düsterer, armseliger und tragischer ist als das

Sittengemälde »eines Italien der tiefsten Provinz«, wie es seinerzeit die Presse gezeichnet hatte.

Ich notiere mir, dass Vanni, den einige für impotent halten, vermutlich von Gewalt geprägte Situationen brauchte, um sich sexuell zu erregen.

»Gibt es weitere bedeutsame Vorfälle?«

»Die Geschichte mit dem Brief, die ich ja schon im Prozess gegen Pacciani erzählt habe.«

»Erzählen Sie sie noch einmal. Ich habe diesen Prozess nicht verfolgt.«

Folgendes ist vorgefallen: Es war Nachmittag, und es regnete. Pacciani saß im Gefängnis. Vanni kam sichtlich aufgewühlt zu mir, sodass ich zunächst dachte, er habe getrunken. Er bat mich, ihn zu Paccianis Frau zu begleiten. Ich fragte ihn: »Was willst du denn dort um diese Uhrzeit? Du kannst doch morgen früh bei ihr vorbeischauen, wenn du die Post austrägst.« Er sagte, es sei dringend, weil er von Pacciani einen Brief erhalten habe, in dem »schreckliche Sachen, blutige Sachen, richtig schlimme Dinge« stünden. Und er meinte, »es gehe ihm ganz schön auf die Nerven«, weil Pacciani ihm einmal sage, er solle dieses und ein andermal, er solle jenes machen. Woraus ich schloss, dass er bereits mehrere Briefe erhalten hatte. Ich weiß nicht, was in diesem Brief stand, denn er gab ihn mir nicht zu lesen, ich habe nur den Umschlag gesehen, als wir mit dem Lieferwagen zu Paccianis Haus fuhren. In Mercatale ließ ich ihn auf der Piazza aussteigen und fragte, ob ich auf ihn warten solle. Er sagte nein.

Der tatsächliche Inhalt dieses Briefes blieb im Prozess ein Rätsel. Das ist bis zum heutigen Tag so und wird es so lange bleiben, bis Vanni sich entschließt, eine überzeugende Antwort zu geben.

»Kennen Sie Lotti und Fernando Pucci?«, frage ich und wechsle erneut das Thema, weil es langsam spät wird und ich möglichst viele Punkte ansprechen will, um sie eventuell bei einer anderen Gelegenheit wieder aufzugreifen und zu vertiefen.

Fernando nur vom Sehen. Ich habe ihn im Dorf zusammen mit Lotti und auch mit Vanni gesehen. Lotti dagegen kenne ich recht gut. Es ist ein anständiger Kerl, mit einem anständigen Charakter, und er ist verschwiegen. Vanni sagte mir einmal über ihn, er habe Filippa oft »gebumst«, auch anal, sodass er sie ins Krankenhaus bringen musste.

Damit ist die Vernehmung beendet. Ich lege Nesi das Protokoll vor, das er unterschreibt, ohne zu zögern. Bevor er geht, sagt er noch: »Dottore, bestellen Sie mich nicht mehr ein und schicken Sie mir vor allem nicht mehr die Polizei ins Haus.«

»Ich glaube, wir werden uns wiedersehen müssen«, antworte ich ihm.

Er lächelt mich an, als er sich mit einem festen Händedruck verabschiedet.

Lotti ist die glaubwürdigste, in gewisser Weise aber auch unzuverlässigste Quelle. Er macht den Eindruck, als halte er mit etwas hinter dem Berg. Deshalb befragen wir ihn weiter. Außerdem nimmt er offiziell am staatlichen Zeugenschutzprogramm teil, und wir müssen regelmäßig überprüfen, ob dieser Status weiter aufrechterhalten werden kann.

Ich vernehme ihn am 6. März zusammen mit Paolo Canessa, und noch bevor ihm der Staatsanwalt die erste Frage stellen kann, platzt er heraus: »Ich habe in den vergangenen Tagen viel über die Ereignisse nachgedacht, deren Zeuge ich war, und möchte daher einiges präzisieren, was mir noch dazu eingefallen ist, vor allem in Bezug auf das, was ich in der Mordnacht in Scopeti 1985 gesehen habe.«

»Bitte, Signor Lotti«, fordert ihn der Staatsanwalt höflich auf. Er hat sich inzwischen daran gewöhnt, dass Lotti nur zögerlich mit der Sprache herausrückt.

Giancarlo Lotti holt tief Luft. Er sagt, er habe den gesamten Tathergang beobachtet, und fängt an zu erzählen.

In jener Nacht habe er sich in der Nähe des Zelts im Gebüsch versteckt. Er habe Pacciani gesehen, mit einer Pistole bewaffnet, und Vanni mit einem Messer in der Hand. Vanni habe das Zelt aufgeschlitzt, Pacciani sich auf der anderen Seite des Zelts postiert. In dem Moment sei der junge Mann aus dem Zelt in Richtung Wald gestürmt, gefolgt von Pacciani, der ihn einholte. Mit einer Hand habe er ihn festgehalten, mit der anderen geschossen, zuerst in

Höhe des Halses, dann in die Brust. Anschließend sei Pacciani zum Zelt zurückgekehrt. Er und Vanni seien einige Zeit, vielleicht zehn Minuten, dringeblieben, und als Pacciani herauskam, habe er ein »Bündel«, vielleicht auch eine Tüte, in der Hand gehalten. Lotti hatte beobachtet, wie sie Richtung Wald gingen, wo sich einer der beiden ein paar Minuten lang nach unten beugte, dann verschwanden sie zwischen den Bäumen. Er, Lotti, sei dann zu seinem Auto zurückgegangen.

Der Staatsanwalt hört ihm aufmerksam zu. Er unterbricht ihn kein einziges Mal. Er lässt ihn einfach reden.

Auch diesmal ist Lottis Zeugnis glaubwürdig und bestätigt meine Vermutung, dass das Mädchen nicht aus dem Zelt getragen wurde, um draußen verstümmelt und dann wieder hineingetragen zu werden, wie es im ersten Prozess »ermittelt« wurde. Aber auch diesmal macht Lotti den Eindruck, als halte er etwas zurück.

Irgendetwas überzeugt uns nicht ganz, auch im Vergleich mit den Erklärungen der anderen Zeugen, und wir fangen an, ihn mit anderen Augen zu sehen.

Canessa konfrontiert ihn mit Darstellungen zu dem Verbrechen von Vicchio, die von seiner Version abweichen. Insbesondere konfrontiert er ihn mit der Aussage zweier Zeugen, die in der Tatnacht und zu einem mit der Tatzeit übereinstimmenden Zeitpunkt auf der ungeteerten Straße, welche oberhalb des Verbrechensschauplatzes vorbeiführt, zwei Mittelklassewagen gesehen haben, einen weißen und einen roten, der hinter dem ersten herfuhr. Diese Autos hätten Paccianis Ford Fiesta und seinem, Lottis, eigenen roten Fiat 128 Coupé geähnelt.

Die Antwort kommt wie aus der Pistole geschossen und lässt uns erstarren.

»Jetzt wo Sie mich fragen und ausdrücklich sagen, dass

1984 nicht nur ein Auto, wie Pacciani es hat, sondern auch eines, wie ich es habe, gesehen wurde, muss ich sagen, dass ich auch 1984 beobachtet habe, wie Pacciani und Vanni den Mord begingen, ohne jedoch von ihnen gesehen zu werden.«

Canessa und ich tauschen einen vielsagenden Blick.

Wir kommen uns vor wie in einem Science-Fiction-Film. Völlig unglaubwürdig erscheint uns, dass Lotti »rein zufällig« am Tatort war und das Geschehen beobachtete, ohne dass die Mörder ihn bemerkten. Und dies gleich zweimal.

»Was haben Sie gesehen?«, fragt der Staatsanwalt.

Lotti erzählt, er sei am Abend des Mordes auf dem »großen Platz« von San Casciano gewesen, allein, und er habe nichts vorgehabt. Auf einmal habe er Pacciani und Vanni in Paccianis Auto vorbeifahren sehen. Sie fuhren Richtung Florenz, und er sei ihnen – neugierig geworden – gefolgt, wobei er darauf geachtet habe, nicht von ihnen gesehen zu werden. Sie fuhren zu der Stelle in Vicchio, und dort habe er die Morde mit angesehen.

Pacciani, so Lotti weiter, habe mit der Pistole durch das Seitenfenster in den Wagen geschossen, gleich darauf sei das Mädchen von Vanni aus den Auto gezerrt und ins Feld geschleppt worden, wo er mehrfach mit dem Messer auf sie einstach, während Pacciani sich an dem jungen Mann zu schaffen machte, der im Auto geblieben war.

Erneut wechseln der Staatsanwalt und ich einen bedeutungsvollen Blick. Auf der einen Seite ist Lottis entschiedener Wille erkennbar, Pacciani und Vanni der beiden letzten Morde des »Monsters« zu bezichtigen, ein sehr wichtiges Element. Auf der anderen Seite wissen wir, dass diese Rekonstruktion der Ereignisse auf unsicheren Beinen steht, fragil wie eine Sandburg am Ufer des Meeres.

Es ist schwer zu glauben, dass Lotti ausgerechnet an jenem Tag Paccianis Auto aus reiner Neugier gefolgt ist, und noch unglaubwürdiger, dass die beiden dies nicht gemerkt haben. Angesichts der Beschaffenheit der abgelegenen Orte, der späten Stunde und der langen Fahrt von San Casciano nach Vicchio über Landstraßen, die auch ich inzwischen gut kenne, ist das so gut wie unmöglich. Außer, wir befinden uns in einem absurden Film, der jede Science-Fiction in den Schatten stellt.

Lottis Status wird allmählich kritisch.

Canessa weiß, was er zu tun hat. Und ich habe am folgenden Tag eine Verabredung, auf die ich ganz besonders gespannt bin: Ich habe Antonietta vorgeladen.

Es wird Zeit, ihre Bekanntschaft zu machen.

Sie ist mittleren Alters, klein, und wirkt sehr ärmlich und leidend. Die dramatischen Ereignisse ihres Lebens haben ihre Züge geprägt.

Ich frage sie nach ihrer Familie und den Orten, an denen sie gelebt hat.

Tatsächlich hatte sie in den achtziger Jahren einen Trakt eines alten Bauernhauses bewohnt, neben dem des Magiers Salvatore und ganz in der Nähe des letzten Tatorts des »Monsters«.

Im Laufe des Gesprächs entspannt sie sich allmählich, und auf die Frage, ob sie Vanni und Pacciani gekannt habe, antwortet sie: »Ich glaube, ich muss Ihnen die Wahrheit sagen und mir etwas von der Seele reden, was mich schon lange belastet. Die beiden haben mich so oft ausgenutzt, sie haben mich gedemütigt und mich mit Gewalt gezwungen, Dinge zu tun, die ich aus freien Stücken nie und nimmer getan hätte.«

Sie kommt von sich aus direkt auf den Punkt, der mich interessiert. Sie habe Vanni Anfang der siebziger Jahre kennen gelernt, als er Briefträger war und die Post auch in die

Gegend brachte, wo sie wohnte. Er sei oft eine Weile geblieben und habe sich mit ihr über dies und das unterhalten, denn sie war allein zu Hause, ihr Mann war in der Arbeit und die Kinder in der Schule. Mit der Zeit habe sich eine etwas eigenartige sexuelle Beziehung zu ihm ergeben.

»Meistens spreizte er meine Arme, setzte sich auf meinen Schoß und masturbierte, ohne jedoch in mich einzudringen. Er hatte Schwierigkeiten, mit mir zu schlafen, weil er keinen hochbekam.«

Pacciani habe sie etwas später kennen gelernt, um 1974. Sie sei auf der Straße im Ortsteil Sambuca unterwegs gewesen, als Pacciani mit seinem Fiat 500 stehen blieb und mit ihr ein Gespräch anfing: er sei im Begriff, auf die Jagd zu gehen. Als sie dann eine Weile über dies und das geredet hätten, habe er sie gefragt, ob sie mit ihm nicht etwas anfangen wolle. Sie erwiderte, sie habe eine Familie, Mann und Kinder, und wolle keine außereheliche Beziehung. Damit schien die Sache erledigt, aber eines Tages sei Pacciani mit Vanni, der ihm von ihrer besonderen sexuellen Beziehung erzählt hatte, bei ihr zu Hause aufgetaucht. Gemeinsam hätten sie ihr Gewalt angetan.

Sie packten mich brutal (sie fängt an zu weinen und spricht unter Tränen weiter), ich konnte mich nicht wehren, obwohl ich nach einer Heugabel gegriffen hatte. Sie hielten mich fest, mal der eine, mal der andere. Sie waren gewalttätig, und ich merkte, dass sie umso brutaler und wütender wurden, je mehr ich mich zur Wehr setzte. Sie sagten: »Wehe dir und deiner Familie, wenn du nicht mit uns schläfst.« Sie packten meine Beine (sie schluchzt, es fällt ihr sichtlich schwer, derart intime Details zu schildern), spreizten sie auseinander, einer hielt mich am Kopf fest, sie warfen mich aufs Bett und drangen in mich ein und masturbierten. Ich war allein zu Hause.

Die Gewalttätigkeiten wiederholten sich. Antonietta bat ihren Mann mehr als einmal, etwas dagegen zu unternehmen. Aber er wurde selbst von Vanni und Pacciani bedroht und hatte offenbar Angst vor ihnen.

Besonders dramatisch wird es, als Antonietta von ihren Erlebnissen in Scopeti erzählt. Als sie zu den Einzelheiten kommt, bricht sie in ein haltloses Schluchzen aus.

»Ich kann nicht mehr...«, sagt sie.

Ihr Ausbruch ist nicht gespielt, es sind Tränen des Leidens, des Schmerzes und der allzu lange unterdrückten Wut. Und vielleicht auch der Resignation.

Ich lasse ihr Zeit. Nachdem sie sich beruhigt hat, spricht sie weiter.

Pacciani habe sie mit dem Fiat 500 zu der Freifläche gebracht. Vanni sei mit seiner Lambretta gekommen. Ein Stück von der Stelle entfernt, wo dann 1985 die beiden Franzosen ermordet wurden, hätten sie sie entkleidet. Sie musste sich quer über die Sitze des kleinen Autos legen und die Beine zur Tür heraushängen lassen. Sie rissen ihr die Unterhose herunter, versetzten ihr Schläge auf die Brust, zerkratzten ihren Körper und masturbierten dabei. Dann befahlen sie ihr unter Drohungen, sich nicht von der Stelle zu rühren, und gingen, um Liebespärchen in den Autos in der Nähe zu beobachten.

Am Ende sagt Antonietta mit einem tiefen Seufzer:

»Jetzt fühle ich mich erleichtert, ich habe Ihnen mein Herz ausgeschüttet.«

Ich empfinde tiefes Mitleid.

Sie fährt fort, in den achtziger Jahren habe sie öfter gesehen, wie Vanni und Pacciani ins Haus des Magiers Salvatore gingen, aus dem abends »seltsame Geräusche« zu hören waren. Als sie sich erkundigte, meinte Filippa, dort fänden Rituale der »schwarzen Magie« oder vielmehr »schwarze

Messen« statt. Filippa erzählte ihr, sie legten Karten und breiteten die Hände auf einen Tisch, tranken und feierten Orgien, und alles sei von Salvatore arrangiert.

Als Filippa ausgesagt hatte, sie wisse nichts von solchen Aktivitäten, hatte sie also gelogen - das hatte man sich denken können.

Am Ende ihrer Vernehmung will Antonietta auch über ihren Mann sprechen. Sie hat zwar keine Beweise, ist aber sicher, dass er von Pacciani und Vanni ermordet wurde. Sie hatten mehrmals gedroht, ihn umzubringen, und eines Abends hatten sie ihn brutal zusammengeschlagen. Einmal, als Antonietta zu Fuß nach Hause ging, war ihr Pacciani auf einem Motorrad entgegengekommen, hinter ihm Vanni zu Fuß. Pacciani hatte ihr zugeflüstert:

»Hüte dich zu erzählen, was wir mit dir gemacht haben. Sonst ergeht es dir wie deinem Mann.«

Lotti hat mit uns noch eine Rechnung offen.

Am 11. März bittet er mich von sich aus um eine Unterredung. Wahrscheinlich ist ihm bewusst geworden, was er gesagt hat, und dass er gut daran tut, die Dinge im eigenen Interesse klarzustellen.

Der Staatsanwalt erteilt mir die Erlaubnis, ihn aufzusuchen.

»Dottore, ich habe viel nachgedacht. Neulich habe ich nicht alles ganz richtig dargestellt. Ich möchte die Wahrheit sagen, denn ich will mit der Justiz zusammenarbeiten. Wenn ich mich bisher unrichtig ausgedrückt habe, dann deshalb, weil ich Angst hatte.«

Er wirkt, als hätte er nicht geschlafen oder als quälten ihn böse Träume.

»Ich bin hier, um Ihnen zuzuhören.«

Die Wahrheit, sagt er, sei, dass er am Abend vor dem Doppelmord auf dem »großen Platz« in San Casciano Vanni getroffen habe, der ihm gesagt habe, er solle sich für den folgenden Abend zur Verfügung halten. Sie würden mit Pacciani die Freifläche von Vicchio aufsuchen und das Pärchen beobachten, von dem er ihm ein paar Tage zuvor erzählt hatte.

Am folgenden Abend um 22 Uhr fand er sich wie verabredet auf der Piazza von San Casciano ein. Bevor sie losfuhren, sagte ihm Vanni noch, er und Pacciani hätten in Vicchio etwas »zu erledigen«. Sie fuhren mit zwei Autos. Er, Lotti, mit seinem Fiat 128, Pacciani mit dem weißen Ford Fiesta.

Unterwegs hielten sie bei einer Bar in Galluzzo, um einen Kaffee zu trinken. In Vicchio fuhr Pacciani mit seinem Auto zu der Freifläche, stellte es quer vor den Panda und ging zu Fuß näher heran, um das Pärchen zu beobachten. Dann habe er, Lotti, gesehen, wie eine der beiden Personen aus dem Auto stieg, und gleich darauf habe Pacciani die Pistole gezogen und mehrere Schüsse abgegeben. Unterdessen habe Vanni aus Paccianis Wagen einen Kittel geholt und angezogen und sei ebenfalls auf den Panda zugegangen, in der Hand ein ziemlich langes Messer mit einer breiten spitzen Klinge.

»Bevor wir aufbrachen«, sagt Lotti, »sah ich, wie Pacciani und Vanni zum Fluss unterhalb der Freifläche gingen, sich die Hände wuschen und auch das Messer sauber machten.«

Dann seien sie losgefahren, Pacciani und Vanni mit dem Ford voraus, er hinter ihnen her.

Auf einer ungeteerten Straße. Der von dem Ford aufgewirbelte Staub habe ihm fast komplett die Sicht geraubt. Nach etwa zehn Minuten seien sie auf die asphaltierte Straße Richtung Dicomano gelangt und gegen Mitternacht wieder zu Hause gewesen.

Die Aussage stimmt mit den Angaben der Zeugen überein, aber inzwischen frage ich mich, ob Lotti die ganze Wahrheit sagt oder nur das, was ihm passt. Jedenfalls wird sein Status immer fragwürdiger.

Aber Lotti ist noch nicht fertig. Auch zum Doppelmord von 1985 möchte er weitere Details enthüllen, die er, wie er sagt, bisher zurückgehalten hat, weil er sich »blockiert« gefühlt habe.

Drei oder vier Tage vor dem Verbrechen war ich in der Bar »Centrale« von San Casciano und hörte die Stammgäste von einem Zelt und einem Auto reden, das an jener freien Stelle in Scopeti stand. Die Leute wunderten sich und meinten, es sei gefährlich, dort zu zelten, und ich erinnere mich, dass die Carabinieri, die Streifendienst hatten, den Stammgästen berichteten, sie hätten diesem Pärchen geraten zu verschwinden, weil es gefährlich sei. Die beiden hätten in einer Pension übernachten wollen, aber keinen Platz gefunden und deshalb ihr Zelt dort aufgeschlagen.

Am Tag, nachdem ich das in der Bar gehört hatte, traf ich Mario auf der Piazza von San Casciano und berichtete ihm, was ich gehört hatte, sagte ihm aber, ich wisse nicht, ob das Zelt noch da sei. Mario meinte: »Ich fahr dort vorbei und schau nach«, ohne zu sagen, wann und wo. Ich wusste, dass Mario dort gewesen war, als er mir am Tag darauf sagte, das Zelt sei immer noch da. Am Tag vor dem Verbrechen sagte Mario auf der Piazza von San Casciano zu mir: »Bist du bereit?«, und ich antwortete: »Bereit wozu?« Mario sagte: »Wir haben mit Pietro bei dem Pärchen was zu erledigen.« Ich fragte: »Dasselbe wie in Vicchio?«, und Mario antwortete: »Mach dir keine Sorgen, dir wird schon nichts passieren.« Ich fragte: »Wann fahrt ihr da hin?«, und er: »Heute Abend gegen elf«, und dann sagte er noch: »Du kommst mit. Du tust, als ob du pinkeln müsstest, und behältst die Straße im Auge, damit keiner kommt, denn wenn Pietro jemanden sieht, wird er fuchsteufelswild.« Ich versprach ihm zu tun, was er verlangte.

Damit erklärt sich, warum er und Pucci, die getrennt befragt wurden und sich daher nicht absprechen konnten, unabhängig voneinander angegeben hatten, sie seien dort gewesen, um ein Bedürfnis zu verrichten, was ihrer beider Schilderung zunächst einmal glaubwürdig gemacht hatte!

Am Tag, an dem das Verbrechen geschah, fuhr ich mit Fernando auf dem Weg nach Florenz in Scopeti vorbei, stieg aus, um mir die Stelle anzuschauen, und sah das Zelt und daneben das Auto. Ich blieb eine Weile da und sagte zu Fernando, dass dort zwei Personen seien. Fernando antwortete: »Die machen doch nichts, was stören dich die beiden? Lass sie in Ruhe.« Da erklärte ich Fernando, dass Vanni und Pacciani vorhätten, sie in der Nacht umzubringen. Fernando wollte mir nicht glauben und sagte: »Das sagst du nur, um mir Angst zu machen.« Da erzählte ich ihm das mit Vicchio, aber Fernando glaubte mir immer noch nicht. Ich sagte: »Du wirst schon sehen, heute Abend fahren wir hier vorbei.« Er war ein wenig verstört, dachte aber immer noch, ich mache Spaß. Dann erreichten wir Florenz, und wir sprachen nicht mehr darüber. Auf dem Rückweg kamen wir wieder darauf, als ich ihm sagte, wir würden anhalten und an jener Stelle in Scopeti »pinkeln«. Er fragte mich: »Warum ausgerechnet dort?«, und ich meinte, ich hätte es Mario versprochen, und wenn er Angst hätte, könne er ja im Auto bleiben. Er sagte, er würde ein Stück mitkommen, aber Abstand halten, weil er Angst habe. Er meinte, er würde in der Nähe des Autos bleiben. Als wir ankamen, stellte ich das Auto am vereinbarten Ort ab, und wir stiegen aus und gingen zu der Freifläche. Als Pacciani und Vanni uns entdeckten, machten sie mir Vorwürfe, weil ich noch jemanden mitgebracht hatte. Ich antwortete, es sei Fernando, mit dem ich einen Ausflug gemacht hätte, und er habe mir geschworen, nichts zu verraten. Pacciani wurde fuchsteufelswild und drohte, er würde mich umbringen, wenn ich Fernando etwas sagte. Er sagte auch, mir würde er vertrauen, weil ich schon bei dem Verbrechen in Vicchio zugegen gewesen sei und ihm bewiesen hätte, dass ich Stillschweigen bewahren könne. Was aber Fernando betreffe, sei er sich nicht sicher. Ich beteuerte ihm, dass Fernando verschwiegen sei und nichts verraten würde. Die beiden sagten zu mir: »Sorg dafür, dass er den Mund hält, sonst wirst du's büßen.« Mario war ebenfalls wütend, aber nicht wie Pacciani, dessen Augen vor Zorn funkelten, als er sah, dass ich nicht allein gekommen war.

Wenn Pacciani und Vanni, wie ich in den vorausgehenden Vernehmungen sagte, uns bedrohten, dann deshalb, weil sie sahen, dass ich nicht allein war, denn sie hatten nur mich erwartet. Ich beobachtete also den Tathergang, wie ich es bereits beschrieben habe, und mir fiel auf, dass Mario nicht diesen Kittel wie in Vicchio trug, sondern ganz normal gekleidet war.

Während der Zeit sah ich mehrere Autos, die auf der Straße vorbeifuhren, aber keines hielt an, und wenn, hätte ich sie weggeschickt. Ich erinnere mich, dass einige Autos sogar bremsten, als sie die Freifläche erreichten, aber als sie mein Auto und Fernando da stehen sahen, fuhren sie weiter.

Ich möchte auch sagen, dass ich nach dem Verbrechen und bevor ich wegfuhr, sah, wie Pacciani und Vanni Richtung Wald gingen und etwa fünfzehn Minuten später zurückkehrten. Dann sah ich, wie sie herunterkamen und die Straße von Scopeti entlang zu Paccianis Auto gingen, dem Ford. Er war hinter der Mauer neben dem Tor geparkt, genau gegenüber der Einmündung des Wegs, der zu der Freifläche führte. Als sie aus dem Wald auf uns zukamen, wischten sich Pacciani und Vanni die Hände ab. Dann sah ich sie davonfahren, und nachdem ich Fernando nach Hause gebracht hatte, ging auch ich heim.

Fernando war schockiert und sagte: »Du hast tatsächlich Bescheid gewusst«, und ich antwortete: »Hab ich dir doch gesagt, aber du wolltest mir ja nicht glauben.« Er riet mir tatsächlich, zu den Carabinieri zu gehen, aber ich sagte nein.

Diese neue, vollständigere Version muss Giancarlo Lotti einige Überwindung gekostet haben, gibt er damit doch erstmals zu, dass er bei den letzten beiden Doppelmorden eine Funktion innehatte, auch wenn er nur »Schmiere« stand, um die Täter zu decken.

In Anbetracht seiner vorherigen Aussagen bleibt die Frage, ob das auch wirklich alles war. Eines aber ist sicher: Die Ermittlungen führen zu immer besseren Ergebnissen.

Tags darauf beschließt der Staatsanwalt, mit Lotti nochmals den Tatort in Vicchio aufzusuchen.

Lotti rekonstruiert die gesamte Strecke, die sie nach dem Verbrechen zurückgelegt haben.

Von weitem zeigt er auf ein verlassenes Bauernhaus in der Ortschaft Badia a Bovino, wenige Kilometer vom Schauplatz des Verbrechens entfernt. Hier, so erzählt er, hätten Pacciani und Vanni in jener Nacht in einer Nische in der rechten Wand die Pistole versteckt.

Wir gehen hin. Es gibt tatsächlich eine Nische in dieser Wand – in dieser und nur in dieser. Lotti greift hinein, hat aber nur Erde, Steinchen und Heu in der Hand, als er sie herauszieht. Er probiert es erneut, ganz sicher, etwas zu finden, aber vergeblich.

Die Enttäuschung steht ihm ins Gesicht geschrieben. An jenem Nachmittag ändert sich sein Status im Prozess schlagartig. Bisher war er bloß Zeuge gewesen, jetzt wird gegen ihn ermittelt.

Fast zeitgleich, nämlich am 23. März, wird Vanni, der sich noch im Gefängnis befindet, erneut ein Untersuchungshaftbefehl zugestellt. Ihm wird jetzt auch das Verbrechen von Vicchio zur Last gelegt.

In dem Haftbefehl heißt es unter anderem: »Lottis Aussagen stimmen exakt mit den Angaben überein, die einige Zeugen zu einem unverdächtigen Zeitpunkt machten«. Und weiter: »Auch gibt es weitere Überprüfungen, die in vier Punkten aufgelistet werden.«

Der Haftbefehl wird, wie bereits der vom 12. Februar, von Vannis Verteidiger beim Haftprüfungsgericht angefochten, das die Beschwerde jedoch ablehnt. Gegen diese Entscheidungen legt der Verteidiger vor dem Kassationshof getrennte Beschwerden ein, die am 3. Juni zurückgewiesen werden, da die Indizien zu Lasten des Verhafteten als begründet und schwerwiegend erachtet werden.

Das Haftprüfungsgericht, das über die Aufhebung von Strafbefehlen entscheidet, lehnt insbesondere einen Hausarrest Vannis ab und begründet dies in einem Schreiben vom 11. April 1996 unter anderem damit, dass Pacciani sich auf freiem Fuß befindet und Vanni mit seiner Hilfe Beweismittel beiseiteschaffen könne.

Vanni wird im Gefängnis mehrmals verhört, gibt aber kaum etwas zu. Er macht widersprüchliche Angaben und lügt häufig.

Am 9. April bittet Lotti erneut um eine Unterredung mit der Polizei. Er nennt weitere Details zu dem Verbrechen von Vicchio, insbesondere, dass Pia, eines der Opfer, keineswegs zufällig ausgewählt wurde.

Nachdem er Vanni von dem Pärchen erzählt hatte, das sich in einem Fiat Panda oft an dieser Stelle aufhielt, suchte er mit ihm zusammen den Ort auf. Sie versteckten sich hinter einem Baum und entdeckten das Auto. Als das Pärchen losfuhr, folgten sie ihnen. Das Mädchen stieg an der Bahnhofsbar aus, die Vanni gleich danach betrat, um einen Kaffee zu trinken.

Auf dem Rückweg nach Hause erzählte ihm Vanni ganz aufgeregt, dass er versucht habe, sich an das Mädchen heranzumachen, sie ihn jedoch schnöde abgewiesen habe:

»Doch nicht mit einem alten Sack wie dir, du könntest ja mein Vater sein« oder etwas in der Art.

Vanni war »stinksauer« darüber und äußerte sich folgendermaßen: »Der werd ich's zeigen, dem dämlichen Luder, dieser Nymphomanin. Für das, was sie zur mir gesagt hat, wird sie mir büßen, diese dumme Kuh.«

Neun Tage später befragt der Staatsanwalt auch Fernando Pucci.

Er erklärt, er sei nur bei dem Verbrechen in Scopeti dabei gewesen. Ein paar Tage vor den Morden in Vicchio sei er zwar mit seinem Freund Giancarlo an der Stelle gewesen, aber nur, um das Pärchen beim Sex zu beobachten. Es sei bereits dunkel gewesen, als sie dorthin aufbrachen, und sie hätten unterwegs in einer Bar in Vicchio angehalten. Dort habe, wie er später erfahren habe, das Mädchen gearbeitet, das wenig später getötet wurde.

Von dem Verbrechen habe er aus Zeitung und Fernsehen erfahren. Erst später habe ihm Lotti gesagt, die Ermordeten seien die beiden, die sie beobachtet hätten, und noch viel später, er sei dabei gewesen sei, als das Verbrechen geschah. Die Mörder seien Pacciani und Vanni. Und ein interessantes Detail: Er habe ihm auch gesagt, er sei mit seinem eigenen Auto hingefahren, die beiden anderen mit Paccianis Wagen.

Giancarlo habe ihm auch erzählt, sie hätten die jungen Leute in den Tagen vor dem Mord ausspioniert.

»Wissen Sie, warum sie sie umgebracht haben?«, fragt der Staatsanwalt.

»Giancarlo sagte mir, sie habe mit Pacciani und Vanni nicht ins Bett gehen wollen. Eines Abends habe ich Lotti, Vanni und Pacciani in San Casciano getroffen, und Giancarlo hat mich gefragt, ob ich mitkommen wolle, sie würden der Schlampe aus Vicchio einen Denkzettel verpassen. Ich habe abgelehnt.«

Der Staatsanwalt kommt auf das Verbrechen in Scopeti zurück.

»Signor Fernando, warum sind Sie eigentlich mit Lotti mitgefahren?«

Eine einfache und zugleich kniffelige Frage, die darauf abzielt, Puccis wirkliche Rolle bei dem Verbrechen zu klären.

Pucci antwortet, er sei an jenem Sonntagnachmittag mit Lotti gegangen, um das Pärchen zu beobachten, das im Zelt

Geschlechtsverkehr hatte. Bei der Gelegenheit habe ihm sein Freund anvertraut, dass Pacciani und Vanni vorhätten, die beiden noch am selben Abend umzubringen, genau wie ein Jahr zuvor das Pärchen in Vicchio. Er habe gefragt, warum, und Lotti habe geantwortet:

»Sie hatten eben Lust, sie umzubringen.«

»Haben Sie von Lotti etwas über die anderen Verbrechen erfahren, jene von 1981 und 1983?«

»Darüber weiß ich nichts.«

Er hält den Kopf gesenkt, den Blick auf seine Füße gerichtet. Das erinnert mich an Lotti bei seiner ersten Vernehmung in meinem Büro.

Der Staatsanwalt erklärt ihm, in jener Nacht sei in der Nähe der Freifläche ein geparktes Auto gesehen worden, möglicherweise ein Fiat 131, jedenfalls ein großer Fiat.

»Wissen Sie etwas darüber?«, fragt er.

»Schon möglich, dass der da stand … ich weiß es nicht … ich habe das Auto nicht gesehen.«

Und als der Staatsanwalt seine Aussagen über die ihm von Lotti anvertrauten Details zu Protokoll nimmt, sagt Pucci:

Ich habe Lotti geglaubt, dass Pacciani und Vanni das Pärchen im Panda umbringen würden, denn ich wusste, dass Pacciani und Vanni Mörder waren. Lotti hatte es mir gesagt, und man merkte es auch an den Gesprächen, die sie führten, dass sie Leute umgebracht hatten. Lotti sagte mir, sie hätten auch die anderen Pärchen in den Jahren zuvor umgebracht. Er sagte, sie hätten auch die beiden Deutschen umgebracht, und auch da sei er dabei gewesen. Ein andermal sagte er zu mir, sie hätten auch das Pärchen in Montespertoli ein Jahr zuvor umgebracht. Aber ich war nicht dabei. Lotti hatte mir zwar lange vor dem Mord in Vicchio davon erzählt, aber er nannte mir nicht die Namen derjenigen, die die Morde begangen hatten. Er sagte aber immer, dass er dabei gewesen sei. Einmal sagte er: »Auch in Calenzano haben sie zwei umgebracht«; in dem Fall sagte er mir aber nicht, ob er auch dabei gewesen war.

Nach Lotti fängt jetzt auch Pucci an, seine »Blockade« zu überwinden, und ich frage mich, ob auch er, wie Lotti, die Wandlung vom Zeugen zu einer Person vollzieht, gegen die ermittelt wird.

»Signor Fernando, wissen Sie, warum die beiden getötet haben?«, fragt Canessa.

»Giancarlo sagte, es hat ihnen Spaß gemacht.«

»Warum wurden 1983 zwei deutsche Männer umgebracht?«

»Lotti sagte zu mir, es sei ein Irrtum gewesen – sie glaubten, einer der beiden Deutschen sei eine Frau.«

Er fuhr fort, Lotti habe ihm immer ein bisschen mehr über die Morde erzählt. Er sagte, Lotti habe nur gern zugesehen, während Pacciani und Vanni auch Freude am Töten hatten.

Einen Tag später spricht ein jüngerer Bruder Fernandos bei der Staatsanwaltschaft vor.

»Ich habe um ein Gespräch gebeten, um herauszufinden, welchen Status mein Bruder hat und ob er einen Anwalt braucht.«

Offenbar haben die Angehörigen erfahren, was Fernando über die Verbrechen weiß, und befürchten nun, dass auch gegen ihn ermittelt wird.

Der Staatsanwalt beschwichtigt ihn.

»Ihr Bruder wird als Zeuge vernommen.«

»Das beruhigt mich, Herr Staatsanwalt. Ich wäre allerdings froh, wenn mein Bruder alles, was er sonst noch weiß oder getan hat, den Behörden oder mir sagen würde, denn es hat keinen Sinn, bruchstückweise mit der Wahrheit herauszurücken.«

Diese Zögerlichkeit behagt also offenbar auch seinen Angehörigen nicht. Vielleicht gewinnen sie langsam den Verdacht, dass er noch viel mehr weiß oder an den Verbrechen sogar irgendwie beteiligt war.

»Mein Bruder kennt Lotti schon seit einer Ewigkeit«, sagt er am Ende, »sie haben sich, wie man bei uns auf dem Land sagt, gesucht und gefunden.«

»Signor Lotti, was bedeutet Nymphomanin?«

»Das ist eine, die zu viele Männer mag.«

Es ist der 26. April, und er sitzt erneut vor uns. Soeben hat er erklärt, in der Mordnacht sei er allein in Vicchio gewesen, und hat wiederholt, Vanni sei auf das Mädchen in der Bar, die »Nymphomanin«, »stinksauer« gewesen und habe gedroht, das werde sie ihm büßen.

Dabei scheint er es belassen zu wollen, und als der Staatsanwalt ihm Fernandos Aussagen zu den anderen Verbrechen vorliest, erstarrt er und beteuert, er wisse nichts und habe zu seinem Freund nie etwas Derartiges gesagt.

Mehr bekommen wir offenbar nicht aus ihm heraus. Wir setzen also ein zusammenfassendes Protokoll auf, doch siehe da, plötzlich überwindet er erneut seine »Blockade«.

»Es stimmt. Was Fernando gesagt hat, habe ich ihm wirklich gesagt.«

»Dann erzählen Sie bitte, Signor Lotti.«

»Ich habe auch den Mord von Baccaiano miterlebt. Ich habe das Auto der getöteten jungen Leute gesehen; es stand auf mittlerer Höhe der ansteigenden Straße. Man hat mich gezwungen hinzugehen, genau wie bei den nachfolgenden Morden. Auch diesmal fuhr ich mit meinem eigenen Wagen, Vanni und Pacciani fuhren mit Paccianis Auto. Fernando war nicht dabei. Ich habe ihm später davon erzählt. Sie haben ein Pärchen getötet, ich stand ein Stück weiter unten. Ich hörte, wie sie in das Auto schossen. Pietro hat die Schüsse abgegeben. Er traf nicht richtig, und sie wollten aussteigen. Meiner Ansicht nach hatten die beiden sie erkannt. Sie wollten wegfahren, aber das Auto blieb im Graben stecken und kam nicht raus.«

Seine Schilderung ist klar und einfach. Ebenso die Beschreibung der Einzelheiten des Verbrechens, des Ortes und der Strecke, die er an jenem Abend fuhr.

Von San Casciano kommend passierte er San Pancrazio und Poppiano und bog dann nach links Richtung Baccaiano ab. Vor dem Dorf gab es eine Fläche, wo er das Auto abstellte. Etwas weiter vorn linker Hand am Straßenrand stand das Auto der beiden jungen Leute. Pacciani hatte ein Stück weiter auf derselben Seite geparkt, wo das Auto der Opfer stand.

Pacciani schoss auf die Windschutzscheibe des Autos der beiden jungen Leute, die er beim Sex überraschte. Nach den ersten Schüssen und einem Fluchtversuch landete das Auto im Straßengraben.

Vanni hatte Lotti schon ein paar Tage zuvor angekündigt, dass sie hierherkommen würden. Er nahm daher an, dass Vanni und Pacciani sicher waren, an diesem Tag das Auto hier vorzufinden.

»Ich habe auch die Ermordung der beiden Deutschen in Giogoli miterlebt«, fährt er fort.

Vanni und Pacciani hatten ihm gesagt, sie hätten »wieder etwas zu erledigen«. Pacciani gab mehrere Pistolenschüsse ins Innere eines Kleinbusses ab, auf zwei Personen, von denen die eine lange Haare hatte.

Dann erzählt er von dem Verbrechen in Calenzano, bei dem er jedoch nicht anwesend war. Pacciani und Vanni hatten ihm nicht verheimlicht, dass sie auch diesmal den Mord begangen hatten, nachdem sie von einem in der Nähe wohnenden Freund auf das Pärchen aufmerksam gemacht worden waren, einem gewissen Giovanni, »einem Schwulen«. Offenbar war dieser Giovanni mit dabei, als die beiden ermordet wurden, und offenbar gingen Pacciani und Vanni danach in dessen Haus, um sich zu waschen.[1]

Dann kommt Lotti auf das Verbrechen von 1985 zurück. Er habe in jener Nacht nicht weit entfernt auf der Straße ein großes, dunkles Auto anhalten sehen, aber nicht erkennen können, wer darin saß.

Und am Ende sagt er:

»Das erste Verbrechen, das ich miterlebt habe, war das von Baccaiano. Vanni und Pacciani haben mich gezwungen mitzugehen.«

»Und auf welche Weise hat man Sie gezwungen?«, fragt der Staatsanwalt.

»Auf ihre Art.«

»Drücken Sie sich klarer aus, Signor Lotti.«

»Sie haben mir gesagt, ich muss mitkommen. Sie haben gedroht, dass sie mich abmurksen. Wenn ich nicht mitkomme, sagten sie, würden sie mich holen.«

»Noch klarer, Signor Lotti.«

»Pietro hat mich gezwungen. Auf der Piazza von San Casciano hat er gesagt: ›Du kommst mit.‹ Ich wusste von gar nichts, bis wir da waren.«

Canessa und ich schauen uns an. Uns ist klar, dass es keinen Sinn hat weiterzufragen.

Die Aussagen der Zeugen werden laufend überprüft, im Falle von Lotti und Pucci auch durch einen Vergleich ihrer Aussagen mit den Protokollen der Tatortbesichtigungen und den Obduktionsberichten zu den Verbrechen des »Monsters«.

Ich gehe die Unterlagen zu dem Mord an den beiden Franzosen noch einmal durch, und das Erste, was mir dabei auffällt, ist die vollkommene Übereinstimmung zwischen der von den Sachverständigen gelieferten Rekonstruktion des Tathergangs und dessen Beschreibung durch Lotti.

Auf Seite 14, 15 und 16 heißt es in dem Gutachten:

Außer Zweifel steht dagegen, dass das Opfer bei seiner Flucht Richtung Auto von hinten in den rechten Arm geschossen wurde, wodurch sich der Splitterbruch des Oberarmknochens erklärt.

Im selben Kontext ist wahrscheinlich auch der Streifschuss an den Fingern der linken Hand zu sehen, obwohl es hier aufgrund der unendlich vielfältigen Bewegungen der Hand sehr unterschiedliche Hypothesen gibt.

Nacheinander – und mit Sicherheit zeitversetzt zu den Schussverletzungen (da der Angreifer nicht gleichzeitig zwei verschiedene Waffen handhaben konnte) – wurden dem Opfer Verletzungen mit einer Stichwaffe zugefügt. Dazu muss der Täter dem Opfer körperlich nahe gekommen sein (das Opfer wurde durch die Beschaffenheit des Ortes – die undurchdringliche Brombeerhecke –, die Schussverletzungen sowie einen psychischen und traumatischen Schock an seiner Flucht gehindert). Die Untersuchung der Stichkanäle und Wundwinkel lässt darauf schließen, dass der Täter sein Opfer mit einem Messer in der rechten Hand zunächst von hinten angriff, jedoch mit dem ersten Stich lediglich den fünften Rückenwirbel traf. Anschließend könnte der Angreifer – begünstigt vielleicht durch die Tatsache, dass das Opfer den Hals vor Schmerzen zurückbog – das Opfer, immer noch von hinten, mit der linken Hand im Genick gepackt und ihm mit der rechten Hand die Klinge in den Hals gestoßen (und dabei die Luftröhre getroffen) haben, offenbar jedoch ohne das Nerven-Gefäßbündel zu verletzen, das sich relativ zurückgesetzt in seitlich und tiefer liegenden Gewebeschichten befindet. Dieser Stich wurde von rechts nach links geführt. Aller Wahrscheinlichkeit nach sank jetzt das bereits geschwächte Opfer rücklings zu Boden und bot dem Angreifer, der inzwischen dem Opfer gegenüberstand, die Brust.

Der Positionswechsel des Angreifers könnte auch erklären, dass die Stiche im Brustkorb, bezogen auf diejenigen an Rücken und Hals, aus der Gegenrichtung geführt wurden.

Die Messerstiche des Angreifers, der die Waffe in der rechten Hand hielt, wären somit in der ersten Phase der Verfolgung von rechts nach links und in der zweiten Phase, nach dem Positionswechsel (als das Opfer zu Boden gestürzt war) von links nach rechts geführt worden.

Lottis Version, die in keinem einzigen Detail von dieser Rekonstruktion abweicht, muss daher als die Schilderung eines Zeugen angesehen werden, der das Geschehen aus nächster Nähe beobachtet hat.

Auch die Frau war, wie der Zeuge ausgesagt hat, mit Sicherheit im Innern des Zelts getötet und verstümmelt worden. Das steht im Gegensatz zur Schilderung des Tathergangs im Prozess, die mir damals schon umständlich und unwahrscheinlich vorkam. Auf Seite 22 des Gutachtens heißt es:

Es gibt keine Spuren, die darauf hindeuten, dass die Leiche über den Boden geschleift wurde, da alle Blutflecken auf das aus der Hauptwunde ausströmende Blut zurückgeführt werden können. Der Rücken der Frau weist Spuren von Blut auf, das aus einer gewissen Höhe heruntergetropft ist – wahrscheinlich von der herausgeschnittenen Brust, die der Angreifer nach Beendigung der Verstümmelung mit einer oder beiden Händen hochhob.

Anzunehmen ist, dass der Mörder am Ende dieser ersten Phase des Tathergangs diesen ersten Fetisch vor dem Zelt auf den Boden gelegt hat, wo bei der Tatortbesichtigung ja auch ein kleiner, aber kompakter runder Blutfleck entdeckt wurde.

Obwohl die Sachverständigen fest davon überzeugt waren, dass es sich um einen Einzeltäter handelte, äußerten sie die Vermutung, dass die Wunden an der Frauenleiche auch von einem zweiten Messer stammen könnten:

Nachdem der Täter das männliche Opfer getötet hatte, kehrte er vermutlich auf gleichem Weg zurück und begann im Innern des Zeltes in aller Ruhe mit dem rituellen Herausschneiden der Fetische: zunächst, wie gesagt, der Brust (mit den bereits erwähnten Schwierigkeiten, da das Schneidewerkzeug nicht besonders scharf war), dann der Scham (wo ähnliche Schwierigkeiten bei der Ausführung der Schnitte nicht nachgewiesen werden können. Dies legt die Hypothese nahe, dass er über ein zweites Messer oder ein Schleifwerkzeug verfügte) (Seite 27).

Bei seiner Beschreibung des Tathergangs spricht Lotti tatsächlich von zwei Messern: eines in der Hand Vannis, der die Zeltrückwand aufschlitzte, und eines im Besitz Paccianis, der sich dem fliehenden jungen Mann, nachdem er ihn eingeholt hatte, in den Weg stellte, auf ihn einstach und ihn mit der Stichwaffe tötete.

Lottis Schilderung zufolge kehrte Pacciani, als der junge Mann tot war, ins Zelt zurück, wo sich bereits sein Komplize befand, und die beiden blieben etwa zehn Minuten – also lange genug, um die Verstümmelungen auszuführen.

Weitere Übereinstimmungen sind das Aufschlitzen der äußeren Zeltrückwand von unten nach oben, wie es der Zeuge beschrieben hat, sowie die Tatsache, dass die Frauenleiche im Zeltinnern gefunden wurde und die Patronenhülsen vor dem Zelt. Dies bestätigt zudem, dass die Schüsse von dort abgegeben wurden, wie der Zeuge es beschrieben hat.

Der junge Mann war an einer »akuten Blutungsanämie durch Blutungen im Brustkorb (Hämothorax) und Blutansammlung in der Bauchhöhle (Hämoperitoneum) aufgrund von Stichwunden in Brustkorb und Unterleib« gestorben. Mit anderen Worten: Das Opfer war erstochen worden, und auch dies stimmt mit Lottis Darstellung überein.

Am 24. Februar 1996 wird bei einer Flurbereinigung des gesamten Geländes etwa 7,70 Meter vom Rand der Freifläche entfernt Richtung Wald eine von der Vegetation überwucherte Grube entdeckt. Sie ist rund 40 Zentimeter tief und hat einen Durchmesser von 35 x 40 Zentimeter. Darin befindet sich eine Vertiefung von 9 x 15 Zentimeter Durchmesser und 24 Zentimeter Höhe, vermutlich verursacht durch ein Gefäß, das zum Zeitpunkt der Entdeckung nicht mehr da war. Die Grube war nicht zugeschüttet worden, als hätte derjenige, der sie benutzt hatte, keinen Wert darauf gelegt, die Spuren zu verwischen.

Die Stelle entspricht genau dem Ort, an dem Lotti zufolge Vanni und Pacciani etwas versteckt hatten. Außerdem gibt es nirgendwo sonst auf dem Gelände solche Gruben.

All dies sind objektive Bestätigungen. Hinzu kommen die Zeugenaussage des Ehepaares, das am Sonntagnachmittag einen gegenüber dem Verbrechensschauplatz wohnenden Freund besuchte; die Zeugenaussage des Paares, das in der Tatnacht hier vorbeikam und einen Fiat 131 oder jedenfalls einen großen Fiat hier hatte stehen sehen (Lotti hat erklärt, ganz in seiner Nähe habe ein großes Auto angehalten); und die Aussagen Gabriellas, ihres Zuhälters sowie Lottis in dem Telefonat von der Bar aus, in dem er bestätigt hatte, er habe an der freien Fläche angehalten, um »ein Bedürfnis zu verrichten«.

Dass Lotti tatsächlich am Tatort war, daran kann es jetzt keinen Zweifel mehr geben. Zweifel bestehen nur noch bezüglich seiner tatsächlichen Rolle, die noch nicht vollständig geklärt ist.

Ich nehme mir noch einmal die Akten aus dem Jahr 1984 zum Verbrechen von Vicchio vor.

Auch hier gibt es exakte Übereinstimmungen zwischen Lottis Schilderung und der Rekonstruktion des Verbrechens in den Sachverständigengutachten und Obduktionsberichten.

Das Mädchen war tatsächlich noch lebend aus dem Auto gezerrt und in das Heilkräuterfeld neben dem abgestellten Auto geschleppt worden. Im Obduktionsbericht heißt es:

> Die Leiche weist keine Spuren auf, die darauf hindeuten, dass der Tod sofort eintrat. Im Gegenteil gibt es Anzeichen dafür, dass die Frau noch eine Zeit lang lebte, beispielsweise das Lungenödem (...) Die Stichwunden am Hals wurden der Frau höchstwahrscheinlich (wenn auch nicht mit absoluter Sicher-

heit) zugefügt, als sie noch am Leben war. Darauf deutet der starke Bluterguss in der Halsmitte und entlang einiger Muskeln in der linken seitlichen Nackenregion hin.

Den Ärzten zufolge war die Frau also nicht sofort tot, und genauso schildert es auch Lotti zwölf Jahre später. Eine wirklich eindrucksvolle Bestätigung.

Seine Aussage erklärt auch die Messerstiche an dieser verwundbaren Stelle am Hals des Opfers, die darauf zielten, das Opfer so schnell wie möglich zu töten, um die Verstümmelungen ohne Schreie und Wehklagen des Opfers durchführen zu können.

Eine weitere Übereinstimmung sind die beiden Stellen auf der Zierleiste aus schwarzem Plastik an der Autotür, die nach Ansicht der Sachverständigen Abdrücke der Knie einer mindestens eins achtzig großen Person sind.

Pacciani ist klein und stämmig, Vanni ist eins achtzig.

Weiterhin gibt es auch in diesem Fall zahlreiche Zeugenaussagen – einige aus der Zeit, als die Morde geschahen, andere aus späteren Zeiten, darunter auch diejenigen, auf die ich in meinem ersten Bericht an den Staatsanwalt hingewiesen habe.

Aber ich bin noch immer auf der Suche nach etwas, das auch den allerletzten Zweifel ausräumt.

Und das Glück kommt mir zu Hilfe.

In eben diesen Tagen geben die Zeitungen viele Details über Lottis Zusammenarbeit mit den Ermittlungsbehörden preis, unter anderem, dass die Mörder nach der Tat an den Fluss hinuntergingen, um sich die Hände zu waschen und das Messer sauber zu machen, wie es Lotti beschrieben hat.

Am Vormittag, an dem diese Artikel erscheinen, ruft mich Pias Vater an.

»Dottore, ich muss Sie dringend sprechen. Lotti sagt die Wahrheit.«

Ich springe ins Auto und fahre nach Vicchio.

In einer Bar auf dem Marktplatz des Dorfes bin ich mit Pias Vater verabredet. Als er mich sieht, überzieht ein breites Lächeln sein Gesicht. Er kommt mir entgegen und umarmt mich, als wären wir alte Bekannte.

Zu Hause begrüße ich auch seine Frau. Sie reden gleichzeitig, während sie mir von ihrem Hund erzählen, einem fünf Jahre alten englischen Setter, der sich am Tatort neben die Kreuze setzte und niemanden in die Nähe ließ, nicht einmal sein Herrchen. Ein anrührendes Bild, so herzzerreißend wie die Tatsache, dass der Mann all seine Ersparnisse für Privatermittler geopfert hat, um den Mord an seiner Tochter und ihrem Verlobten aufzuklären. Mehrmals sagt er, dass er nur noch dafür lebe, dass die Mörder endlich gefasst werden.

»Dottore, Lotti lügt nicht«, sagt er schließlich, als wir auf den Grund meines Besuches zu sprechen kommen.

»Woher wollen Sie das wissen?«

»Einen Tag nach dem Mord kam ein Freund zu uns und sagte, dass er am Fluss Sieve in der Nähe des Tatorts Blutflecken entdeckt habe. Er heißt Pietro und ist Metzger von Beruf.«

Ich suche ihn auf, sobald ich mich verabschiedet habe. Er heißt Pietro Pasquini und erzählt präzise und ohne zu stocken.

Am Tag nach dem Verbrechen sei er an den Fluss gegangen, um sein Auto zu waschen, und da sei ihm aufgefallen, dass einige Steine blutbefleckt waren. Er schöpfte Verdacht und ging hoch bis zu der Freifläche, wo er weitere Blutspuren fand, die an einer Art Fußweg entlang bis hinunter zum Fluss führten.

Er habe umgehend Pias Eltern davon in Kenntnis gesetzt, die ihrerseits die Carabinieri benachrichtigten. Mit dem Maresciallo sei er an den Fluss zurückkehrt und habe ihm die Spuren gezeigt. Was weiter geschehen sei, wisse er nicht.

Der Kunsthandwerker Luciano Bartolini, der Bronzearbeiten macht und bei den Rontinis zu Besuch war, als der Metzger von den Blutflecken erzählte, sagt mir, auch er habe sie gesehen, als er Pietro und den Maresciallo der Carabinieri an den Ort begleitete.

Eine Geschichte, auf die sich weder in den Akten zu diesem Fall noch in den Zeitungen irgendein Hinweis findet. Nur jemand wie Lotti, der in jener Nacht am Tatort war und den Hergang beobachtet hat, kann ein solches Detail kennen.

»Auf der festgetretenen Erde waren die Flecken nicht mehr gut zu sehen, weil sie ins Erdreich eingesickert waren«, sagt Bartolini, »aber am Fluss sah ich einen Stein mit einem großen Flecken, als hätte etwas Blutiges darauf gelegen.«

Ich bin nicht zufrieden, möchte ich doch mit bombensicheren Beweisen in den Prozess gegen Vanni gehen, denn auch der Ausgang des Berufungsverfahrens gegen Pacciani ist weiterhin ungewiss. Ich suche also weiter. Auf keinen Fall möchte ich, dass mich ein spitzfindiger Anwalt in Schwierigkeiten bringt und einer Lappalie wegen, die vom ermittlungstechnischen Standpunkt aus unerheblich, vor Gericht aber anfechtbar ist, so viel Mühe zunichte macht.

In den Unterlagen zum Mordfall Rontini stoße ich auf ein Protokoll der Vernehmung Mauro Poggialis aus dem Jahr 1993. Der Arbeiter aus Vicchio war ein Freund der Ermordeten, und er sagt aus, sie sei in den Tagen vor dem Verbrechen verfolgt worden.

Auf Bitte ihres Arbeitgebers begleitete Poggiali das Mädchen am Ende der Nachtschicht nach Hause. Dabei fiel ihm zweimal ein Auto auf, das er bereits auf dem Bahnhofsplatz gesehen hatte und das ihnen folgte, sobald sie die Bar verließen.

Er sagte es dem Mädchen, das der Sache jedoch weiter keine Bedeutung beimaß.

Ich beschließe, ihn zu vernehmen. Der Mann bestätigt seine Aussagen – mit einigen Abweichungen.

Zum letzten Mal sei das Mädchen nicht am Abend vor dem Verbrechen verfolgt worden, sondern am Dienstag oder Donnerstag in der Woche vorher – das waren die Tage, an denen sie in Florenz als Schiedsrichterin Dienst tat und spätabends nach Hause zurückkehrte.

»Erzählen Sie mir genauer, wie diese Verfolgung aussah, und beschreiben Sie das Auto«, bitte ich ihn.

Er berichtet ausführlich von dem Auto, das seinen Verdacht in besonderer Weise erregt hatte.

Als er zusammen mit Pia nachts gegen halb eins die Bar verließ und sie die Bahnhofsstraße entlangfuhren, bemerkte er, dass auf der Parkfläche am Bahnhofsplatz ein Auto anfuhr. Im Rückspiegel sah er, dass es ihnen meist im Abstand von etwa zweihundert Meter folgte, sich manchmal aber bis auf fünfzig Meter, vielleicht noch weniger, näherte, als sie in die Nähe von Pias Haus kamen.

Sein Unbehagen wurde noch dadurch verstärkt, dass die Straße, in der das Mädchen wohnte, wenig befahren war, und er erinnerte sich, dass ihnen bereits einige Tage zuvor dasselbe Auto gefolgt war. Es war ein Mittelklassewagen, mit Sicherheit nicht von heller Farbe, eher amarantrot, jedenfalls nicht knallrot.

Ich zeige ihm eine Schwarz-Weiß-Fotokopie des Fiat 128 Coupé, die einzige Abbildung, die ich zur Verfügung habe.

»Kommt Ihnen das Modell bekannt vor, Signor Mauro?«

Er betrachtet das Blatt aufmerksam und sagt dann:

»Das Heck ist ähnlich wie bei dem Auto, das ich damals gesehen habe. Insgesamt aber habe ich, wenn ich diese Fotokopie sehe, das Gefühl, es sei größer als das fragliche. Ich müsste es mit eigenen Augen sehen, um sicherer zu sein. Trotzdem macht dieses Auto Eindruck auf mich, und das Heckteil kommt mir, wie gesagt, bekannt vor, nicht zuletzt, weil es kein Seitenlicht hat, und als ich jenes Auto im Profil gesehen habe, ist mir aufgefallen, dass es hinten seitlich kein Licht hatte.«

Der Verfolger fuhr also ein Modell, das einem Fiat 128 ähnelte, und war amarantrot, jedenfalls nicht knallrot. Genau wie Lottis Wagen.

Hilf dir selbst, dann hilft dir Gott. Das Glück war mir ein weiteres Mal gewogen. Ein paar Tage später sucht mich Pias Mutter in meinem Büro auf. Sie habe kürzlich von einer Freundin der Familie, einer Dänin namens Ingrid, die mit ihrer Tochter eng befreundet gewesen sei, ein paar Details erfahren, die ihrer Ansicht nach für die Ermittlungen relevant sein könnten.

Ingrid und Pia waren gute Freundinnen gewesen, seit Pia zwischen Januar und Mai 1984 in Dänemark eine Kochschule besucht hatte. Nach Pias Rückkehr nach Italien hatten die beiden mindestens einmal pro Woche telefoniert. Jetzt hatte Ingrid der Mutter erzählt, Pia sei belästigt und verfolgt worden, das habe ihr die Freundin selbst gesagt. Ingrid hatte geglaubt, es sei ein Trunkenbold aus der Bar gewesen, und ihr geraten, sich eine andere Arbeit zu suchen.

Wenige Tage nach dem Besuch von Pias Mutter erhalte ich einen Brief aus Dänemark.

Ingrid schreibt mir, in ihrem letzten Telefonat mit Pia, wenige Tage vor dem Verbrechen, habe sie den Eindruck gehabt, die Freundin sei mit ihrer Arbeit in dieser Bar nicht mehr zufrieden. Pia habe ihr gesagt, es seien »unangenehme Männer da, in deren Anwesenheit sie sich sehr unsicher fühle«. Sie habe ihr erneut geraten, sich eine andere Arbeit zu suchen.

Eins kommt zum anderen, das Material reicht inzwischen aus, um auch den dickfelligsten Geschworenen zu überzeugen, aber mir genügt es immer noch nicht.

Ich gehe noch einmal alle Fälle durch, von denen Lotti gesprochen hat, und entdecke weitere Übereinstimmungen bei den Verbrechen von Baccaiano und Giogoli.

Lottis Schilderung und die von den Ermittlern seinerzeit gemachten Rekonstruktionen des Tathergangs passen auch diesmal millimetergenau zusammen.

In Baccaiano waren vor dem Auto der Opfer Pistolenschüsse gefallen, auch die Scheinwerfer waren getroffen worden. Weitere Schüsse waren ins Wageninnere abgefeuert worden, was eine Patronenhülse im Innenraum des Wagens belegt. Und das Auto war mit den Hinterrädern in einem Graben gegenüber der Straßenseite gefunden worden, auf der es ursprünglich geparkt gewesen war. In Giogoli hatten die Opfer zum Zeitpunkt der Schüsse im Innenraum des Kleinbusses gesessen. Einer der beiden hatte langes Haar gehabt, von weitem hätte man ihn für eine Frau halten können.

Viele dieser Details konnte Lotti der Zeitung entnommen haben, aber alle? Und außerdem: Was hätte er für ein Interesse daran haben sollen, sich bei so vielen kompromittierenden Ereignissen ins Spiel zu bringen? Aus reiner Freude am Fabulieren? Es kommt mir nicht so vor.

Und mir fällt noch eine Übereinstimmung auf: die Schilderung eines Zeugen aus der Gegend, der sofort nach Entdeckung der Leichen befragt wurde. Giovanni Nenci passierte am Tag vor dem Verbrechen die Landstraße bei Giogoli, wo ihm neben dem Kleinbus der Opfer ein roter Fiat 128 mit Florentiner Kennzeichen auffiel. Er hatte nicht auf das Nummernschild geachtet, war sich aber sicher, dass es das Kürzel FI trug.

Ein Auto desselben Typs, derselben Marke, Farbe und Provinz wie Lottis befand sich also am Tag vor der Tat am Ort des Verbrechens. Dies war den Carabinieri unmittelbar nach Entdeckung der Leichen mitgeteilt worden, als Lotti noch nicht ins Visier der Ermittler geraten war, ja als man von seiner Existenz noch gar nichts wusste. Ein rotes Auto mit kurzem Heck wie Lottis Wagen war in der Nacht des Verbrechens von Vicchio auf einer ungeteerten Straße gesehen worden, und der Fahrer hatte sich verdächtig verhalten.

Ein Auto wie das von Lotti war gesehen worden, als es Pia auf dem Nachhauseweg von der Bar gefolgt war. Lottis Auto war in der Tatnacht in Scopeti unterhalb der Stelle gesehen worden, wo das Zelt der Opfer stand.

Alles nur Zufälle? Luftschlösser einer Polizei und einer Staatsanwaltschaft, die sich ohne viel Mühe Lorbeeren verdienen wollen?

Lächerlich. Es ist sonnenklar, dass Lotti mit den Verbrechen etwas zu tun hat.

Nur: was genau?

Es ist an der Zeit, Giancarlo Lotti in die Mangel zu nehmen. Nicht zuletzt dank der Abhörmaßnahmen wissen wir, dass er sich zunehmend unter Druck fühlt, und vermuten, dass er nah daran ist, das Handtuch zu werfen und auszupacken. So gut wie alles.

Darauf deutet ein Telefongespräch hin, das er von dem Ort aus, wo er unter Polizeischutz steht, mit dem Priester führt, der ihn in der Zeit unmittelbar vor seiner Festnahme bei sich aufgenommen hatte.

Lotti fragt ihn nach dem Verbleib von Bildern seiner Erstkommunion, die er in seinem Zimmer liegen gelassen hat. Der Priester, Don Fabrizio aus Chiesanuova, sagt ihm, die Bilder seien noch da, niemand habe sie weggenommen.

Dann fragt er ihn, wie es ihm gehe.

Lotti: »Da ist eine Sache … na ja und … na ja, im Moment geht es mir gut, aber wissen Sie … alles ist … ein bisschen …«

Der Priester: »Ein bisschen langwierig, ja, ja.«

Lotti: »Und ein bisschen heikel …«

Der Priester: »Ich weiß es aus der Zeitung, aus dem Fernsehen. Kann man das glauben?«

Lotti: »Ja, aber … es ist eine etwas komplizierte Geschichte, im Augenblick ist nicht … aber …«

Der Priester: »Kann ich mir vorstellen, kann ich mir vorstellen.«

Lotti: »So ist es eben! Ich habe Dinge erlebt, die nicht besonders schön waren!«

Der Priester: »Das glaube ich, das glaube ich.«

Lotti: »Was kann man machen! Und ich! Und ich … ich sage … ich sage … was ich weiß.«

Der Priester: »Du bist in einer sehr sehr schwierigen Lage, du solltest versuchen, die Wahrheit zu sagen.«

Lotti: »Was soll ich machen, und die und … die lassen nicht locker. Aber ich kann doch nicht mehr sagen als das, was ich weiß!«

(…)

Der Priester: »Du bist darin verwickelt … du steckst mit drin …«

Lotti: »Jetzt haben sie mich geholt und … die Leute haben mich erkannt.«

(…)

Der Priester: »Du solltest dir einen …. einen klaren Geist … und ein reines Gewissen bewahren … und versuchen, die Wahrheit zu sagen. Sag, was du weißt, ganz ruhig, wenn du bei der Wahrheitsfindung behilflich sein kannst, solltest du reden, du musst sogar reden … du hättest längst reden müssen.«

Lotti: »Ja, ich weiß.«

Der Priester: »Du hättest schon vorher reden müssen, verstehst du?«

Lotti: »Ich weiß, schon vorher, aber …«

Der Priester: »Versuche, ruhig zu bleiben und mitzuhelfen, so gut du kannst.«

Lotti: »Aber … und …«

Der Priester: »Das ist für dich die einzige Möglichkeit, dein Gewissen reinzuwaschen.«

Lotti: »Ich weiß.«

Der Priester: »Wenn du andererseits mit drinsteckst … musst du …«

Lotti: »Es gibt niemand anderen, denn ich, *es gibt viele andere* … es ist nicht so, dass …«

Der Priester: »Das weiß ich! Dem, was nach außen dringt, entnehme ich, dass es ziemlich … ziemlich … aber es ist jedenfalls gut, wenn du zur Wahrheitsfindung beiträgst und alles sagst, was du weißt.«

Lotti: »Ja, ich weiß.«

Der Priester: »Es geht um zig Tote, verstehst du?«

Lotti: »Bei vielem ist gar nicht gesagt, dass ich alles darüber weiß.«

Sätze und Satzfetzen, deren Sinn nicht immer ganz klar ist, die aber Giancarlos psychische Verfassung deutlich machen, seine Bereitschaft auszupacken. Darin wird er auch von demjenigen ermuntert, der ihm als geistlicher Beistand zur Seite steht.

Die Rede ist von »heiklen Dingen« und von »vielen anderen«, die darin verwickelt sind.

Ich warte neugierig auf die nächste Vernehmung.

In der folgenden Vernehmung ergänzt Lotti die bereits bekannten Fakten durch neue Details.

In dem Drohbrief, den Vanni erhalten hatte, habe Pacciani von ihm verlangt, »etwas zu tun, damit er aus dem Gefängnis rauskommt«. Mit anderen Worten: Vanni sollte einen Mord begehen, um ihn zu entlasten. Schon anlässlich des Mordes an den beiden Deutschen hatte Vanni ihm im Übrigen erklärt, sie müssten »jemanden aus dem Gefängnis holen und deshalb den Mord begehen«.

»Entweder wir holen ihn aus dem Gefängnis raus oder wir landen selbst drin«, hatte er ihm gesagt, mehr nicht.

Es sei um einen gewissen Francesco gegangen, einen Sarden. Damals habe Vanni ihm nicht den Namen genannt, er habe ihn erst später erfahren. Diesen Francesco habe er zweimal in San Casciano gesehen. Beim ersten Mal allein auf der Piazza dell'Orologio – da habe er einen Bart gehabt wie auf dem Foto, das ihm der Staatsanwalt zeigt. Das zweite Mal in Begleitung Vannis in der Nähe der Bar auf der Piazza. Die beiden hätten im Gehen miteinander gesprochen. Ein paar Tage später habe er Vanni gefragt, wer der mit dem Bart gewesen sei, und Vanni habe ihm gesagt, diesen Mann hätten sie mit dem Mord von 1983 aus dem Gefängnis geholt. Mehr habe Vanni nicht verraten wollen, obwohl Lotti ihn gedrängt habe, Genaueres zu sagen.

Das Foto, das ihm der Staatsanwalt vorlegt, zeigt Francesco Vinci, gegen den bereits wegen des Verbrechens von 1968 und später, als man vorrangig die »sardische Spur«

verfolgte, auch wegen der anderen Morde ermittelt worden war.

Am Tag darauf schickt Lotti dem Staatsanwalt einen Brief, in dem er weitere Fakten preisgibt und den Eindruck erweckt, als plage ihn ein schlechtes Gewissen.

Sie kamen zu mir nach Hause in die Via Lucciano und klopften an die Tür. Wer ist da? Wir sind's. Wer? Mario. Pietro Pacciani. Was wollt ihr von mir? Du musst mitkommen. Warum muss ich mitkommen? Wenn nicht, packen wir aus. Was du dort auf dem Rastplatz bei Bardella gemacht hast. Du hast Fabrizio in den Arsch gefickt. Ich ging mit. Auf der Straße nach Giogoli. Wir kamen zu der Stelle, wo der Mord passierte. Ich stieg aus dem Auto. Mario und Pacciani waren schon da und gingen zu dem Kleinbus. Dann hat er mich gerufen. Komm her. Warum. Los, du musst schießen. Ich. Er drückte mir die Pistole in die Hand. Schieß, und ich schoss mehrmals. Ich habe genau getroffen. Dann nahm er mir die Pistole aus der Hand. Und ging auf die linke Seite. Weitere Schüsse. Dann machte er die Autotür auf. Er sah, dass es zwei Männer waren. Da wurde er fuchsteufelswild. Dann ging ich zum Auto. Pietro sagte zu mir: Haust du ab? Ja, ich haue ab. Warum haust du ab? Dann stieg ich ins Auto. Ich fuhr nach Hause. Legte mich ins Bett. Aber ich konnte nicht schlafen.

Wohin bringt ihr diese Sachen von der Frau? Die Brust, Vagina oder Fotze, Mario, ich will wissen, wem ihr es gebt. Der Arzt, für den Pietro Pacciani arbeitete. Hat er euch Geld dafür bezahlt? Aber er wollte mir nicht sagen, was er mit der Vagina machte und ob deshalb weil ihr fürchterliche Dinge macht. Aber ich nicht. Die anderen habens gemacht. Ihr habt kein Gewissen. Ihr ekelt mich an, ihr seid für mich Bestien, Mario und Pacciani, ihr könnt mir gestohlen bleiben.

Das ist ein Bekenntnis. Ein schockierendes Bekenntnis. Er wird sofort erneut vernommen.

Der Staatsanwalt fragt ihn, warum er ihm diesen Brief geschrieben hat.

Es ist mir leichter gefallen, bestimmte Dinge aufzuschreiben, denn ich habe es zuvor nicht fertiggebracht, darüber zu sprechen. Sie haben mich mit diesem Fabrizio gesehen, und dann haben sie mir aufgelauert und mich bedroht.

»Drücken Sie sich deutlicher aus, Signor Lotti, was haben Sie gesehen?«

Sie haben gesehen, dass ich mit diesem Mann zu einer bestimmten Stelle fuhr. Wir waren in meinem Auto. Es war dunkel. Und da hatte ich mit ihm Verkehr. Sie kamen mit dem Auto vorbei und haben es gesehen. Sie kamen zu mir nach Hause, Mario Vanni und Pietro Pacciani, ich hörte sie klopfen und fragte, wer da ist, sie waren es. Sie sagten, ich müsse mitkommen, andernfalls würden sie es überall herumerzählen. Sie sagten: »Wir haben dich gesehen, so und so!«, und da blieb mir nichts anderes übrig als mitzukommen. Unterwegs sagten sie, wir fahren nach Giogoli. Sie haben geklopft, ich habe geöffnet und sie sagten, ich muss mitkommen, sonst würden sie reden, sie sagten, sie hätten was zu erledigen. Ich fuhr mit meinem Auto und sie mit ihrem, ich erinnere mich aber nicht, welches Auto Pietro hatte, ob den 500er oder ein anderes. Ich stellte mein Auto an einem freien Platz ab, einer Art Ausweichstelle.

»Und was geschah dann?«

Sie sind zuerst ausgestiegen und zu dem Kleinbus gegangen, dann haben sie mich gerufen. Ich habe gesehen, wie Pietro eine Pistole zog. Er drückte mir die Pistole in die Hand und befahl mir zu schießen. Mario war ein Stück weiter vorn, vor dem Kleinbus. Ich stand rechts von dem Kleinbus, Pietro war neben mir, und ich schoss auf die Scheibe, die von der Tür. Ich sah, dass zwei Personen da drin waren, aber ich schoss auf das Fenster, ich weiß nicht, ob ich sie getroffen habe oder nicht. Ich erinnere mich an zwei oder drei Schüsse, aber ich war wie betäubt. Dann nahm mir Pietro die Pistole aus der Hand, und ich stand wie erstarrt; Pietro ging auf die linke Seite des Kleinbusses. Ich hörte weitere Schüsse. Dann ging Pietro auf die rechte Seite des Wagens, öffnete die Tür und sah hinein und drehte die Körper um, weil er sehen wollte, ob sie tot waren oder nicht und ob es ein Mann und eine Frau waren. Er sah, dass es zwei Männer waren, einer hatte lange Haare. Pietro wurde wütend, weil es zwei Männer waren. Ich war wie betäubt. Ich wollte weggehen, aber Pietro sagte: »Wohin gehst du?« Er sagte, ich soll nicht gehen, aber ich habe mich davongeschlichen, weil ich Angst hatte.

»Und das mit dem Arzt, für den Pietro Pacciani arbeitete, was bedeutet das, Signor Lotti?«

Er sagt, er habe erfahren, dass Pacciani die von den Frauenleichen abgeschnittenen Teile einem Arzt brächte, der ihn dafür bezahlte.

»Wer ist dieser Arzt?«

Lotti beteuert, er wisse es nicht, aber einmal sei er auf dem Marktplatz von San Casciano gewesen. Es sei dunkel gewesen, und dann habe ein Auto angehalten. Der Fahrer habe gewunken, und Vanni habe sich dem Auto genähert. Er, Lotti, habe alles aus der Ferne beobachtet. Die beiden hätten eine Weile geredet. Als Vanni zurückgekommen sei, habe er ihm auf seine Frage erklärt, das sei der Arzt gewesen, dem Pietro diese Sachen übergebe, und er würde jetzt direkt zu Pietro nach Hause fahren. Mehr hätte Vanni nicht sagen wollen.

Wir sind sprachlos und können es gar nicht fassen.

Zum ersten Mal spricht Lotti von seiner vollen und unmittelbaren Beteiligung an der Ausführung eines Verbrechens, und genau das haben wir, mehr oder weniger bewusst, früher oder später erwartet. Aber es ist auch das erste Mal, dass er von einem »Auftraggeber« spricht, einem »Arzt«, der Pacciani für die Lieferung der makabren Fetische bezahlte.

Die Hypothese, die Verbrechen des »Monsters« seien von mehreren Personen und nicht von einem einsamen Serienkiller ausgeführt und darüber hinaus in Auftrag gegeben worden, jagt uns einen Schauder über den Rücken. Unsere Gedanken überschlagen sich.

Die Beweismittel reichen nicht aus, um diese Hypothese ernsthaft zu vertreten. Doch Lottis schmerzliches Geständnis – nicht zuletzt Ergebnis des Drucks, den Don Fabrizio ausgeübt hat, bis Lotti, zermürbt von seinem Enthüllungen auf Raten, keine Kraft mehr hatte, noch länger damit hinter dem Berg zu halten – setzt mir buchstäblich einen Floh ins Ohr.

Um Missverständnissen vorzubeugen, beantrage ich bei der Staatsanwaltschaft die Erlaubnis, die Besitzverhältnisse und die finanziellen Verhältnisse Paccianis, Vannis und Lottis zu durchleuchten.

Wir fahren zu einer Tatortbesichtigung nach Giogoli, und Lotti schildert Schritt für Schritt, was er in der Tatnacht getan hat und was er Vanni und Pacciani hat tun sehen.

Aber das ist noch nicht alles.

Wir haben uns zwar inzwischen an seine Art gewöhnt, aber diesmal hat sein »Geständnis« einen quälend persönlichen Charakter. Sichtlich verlegen erzählt er von einer homosexuellen Beziehung zu Pacciani.

Ich habe es bisher noch niemandem gesagt, weil sich in San Casciano alles so schnell herumspricht, und Frauengeschichten ganz was anderes sind, als wenn man erzählt, dass man etwas mit Männern hat.

Ich hatte Pacciani bis dahin immer nur als Freund besucht, aber eines Tages fing er an, mich anzufassen, und wollte ihn mir hinten reinstecken. Ich konnte nicht weggehen. Er hat es versucht, aber er hat es nicht deshalb getan, weil er mich mochte. Er hat es getan, um mich in der Hand zu haben. Ich hätte nicht geglaubt, dass er so weit gehen würde. Ich hätte nicht gedacht, dass er es auch mit Männern macht. Ich hatte gesehen, dass er ganz jungen Mädchen nachstieg, und wir sagten ihm, er soll es bleiben lassen, denn es könnten seine Töchter sein. Ich weiß aber nicht, was er zu Hause trieb. Als ich an diesem Tag zu ihm kam, fing er an, mich anzufassen, und sagte zu mir: »Zieh dich aus!« Er war fast außer sich, ich weiß nicht, wie ich sagen soll, verstehen Sie. Einfach aufzustehen und zu gehen war unmöglich, denn er war zwar kleiner, aber sehr viel stärker als ich. Ich bekam es mit der Angst, ich musste mich fügen. Es war nur dieses eine Mal. Niemand war bei ihm zu Hause. Er war erregt, und mir blieb nichts anderes, als mich zu fügen. Er riss sich die Hose runter, und ich musste dasselbe tun, das ist die Wahrheit. Dann musste ich mich bücken. Es ist nicht wieder geschehen. Ich habe Vanni nichts davon erzählt, mir war nicht danach. Es ist eine Sache, die ich eigentlich für mich behalten wollte. Über so was kann man nicht sprechen. Bei einer Frau wäre es was anderes.

»Wann ist das passiert?«

Es geschah vor dem Mord in Baccaiano, wann genau, weiß ich nicht mehr. An jenem Abend hatte ich nicht die Kraft aufzubegehren, aber ich wusste ja nicht, was daraus noch werden würde. Um die Wahrheit zu sagen, er hat mich später damit erpresst. Ich weiß nicht, wie ich es besser ausdrücken soll. Ich meine damit, dass er mich in der Hand hatte und von dem Tag an verlangte, dass ich tue, was er will, weil er mir das angetan hatte. In Baccaiano sagte er: »Du kommst mit und damit basta.« Ich konnte nichts dagegen sagen. Seit dem Tag, an dem ich bei ihm zu Hause mit ihm Geschlechtsverkehr hatte, musste ich tun, was er sagte. Ich hätte das schon früher erzählen können, aber es ist etwas Intimes, und mir war nicht danach.

Das macht die Drohung, die Erpressung unmittelbar plausibel, den Zwang, gehorchen zu müssen, den Lotti zuvor mit dem kargen Satz begründet hatte: »Auf ihre Art.«

Das Umfeld wird immer klarer.

Lotti hat homosexuelle Neigungen.[2] Er hatte mit Fabrizio im Auto Sexualverkehr und war Pacciani zu Willen gewesen. Pacciani ist hypersexuell. Er hat seine minderjährigen Töchter missbraucht, steigt jungen Mädchen nach, und wenn er erregt ist, hat er auch Verkehr mit Männern, wie an jenem Abend mit Lotti. Vanni ist ein verkommenes Subjekt. Er läuft mit Vibratoren in der Tasche herum, geht zu Prostituierten, ohne den Akt vollziehen zu können, und empfindet in von Gewalt geprägten Situationen sexuelle Erregung.

Es sind Menschen aus Fleisch und Blut, die in der lieblichen Toskana im Umkreis von Florenz leben. Keine Zerrbilder von hässlichen Primitiven, sondern Bewohner einer Welt, der der Fortschritt Penisse aus Gummi, Plastik und Holz beschert hat, unbewegliche wie mechanische Penisse, pornographische Zeitschriften und Pornokassetten – und die ihre Triebe in Orgien, sexueller Gewalt und Vergewaltigung ausleben.

Und in einem bestimmten Typus von Verbrechen.

»Eines Tages fuhren wir durch Baccaiano, wo das Pärchen getötet wurde, und ich dachte an diese Geschichte und bat Giancarlo, schnell zu fahren und bloß nicht anzuhalten. Giancarlo antwortete: ›Hab keine Angst, wenn ich bei dir bin, gibt es kein Monster!‹ Und ich darauf: ›Das weiß man nie.‹ Dann schwiegen wir.«

Vannis Nichte Alessandra Bartalesi, genannt »Ale«, sagt aus. Sie erzählt von Lottis sexuellen Problemen, aber auch von der ungewohnt guten finanziellen Lage Lottis und Vannis in jenen Jahren.

Mir fiel auf, dass sowohl mein Onkel wie auch Giancarlo über viel Geld verfügten. Es ging ihnen nie aus. Auch meine Familie verstand nicht, woher die beiden all das Geld hatten, das sie jeden Abend ausgaben. Ich wunderte mich auch, woher Lotti so viel Geld nahm, stellte aber keine Fragen, weil ich nur eine Freundin war. Ich habe mehrmals gesehen, dass er nur 100000- und 50000-Lire-Scheine in seinem Portemonnaie hatte, und einmal sagte er zu mir: »Das ist der Ausgleich für deinen Geldbeutel, der leer ist!«

Woher kam das Geld?

Am 15. Juni beantragt der Staatsanwalt beim Ermittlungsrichter erneut Untersuchungshaft gegen Vanni wegen der Verbrechen von Baccaiano, Giogoli und Calenzano. Der Ermittlungsrichter stellt einen Haftbefehl aus, der Vanni am 1. Juli im Gefängnis erreicht. Darin wird erstmals auch der Vorwurf der Bildung einer kriminellen Vereinigung mit Pacciani und Lotti formuliert, die zum Ziel hatte, in der Provinz Florenz die Morde an den Liebespärchen im Auto zu begehen. Es ist ein detailliertes Schriftstück, aus dem klar hervorgeht, dass die Beteiligten die Tat bis in alle Einzelheiten planten, indem sie die Opfer beobachteten, deren Gewohnheiten auskundschafteten, ausspionierten, wann und wo diese sich ins Auto zurückzogen, und jedem der Tatbeteiligten vor, während und nach Ausführung der Morde spezifische Aufgaben zuteilten.

Der Vorwurf der Bildung einer kriminellen Vereinigung ist die Folge des neuen Szenarios, das sich aus der Befragung der Komplizen ergeben hat. Eine Befragung, die die alte Ermittlungshypothese vom einsamen Serienkiller auf den Kopf gestellt hat, welche zum ersten Prozess gegen Pietro Pacciani geführt hatte und durch den zweiten Prozess zunichte gemacht wurde.

Beim dritten Prozess wird es anders sein, darauf kann ich jetzt schon wetten. Mit dem neuen Szenario werden wir ihn festnageln. Er hat eine regelrechte Vereinigung gebildet, die nach einem exakten kriminellen Plan vorging, und unter den verschiedenen Mitgliedern die Aufgaben genau verteilt. Einer schoss, einer führte mit dem Messer die grausamen Verstümmelungen am Körper der jungen Frauen aus, einer stand »Schmiere« und übernahm Aufgaben bei der Vorbereitung der Verbrechen.

Eine Gruppe, die sich im Wesentlichen aus Voyeuren, Homosexuellen und Perversen mit gemeinsamen psychischen Merkmalen, anomalen sexuellen Neigungen und ähnlicher Persönlichkeitsstruktur zusammensetzte. Alle entstammten kleinen Verhältnissen und hatten keine Bildung, alle kamen aus einem bäuerlichen Milieu oder lebten zumindest auf dem Land und besuchten die Stadt nur gelegentlich, um ihre primitiven Triebe zu befriedigen.

In dieser Gruppe war Pacciani zweifellos derjenige mit der ausgeprägtesten kriminellen Persönlichkeit und somit der Gefährlichste. Ausdruck dessen ist sein gewalttätiges, streitsüchtiges, hartes und bedrohliches Wesen, das manchmal auch gegenüber seinen Komplizen zum Tragen kam. Er war der charismatische Kopf der Bande, und er verbreitete Angst nicht nur unter Fremden, sondern auch unter seinen eigenen Kumpanen, was Lotti, Fernando und sogar Vanni in ihren Vernehmungen bestätigten.

Aber was war in der Zwischenzeit aus ihm geworden?

12. Die Nonne

Obwohl sich letztlich nach wie vor alles um Pietro Pacciani dreht, habe ich ihn bisher noch nicht persönlich kennen gelernt. Zunächst, weil er im Gefängnis gesessen hatte, dann später, weil ich auf jene »mathematischen Operationen« setzte, »bei denen man den Wert einer Unbekannten (Paccianis Schuld) ableitet, indem man den Wert einer anderen Unbekannten (Paccianis Komplizen) ermittelt«.

Aber wir haben ihn nicht vergessen.

Seit seiner Entlassung aus dem Gefängnis überwachen wir sein Telefon und wissen daher, dass er ein zurückgezogenes, fast verängstigtes Leben führt. Er lebt allein, seine Frau Angiolina ist ausgezogen und verbringt ihren Lebensabend in einem Altersheim, er selbst verlässt fast nie das Haus. Nachts schließt er sich ein und verriegelt Türen und Fenster.

Am 28. Juni 1996 hören wir ein Telefongespräch mit der zweiundsechzigjährigen Nonne Schwester Elisabetta ab, mit weltlichem Namen Anna Maria, die ihm während seiner Haft geistlichen Beistand geleistet hat und auch nach seiner Entlassung mit ihm in Kontakt steht.

Sie ist von der Unschuld des Angeklagten überzeugt und unermüdlich darauf bedacht, zwischen Pacciani und seinem neuen Team von Verteidigern zu vermitteln. Das ist ihr gutes Recht. Aber ihre Verstrickung in das Leben und die Machenschaften des mutmaßlichen (nach unserer Überzeugung nachweislichen) »Monsters« geht weit darüber hinaus.

Als Pacciani von Lotti und Vanni zu sprechen anfängt, ermahnt sie ihn zur Vorsicht und sagt: »Wenn die das Telefon abhören, werden sie Maßnahmen ergreifen.«

Eine Warnung, die sie bereits kurz zuvor schon ausgesprochen hat: »Seien Sie vorsichtig, was Sie am Telefon sagen, Pietro, denn es wird mit Sicherheit abgehört.«

Darauf Pacciani:

»Die Armen, Ar...«

Die Nonne:

»Die können Ihnen aus allem einen Strick drehen.«

Noch aufschlussreicher ist das Ende des Telefonats, als Schwester Elisabetta fragt, ob sie sich nicht bald treffen wollten, um zum Postamt zu gehen und Paccianis »Gelder« zu verlängern, die sie für ihn verwaltet.

»Dann sehen wir uns bald und gehen zur Post... ich nehme alles mit... und wir regeln die Sachen. Und wenn Sie wollen, dass ich die Unterlagen für Sie aufbewahre, nehme ich sie wieder mit.«

Pacciani sagt zu, sich in der folgenden Woche mit ihr zu treffen.

Von diesen Geldern ist nicht zum ersten Mal die Rede. Bereits in anderen Telefonaten, die in den Tagen zuvor abgehört wurden, hatte die Nonne Pacciani gefragt, wann sie zur Post gehen würden, aber nur die vage Zusicherung erhalten, er wolle die Sache bald regeln.

Diese erneute Erwähnung macht mich misstrauisch, denn wenn es sich nur um geringfügige Ersparnisse handelte, wie wir zunächst vermuteten, wäre diese Beharrlichkeit nicht zu erklären.

Wir beantragen beim Staatsanwalt eine Durchsuchung der Räumlichkeiten und Person der Nonne, da »der begründete Verdacht besteht, dass sich bei ihr Gegenstände oder Spuren im Zusammenhang mit den Verbrechen finden, die vor Gericht verhandelt werden – insbesondere Hinweise auf die Bildung einer kriminellen Vereinigung mit dem Ziel, junge Liebespaare zu ermorden.«

Der Staatsanwalt zögert nicht.

Am 3. Juli um 7 Uhr morgens beginnen wir mit der Durchsuchung der Räumlichkeiten des Hilfszentrums »Il Samaritano«, das Schwester Elisabetta zur Verfügung steht. Kommissar Vinci und ich werden von Kollegen begleitet, die den Fall mit wachsendem Engagement verfolgen, unter ihnen der Assistent Callisto Di Genova, ein echter Spürhund.

Hinter diesem Mauern, so entdecken wir, ist Paccianis »Reichtum« versteckt. Es sind Buoni Postali Fruttiferi, Postschatzbriefe – einige auf seinen Namen, andere auf die Namen seiner Töchter ausgestellt und aufgelegt von den Postämtern in Montefilidolfi, San Casciano, Cerbaia und Mercatale – sowie Sparbücher.

Abgesehen von der Höhe der Summe springt mir sofort das Datum ins Auge: Die ersten wurden am 18. Juni 1981, die letzten am 26. Mai 1987 ausgestellt. In den Jahren dazwischen wurden jedes Jahr welche hinzugekauft. Bemerkenswert ist, dass Pacciani 1984 – anders als in den übrigen Jahren – nur einen einzigen Schatzbrief gekauft hat, sowie dass einige kurz vor beziehungsweise kurz nach einem der Verbrechen des »Monsters« erworben wurden. Depotbewegungen gab es am 18. Juni 1981 (ein Verbrechen wurde am 6. Juni begangen), am 12. März, am 26. April, am 10. August und am 2. Oktober 1982 (am 19. Juni geschah ein weiterer Doppelmord), am 9. Juli und am 10. September 1983 (in der Nacht vom 9. September wurden die beiden Deutschen getötet).

Gefunden wurden außerdem Sparbücher, ausgestellt von den Postämtern in Mercatale und Scandicci. Auf einem befindet sich laut Saldo vom 17. August 1992 der stattliche Betrag von 62 Millionen Lire.

Die Gesamtsumme, die bei den verschiedenen Postämtern eingezahlt oder in Schatzbriefen angelegt wurde, beträgt 157 Millionen Lire. Schwester Elisabetta sagt, sie sei 1994 von Pacciani gebeten wurde, die Schatzbriefe bei sich aufzubewahren. Sie habe sich dazu bereit erklärt und sie bei den Carabinieri in San Casciano abgeholt.[3] Die Größenordnungen erklärt sie folgendermaßen: »Pacciani sagte, das Geld setze sich zusammen aus dem Lohn für seine Arbeit im Gefängnis während der ersten Haft, aus Zuwendungen seiner leiblichen Schwester, aus der Rente seiner Schwiegereltern sowie aus eigener Tätigkeit.«

Mag sein, dass sie ihm geglaubt hat, spätere gründliche Ermittlungen jedoch widerlegen seine Angaben. Mit seiner Schwester, die alles andere als wohlhabend ist und bestreitet, ihm jemals Geld gegeben zu haben, spricht er seit Jahren nicht; die Schwiegereltern haben ihm nichts hinterlassen; von den eigenen Eltern kann er gleichfalls nichts geerbt haben, denn sie waren bettelarm (um ihren Sohn im Gefängnis zu besuchen, mussten sie auf Zuschüsse für Bedürftige zurückgreifen; die Gemeinde Vicchio hatte ihnen am 14. November 1963 »Mittellosigkeit und Armut« bescheinigt); während seiner Haft von 1951 bis 1964 verdiente er keine bedeutenden Summen (den Akten zufolge besaß er zum Zeitpunkt seiner Entlassung 350000 Lire[4]); seine Einkünfte als Halbpächter waren sehr gering und erklären weder diese enormen Geldsummen noch die Anschaffung der beiden Häuser oder die Umbauten, die er – bar bezahlt – am 30. September 1979 (26 Millionen) und am 30. Juni 1984 (35 Millionen) daran durchführen ließ; ebenso wenig den Kauf eines neuen Ford Fiesta 900 im Dezember 1982, für den er sechs Millionen Lire in bar bezahlte.

Woher also stammt das Geld?

Von Schwester Elisabetta kann ich darauf keine Antwort erwarten. Sie hat mir ihre Version bereits dargelegt. Aber vielleicht brauche ich ihre Hilfe auch gar nicht, denn ich habe schon einen Verdacht.

# 13. Die Berufung

Am 12. Dezember 1996 entscheidet die Erste Strafkammer des Kassationshofs über die vom Generalstaatsanwalt beim Berufungsgericht von Florenz eingereichte Beschwerde gegen das Urteil vom 13.2.1996, mit dem Pacciani freigesprochen worden war.

Die Beschwerde konzentriert sich im Wesentlichen auf einen Punkt, nämlich

> ...die Nichtbeachtung des dritten Absatzes von Artikel 125 der Strafprozessordnung durch das Berufungsschwurgericht und die verfehlte und offenkundig unlogische Urteilsbegründung, da sich das Gericht nicht auf die prodromale Anordnung der Untersuchungshaft Vannis vom 12.2.1996 berief, aufgrund derer man hätte entscheiden müssen, ob die Voraussetzungen dafür vorlagen, dem Antrag auf Unterbrechung der Hauptverhandlung stattzugeben, damit man in einem gänzlich auf Indizienbeweisen beruhenden Prozess die Aussagen der Augenzeugen heranziehen konnte, die bei der Ermordung der beiden Franzosen beteiligt waren, um einen unmittelbaren Beweis zu erhalten. Auch machte das Gericht die vorgeschriebene Geheimhaltung der Namen der Zeugen (zweier Augenzeugen und zweier Zeugen, die deren Aussagen stützen) nicht rückgängig, und zwar in Anbetracht der Tatsache, dass es sich um exakt identifizierte Personen handelte und die Offenlegung binnen weniger Tage hätte erfolgen können.

Mit anderen Worten: Das Richterkollegium, das die berühmten Zeugen »Alfa« und »Beta« nicht hatte anhören wollen, wurde offiziell gerügt.

Der für das Verfahren zuständige Staatsanwalt fordert in seinem Beitrag die Ablehnung der Beschwerde und damit die Bestätigung des Freispruchs. Doch die Richter kommen dieser Forderung nicht nach, sie geben vielmehr der Beschwerde statt, widerrufen das beanstandete Urteil und verweisen den Fall an eine andere Strafkammer des Berufungsschwurgerichts von Florenz zu einem neuen Urteil, »das die Relevanz und Bedeutung des vom Generalstaatsanwalt im Berufungsverfahren gewonnenen Beweismittels neu zu bewerten und am Ende alle Beweismittel im Licht der neu gewonnenen Resultate noch einmal zu beurteilen hat«.

Der Kassationshof verfügt also, dass die seinerzeit nicht zugelassenen Zeugen nunmehr gehört und auf Grundlage ihrer Aussagen alle anderen bereits vorliegenden Beweismittel einer neuerlichen Bewertung unterzogen werden müssen.

Pietro Pacciani wird somit erneut sämtlicher Morde des »Monsters von Florenz« beschuldigt und muss zu einem weiteren Prozess antreten.

Ich erfahre davon durch einen Anruf des Staatsanwalts per Handy noch am selben Tag.

Und ich bin zufrieden, obwohl es mir nicht um Rache an denen geht, die seinerzeit für den Freispruch verantwortlich waren und die monatelange Ermittlungsarbeit ohne Pausen und ohne Feierabend einfach ignorierten. Nein, meine Zufriedenheit erwächst aus dem Gefühl, dass die ermittlerische Wahrheit und die gerichtliche Wahrheit – eine Wahrheit, die durch Paccianis Freispruch auf Abwege geraten war – endlich wieder deckungsgleich werden.

Das Jahr 1997 verspricht etliche Neuigkeiten.

Am 11. Januar 1997 beantragt der Staatsanwalt beim Ermittlungsrichter die Eröffnung des Hauptverfahrens gegen Vanni und Lotti, angeklagt der vier letzten Doppelmorde, und gleichzeitig ein Beweissicherungsverfahren gegen den erkrankten Lotti. Es bestehe nämlich der »begründete Verdacht, dass dieser aufgrund seiner schweren Krankheit in der Hauptverhandlung nicht vernommen werden kann; zudem steht zu befürchten, dass er, da er ja die Möglichkeit zur Kommunikation mit Dritten hat, trotz des Zeugenschutzes vor Eröffnung der Hauptverhandlung und in deren Verlauf Bedrohungen ausgesetzt sein könnte.«

Noch vor Eröffnung der Hauptverhandlung kann der Staatsanwalt den Ermittlungsrichter in begründeten Fällen ersuchen, die Befragung von Zeugen zuzulassen oder mittels Beweissicherungsverfahren bestimmte Gutachten einzuholen, die im Prozess als beweiskräftig anerkannt werden, wenn die befragten Zeugen oder Gutachter an der Teilnahme verhindert sind.

Die Befragung Lottis findet am 19. Februar statt.

Wie gesetzlich vorgeschrieben, findet sie im Beratungszimmer unter Ausschluss der Öffentlichkeit statt, jedoch in Anwesenheit des Staatsanwalts, der Angeklagten, ihrer Verteidiger und der Anwälte der Opfer.

Die Sitzung beginnt um neun Uhr morgens und dauert bis halb fünf Uhr nachmittags.

Vor Gericht bestätigt Lotti alle seine Aussagen über die Morde und die seine Person betreffenden intimen Details wie die homosexuellen Beziehungen zu Fabrizio und Pacciani.

Die Fakten schildert er, wie schon zuvor, in einfachen Worten, aber sachlich und präzise. Er verwendet typisch toskanische Redewendungen und drückt sich manchmal sehr primitiv aus. In der Konfrontation sowohl mit den Anwälten der Nebenkläger und der Angeklagten als auch und ganz besonders mit Vannis Verteidiger zeigt er sich allerdings selbstsicher. Bei bedrängenden Fragen legt er eine gewisse Nervosität an den Tag, aber er behält stets einen klaren Kopf.

Als er seine Normalität in sexueller Hinsicht verteidigen soll, macht er kein Hehl aus seinem Ärger und beharrt darauf, dass er nicht homosexuell sei und mit Männern nur die Beziehungen gehabt habe, von denen er in den Vernehmungen ganz offen gesprochen habe. Er betont, er sei von Pacciani gezwungen worden, sich ihm sexuell zu unterwerfen. Auf diese Weise habe er ihn hineingezogen, ihn erpresst und gezwungen, sich an dem Verbrechen von 1982 und dann auch an den anderen Verbrechen zu beteiligen.

Er hält auch den Anfechtungen der Verteidiger stand und versetzt alle Anwälte in Erstaunen. Sie hatten erwartet, es mit einem geistig beschränkten Menschen zu tun zu haben, wie es einige Zeitungen aufgrund von im Dorf kursierenden »Gerüchten« dargestellt hatten.

Alle erkennen jetzt, dass Lotti ein bewusst handelnder, entschlossener, nüchterner und genauer Mensch ist, und dass er wahre und tatsächlich erlebte Fakten wiedergibt.

Am Ende der langen Vernehmung verlässt er in Begleitung von Sicherheitskräften den Gerichtssaal. Bevor er ins Auto steigt, das ihn an einen sicheren Ort zurückbringt, hebt er den Kopf und entdeckt mich. Von weitem grüßt er mich mit einem Nicken und einem Lächeln.

Ich kenne ihn seit einem guten Jahr, und es ist das erste Mal, dass ich ihn lächeln sehe.

Nachdem er – wenn auch spät – seiner staatsbürgerlichen Pflicht nachgekommen ist und die Verbrechen des »Monsters von Florenz« und damit auch sich selbst angezeigt hat, wirkt er wie befreit, ja fast heiter.

Am 20. Februar findet die Vorverhandlung statt, an dessen Ende der Ermittlungsrichter, der die Ermittlungsergebnisse voll und ganz teilt, das Hauptverfahren gegen die Angeklagten eröffnet und den Beginn der Hauptverhandlung auf den 20. Mai 1997 festsetzt.

Von den Kommentaren, die tags darauf in den Zeitungen zu lesen sind, gehen mir besonders die Worte von Pias Vater nahe: »Endlich regt sich in mir das Gefühl, dass uns Gerechtigkeit zuteilwird.«

Noch vor Prozessbeginn erhalte ich in meinem Büro überraschend Besuch von Lorenzo Nesi, dem »Kollaborateur«, der in Raten ausgepackt hatte.

Er möchte – was für ein Zufall – weitere Einzelheiten über Vanni mitteilen.

Ausführlich erzählt er mir von den häufigen Besuchen seines Freundes bei einer »netten und gebildeten« Prostituierten, mit deren Diensten er sehr zufrieden war. Später allerdings habe Nesi aus der Zeitung erfahren, dass die Frau in ihrer Wohnung in Florenz durch Messerstiche getötet worden sei. Vanni habe ihm bestätigt, sie sei es gewesen, bei der er damals Stammkunde gewesen sei. Dabei habe er keine innere Regung gezeigt, sondern nur gemeint, derzeit würden viele Prostituierte umgebracht.

Nesi geht ins Detail. In der Zeit, da sein Freund jene Prostituierte besucht habe, habe er ihm Schamhaare gezeigt, die er in einer Tüte aufbewahrte. Er beschreibt mir, wo die Frau gewohnt hat, und es gelingt mir mühelos, ihre Identität festzustellen.

Die Prostituierte hieß Clelia und war siebenunddreißig Jahre alt.

Ihr lebloser Körper war am Vormittag des 14. Dezember 1983 in ihrer Wohnung aufgefunden worden. Sie lag am Boden ihres Schlafzimmers auf dem Bauch, halb nackt, und trug ein Unterhemd, das über die Schultern hochgeschoben war, sowie »Legwarmers«. Ihre Beine waren gespreizt.

Sie war mit brutalen Messerstichen in Hals und Oberkörper getötet worden.

Von den Gutachten fällt mir besonders jenes über die Täterspuren auf, die man bei der Tatortbesichtigung an der Leiche (Haare in den gekrümmten Fingern) und in der Wohnung des Opfers sichergestellt hat.

Einige dieser Haare (eines in der rechten Hand, zwei in der linken Hand des Opfers) stammen von einer Person der Blutgruppe 0, andere von Personen der Blutgruppe A beziehungsweise B.

Das Opfer selbst hatte die Blutgruppe A.

Die Haare der Person mit der Blutgruppe B waren »dunkelbraun, an den Spitzen vor kurzem geschnitten, ziemlich kräftig, mit dünner, länglicher und von zahlreichen Fasern umgebener Wurzel«.

Es handelte sich um »ausgerissene, nicht ausgefallene« Haare. Im Gutachten heißt es: »Von ihrer Beschaffenheit her scheinen sie mit Gewalt aus der Kopfhaut herausgerissen worden zu sein, und es ist daher denkbar, dass das Opfer sie dem Angreifer in einem verzweifelten Verteidigungsversuch herausgerissen hat.«

Die Haare der Person mit der Blutgruppe 0 waren braun, kräftig und wurden anscheinend nicht ausgerissen, sondern sind ausgefallen.

Der Täter wurde nie ermittelt.

Ich beschließe, Vannis Bemerkung nachzugehen, derzeit würden »viele Prostituierte umgebracht«, und stelle fest, dass er recht hat.

Am 12. Februar 1982 war die einundvierzigjährige Giuliana, gleichfalls eine Prostituierte, in ihrer Wohnung im historischen Zentrum mit zahlreichen Messerstichen (einem davon in die linke Halsgegend) getötet worden.

Ihr lebloser Körper lag rücklings auf dem Fußboden des

Schlafzimmers, versteckt unter Decken, die vom Bett heruntergerissen worden waren, die unteren Gliedmaßen symmetrisch gespreizt. Sie trug einen Pulli und eine Hose, die vorne heruntergezogen und zerrissen war, sodass Schamgegend, Unterbauch und Oberschenkelansatz entblößt waren.

Auch in diesem Fall blieb der Täter unentdeckt.

Am 11. Dezember 1988 wurde der Fall in einem Artikel der Zeitung *La Nazione* unter dem Titel *Monster. Identisches Messer bei Mord an zwei Prostituierten* behandelt.

Ich lese ihn.

Der Mörder hatte die Handtasche des vier Monate nach einem der Verbrechen des Monsters getöteten Opfers mitgenommen, aber es war kein Raubüberfall, denn die Handtasche enthielt keine Wertsachen – weder Schmuck noch Geld, welche man in der Wohnung fand. Die verschwundene Handtasche stellt einen direkten und beunruhigenden Bezug zu dem Verbrechen des Monsters her. Denn in fast allen Fällen entwendete der Mörder unerklärlicherweise die Handtasche des Opfers, die er in einigen Fällen ein paar Hundert Meter vom Tatort entfernt geöffnet liegen ließ; meist jedoch sind die Taschen nie wieder aufgetaucht. Wie bei Clelia (eine weitere Prostituierte, die drei Monate nach einem erneuten Verbrechen des »Monsters« mit Messerstichen getötet worden war) lag auch bei Giulianas Ermordung ein sadistischer Hintergrund vor, wie es die siebzehn Wunden an ihrem Körper belegen.

Die Geschichte mit den Handtaschen ist zwar nicht ganz korrekt (im Falle des »Monsters« wurden alle Handtaschen gefunden), aber der Journalist fährt mit der bemerkenswerten Beobachtung fort:

Eine weitere Besonderheit deutet auf einen Zusammenhang zwischen dem Mord an den Prostituierten und den Verbrechen des Monsters hin: Die Verbrechen wurden vorsätzlich begangen. Denn warum begibt sich jemand mit einem langen Messer in der Tasche zu einer Frau, wenn er nicht vorhat, sie zu töten? Und welches Motiv hatte der Mörder, wenn es nicht Raub war oder ein plötzlich aufflammender Streit?

Vor Clelia waren keine Prostituierten ermordet worden, es hatte nur den Selbstmord der Prostituierten Gina gegeben, die Vanni aufgesucht und bei der Lorenzo am 4. August 1981 den Mann mit dem Umhang gesehen hatte. Aber nach Clelia waren 1984 weitere Prostituierte getötet worden, im selben Jahr, als das »Monster« in den Hügeln rund um Florenz sein Unwesen trieb.

Am 27. Juli 1984 (zwei Tage vor dem Mord in Vicchio) wurde die fünfundfünfzigjährige Giuseppina in ihrer Wohnung im historischen Stadtzentrum getötet.

Man hatte sie erdrosselt.

Ihr Körper war vollständig entblößt. Sie lag in dem kleinen Schlafzimmer rücklings am Boden, die Beine gespreizt. Wie in den anderen Fällen wurden weder Wertsachen noch Geld entwendet.

Am 12. Oktober 1984 wurde die sechsundvierzigjährige Luisa getötet, gleichfalls in ihrer Wohnung im Zentrum.

Die Todesursache war »Erstickung mangels Sauerstoff durch Zusammendrücken der oberen Atemwege«. Jemand hatte ihr also die Kehle zugedrückt. Sie lag rücklings im Schlafzimmer auf dem Boden, die Arme über dem Unterleib gekreuzt. Ihr Körper wies keine Spuren sexueller Gewalt auf. Das Zimmer war in Unordnung, als habe jemand etwas gesucht, aber es stellte sich heraus, dass nichts entwendet worden war, auch nicht das in einem Portemonnaie befindliche Bargeld.

Im Zuge der Ermittlungen wurde auch der Sarde Salvatore verdächtigt, Francescos Bruder, gegen den gleichfalls wegen der Morde des »Monsters« ermittelt wurde. In der Wohnung des Opfers fand man eine Steuerquittung, ausgestellt am 21. Oktober 1982, und zwar von der Firma, deren Inhaber er war. Vinci hatte sich damit gerechtfertigt, Luisa sei seine Kundin gewesen, die er auf ihre Bitte hin einmal aufgesucht habe, um ihre Wohnungstür zu öffnen. Die Ermittlungen ergaben, dass die Frau einige Zeit vorher einer Freundin anvertraut hatte, jemand trachte ihr nach dem Leben, ohne jedoch einen Namen zu nennen.

Auch dieses Verbrechen wurde letztlich nie aufgeklärt.

Im selben Jahr geschah ein weiterer Mord. Wieder eine Frau, aber diesmal keine Prostituierte.

Am 1. März 1984 fand man in Trespiano am Stadtrand von Florenz die Leiche der achtzehnjährigen Gabriella, die seit dem Abend des 29. Februar von zu Hause verschwunden war. Die besorgten Angehörigen hatten noch am selben Tag, dem 29., bei der Polizei Anzeige erstattet.

Gabriella wurde in einer Böschung gefunden – mit Wunden am Rücken, die von Messerstichen herrührten.

Die Ermittlungen richteten sich auf einen Mann, der von einer Prostituierten eine Art Liebesnest gemietet hatte. In dieser Wohnung wurden Blutspuren gefunden, deren Blutgruppe mit der des Mädchens identisch war. Der Mann war jedoch freigesprochen worden, weil er für die fraglichen Tage ein Alibi hatte.

Und schließlich war da noch der mysteriöse »Selbstmord« eines unbescholtenen Mädchens aus Florenz während ihres Ferienaufenthalts in der Provinz Ragusa in Sizilien.

Sie hieß Elisabetta und war zweiundzwanzig Jahre alt.

Am Vormittag des 22. August 1982 war ihr lebloser Körper auf der Terrasse eines Aparthotels gefunden worden, die zu der Wohnung gehörte, in der sie mit ihren Angehörigen logierte.

Sie war nackt. In ihrer linken Brust steckte ein Messer.

In der Nabelgegend hatte sie weitere tiefe, durch Messerstiche verursachte Wunden, aus denen Eingeweide hervorquollen – unter anderem einen zwölf Zentimeter langen Schnitt bis hinunter zur Scham.

Eine äußerst merkwürdige Art, sich umzubringen, dennoch ist ihr Tod in den Akten als Selbstmord vermerkt.

Wenn ich diese Unterlagen lese und mir die Fotos des Opfers anschaue, kann ich mir nur schwer vorstellen, dass sie, nachdem sie sich die erste Wunde in der Bauchgegend zugefügt hatte, noch den Mut und die Geistesgegenwart besessen haben soll, sich genau zwischen zwei Rippen ein Messer in die linke Brust zu rammen.

Die Mappe enthielt auch das Schreiben, mit dem die Staatsanwaltschaft von Florenz einige Jahre später die Akten angefordert hatte – aufgrund der mutmaßlichen Verbindung dieser Tat zu den Verbrechen des »Monsters von Florenz«. Eines der Opfer war nämlich Elisabettas Nachbarin gewesen.

Auch die Presse hatte damals einen solchen Zusammenhang konstruiert und die These eines namhaften Kriminologen vorgestellt. Dieser hatte in einem Buch die Vermutung geäußert, das Mädchen sei womöglich eine »unbequeme« Zeugin gewesen, die ausgeschaltet werden musste, weil sie aus irgendwelchen Gründen die wahre Identität des »Monsters von Florenz« kannte.

So viele Morde, so viele getötete Frauen. Und alles innerhalb jener zwei Jahre (vor allem 1984), in denen das »Monster« besonders aktiv gewesen war. Ähnlich geartete Fälle hatte es später nicht mehr gegeben. Unaufgeklärte Morde. Ob sie dem »Monster« zugerechnet werden können? Vielleicht keiner von ihnen, vielleicht einige, vielleicht aber auch alle. Beweise dafür gibt es nicht, und es wird sie auch nie geben. Lediglich in Clelias Fall hatte der Mörder eine schwache Spur hinterlassen: die Haare, die jemandem mit der Blutgruppe B ausgerissen worden waren.

Ich erstelle eine Tabelle.

| Zeitpunkt | Opfer |
|---|---|
| 4. August 1981 | *Gina:* Selbstmord durch Sturz aus dem Treppenhaus. In dieser Zeit unterhielt Vanni mit ihr eine sexuelle Beziehung und besuchte sie oft. Hier hatte Lorenzo im Halbdunkel einen Mann mit einem Umhang gesehen, möglicherweise den Magier Salvatore. |
| 12. Februar 1982 | *Giuliana:* In ihrer Wohnung durch Messerstiche getötet. Sie lag rücklings auf dem Boden des Schlafzimmers, teilweise unter Decken versteckt, die Beine gespreizt. Sie trug einen Pulli und eine Hose, die heruntergerissen und aufgeschlitzt worden war, sodass Schamgegend, Unterbauch und Oberschenkelansatz entblößt waren. Möglicherweise wurde eine Handtasche entwendet. |

| | |
|---|---|
| 14. Dezember 1983 | *Clelia:*<br>In ihrer Wohnung durch Messerstiche in den Oberkörper getötet.<br>Sie lag bäuchlings und halb nackt auf dem Fußboden des Schlafzimmers.<br>Sie trug ein Unterhemd, das über die Schultern hochgeschoben war, und »Legwarmers«.<br>Ihre Beine waren gespreizt.<br>Sie war die »nette Prostituierte«, die Vanni häufig aufgesucht hatte. In dieser Zeit besaß Vanni in einer Tüte ein Büschel Schamhaare.<br>In der Hand des Opfers fand man Haare, die von einer Person mit einer anderen Blutgruppe als ihrer eigenen stammen.<br>Sie sind dunkelbraun und stammen von einer Person mit der Blutgruppe B, wurden erst vor kurzem an den Spitzen geschnitten, sind ziemlich kräftig und weisen eine dünne, längliche, von zahlreichen Fasern umgebene Wurzel und zahlreiche Fasern auf.<br>Sie wurden ausgerissen, sind also nicht ausgefallen. |
| 27. Juli 1984 | *Giuseppina:*<br>In ihrem Schlafzimmer erdrosselt.<br>Sie lag vollkommen nackt und mit |

gespreizten Beinen auf dem Rücken am Fußboden.

12. Oktober 1984 — *Luisa:*
In ihrer Wohnung durch Ersticken getötet.
Verdächtigt wurde zunächst der Sarde Salvatore Vinci, der aber dann entlastet wurde.
Gegen Salvatore und seinen Bruder wurde wegen der Verbrechen des »Monsters« ermittelt.

22. August 1982 — *Elisabetta:*
Mysteriöser Selbstmord
Sie war zweiundzwanzig Jahre alt und die Hausnachbarin eines der Opfer des »Monsters«. Während eines Ferienaufenthalts in Sizilien wurde ihre Leiche gefunden, nackt, mit einer großen Schnittwunde am Unterleib, aus dem Eingeweide hervorquollen; in der linken Brust steckte ein Messer.
Jemand stellte die Hypothese auf, die Identität des »Monsters« könnte ihr bekannt gewesen sein.

1. März 1984 — *Gabriella:*
Getötet durch Messerstiche in den Rücken.

Ihre Leiche wurde an einer Böschung am Stadtrand von Florenz gefunden.
Sie war keine Prostituierte.
Die Ermittlungen gegen einen Mann, der von einer Prostituierten eine kleine Wohnung gemietet hatte, wo man Blutspuren derselben Blutgruppe wie die des Opfers entdeckte, wurden später eingestellt.

# 16. Die Komplizen vor Gericht

Lotti und Vanni sehe ich am 20. Mai 1997 vor Gericht wieder, im Prozess gegen die Komplizen, bei dem ich vom Staatsanwalt als erster Zeuge geladen bin.

Im Verlauf von vier Sitzungen rekonstruiere ich Schritt für Schritt und in chronologischer Reihenfolge, wie es zu den neuen Ermittlungen gekommen ist, und erläutere deren Verlauf. Knapp und konkret, sodass kein Raum für Einwände bleibt, beantworte ich die Fragen der Verteidiger der Angeklagten. Vannis Verteidiger sind ganz besonders kämpferisch.

Lotti trägt einen dichten Bart und sitzt neben seinem Verteidiger ein Stück hinter Vanni und seinen Anwälten, die in der ersten Reihe sind.

Mir fällt gleich auf, dass Giancarlo Lotti den Blick nicht gesenkt hält, sondern sich oft umschaut und auch das Publikum und die Journalisten im Saal beobachtet. Er macht einen ruhigen Eindruck.

Während Lottis langer und anstrengender Vernehmung, die sich über insgesamt sechs Sitzungen hinzieht, sitze ich neben dem Staatsanwalt.

Als Angeklagter hat er das Recht, die Aussage zu verweigern, aber er macht davon keinen Gebrauch, sondern stellt sich einem Sperrfeuer von Fragen, die sich häufig wiederholen und von allen Prozessparteien vorgetragen werden.

Häufig nach Worten ringend bestätigt er in seiner rudimentären Sprache, die in diesem Rahmen noch eigentümlicher klingt, sämtliche Vorwürfe gegen seine Komplizen.

Schnell wird allen Anwesenden – Richtern, Anwälten und Zuhörern – klar, dass Lotti aufgrund seines sehr niedrigen Bildungsstands über einen äußerst begrenzten Wortschatz verfügt und Schwierigkeiten hat, sich zu artikulieren. Um ein Regal in Paccianis Garage zu benennen, greift er beispielsweise auf eine umständliche Umschreibung zurück: »An die Wand hängt man so Dinger, nicht wahr. Man stellt so Holzdinger an die Wand, um was draufzulegen.« Anschlagtafeln für Wahlplakate sind bei ihm »das, wo die Wahlzettel draufgetan werden«, und eine ganz gewöhnliche Taschenlampe ist »eines dieser Dinger, um Licht zu machen … wie heißen die gleich? Die man so trägt, um Licht zu machen, wenn es dunkel ist.«

Lottis fehlender Bildungshintergrund und sein sprachliches Unvermögen führt zu Missverständnissen und verleitet die Verteidiger dazu, ihn durch Fragen in Widersprüche zu verwickeln und zu verwirren, doch er lässt sich nicht aus der Ruhe bringen. Fragen, die er nicht versteht, lässt er sich in einfachen Worten wiederholen, und stets gelingt es ihm, sich Klarheit zu verschaffen.

Er wirkt unerschütterlich und entschlossen, auch als er zum wichtigsten und heikelsten Teil seiner Schilderungen kommt.

Im Verlauf seiner Aussage erklärt er mehrmals, er habe stets die Wahrheit gesagt und niemals gelogen, und wann immer sich die Gelegenheit bietet, betont er, er könne nicht über Dinge sprechen, von denen er keine Kenntnis habe.

Bei der Schilderung seiner Erlebnisse wie dem Ausflug nach Vicchio, den Ortsbesichtigungen, den Morden von Vicchio, Scopeti, Baccaiano und Giogoli ist er sehr präzise und bleibt bei seiner Version, auch wenn ihm in einigem zeitlichen Abstand ähnlich lautende Fragen gestellt werden, um ihn gezielt zu verwirren und in Widersprüche zu verwickeln.

Manchmal beklagt er sich über seine Schwierigkeiten, sich auszudrücken, »weil das hier gar nicht so einfach ist; frei zu sprechen ist nicht einfach!« Oder er protestiert gegen den Fachjargon eines der beiden Anwälte Vannis: »Wenn Sie sich klar ausdrücken, kann ich anständig antworten… wenn nicht, komme ich ganz durcheinander… ich habe nichts erfunden.«

Der Anwalt hält Lotti seine bei den ersten Vernehmungen gemachten Aussagen vor, die durch seine späteren Aussagen widerlegt wurden.

Er erwidert, bei seinen ersten Vernehmungen sei er »nicht bereit gewesen, Klartext zu reden«.

Und auf die Fragen von Vannis zweitem Verteidiger nach dem Grund für seine Offenheit sagt er, er sei »innen drin ein wenig blockiert gewesen, und ich konnte vorher nicht über die Zeit dieser Morde reden. Ich konnte vorher nicht reden. Weil in mir drin etwas war, sodass ich nicht reden konnte. In den Vernehmungen und ganz langsam habe ich meine Blockade überwunden. Ich weiß nicht, ob ich mich klar ausgedrückt habe. Bei den Vernehmungen werden Fragen gestellt, und ich muss antworten.«

Lotti galt im Dorf vielleicht als »Einfaltspinsel«, hier, vor Gericht, jedoch erweckt er einen ganz anderen Eindruck. Er wirkt wie jemand, der darum gerungen hat, seine »Blockade zu überwinden« und zu erzählen, was er getan und gesehen hatte. Und der fest entschlossen ist, die Karten auf den Tisch zu legen.

Vanni wiederum macht mit seinem ungepflegten Bart und dem Holzkreuz um den Hals einen sehr verwahrlosten Eindruck.

Seinen alten Freund Lotti würdigt er keines Blickes.

Er streitet weiterhin alles ab, und seit der ersten Sitzung ersucht er – persönlich und über seine Verteidiger – den vorsitzenden Richter, zu seiner Frau nach Hause zu dürfen.

In einer spontanen Erklärung sagt er:

»Pucci und Lotti sind Lügner. Lotti hatte Geschlechtsverkehr mit meiner Nichte; vier Monate lang habe ich ihm das Abendessen bezahlt. Ich verstehe nicht, was sie gegen mich haben. Ich bin krank, ich habe zwei Magengeschwüre und einen Leistenbruch, meine Frau hat Epilepsie, sie ist fallsüchtig. Ich bin unschuldig. Ich sitze seit einem Jahr und drei Monaten im Gefängnis. Herr Vorsitzender, seien Sie so gut und lassen Sie mich nach Hause, denn ich kann einfach nicht mehr.«

Aber der vorsitzende Richter lässt sich nicht erweichen. Er lehnt den Antrag des Verteidigers mit der Begründung ab, wenn Vanni zu Hause wäre, würde er Beweise vernichten, die Zeugen einschüchtern und womöglich auch gewalttätig werden.

Auch am 18. Juli und am 28. November 1997 lehnt das Schwurgericht Anträge auf Haftentlassung und Hausarrest ab. Es behält sich jedoch die Möglichkeit vor, den Angeklagten nach Vollendung des siebzigsten Lebensjahrs aus Altersgründen nach Hause zurückkehren zu lassen und dort unter Arrest zu stellen.

Am 23. Dezember 1997, Vannis siebzigstem Geburtstag, verfügt das Gericht Hausarrest und knüpft daran das Verbot jeglicher Kommunikation, auch telefonisch oder brieflich, außer mit den Menschen, mit denen er unmittelbar zusammenlebt. Die Verdunkelungsgefahr (alle Zeugen der Anklage sind inzwischen gehört) und die Notwendigkeit von »besonders einschneidenden« Sicherungsmaßnahmen hält das Gericht für nicht mehr gegeben.

Vanni kehrt nach Hause zurück, als der lange Prozess in

seine letzte Phase tritt. Aber ich weiß, dass er bald wieder ins Gefängnis muss, denn das Urteil gegen ihn scheint nun unausweichlich.

Das Gleiche gilt für Pacciani. Auch in seinem Fall sind die Folgen unausweichlich.

Doch bald werden wir eines Besseren belehrt.

## 17. Paccianis Ende

Es ist Sonntag, der 22. Februar 1998.

Am Nachmittag verkündet mir der Staatsanwalt, dass Pacciani in seinem Haus in Mercatale tot aufgefunden worden ist.

Gemeinsam begeben wir uns vor Ort, und jetzt betrete ich zum ersten Mal das Domizil des »Monsters von Florenz«: drei kleine Zimmer, dazu eine Küche im Eingangsbereich.

Der Dreck ist beeindruckend.

Die Carabinieri und der Arzt sind bereits da, jedoch keiner seiner Angehörigen. Die Töchter haben seit der erstmaligen Inhaftierung ihres Vaters dessen Haus nicht mehr betreten, Paccianis Frau lebt seit der Haftentlassung ihres Mannes in einem Altersheim in den Hügeln des Chianti. Sie wollte ihn nicht mehr wiedersehen oder mit ihm sprechen.

Pacciani verstarb unerwartet, wenige Tage vor dem Urteilsspruch gegen seine Freunde und wenige Monate vor der Verkündigung des neuen Urteils gegen ihn beim Berufungsgericht – ein Termin, der für den 5. Oktober 1998 festgelegt ist.

Nach gut zwei Jahren intensiver Ermittlungen gegen seine Komplizen begegne ich ihm nunmehr zum ersten Mal. Aber es ist zu spät.

Ich hätte ihm gern in die Augen gesehen und seine Bewegungen und sein Gehabe beobachtet – jetzt, da ich, bestätigt durch die Urteile, alles in der Hand habe, um ihn zu entlarven. Ich wollte ihn durchsuchen, auf unspektakuläre

Weise, jedoch als Lebenden, nicht als Toten, wie ich es jetzt tun muss.

Schade. Wieder eine verpasste Gelegenheit.

Er liegt am Boden des Zimmers links vom Eingang. Seine Hose ist bis unter das Gesäß heruntergezogen, sein Pullover über der Brust hochgeschoben, die Schuhe zugebunden und schmutzverkrustet.

Der Notarzt war zuerst da. Er sagt, er sei um 14.50 Uhr gekommen, und Pacciani vermutlich gegen ein Uhr vergangene Nacht gestorben. Im Befund für die Justizbehörde nennt er als Todesursache »vermutlich Herz-Kreislauf-Versagen«.

Die Carabinieri, die wenig später eintrafen, fanden die beiden Eingangstüren weit geöffnet, ebenso die Fenster. Die Lichter waren gelöscht, die Küche in totaler Unordnung – Essensreste und alle möglichen Zettel auf dem Tisch und Tablettenröhrchen am Boden verstreut. Das Bett im Schlafzimmer war nur auf der einen Seite zerwühlt, auch hier brannte kein Licht; im Garten standen ein Waschtrog und ein Karton mit Abfall.

Ein merkwürdiges Szenario.

Von seinen Nachbarn und aus den abgehörten Telefonaten wissen wir, dass Pacciani ein Leben in selbst gewählter Isolation geführt hat, er verließ das Haus fast nie, und bei Einbruch der Dunkelheit schloss er sich ein und vergewisserte sich, dass Türen und Fenster gut verriegelt waren.

Auch dass sämtliche Lichter aus sind, macht mich stutzig.

Die Nachbarn haben ihn am Tag zuvor am späten Nachmittag in seinem Garten neben dem Haus gesehen. Da war er also noch am Leben, und das stimmt mit dem mutmaßlichen Zeitpunkt des Todes – gegen ein Uhr nachts – überein. Es wäre also folgerichtig gewesen, wenn irgendwo im Haus

Licht gebrannt hätte. Ich kann mir schwer vorstellen, dass Pacciani nachts im stockdunklen Haus herumgetappt ist, bei aus unerfindlichen Gründen sperrangelweit geöffneten Türen und Fenstern.

Nein. Irgendetwas stimmt hier nicht.

Auch die Position der Leiche erscheint unnatürlich, die halb heruntergelassene Hose ebenso wie der hochgeschobene Pullover, so als hätte ihn jemand an den Armen über den Boden geschleift. Vor allem aber die hypostatischen Blutaustritte an ungewöhnlichen Stellen – ein Zeichen, dass der Körper nach Eintritt des Todes bewegt worden ist.

Kaum zu glauben, dass Pacciani eines natürlichen Todes gestorben ist. Ich jedenfalls glaube es nicht.

Und ich frage mich, ob es nur eine Ironie des Schicksals ist, dass er an einem Samstag gestorben ist – der Nacht, in der das »Monster« bevorzugt aus seiner Deckung heraustrat, um zu töten.

Einen Tag später, am Montag, dem 23. Februar, hält Staatsanwalt Paolo Canessa sein Plädoyer, das drei Sitzungen in Anspruch nimmt. Er fordert für Mario Vanni eine lebenslange Freiheitsstrafe und für Giancarlo Lotti eine Freiheitsstrafe von einundzwanzig Jahren.

Das Urteil wird am 24. März 1998 verkündet. Ein historischer Schuldspruch.

Mario Vanni und Giancarlo Lotti werden für schuldig befunden, in Tateinheit mit Pacciani die letzten vier Doppelmorde verübt zu haben. Vanni wird zu lebenslanger Freiheitsstrafe, Lotti zu dreißig Jahren Haft verurteilt.

Damit wäre auch Paccianis Schicksal besiegelt gewesen, wenn ihm das Schicksal oder eine dritte Person nicht ein drastischeres und definitiveres Ende zugedacht hätte.

Ein historisches Urteil, mit dem zwar in der Frage der Komplizen in dem komplizierten Fall des »Monsters« das letzte Wort gesprochen wurde, gleichzeitig aber ein neues Rätsel aufgegeben ist: die Frage nach potenziellen Auftraggebern.

Unter Berücksichtigung der Zeugenbefragung und der Ermittlungen, die in diese Richtung gehen, stellt das Gericht fest:

Der Prozess brachte jedoch keine Bestätigung der Aussagen Lottis bezüglich des Arztes, der angeblich die Morde in Auftrag gab und Pacciani für die aus den Frauenleichen herausgeschnittenen Teile bezahlte. Das Gericht war bemüht, auch in diesem Punkt Klarheit zu gewinnen (gemäß Artikel 507 der Strafprozessordnung [»Zulassung neuer Beweise«] mit dem Ziel, möglichst umfangreiches Beweismaterial bezüglich Lottis Aussagen zu den Morden zu erhalten), allerdings ohne positives Ergebnis, denn es gibt keinen eindeutigen Hinweis auf einen solchen Arzt. Es erscheint allerdings nicht plausibel, dass Lotti nur in diesem einen Punkt gelogen hat; dafür gibt es kein vernünftiges Motiv. Andererseits haben die Ermittlungen in der Hauptverhandlung »etwas« aufscheinen lassen, das in die von Lotti angedeutete Richtung geht und den Schluss zulässt, dass es einen solchen rätselhaften Arzt tatsächlich geben könnte.

Mit Bezug auf den in der Hauptverhandlung zutage getretenen Umstand, dass Pacciani und Vanni vor Verlassen der Tatorte Scopeti und Vicchio dort vorsichtig ein »Päckchen« am Boden ablegten, heißt es:

Die Vermutung liegt nahe, dass es sich hierbei um die aus den Frauenleichen herausgeschnittenen Körperteile handelt, die vorübergehend hier deponiert wurden, um von einer anderen Person abgeholt zu werden.

In diesem Zusammenhang werden auch Paccianis Vermögensverhältnisse gesehen. Aus den diesbezüglichen Ermittlungen ergab sich

... eine wirtschaftliche Situation, die mit Paccianis Tätigkeit als Bauer, der fremde Felder bewirtschaftete und kaum genug zum Leben verdiente, absolut unvereinbar ist. Pacciani kaufte in diesen Jahren ein Haus in Mercatale Val di Pesa für 35 Millionen Lire (Geldwert von 1984) und investierte die Summe von 157 890 038 Lire in »Postschatzbriefe«, die er bei verschiedenen Banken der Umgebung erwarb (Mercatale, Montefilidolfi, San Casciano, Cerbaia, Scandicci) – eindeutig, um die Herkunft der Gelder zu verschleiern, die mit Sicherheit nicht aus legalen Quellen stammten.

Und mit Verweis auf eine Situation, die ähnlich auch für Vanni zutrifft, stellt das Gericht fest:

Die vorgenannten Sachverhalte werden im Übrigen durch die Staatsanwaltschaft überprüft, um im Rahmen der neuen Ermittlungen bezüglich des oben erwähnten Arztes zu einer stichhaltigeren Bewertung zu gelangen. Andererseits sah sich das Gericht gezwungen, auch auf alle eben genannten Sachverhalte hinzuweisen, damit bessere Ergebnisse erzielt werden können und in dieser Angelegenheit, deren Untersuchung sich jetzt leider schon allzu lange hinzieht, endlich die ganze Wahrheit ans Licht kommt.[5]

Mit anderen Worten: Ich habe nicht den Wald, sondern nur das Gehölz, das Unterholz, sichtbar gemacht.

Doch das ist immerhin ein Erfolg, umso mehr, als das Urteil, das selbstverständlich von den Verteidigern angefochten wird, innerhalb kürzester Zeit in beiden nachgeordneten Instanzen von der italienischen Justiz bestätigt wird: 1999 vom Berufungsschwurgericht und am 26. September 2000 vom Kassationshof.

Dieser Teil der Wahrheit über das »Monster von Florenz« steht also definitiv fest – hier deckt sich die gerichtliche Wahrheit vollständig mit der ermittlerischen Wahrheit.

Bleibt der andere, der letzte Teil.

## Anmerkungen

1 Giovanni – das ist Giovanni Faggi aus Calenzano, der mit Pacciani sexuelle Kontakte hatte. Er wird verhaftet und vor Gericht gestellt, dann aber freigesprochen.

2 »Kurz zusammengefasst ergibt die klinische Begutachtung das Bild eines Mannes, der offensichtlich keine schwerwiegenden körperlichen und psychischen Erkrankungen hat, jedoch homosexuell orientiert ist und deutliche Züge eines perversen Charakters aufweist, die so stark sind, dass sie seine Persönlichkeit, seine Präferenzen und seine Interaktion mit der Außenwelt maßgeblich mitbestimmen« (Gutachten des Psychiaters Professor Ugo Fornari und des Psychologen Professor Marco Lagazzi, erstellt auf Antrag der Staatsanwaltschaft am 20. November 1996).

3 Die Schatzbriefe und Sparbücher wurden bei einer Durchsuchung durch die Squadra Anti Mostro und die Carabinieri im Rahmen der Ermittlungen gegen Pacciani am 8. Mai 1992 in dessen Haus gefunden, jedoch nicht beschlagnahmt und vom polizeilichen Erkennungsdienst lediglich fotografiert. Bei einer weiteren Haussuchung am 16. Januar 1993 anlässlich seiner Verhaftung wurde im doppelten Boden der Schublade eines Schrankes im Wohnzimmer eine Plastiktüte gefunden, die Bargeld und Wertpapiere enthielt. Die Tüte wurde zur Dienststelle der Carabinieri in San Casciano gebracht, die sie samt Inhalt der Nonne übergaben.

4 Laut Aufstellung der Bezirkshaftanstalt von Padua am 4. Juli 1964.

5 S. 208–211 des Urteils Nr. 1/98 Reg. Sent. B Nr. 8/97 Reg. Gen. vom 24. März 1998, niedergelegt am 30. Juli 1998.

# Vierter Teil

# 1. Hindernisse

War der erste Teil der Untersuchungen gegen die Komplizen ein Wettlauf gegen die Zeit, so erweist sich der letzte Abschnitt der Ermittlungen im Falle des »Monsters von Florenz« als ein wahres Hindernisrennen.

Und zwar von Anfang an.

Ich bin nicht rechtzeitig damit fertig geworden, die Akten aus dem ersten Prozess und die anschließend zusammengetragenen Puzzleteilchen und Zeugenaussagen im Hinblick auf die richterliche Aufforderung durchzugehen, nach einem oder mehreren möglichen Auftraggebern für die Verbrechen zu suchen – was im Übrigen auch meiner berufsbedingten Neugier entgegenkommt, die durch all die versteckten Hinweise in den Zeugenaussagen längst geweckt ist –, als ich vom Innenministerium per Telegramm zu einer Besprechung in die zentrale Personaldirektion in Rom bestellt werde.

Es ist der Abend des 19. August 1998.

Auf Florenz lastet eine klebrige Hitze, fast alle Läden sind geschlossen, und nur die Touristen und – gezwungenermaßen – die Angestellten des öffentlichen Dienstes harren in der Stadt aus. Auch ich bleibe – wie fast jedes Jahr, denn es ist traditionell eine Zeit, in der die Diebe und Taschenräuber verstärkt ihr Handwerk ausüben und damit auch die Squadra Mobile viel zu tun hat.

Ratlos drehe und wende ich das Telegramm in der Hand. Ich habe das Gefühl, als hafte auch diesem Schreiben etwas Klebriges an, etwas, das mir unverständlich bleibt. Es ist eine ungewöhnliche Vorladung, der Zeitpunkt ebenso wie die Tatsache, dass sie wie aus heiterem Himmel kommt. Normalerweise wird man nur aus wichtigen Gründen in die zentrale Personaldirektion vorgeladen, fast immer geht es dabei um die berufliche Laufbahn. Aber über Beförderungen auf dieser Ebene entscheidet im Allgemeinen der Verwaltungsrat der Polizei ein- bis zweimal im Jahr. Betroffen sind dann zahlreiche Beamte, denen im Rahmen einer Reorganisation neue Aufgabenbereiche übertragen werden, um Arbeitsabläufe noch rationeller und effizienter zu gestalten. Nur in Ausnahmefällen, etwa im Falle einer unvorhergesehenen Vakanz, wird ein einzelner Beamter vorgeladen.

Am nächsten Tag begebe ich mich, wie gefordert, zu dem zuständigen Beamten, der mir nach dem üblichen Austausch von Höflichkeiten die Beförderung zum stellvertretenden Vizepolizeipräsidenten und gleichzeitig einen Wechsel der Dienststelle in Aussicht stellt.

Es gibt dafür keinen besonderen Grund und keinen Bereich, in dem dringend die Kompetenzen benötigt würden, die ich mir im Laufe meiner Dienstjahre insbesondere bei den noch unabgeschlossenen Ermittlungen zum »Monster« erworben habe.

Ich bin überrascht, und ich halte damit nicht hinter dem Berg.

Natürlich bedanke ich mich für die in Aussicht gestellte Beförderung, weise aber darauf hin, dass meine Versetzung mich gegenüber der Staatsanwaltschaft in Verlegenheit bringen könnte, da man dort für den großen Brocken noch anstehender Ermittlungen fest mit mir rechnet. Mein Gegenüber misst diesem Problem nicht viel Gewicht bei und tut es als unerheblich ab. Meine Überraschung weicht vagem Verdruss.

Ich behalte mir vor, mich erst dann zu entscheiden, wenn

ich der Korrektheit halber mit dem für die Ermittlungen zuständigen Staatsanwalt gesprochen habe.

Die höfliche, aber entschiedene Antwort trifft mich wie ein Schlag: »Tun Sie das, aber Sie müssen wissen, dass das Ministerium in jedem Fall fest entschlossen ist, Sie zu versetzen.«

Als ich Rom verlasse, kann ich es noch immer nicht fassen. Während der zweihundertfünfzig Kilometer langen Autofahrt nach Florenz gelingt es mir allmählich, mich zu beruhigen und meine Gedanken zu ordnen. Ich versuche, die Überlegungen meiner Vorgesetzten nachzuvollziehen – ohne Erfolg. Ich kann verstehen, dass der Fall des »Monsters« inzwischen vielen obsolet erscheinen mag, überholt und mit der Verhaftung von Paccianis Komplizen und Paccianis Tod im Grunde genommen abgeschlossen – ausreichend geklärt, um die Neugier der Öffentlichkeit zu befriedigen, die sich vermutlich längst anderen Ereignissen zugewandt hat. Das mag für viele gelten, nicht aber für die leitenden Beamten der Staatspolizei, die die Weisungen der Richter, von denen Vanni und Lotti verurteilt wurden, nicht einfach ignorieren können.

Nein, irgendetwas stimmt nicht.

Wenn irgendjemand dieser Geschichte überdrüssig sein müsste, dann ich selbst. Außerdem könnte ich, da ich ja die Existenz von Komplizen und damit indirekt auch Paccianis Schuld zweifelsfrei bewiesen und dessen Komplizen vor Gericht gebracht habe, am Höhepunkt des Erfolgs aussteigen und mich auf meinen Lorbeeren ausruhen, statt mir erneut mit einer schwierigen und bereits im Vorfeld umstrittenen Ermittlung die Hände schmutzig zu machen.

Als ich Orvieto hinter mir lasse, bin ich immer noch ganz durcheinander; als ein Schild auf der Autobahn Monte San Savinio anzeigt, bin ich es schon viel weniger.

Ich habe mich unterwegs entschieden, auf die Beförderung zu verzichten und die Versetzung abzulehnen, koste es, was es wolle. Das bin ich meiner beruflichen Integrität, den Opfern des »Monsters«, dem Hunger nach Gerechtigkeit, den Pia Rontinis Vater empfindet, und auch der Öffentlichkeit schuldig. Sie hat ein Recht auf die ganze Wahrheit – nicht nur auf die Ausschnitte, die der Presse oder sonst irgendjemandem aus unerfindlichen Gründen zusagen.

Eine Öffentlichkeit, die im Übrigen – völlig zu Recht – keineswegs überzeugt ist, dass die Jahre des Schreckens, den ein scheinbar ungreifbares »Monster« verbreitet hat, lediglich auf das Konto dreier grobschlächtiger und geistig minderbemittelter Subjekte gehen, die aus einem engen und erbärmlichen sozialen Umfeld stammen. Wie hätte es ihnen allein gelingen können, die Ermittler so lange an der Nase herumzuführen? Wenn man nicht von einer völligen Inkompetenz der Behörden ausgeht, lässt sich dieser lange Zeitraum, in dem das »Monster« völlig unbehelligt sein Unwesen treiben konnte, nur mit der Existenz von Komplizen, einer Mauer des Schweigens und einer Mitwisserschaft ganz anderer Art erklären.

Auch aus diesem Grund kann ich jetzt nicht einfach aufhören.

Nach Florenz zurückgekehrt, setze ich Paolo Canessa unverzüglich davon in Kenntnis, der noch erstaunter ist als ich und sofort an Antonio Guttadauro schreibt, welcher inzwischen Piero Luigi Vigna als Leiter der Staatsanwaltschaft von Florenz abgelöst hat. Ein äußerst entschiedener Brief, der unumwunden klarstellt, eine Versetzung sei insofern »unverantwortlich«, als es sich »um den Beamten handelt, der mit den Ermittlungen insbesondere zum Auftraggeber der Doppelmorde betraut ist, welcher den Ergebnissen im Hauptverfahren zufolge ein vermutlich mit Pacciani bekannter Arzt ist.«

Ein klarer Appell, der eigenen Verantwortung gerecht zu werden. Mit der Folge, dass man auf meine Versetzung verzichtet.

Ich mache da weiter, wo ich unterbrochen wurde.

Ich hatte angefangen, erneut alle dem »Monster« zuschreibbaren Morde durchzugehen – bis auf den von 1968, der meines Erachtens nach mit den anderen nichts zu tun hat.

Zu groß sind die Unterschiede zwischen diesem und den nachfolgenden Verbrechen: Es gab keine Verstümmelungen der Frauenleiche; bei keinem der beiden Opfer wurde ein Messer verwendet; die Frauenleiche war wieder mit Kleidung bedeckt worden; das Tatmotiv war höchstwahrscheinlich Eifersucht gewesen; und vor allem hatte man den Schuldigen gefunden, und der hatte seine gesamte Haftstrafe verbüßt: der Ehemann der Getöteten, der wahrscheinlich einen Komplizen hatte. Dieser konnte zwar nicht zweifelsfrei identifiziert werden, unter schwerem Verdacht stand aber Francesco Vinci, der fünfundzwanzig Jahre später (im August 1993), nach Abschluss der Ermittlungen gegen Pacciani, zusammen mit einem seiner Arbeiter im Kofferraum seines Autos tot aufgefunden wurde: gefesselt, sodass er sich selbst erdrosselt hatte, und anschließend verbrannt. Jener Francesco Vinci, der, wie es im Prozess gegen Paccianis Komplizen herauskam, mit Antoniettas Tochter Milva eine intime Beziehung hatte. Milva war, ebenfalls im August 1993, mit ihrem dreijährigen Kind im Auto ermordet und verbrannt worden. Jener Francesco Vinci, den Lotti als den Bärtigen identifiziert hatte, der auf der Piazza von San Casciano mit Vanni gesprochen hatte und den sie durch den Mord an den beiden Deutschen aus dem Gefängnis geholt hatten. Der Sohn jenes Francesco Vinci hatte in den ersten Monaten des Jahres 1994 im Haus der Prostituierten Milvia Mattei gewohnt, die eines Morgens erdrosselt und teilweise verbrannt in ihrem Bett aufgefunden worden war. Und schließlich derselbe Francesco Vinci, den Pacciani in seiner Verteidigungsschrift neben vier oder fünf weiteren Personen als Opfer des »wahren Monsters« bezeichnet hatte.

Zwischen den Verbrechen des »Monsters« und den Personen, die ins Visier der Ermittler geraten waren, gibt es Zusammenhänge, zum Teil alarmierender Art. Man denke nur an den zeitlichen Rahmen, in dem sie ermordet wurden: kurz vor Abschluss der Vorermittlungen gegen Pacciani beziehungsweise kurz nach Beginn des Prozesses gegen ihn. Doch meiner Ansicht nach reichen diese Zusammenhänge nicht aus, um auch den Mord von 1968 dem »Monster« zuzurechnen. Ganz abgesehen davon, dass dieser Mord der einzige ist, der an einem Werktag – einem Mittwoch – begangen wurde und nicht an einem Wochenende oder am Tag vor einem Feiertag – und auch nicht bei Neumond.

Der einzige echte Anhaltspunkt, der einen Zusammenhang zwischen diesem Verbrechen und allen anderen nahelegt, sind die verwendeten Projektile aus derselben Pistole, die auch bei den nachfolgenden Morden verwendet wurde. Was sich allerdings dadurch erklären ließe, dass die Waffe weitergegeben wurde.

Die Frage der Pistole bleibt ein Rätsel, das nach all diesen Jahren wahrscheinlich nicht mehr zu lösen ist.

Ich notiere mir in einer Tabelle die Anzahl der Pistolenschüsse und der Patronenhülsen, die am Tatort gefunden wurden, einschließlich dem des Mordes von 1968.

| Verbrechen | Anzahl der Projektile | Anzahl der Hülsen |
|---|---|---|
| August 1968 | 9 | 5 |
| September 1974 | 9 | 5 |
| Juni 1981 | 8 | 5 |
| Oktober 1981 | 9 | 7 |
| Juni 1982 | 6 | 9 |
| September 1983 | 7 | 4 |
| Juli 1984 | 6 | 5 |
| September 1985 | 7 | 9 |

Ich stelle noch einmal fest, dass die Anzahl der abgefeuerten Projektile und die Anzahl der an den verschiedenen Tatorten gefundenen Hülsen nicht identisch ist. Die Zahl der Patronenhülsen ist – in einigen Fällen sogar bedeutend – geringer als die der abgegebenen Schüsse, mit Ausnahme der Verbrechen vom Juni 1982 und vom September 1985.

Ich möchte mehr Klarheit gewinnen über diese berühmte Pistole Kaliber 22, die im ersten Prozess eine so große Rolle spielte. Vielleicht verwendeten die Täter nicht nur diese eine Waffe; im Laufe der Ermittlungen sind wir auch der Hypothese nachgegangen, dass zusätzlich ein Revolver verwendet wurde, der ja bekanntlich die Hülsen nicht auswirft.

Ich beschließe, zum soundsovielten Mal die entsprechenden Gutachten zu lesen, aber sie geben mir immer noch keinen Aufschluss.

Mir fällt auf, dass in den Gutachten nur jeweils eine Stichprobe (zwei Patronenhülsen und ein Projektil je Verbrechen) untersucht wurde – entweder weil nicht alle Hülsen gefunden worden waren, oder weil einige Geschosse aufgrund der durch den Aufprall auf den Körper des Opfers verursachten Deformation nicht mehr aussagekräftig waren (zum Beispiel bei dem Verbrechen von 1982).

Doch mir fällt ein offensichtlicher Widerspruch auf.

Eines der Projektile weist vier Riffelungen auf, die auf einen Rechtsdrall des Geschosses hindeuten, während die übrigen untersuchten Projektile (wie gesagt nicht alle tatsächlich abgefeuerten Projektile, sondern nur Stichproben) sechs solche Riffelungen aufweisen.

Die den Drall bestimmenden Riffelungen eines Projektils entsprechen dem menschlichen Fingerabdruck und geben Auskunft darüber, aus welcher ganz unverwechselbaren Pistole sie stammen.

Ein Detail ärgert mich ganz besonders: Es wurde nicht dokumentiert, unter welchen Umständen die Projektile gefunden wurden und vor allem auch nicht, unter welchen Umständen sie zu den Akten genommen wurden. Die Projektile des Mordes von 1968 wurden den Akten beigegeben und rein zufällig vom Untersuchungsrichter Mario Rotella gefunden, obwohl sie nach erfolgtem Schuldspruch eigentlich hätten vernichtet werden müssen.

Ausgerechnet das Element, das auf einen Zusammenhang zwischen den Morden des »Monsters« mit dem Verbrechen von 1968 hindeutet.

Hinsichtlich Typ und Modell der Waffe dagegen habe ich keinen Zweifel.

Aufgrund der Besonderheiten der untersuchten Projektile steht fest, dass es sich um eine Beretta aus der 70er-Serie, genauer gesagt um das Modell 73, 74 oder 76 handelt – die einzigen Modelle dieser Serie mit einer Magazinkapazität von bis zu zehn Patronen zusätzlich zu der im Lauf befindlichen; die übrigen Modelle (71, 72 und 75) verfügen dagegen nur über ein Acht-Schuss-Magazin. Die Modelle 73, 74 und 76 wurden vor dem Mord im August 1968 hergestellt und in den Handel gebracht. Das Modell 76 (eine Sportpistole und daher größer) wurde im Februar 1968 produziert und war ab Juni im Handel erhältlich.

Die Gutachten zu den Modellen sind die einzig sicheren Anhaltspunkte. Alle anderen Fragen bleiben offen.

Bei der Lösung dieser Rätsel helfen auch die Ermittlungen zu Francesco Vinci nicht viel weiter, der der Mittäterschaft des Verbrechens von 1968 und später auch der anderen Verbrechen des »Monsters« verdächtigt und gegen den deswegen ermittelt, der schließlich aber von allen Vorwürfen freigesprochen wurde.

Einige Details aus seinem Leben interessieren mich aber auch aus anderen Gründen, beispielsweise die Tatsache, dass er in den siebziger Jahren Stammgast derselben Bar in Prato war wie der Magier Salvatore Indovino, mit dem er eine Zeit lang im Gefängnis saß. Außerdem ist da noch die Aussage seines Freundes Giovanni Calamosca. Bei seiner Vernehmung im Prozess gegen Paccianis Komplizen erzählte er, was ihm Vinci über die bei dem Verbrechen von 1968 verwendete Pistole anvertraut hatte: Sie soll ihm, Vinci, gehört haben, der sie später an denjenigen weiterreichte, der die Verbrechen des »Monsters« verübte.

Ich glaube, dass Francesco Vinci mit diesen Verbrechen tatsächlich nichts zu tun hatte. Wahrscheinlich musste er sterben, weil er den späteren Besitzer der Waffe erpresste und aufgrund seiner zunehmenden Alkoholabhängigkeit nicht mehr vertrauenswürdig war, wie Calamosca ausgesagt hatte. Wenn dem so wäre, müsste man seine Ermordung den Auftraggebern der Verbrechen des »Monsters« zuschreiben – umso mehr, wenn man sich den Zeitpunkt seiner Ermordung (1993) und der Ermordung Milvas wenige

Tage später vergegenwärtigt, seiner Geliebten, die zugleich die Geliebte von Salvatore Indovino war.

Zu vieles verbindet Francesco Vinci mit Salvatore Indovino, Vanni und Pacciani. Und all dies deutet darauf hin, dass bei den Morden *noch jemand* seine Finger im Spiel hatte.

Am 3. März 1999 geraten die Ermittlungen erneut ins Stocken. Die zentrale Personaldirektion des Innenministeriums bestellt mich erneut nach Rom, um mir die an die Versetzung nach Pesaro gekoppelte Beförderung zum Vizepolizeipräsidenten anzubieten.

Gegenüber dem 20. August 1998 hat sich nichts geändert. Es gibt keinen besonderen Grund, der meine Anwesenheit in Pesaro sinnvoller und dringender erforderlich macht als meine Anwesenheit in Florenz, und die Ermittlungen zu den Auftraggebern gehen ihren Gang. Man kann mir auch nicht zum Vorwurf machen, dass nach so kurzer Zeit in dieser – verglichen mit der Suche nach den Komplizen sehr viel schwierigeren und tückischeren – Ermittlungsarbeit noch keine greifbaren Ergebnisse vorhanden sind.

Nein. Es hat sich nichts geändert: derselbe Raum, dieselbe Atmosphäre, dieselbe indirekte Aufforderung, mich nicht auf etwas zu versteifen, das ganz offensichtlich keine Zustimmung findet.

Aber diesmal bin ich vorbereitet, und da ich die Absichten des Staatsanwalts kenne, bedanke ich mich und sage, ich könne die Beförderung nicht annehmen, bevor ich nicht die Ermittlungen abgeschlossen und die mir übertragene Aufgabe erfüllt habe.

Wochen, ja Monate vergehen, und oberflächlich betrachtet bleibt alles ruhig. Ich arbeite weiter, spüre jedoch immer deutlicher den Atem meiner Vorgesetzten im Nacken, die mich mehr oder weniger offen auffordern, »mit diesen Ermittlungen aufzuhören«. Einer versteigt sich sogar zu der Bemerkung: »Du tust dir damit keinen Gefallen.« Gut gemeinte Ratschläge vielleicht, und angesichts der objektiven Schwierigkeiten des letzten Abschnitts der Ermittlungen auch ziemlich uninteressant, aber sie ärgern mich und machen mich nachdenklich.

Am 5. August 1999 wird mir ein Ministerialerlass vom 14. Juli zugestellt, der mich vom Leiter der Squadra Mobile zum Leiter der gleichfalls im Polizeipräsidium Florenz untergebrachten Ausländerbehörde macht. Die Begründung lautet: »Dringende dienstliche Erfordernisse des Polizeipräsidiums Florenz«.

Das ist also die Quittung dafür, dass ich die Beförderung abgelehnt habe. Nach Jahren des Kampfes gegen das organisierte Verbrechen und gegen die Mafia an Brennpunkten in Kalabrien, Kampanien und Florenz, im Rahmen derer ich zu den Ergebnissen der Ermittlungen zu den Massakern der Cosa Nostra 1993 in Florenz, Rom und Mailand wesentlich beigetragen habe, weist man mir nun eine bürokratische Tätigkeit zu, die sehr viel weniger bedeutend ist als mein gegenwärtiger Aufgabenbereich.

Für mich steht außer Zweifel: Es handelt sich um eine Strafversetzung. Und ich kann sie unmöglich hinnehmen.

Es beginnt ein zermürbendes Kräftemessen mit den Spitzen der Staatspolizei. Ich trete meine neue Stelle nicht an, sondern nehme aus gesundheitlichen Gründen unbezahlten Urlaub und bitte meine Anwälte, vor dem regionalen Verwaltungsgericht Latiums in Rom rechtliche Schritte einzuleiten.

Zur Untätigkeit verurteilt, fange ich an zu schreiben.

Bereits Jahre zuvor hatte mich ein renommierter Literaturagent aus Mailand gefragt, ob ich nicht Lust hätte, Kriminalromane zu schreiben. Jetzt beschließe ich, es zu versuchen. Trotz oder vielleicht gerade aufgrund meiner gegenwärtigen Situation möchte ich den italienischen Lesern den untadeligen Teil der Sicherheitsbehörden – den überwiegenden – vorstellen, der Tag und Nacht und unter großen Opfern tätig ist, um der Bevölkerung ein Mindestmaß an Sicherheit zu garantieren und die Voraussetzungen für ein friedliches Miteinander zu schaffen.

Ich habe das Glück, in einem Klima schreiben zu können, das sich gegenüber demjenigen vor zehn Jahren grundlegend verändert hat. Damals konnte man in Italien nur Krimis schreiben, in denen der Kommissar Nichtitaliener war; die italienische Polizei und die italienischen Carabinieri waren höchstens als Stoff für Witze geeignet. Ein italienischer Krimi wäre niemals glaubwürdig gewesen. Dass es Staatsanwälte wie Falcone und Borsellino, die ebenso wie ihre Leibwächter sterben mussten, tatsächlich gegeben hat, trug zusammen mit vielen weiteren Beispielen für mutiges und opferbereites Verhalten seitens Vertretern der Polizei zweifellos zu einem veränderten Klima bei und korrigierte zumindest teilweise die Art und Weise, wie die Polizei in der Öffentlichkeit wahrgenommen wurde. Dies begünstigte indirekt auch den Aufstieg einer neuen Generation von Krimiautoren wie Camilleri und Lucarelli, um nur die bekanntesten zu nennen, die dem italienischen Kriminalroman zu literarischen Ehren und internationaler Glaubwürdigkeit verholfen haben.

Diese Kräfte der Sicherheitsbehörden möchte ich mir zum Vorbild nehmen, denn ich weiß, dass es neben ihnen viele andere gibt, denen das Land eine Menge zu verdanken hat.

Am 2. Dezember 1999 nimmt das Gericht meine Beschwerde an und hebt die Verfügung meiner Versetzung auf. Aber das Ministerium legt beim Staatsrat umgehend Berufung ein, die jedoch am 8. Februar 2000 abgelehnt wird.

Am 28. Februar, am Ende meines unbezahlten Urlaubs, kehre ich als Leiter der Squadra Mobile zum Dienst zurück. Allerdings nicht für lange. Kaum einen Monat später, am 25. März, ordnet das Ministerium erneut meine sofortige Versetzung in die Ausländerbehörde an. Wieder nehme ich unbezahlten Urlaub und lege beim regionalen Verwaltungsgericht Beschwerde ein. Diesmal jedoch wird meinem Antrag nicht stattgegeben, das Gericht sieht »aus staatlicher Sicht« keine Gründe dafür.

Eine Entscheidung, die zwar nicht den Kern der Streitsache betrifft, mich aber dazu zwingt, die neue Stelle anzutreten. Was ich nicht zu tun gedenke. Jetzt will ich es nämlich genau wissen. Ich lege beim Staatsrat Widerspruch ein. Am 27. Juli wird er angenommen und die Verfügung meiner Versetzung aufgehoben. Das Gericht hat meine Gründe anerkannt, seine Entscheidung ist definitiv.

Endlich kann ich meine Arbeit als Leiter der Squadra Mobile wiederaufnehmen, und diesmal erlässt das Ministerium keine neuen Verfügungen.

Seit meiner ersten Einbestellung im August 1998 sind zwei Jahre vergangen. Zwei Jahre, in denen die Ermittlungen bezüglich der Auftraggeber der Doppelmorde nur stockend vorangingen und schließlich ganz zum Erliegen kamen. Während meiner Abwesenheit hat niemand den Auftrag der Staatsanwaltschaft fortgesetzt.

Nach seinem Urlaub im September fordert mich Staatsanwalt Paolo Canessa formell auf, den Fall mit der gebotenen Eile weiterzuverfolgen. Und so nehme ich nach fast zwei Jahren die Ermittlungen wieder auf, mit gewohnter Entschlossenheit und in der Hoffnung, die verlorene Zeit wettmachen zu können.

Ich klammere den Mord von 1968 aus und konzentriere mich auf die Übereinstimmungen und Gemeinsamkeiten der anderen Fälle, und deren gibt es viele. Als besonders signifikant filtere ich heraus:

- die zeitlichen Umstände: die Verbrechen werden jeweils an Sonn- und Feiertagen beziehungsweise am Tag vor einem Sonn- und Feiertag verübt, und zwar zwischen Juni und September, also niemals im Winter;
- die Morde geschehen ausnahmslos in Neumondnächten;
- die Opfer werden stets in ihrem Auto an einer abgelegenen, jedoch leicht zugänglichen Stelle im Umland von Florenz bei intimen Handlungen überrascht;
- die Tatwaffen sind immer dieselbe Pistole (und vermutlich eine zweite Pistole) sowie eine Stichwaffe, was darauf hindeuten könnte, dass die Verwendung ausschließlich dieser und keiner anderen Waffen eine Vorbedingung für die Morde ist;
- die weiblichen *und* männlichen Opfer werden mit Messerstichen traktiert – manchmal erst, wenn sie bereits tot sind und es eigentlich keinen Grund gibt, weiter auf sie einzustechen. Vermutet man hinter den grausamen Verstümmelungen der Frauenleichen ein Ritual, so ist nicht auszuschließen, dass diese Messerstiche post mortem Teil dieses Rituals sind, ebenso die besondere Brutalität auch gegenüber der männlichen Leiche;
- die Exzision der Scham ist vermutlich nicht immer das Werk desselben Täters, da sie laut Gutachten bei den

Morden von 1981 professionell durchgeführt wurde – »mit drei sauberen Schnitten« –, bei den Doppelmorden von 1984 und 1985 hingegen eher stümperhaft. Also ist derjenige, der die makabren Verstümmelungen vollzog, nicht immer ein und dieselbe Person;

- an einem der Tatorte, in Calenzano, wird ein teils rot bemalter Stein in Form einer Pyramide gefunden. Ich vermute, dass es sich um ein mit dem »Okkulten« in Zusammenhang stehendes Objekt handelt, das aus irgendeinem Grund absichtlich am Tatort deponiert wurde;
- das Grab der 1974 ermordeten Stefania wird von Unbekannten geschändet. Auch die Kreuze zur Erinnerung an Pia und Claudio am Tatort La Boschetta in Vicchio werden beschädigt, wie ich jetzt einem Dienstbericht entnehme, demzufolge der Vater der Ermordeten Schäden daran gemeldet hat;
- einer der Angeklagten, Pacciani, interessierte sich für schwarze Magie und spiritistische Sitzungen, wie es das in seinem Haus sichergestellte Material belegt. Neben »Rezepten« für schwarze Magie und einer Tafel ähnlich der im Haus des Magiers gefundenen fand man Veröffentlichungen, die, wie ich jetzt glaube, ein spezifisches Interesse dokumentieren (eine Schrift mit dem Titel *Satanismo;* das Buch *Dominion over demons* von H. A. Maxwell Whyte);
- weitere Personen, die sowohl mit Pacciani wie auch mit Vanni und Lotti verkehrten, haben ein ausgeprägtes Interesse an Sexualmagie und spiritistischen Sitzungen, wie verschiedene Zeugen (Ghiribelli, Antonietta, die Malerin Silvia ...) klar und deutlich ausgesagt haben. Der »magische« Ort ihrer Zusammenkünfte ist das Bauernhaus des Magiers Salvatore, das noch dazu unweit des letzten Verbrechensschauplatzes liegt (nur wenige Autominuten entfernt).

Die Hypothese, es könne ein esoterisches Motiv geben, nimmt zunehmend Gestalt an. Ich recherchiere in der lokalen Presse und stoße auf ein paar interessante Meldungen über Ereignisse im Umkreis der Tatorte. Die Rede ist von satanistischen Ritualen, von klaren Hinweisen auf schwarze Messen in Friedhofskapellen und verlassenen Gebäuden. Die Artikel berichten auch vom Diebstahl verschiedener Kultobjekte und Gebeine aus Gräbern, von Resten enthaupteter Tiere und umgedrehten Kreuzen mit der Zahl »666« aus der Apokalypse. Ich lese auch von einem merkwürdigen Vorfall, bei dem sich Diebe in einer Kirche besonders für die beiden Tabernakel interessierten, aus denen sie die »Schauhostie« entwendeten, die der Priester zur Präsentation des Allerheiligsten braucht.

Ein Artikel fällt mir besonders auf, weil er unmittelbar auf die Verbrechen des »Monsters« Bezug nimmt.

Er trägt die Überschrift *Satanistisches Ritual zu Ehren des Monsters (umgedrehtes Kreuz, Feuer und Litaneien. Schwarze Messe im Friedhof, auf dem Pietro Pacciani begraben liegt)* und berichtet von einem Geschehen wenige Monate nach Paccianis Tod.

Ein anderer Artikel erschien am 6. Dezember 1995, als die neuen Ermittlungen gegen die Komplizen gerade angelaufen waren. *Schwarze Messen im Park* lautet die Überschrift, und im Text heißt es: »Im Parco delle Cascine wurden die Überreste einer schwarzen Messe entdeckt: ein Dutzend rote Rosen, drei Zigarren, ein Päckchen Zigaretten, zwei Satintücher – ein rotes und ein schwarzes –, acht Flaschen Spirituosen.«

Auf die Spur des Satanismus führt auch eine der Begründungen des Berufungsantrags nach dem erstinstanzlichen Urteil, mit denen Paccianis Verteidiger Pietro Fioravanti seinen Mandanten entlasten wollte. Unter Hinweis auf den

Teufel hatte er geschrieben, die sieben Doppelmorde müssten im Zusammenhang mit »satanistischen Ritualen« gesehen werden:

Zur Dämonenbeschwörung sind Menschenopfer besser geeignet als alle anderen, und der günstigste Todeszeitpunkt ist der während eines Orgasmus, »mors justi« genannt. Augenfällig ist die Verbindung zu den Verbrechen des »Monsters«, das seine Opfer beim Geschlechtsakt ermordete.

Für den Anwalt waren damit die Verbrechen des »Monsters« nichts anderes als

eine wahnwitzige Abart des Satanismus, demzufolge die Opferung genau im Augenblick des tödlichen Orgasmus stattfinden muss (...) In diesem Augenblick werden starke Energien freigesetzt, die für das satanistische Ritual und für den, der es vollzieht, unverzichtbar und kraftspendend sind.

Mindestens merkwürdig, dass sich der Anwalt ausgerechnet auf die Details bezieht, die auch mich im Moment beschäftigen, und ich frage mich, inwieweit sein Mandant diesen seinen Gedankengängen Stoff geliefert hat.

Ich erstelle schließlich eine Tabelle mit den auffälligsten Details der einzelnen Verbrechen:

| Verbrechen | | Besonderheiten |
|---|---|---|
| September 1974, Samstag, eine Neumondnacht | Mann: | 5 Wunden durch Pistolenschüsse, Messerstiche post mortem. |
| | Frau: | 3 Wunden durch Pistolenschüsse, 96 Messerstiche, die meisten davon post mortem. Rebschössling in der Vagina. Schändung des Grabsteins auf dem Friedhof. |
| Juni 1981, Samstag, eine Neumondnacht | Mann: | 3 Wunden durch Pistolenschüsse, Messerstiche in den Hals und in die linke Brustkorbseite. |
| | Frau: | 5 Wunden durch Pistolenschüsse, Exzision der Scham mit scharfem Schneidewerkzeug, professionell ausgeführt. |
| Oktober 1981, Mittwoch vor einem Feiertag, eine Neumondnacht | Mann: | 4 Wunden durch Pistolenschüsse, 4 Messerstiche, einige davon post mortem. |
| | Frau: | 5 Wunden durch Pistolenschüsse, 2 Messerstiche post mortem. Exzision der Scham, professionell ausgeführt. |

| | | |
|---|---|---|
| Juni 1982, Samstag, eine Neumondnacht | Mann: | 4 Wunden durch Pistolenschüsse. |
| | Frau: | 2 Wunden durch Pistolenschüsse. |
| September 1983, Freitag, eine Neumondnacht; möglicherweise irrtümlich begangen | Mann: | 3 Wunden durch Pistolenschüsse, Leiche unberührt. |
| | Mann: | 4 Wunden durch Pistolenschüsse, Leiche unberührt. Zerrissene pornographische Zeitschriften für Homosexuelle. |
| Juli 1984, Samstag, eine Neumondnacht | Mann: | 4 Wunden durch Pistolenschüsse, 10 Messerstiche kurz vor oder nach dem Tod. |
| | Frau: | 2 Wunden durch Pistolenschüsse, 2 Messerstiche kurz vor oder nach dem Tod. Scham und linke Brust stümperhaft herausgeschnitten. Die Kreuze am Tatort wurden wiederholt durch Unbekannte beschädigt. |
| September 1985, Sonntag, eine Neumondnacht | Mann: | 3 Wunden durch Pistolenschüsse, mindestens 10 Messerstiche. |

| | |
|---|---|
| Frau: | 4 Wunden durch Pistolenschüsse. Scham und linke Brust stümperhaft herausgeschnitten. |

Neben der esoterischen Spur, die in dieser Zusammenschau immer deutlichere Konturen gewinnt, beschäftigt mich auch Paccianis Tod, an dessen natürlicher Ursache ich meine Zweifel habe.

Wir wollen Klarheit gewinnen über Paccianis letzte Stunden, insbesondere über seine Kontakte zu den ihn behandelnden Ärzten und Spezialisten. Einer von ihnen ist der Arzt und Kriminologe Francesco Bruno, einer seiner Verteidiger im Berufungsverfahren. Nach Freispruch und Haftentlassung war Pacciani mit ihm in Kontakt geblieben, und der Kriminologe stellte ihm mindestens einmal ein Rezept für verschiedene Medikamente aus, das bei der Haussuchung nach Paccianis Tod gefunden wurde.

Bevor wir ihn befragen, fahren einige meiner Mitarbeiter, unter ihnen Kommissar Vinci, mit einem Haussuchungsbefehl nach Rom, obwohl gegen Bruno selbst nicht ermittelt wird. In seinen Dokumenten finden sich zwei Gutachten zum Fall des »Monsters von Florenz«.

Das erste stammt aus dem Jahr 1984 und trägt den Vermerk: »Erstellt für den Herrn Direktor.«

»Wer ist dieser Direktor?«, erkundigt sich Vinci bei Bruno.

»Er war seinerzeit Chef des Inlandsnachrichtendienstes SISDE«, erwidert der Arzt, ohne zu zögern, und fügt hinzu: »Ich war damals für den Geheimdienst tätig.«

Das ist nichts Neues. Als Bruno in Paccianis Prozess als Zeuge gehört wurde, hatte er den Richtern erklärt, er sei für den SISDE beratend tätig gewesen.

In diesem Gutachten, das ein Bild des »Monsters« als sexuell perverses Subjekt mit sado-fetischistischen Zügen zeichnet, hatte der Kriminologe drei Hypothesen zum

Motivhintergrund der Verbrechen aufgestellt. Die erste geht von »rituellen Verbrechen« aus, mit denen »einem satanistischen Kult, einer Form von Hexerei oder schwarzer Magie gehuldigt wird, die der Mörder praktiziert«.

Die zweite Studie stammt aus dem Jahr 1985 und trägt denselben Vermerk: »Erstellt für den Herrn Direktor.«

Der Kriminologe hatte darin einen möglichen religiösen Hintergrund der Morde hervorgehoben und auf den Aspekt der Bestrafung hingewiesen, auf den Aspekt der Verstümmelung des Frauenkörpers als »Ursprung der Sünde« und »Gefäß des Teufels«, die Wahl des Zeitpunkts der Morde (die beiden letzten waren am Tag der Unbefleckten Empfängnis Mariens beziehungsweise an Mariä Geburt verübt worden), den Rebschössling in der Vagina des Opfers von 1974 und das Fehlen von Kultbildern am Verbrechensschauplatz.

Für Francesco Bruno war der Mörder jemand, »der über jeden Verdacht erhaben ist, mit Sicherheit von überragender Intelligenz, hohem Bildungsniveau, gesellschaftlich integriert und angesehen und getrieben von einem vermutlich religiösen Ideal.«

Wertvolle und wichtige Informationen, wie ich finde, denn bereits als das »Monster« sein Unwesen trieb, hatte Bruno dieses »magische« Motiv vermutet und mit ziemlich vernünftigen Argumenten untermauert, was ich erst jetzt, siebzehn Jahre später, in Betracht ziehe.

Es wundert mich nicht, dass der SISDE diese Gutachten hatte erstellen lassen, denn aus der Lektüre der Akten weiß ich, dass der Inlandsnachrichtendienst damals mit eigenen Leuten und mit Mitteln der Squadra Anti Mostro aktiv wurde.

Was mich jedoch wundert, ist, dass mir diese beiden Gutachten noch nie unter die Augen gekommen sind, obwohl ich sämtliche Unterlagen zu dem Fall wiederholt gelesen habe. Und noch mehr wundert es mich, dass auch Canessa von deren Existenz nichts wusste.

Um mehr darüber in Erfahrung zu bringen, beauftragt mich daher der Staatsanwalt, Francesco Bruno als Zeugen zu vernehmen und beim SISDE sämtliche Unterlagen zum Fall des »Monsters« anzufordern.

Am 6. September 2001 kommt Bruno ins Polizeipräsidium. Ich geleite ihn in mein Büro, wo ich ihn zusammen mit Kommissar Vinci vernehme. Er wird von zwei Anwälten begleitet, doch als ich ihnen erkläre, dass der Kriminologe für die Rechtshandlung, die ich zu vollziehen habe, keinen juristischen Beistand benötigt, da er lediglich als Zeuge geladen ist, ziehen sich die Anwälte in den Wartesaal zurück.

Francesco Bruno hat langes, zerzaustes Haar und einen eher weißen als grauen Bart. Er wirkt angespannt und nimmt eine Abwehrhaltung ein, allerdings nur am Anfang. Bald zeigt er sich zunehmend kooperativ und liefert alle möglichen Erklärungen zu den Gutachten, die er im Auftrag des damaligen Leiters des SISDE, Vincenzo Parisi, erstellt hat. Darüber, was mit diesen Gutachten weiter geschah, kann er mir – durchaus plausibel – keine Auskunft erteilen. Seine beiden Gutachten, erklärt er mir, widersprächen sich in ihren Schlussfolgerungen keineswegs. Die »religiöse These« stehe zu der anderen These nicht in Widerspruch, sondern ergänze sie. Und er klärt mich über Paccianis Krankheiten auf, deretwegen er ihm am 15. Februar 1996 einige Medikamente verschrieben habe.

Am Ende der mehrstündigen Vernehmung erkenne ich, dass der Kriminologe eigentlich Experte für Serienkiller ist. Dennoch bin ich verblüfft über die Genauigkeit seiner Analysen, die ihn auf Motive haben schließen lassen, die ich selbst erst jetzt in Betracht zu ziehen beginne.

Die beim SISDE angeforderten Unterlagen bestätigen Brunos Ausführungen in allen Punkten und erlauben es mir, den Weg der Dokumente von der Direktion in Rom bis zum Büro in Florenz zu rekonstruieren, nicht aber die Stationen der Weiterleitung zu den Ermittlungsbehörden.

Auf dem Weg dorthin sind Brunos Gutachten seltsamerweise beide verloren gegangen.

Jetzt aber taucht ein drittes Gutachten auf, das 1985, nach dem letzten Doppelmord, von einem anderen Mitarbeiter des SISDE erstellt wurde.

Der Verfasser äußert darin die Vermutung, die Morde könnten das Werk mehrerer Täter sein, die möglicherweise einer religiösen Geheimgesellschaft angehörten, einer Sekte, die schwarze Magie praktiziert. Zur Untermauerung dieser These nennt er einige Elemente, die er für besonders wichtig erachtet, beispielsweise die Tatsache, dass einige der Opfer halbkreisförmige Male am Körper trugen, so als habe der Mörder magische Symbole hinterlassen wollen; die Tatsache, dass aus den Handtaschen der Frauen nichts entwendet wurde – was den spiritistischen Charakter der ganzen Sache bestätigt; die gewählten Orte, die meist mit dem Buchstaben »S« beginnen und mit denen der Mörder möglicherweise auf die Namen von Heiligen Bezug nehmen wollte; den bevorzugten Zeitpunkt – die Neumondnacht vor einem Sonn- oder Feiertag; sowie die immer wieder auftauchende Zahl 9 (19.6.82; 9.9.83; 29.7.84; 8.9.85), die möglicherweise als Phallussymbol gilt.[1]

Auch dieses Gutachten fehlt in den Ermittlungsunterlagen, und auch in diesem Fall lässt sich nicht rekonstruieren, wo es auf dem Dienstweg hängen geblieben ist.

Ein merkwürdiger Zufall: drei Gutachten – die alle einen esoterischen Hintergrund in Betracht ziehen – verschwinden im bürokratischen Dschungel. Noch merkwürdiger aber ist, dass mich die Ermittlungen zu Paccianis Tod ebenfalls zu der Vermutung führen, es habe esoterische Motive gegeben. Doch ich halte mich an die Fakten, die ich wissenschaftlich auswerte, und stehe mit beiden Beinen fest auf dem Boden.

Natürlich hätte ich gern Konkreteres in Händen, aber ich weiß, wie schwierig es sein wird, sichere Beweise zu erbringen – nach einer derart langen Zeit und angesichts der Tatsache, dass Schlüsselfiguren wie der Magier Salvatore inzwischen tot sind. Ich weiß auch, dass es mangels klarer und objektiver Anhaltspunkte nicht leicht sein würde, die Richter in einem eventuellen Prozess zu überzeugen – immerhin haben wir es mit einer Materie zu tun, auf die man sich, da es sich um einen Präzedenzfall handelt, nicht adäquat vorbereiten kann und die man als gesellschaftliche Realität zu akzeptieren nicht bereit ist. Oder zumindest damals nicht war.

Jedenfalls gibt es zu viele Hinweise, die man nicht einfach beiseitewischen kann. Und schon bald erhalte ich Signale, die mich davon überzeugen, dass es die richtige Spur sein könnte.

Ein erstes Signal, das ich für bemerkenswert erachte, sind die anonymen Briefe, die ich erhalte.

Ich habe schon zahlreiche solcher Schreiben erhalten, doch bisher war keines ermittlungstechnisch interessant. Hier dagegen handelt es sich um echte Drohbriefe.

Einer liegt am Morgen des 10. September 2001 auf meinem Schreibtisch.

Er ist vorschriftsmäßig als *posta prioritaria* – Express – frankiert und trägt den Stempel des Postamts »Firenze CMP – 7.9.01, 14«.

Ein Absender fehlt, der Brief ist von Hand und in Blockbuchstaben geschrieben.

Er enthält unsägliche Beleidigungen meiner Person, in denen der Groll und die Wut des Verfassers auf meine Arbeit ihren Ausdruck finden (vor allem nach der Vernehmung Francesco Brunos hat eine lokale Tageszeitung Indiskretionen und Interviews des Kriminologen an die Öffentlichkeit gebracht). Und ein bemerkenswertes Postskriptum:

»Wenn deine hohe Stirn Intelligenz bedeutet, wäre dir persönlich zu raten, Wälder zu meiden. Die Jäger könnten dich für ein Wildschwein halten.«

Der Bezug ist klar und unmissverständlich: Erst wenige Tage zuvor, am Abend des 15. August, hatte man im Wald von Sesto Fiorentino einen einschlägig bekannten Wilderer, der es auf Wildschweine abgesehen hatte, tot aufgefunden; er war durch Schüsse getötet worden.

Ich übergebe den Brief der Staatsanwaltschaft. Unterdessen erreichen mich aus der Polizeidienststelle von Sesto Fiorentino Akten aus der Zeit des letzten Doppelmords des »Monsters«, die ich unter dem neuen Aspekt eines esoterischen Hintergrunds prüfen will, von dem jetzt auch in den Zeitungen zu lesen ist.

Es handelt sich um zwei Dienstberichte, die das Datum des 1. Oktober 1985 tragen.

Der erste war für den damaligen Leiter der Squadra Mobile bestimmt und berichtet von einer Patronenhülse Kaliber 22 mit dem eingestanzten Buchstaben »H« auf dem Hülsenboden, die man um 15 Uhr desselben Tages in einem Waldstück gefunden hatte. Die Patrone, heißt es weiter, war von dem Jagdaufseher Andrea Ceri neben einem Steinhaufen entdeckt worden, in dem ein aus zwei Holzreisern gebildetes Kreuz steckte – an derselben Stelle, von der der Jagdaufseher Gianni Zoppi das französische Pärchen kurz vor seiner Ermordung vertrieben hatte, weil dort das Zelten verboten war.

Der zweite Bericht stammte vom Inspektor des Polizeikommissariats, dem Ceri die Patrone übergeben hatte. Ceri habe erklärt, heißt es darin, er habe nachsehen wollen, ob der Steinhaufen, den er bereits ein paar Tage zuvor entdeckt und der seiner Ansicht nach einen religiösen Hintergrund hatte, noch intakt war.

Für mich ist das alles neu.

Ich erfahre zum ersten Mal, dass die beiden letzten Opfer des »Monsters« ihr Zelt zunächst an einem Waldstück in Sesto Fiorentino aufgeschlagen hatten, also in einem ganz anderen Gebiet als jenem zwischen Scopeti und San Casciano Val di Pesa.

Ich fordere beim Kommissariat eine Kopie des Protokolls von Gianni Zoppis Vernehmung an und beginne zu lesen.

Das Protokoll trägt das Datum des 10. September 1985,

des Tages also, an dem die Zeitungen von dem Verbrechen berichteten.

Gianni Zoppi hatte erklärt:

Nachdem ich aus der Zeitung von dem Mord in San Casciano V. di P. erfahren habe, möchte ich mitteilen, dass ich die heute in der *Nazione* abgebildeten Personen in Sesto Fiorentino auf der Via di Carmignanello gesehen habe, und zwar am 4. September um 7.15 Uhr, als ich in der Nähe einer sehr abgelegenen Villa Jagdaufsicht führte. Auf einem von Liebespärchen frequentierten Platz bemerkte ich das kanadische Zelt und einen weißen Golf mit französischem Kennzeichen. Ich ging hin und bat die Insassen höflich, auszusteigen und mir ihre Papiere zu zeigen, da in dieser Gegend Zelten verboten war. Sie legten anstandslos ihre Papiere vor, über die nichts festgehalten wurde, weil es nur darum ging, dass sie sich ausweisen konnten. Dann bat ich die beiden, sich einen anderen Platz zu suchen. Fünfzehn Minuten später führte mich mein Rundgang wieder an der Stelle vorbei, und ich sah, dass sie nicht mehr da waren. Heute Morgen habe ich sie in der Zeitung wiedererkannt und erfahren, dass sie ermordet wurden. Ich möchte außerdem sagen, dass die Touristen Französisch sprachen und ich mit ihnen in ihrer Sprache gesprochen habe, die ich recht gut beherrsche. In meiner Begleitung und mit mir im Dienst befand sich der Jagdaufseher Francesco Cellai.

Ich lasse nach Gianni Zoppi, Francesco Cellai und Andrea Ceri suchen.

Zoppi ist tot. Francesco Cellai und Andrea Ceri sind noch am Leben.

Cellai bestätigt bei seiner Vernehmung alles, was sein Kollege Zoppi gesagt hatte, und fügt hinzu, an der Stelle, von der sie die beiden Franzosen vertrieben hätten, hätten häufig »Spanner« Pärchen im Auto bei intimen Handlungen beobachtet.

Ceri taucht auch in den Unterlagen der Squadra Anti Mostro (SAM) auf.

Die Akte aus dem Jahr 1992 enthält ein Fax, das Ceri am 17. Juli 1992 an Doktor Perugini, den damaligen Leiter der SAM, geschickt hatte. Darin heißt es:

Dr. Perugini zur gefälligen Beachtung

Nachdem ich heute Morgen in der Tageszeitung *La Nazione* den Artikel gelesen habe, glaube ich zum Mord an dem französischen Pärchen einige Details mitteilen zu müssen, über deren Bedeutsamkeit Sie allein befinden können. Unter folgenden Telefonnummern stehe ich Ihnen zur Verfügung ...[2]

Es folgen eine Festnetz- und eine Handynummer. Zu Ceri existiert kein Protokoll, nur eine handschriftliche Anmerkung am Faxende: »Er war damals Jagdaufseher. Die Franzosen waren in Monte Morello. Er und Polizisten des Kommissariats von Sesto machten Fotos. Er fand eine Patronenhülse Kaliber 22 Serie H, die zur Untersuchung nach Rom geschickt wurde.«

Ich bestelle ihn in mein Büro. Es ist der 1. Oktober.

Ceri bestätigt, dass er ein Arbeitskollege von Gianni Zoppi gewesen sei, der ihm nach dem Verbrechen an den beiden Franzosen sagte, er habe sie aus Monte Morello verwiesen.

An der Stelle, wo die beiden Franzosen zunächst ihr Zelt aufgeschlagen hatten, habe er, Ceri, ein paar Tage vor dem Verbrechen Steinkreise entdeckt, die ihn so faszinierten, dass er sie fotografiert habe, um sie einer Esoterik-Expertin zu zeigen, die er kannte. Ceri sagt:

Diese Steinkreise sahen folgendermaßen aus: kreisförmige Konstruktionen von jeweils exakt neunzig Zentimeter Durchmesser (was ich mit meinem Metermaß nachprüfte), allesamt offen in der Weise, dass der Umkreis auf einer Länge von zehn bis fünfzehn Zentimetern unterbrochen war. Eine sehr akkurate Konstruktion, denn es waren ausschließlich mittelgroße bis kleine Steine verwendet und zu einem regelrechten Mosaik zusammengefügt worden.

Weiter erklärt er mir, dass dieses Areal als »heilig« gilt, weil die Etrusker hier ihre Toten bestattet hätten.

Als er ein paar Tage nach dem Verbrechen an den beiden Franzosen an die Stelle zurückgekehrt sei, habe er neben den Steinkreisen eine Patrone Kaliber 22 mit dem auf dem Hülsenboden eingestanzten Buchstaben »H« gefunden, die er in der Polizeidienststelle abgegeben habe.

Neugierig geworden, lasse ich die Expertin Rosetta vernehmen. Sie erinnert sich noch gut an die Geschichte mit den Kreisen:

Ich weiß noch, dass ein paar Tage vor dem Tod der beiden Franzosen in Scopeti im Jahr 1985 Ceri zu mir kam und mir von seiner Entdeckung erzählte … Er zeigte mir vier Polaroidfotos, die er in der Nähe von Monte Morello gemacht hatte. Ich habe sie aufgehoben und übergebe sie Ihnen hiermit. Zu sehen sind darauf aus Steinen gebildete Kreise … ich bat ihn, mir die Fotos für zwei Tage zu überlassen, um sie untersuchen und deuten zu können. Dabei kam mir neben meiner Intuition und meinen Fachkenntnissen auch ein Buch zugute, das in meiner Familie von Generation zu Generation weitergegeben wurde. Es stammt aus dem Jahr 1812 oder 1814 und ist teils auf Lateinisch, teils auf Französisch und Italienisch geschrieben. Der Titel war in lateinischer Sprache, nicht besonders gut leserlich, der abgenutzte Einband aus schwarzem Stoff... es handelte von esoterischen Riten der weißen und der schwarzen Magie.

Die vier Polaroidfotos zeigen alle den gleichen Kreis.

Auf einem Bild sieht man ein Kreuz aus zwei Holzreisern, das mit dem kürzeren Arm ins Erdreich gesteckt wurde, was ungewöhnlich ist; sowie zwei neben dem Kreuz liegende Gegenstände, wahrscheinlich rote Beeren. Auf dem einen Foto ist der Kreis an einer Stelle unterbrochen.

Das Detail mit dem Holzkreuz ruft mir den Artikel über schwarze Messen in Erinnerung, in dem von einem umgedrehten Kreuz mit der Zahl »666« aus der Apokalypse die Rede war.

Ich bitte die Expertin um ihre Deutung der Fotos:

Aufgrund meiner Kenntnisse der Materie glaube ich sagen zu können, dass ein geschlossener Kreis die Einheit zweier Personen, also eines Paares, bedeutet, ein offener Kreis dagegen dessen Trennung. Das Foto mit den Beeren und dem Kreuz bedeutet die Tötung der beiden Personen, die durch die beiden Beeren dargestellt sind, während das Kreuz für den Tod steht. Das Foto mit dem durchbrochenen Kreis bedeutet die Zerstörung nach der Ermordung der beiden Personen.

Sie fügt hinzu, ihr Buch über Magie sei unauffindbar und wohl bei einem Umzug verloren gegangen.

Auch wenn die Richter sich von diesen Erklärungen schwerlich überzeugen lassen werden, sind sie dennoch durchaus interessant, weil sie über die Bewegung des französischen Pärchens in der Umgebung von Florenz Auskunft geben. Ich frage mich, wie sie diesen »heiligen« Ort wohl gefunden haben, und vor allem, wie sie anschließend nach Scopeti gelangten, wo das »Monster« sie tötete.

Mir kommt der Gedanke, dass sie womöglich jemand zu der Stelle in der Nähe des Bauernhauses begleitet hatte, wo der Magier Salvatore wohnte, der in der Tatnacht unbedingt dort vorbeifahren und einen Blick auf das Zelt werfen wollte.

Ein Bild, das sich mir wie ein unzerstörbares Fotogramm eingeprägt hat. An einen bloßen Zufall kann ich nicht glauben. Ich versuche die Patrone ausfindig zu machen, die Ceri gefunden hatte.

Vergeblich.

Die einzige Spur ist der damalige Schriftverkehr bezüglich der Überstellung der Patrone aus Florenz an die Zentrale des polizeilichen Erkennungsdienstes nach Rom, wo die notwendigen Gutachten angefertigt werden sollten. Danach ist nie wieder davon die Rede.

Ich bringe meine Tabelle bezüglich des Verbrechens von 1985 auf den neuesten Stand:

| Verbrechen | Besonderheiten | |
|---|---|---|
| September 1985 Sonntag, eine Neumondnacht | Mann: | 3 Wunden durch Pistolenschüsse, mindestens 10 Messerstiche. |
| | Frau: | 4 Wunden durch Pistolenschüsse.<br>Scham und linke Brust stümperhaft herausgeschnitten.<br>Steinkreise und Patrone Kaliber 22 der Serie »H« am ersten Zeltplatz des Pärchens gefunden. |

Ich beschließe eine Ortsbesichtigung am ersten Aufenthaltsort der Franzosen im Wald von Sesto Fiorentino. Zusammen mit meinen Mitarbeitern fahre ich eine schmale, bisweilen steil ansteigende Straße entlang zu der Stelle. Innerhalb weniger Kilometer sind viele Höhenmeter zu überwinden.

Rechts von der Straße, die weiter nach oben führt, steht ein kürzlich renoviertes Haus, eines jener abgelegenen, für die Region typischen Steinhäuser. Linker Hand gelangt man zu der Freifläche, die auf drei Seiten von Zypressen umgrenzt ist. Auf einer Seite ein steingepflastertes Sträßchen, nicht mehr als zwei Meter breit. Ich gehe zu Fuß weiter. Das Sträßchen führt zu einer nur wenige Minuten entfernt gelegenen etruskischen Ausgrabungsstätte. Ich schaue mich um: Ruinen, Steine, Reste von verkohltem Holz und anderes verbranntes Material, das ich nicht genau zuordnen kann. Vielleicht nur Papier. In einer Grube ein Tierschädel, möglicherweise von einer Katze.

Kein leicht zu erreichender Ort, vor allem nicht für Fremde. Jemand musste die beiden Franzosen begleitet haben, allein hätten sie wohl kaum hierhergefunden.

Bevor ich nach Hause fahre, folge ich der Straße, auf der ich gekommen bin, noch ein Stück weiter hoch, um zu sehen, wo sie hinführt.

Nach wenigen Minuten gelange ich an ein altes entweihtes Kirchlein, das mit einem eisernen, mit einem Vorhängeschloss versehenen Gittertor umzäunt ist. Dem Inneren, das wegen des Spiels von Licht und Schatten nicht genau zu erkennen ist, entströmt ein Geruch nach Feuchtigkeit und abgestandenem Rauch. Ich erkenne die Reste des einstigen Altars, am Boden verstreut liegendes Papier, teils angesengt, an der Wand einen nicht vollständig leserlichen Schriftzug in schwarzer Farbe.

Dieser Ort – geprägt von Zeichen des Todes, abgelegen, verlassen und ganz offensichtlich geschändet – hat etwas Unheimliches.

Etwas entschieden Verstörendes.

Maria sieht man ihre siebzig Jahre kaum an. Die Form ihrer Augen und ihr Teint verraten, dass sie aus der Südsee stammt.

Sie hat wiederholt versucht, mit mir Kontakt aufzunehmen und im Polizeipräsidium die Nachricht hinterlassen, sie wisse etwas über das »Monster von Florenz« und wolle mich sprechen. Ich rufe sie an, sobald es mir möglich ist, und bestelle sie für den 6. November ein. Auch Kommissar Vinci ist anwesend.

Sie sagt, sie sei Kriminologin und habe schon vor Jahren bei der SAM in dieser Sache ausgesagt. Als sie jetzt in der Zeitung gelesen habe, dass die Ermittlungen weitergingen, habe sie sich entschlossen, ihre Aussagen zu wiederholen und zu präzisieren.

Das wissen wir bereits. Es existieren zwei Niederschriften, vom 4. Juli beziehungsweise vom 17. November 1990. Kommissar Vinci liest sie ihr vor, und sie bestätigt alles. Sie fügt jedoch hinzu, sie habe während der Zeit ihres Zusammenlebens mit einem (in der Niederschrift namentlich genannten) bekannten Akademiker aus Florenz, dessen Geliebte sie war, den Verdacht gehegt, dass dieser Mann mit jemandem in Kontakt stehe, der mit den Verbrechen des »Monsters« unmittelbar etwas zu tun hatte.

Sie nennt einen Namen: »Francesco aus Foligno«, ein Freund ihres Geliebten, der, wie sie festgestellt habe, in Perugia als »das Monster von Florenz« galt. Aus reiner Neugier habe sie eine private Detektei beauftragt herauszufinden, wer dieser berühmt-berüchtigte Freund ihres Geliebten wirklich war.

Sie fand heraus, dass er Arzt war, Professor an der Universität Harvard, dass er aus bestem Hause stammte und einen Monat nach dem letzten Mord des »Monsters« im Trasimenischen See ertrank.

Maria habe Dr. Canessa seinerzeit empfohlen nachzuprüfen, wo sich Francesco zum Zeitpunkt der Doppelmorde aufgehalten habe, aber sie wisse nicht, ob das geschehen sei und mit welchem Ergebnis.

Ich lasse unverzüglich im Archiv der SAM recherchieren, was über den Geliebten der Frau und den Arzt aus Foligno bekannt ist.

Man hatte die Vermögensverhältnisse von Marias ehemaligem Geliebten untersucht und herausgefunden, dass die Familie seiner Ehefrau eine Wohnung besaß, in der die Familie eines der Opfer des »Monsters« zur Miete gewohnt hatte (später wurde ihnen gekündigt).

Über den Arzt aus Foligno gibt es umfangreichere Erkenntnisse.

Er heißt Francesco Narducci und ist, anonymen Briefen zufolge (von denen einige zum Zeitpunkt des Berufungsprozesses gegen Pacciani direkt bei der Justizbehörde eingingen), das »Monster von Florenz«. Ich entdecke auch das Memorandum eines Privatdetektivs, der nicht mit der von Maria beauftragten Detektei identisch ist. Es wurde am 28. Oktober 1993 direkt an die Staatsanwaltschaft geschickt und enthält unter anderem detaillierte Angaben zum mysteriösen Tod des Arztes, der seinerzeit als Selbstmord zu den Akten genommen worden war, ohne dass eine Obduktion durchgeführt wurde. Achtzehn Seiten über den Ertrinkungstod Francesco Narduccis mit der abschließenden Empfehlung, die Leiche zu exhumieren. Am 3. November hatte die Staatsanwaltschaft den Bericht an die Squadra Anti Mostro weitergeleitet, die einen Tag später zurückschrieb, Francesco Narducci sei zum Zeitpunkt des Verbrechens von Calenzano (22. Oktober 1981) in den Vereinigten Staaten von Amerika gewesen, wo er an einem Fortbildungskurs teilgenommen habe; er könne folglich nicht das »Monster« sein.

Aus der Optik der damals geläufigen These vom einsamen Serienkiller eine durchaus nachvollziehbare Antwort, jedoch inakzeptabel im Licht der neuen Ermittlungen, die auf ein komplexes Tätergefüge hindeuten, bei dem das Fehlen eines der Komplizen die Aktivität der Gesamtgruppe nicht notwendigerweise lähmt.

Ich schreibe einen ausführlichen zusammenfassenden Bericht über den Stand der Ermittlungen zu den möglichen Auftraggebern und schicke ihn an die Staatsanwaltschaft.

Unter anderen führe ich die Elemente an, die einen esoterischen Hintergrund der Doppelmorde nahelegen, und gebe Informationen zu Personen, die für die weiteren Ermittlungen von besonderem Interesse sind. Auch mit meinen Zweifeln hinsichtlich eines natürlichen Todes von Pietro Pacciani halte ich nicht hinter dem Berg. Bestärkt werde ich darin durch ein von der Staatsanwaltschaft in Auftrag gegebenes toxikologisches Gutachten zu den inneren Organen, die man bei der Obduktion entnommen hatte und die im Rechtsmedizinischen Institut aufbewahrt werden. In dem Gutachten, das ich in jenen Tagen erhalte, heißt es, man habe in der Leiche keine Spuren der Medikamente gefunden, die Pacciani hätte einnehmen müssen, im Magensaft jedoch Spuren des Asthmamittels »Eolus«. Dieses Medikament enthält Bestandteile, die Pacciani aufgrund seines Herzleidens nicht hätte einnehmen dürfen.

Ich verweise auch auf ein Interview mit Schwester Elisabetta, das am 1. April 2001 in der Tageszeitung *Il Giornale della Toscana* unter dem Titel *Er hatte Angst, dass man ihn umbringt* erschien, sowie auf das Protokoll der Vernehmung Schwester Elisabettas vom 3. April, in dem sie die in dem Interview gemachten Äußerungen bestätigte, nicht jedoch die Behauptung des Journalisten, Pacciani habe befürchtet, ermordet zu werden. Allerdings bestätigte sie, Pacciani habe nach seiner zweiten Haftentlassung Besuch von einem distinguierten Herrn bekommen, den er nicht ins Haus gelassen habe.

Schließlich mache ich noch einige Vorschläge, unter anderem, dass ich es für dringend geboten halte, die Ermittlungen zum Tod des Arztes aus Perugia und zu den im Zuge der Ermittlungen aufgetauchten Personen, insbesondere zum Exgeliebten von Maria, zu intensivieren.

Ich schicke den Brief am 3. Dezember 2001 ab.

Nach Erhalt des Schreibens gratuliert mir der Staatsanwalt und teilt mir mit, er werde die vorgeschlagenen Untersuchungen in die Wege leiten, bittet mich aber, noch ein paar Tage zu warten, da sein Vorgesetzter, Dr. Ubaldo Nannucci – der in der Zwischenzeit Dr. Guttadauro als Leiter der Staatsanwaltschaft abgelöst hat –, über die weiteren Ermittlungen auf dem Laufenden gehalten werden möchte. Er muss also mein Schreiben lesen und seine Zustimmung erteilen.

Ich warte.

Und damit geraten die Ermittlungen in Florenz erneut ins Stocken. Eine lange Pause. Eine Ewigkeit, wenn die Wurzel des Übels nicht auch anderswo Blüten getrieben hätte. Und zwar gar nicht weit entfernt: in Foligno.

# 8. Der »grosse Arzt«

Im Institut in Foligno, wo Dora arbeitet, läutet das Telefon. Sie hebt ab, und noch bevor sie sich melden kann, hört sie die bekannte kurzatmige Stimme.

»Du und deine Familie, ihr müsst sterben… dein Sohn, der hübsche Rotschopf… er wird für Satan, unseren Herrn, in den Hügeln des Mugello geopfert werden… du verdammte Hure…«

Die Stimme des Mannes klingt heiser, gekünstelt, leicht metallisch. Er betont die einzelnen Wörter, als kosteten sie ihn Mühe.

Dora erhält nicht zum ersten Mal einen solchen Anruf. Ein Mann und eine oder auch zwei Frauen rufen abwechselnd an – wie viele es sind, ist schwer zu sagen, weil die Stimmen stets verstellt sind, die weiblichen haben etwas angestrengt Kindliches. Doch die Beschimpfungen und Drohungen sind stets dieselben.

»Bist du noch dran? Gehst du noch zu deinem Scharlatan? Ja, wir warten auf dich, wir sind schon da, bei deinem Scharlatan. Er wird ein schlimmes Ende nehmen. Genau wie du. Wir werden dir das Blut abzapfen, dir und ihm. Seinen Kopf werden wir in den Hügeln von Florenz vergraben… wo auch dieser Hurensohn Pacciani ist… Du Hure, du bist am Ende!«

Dora lässt sich nicht kleinkriegen, sie bietet den Anrufern Paroli, verspottet sie: »Das sagst du mir schon seit einer Ewigkeit… ich habe Angst! Und wie! Ich zittere am ganzen Körper!«

Die weibliche Stimme: »Dein Sohn … wir wollen ihn …«

Dora: »Was ist, es gelingt dir wohl nicht?«

Die weibliche Stimme: »Er wird enden wie Pacciani … er war unser Diener, aber er hat Verrat begangen.«

Die männliche Stimme: »Denk an den Arzt, Paccianis Freund … diese Verräter Satans … Die Verräter Pacciani und der große Arzt … Narducci … erwürgt und in den See geworfen.«

Die männliche Stimme: »Für dich beginnt bald die Finsternis Satans. Wie für Paccianis Freund im Trasimenischen See.«

Die männliche Stimme: »Die Polizei wird uns nichts tun … du wirst sterben. Es ist wichtig, dass es einer von uns tut, und wir sind viele … Hure … Äffin … Henne!«

Immer wieder diese Anrufe.

Dora lässt sie reden und nimmt alles auf.

Jetzt sitzt sie einem Inspektor der Squadra Mobile im Polizeipräsidium von Perugia gegenüber, der ungläubig das Tonband anhört, den Beweis für die Todesdrohungen, deretwegen Dora Anzeige erstattet hat. Eine umfangreiche Anzeige. Außer den Telefonaten hat sie auch anonyme Briefe erhalten, ebenfalls mit Todesdrohungen. Man drohte ihr an, den Heuschuppen anzuzünden, was dann tatsächlich geschah; ihr Auto wurde beschädigt (vier Reifen zerstochen, die Karosserie zerkratzt) – all dies hat sie bereits der Polizei ihres Dorfes gemeldet.

»Jetzt haben sie angefangen, auch meinen dreijährigen Sohn mit dem Tod zu bedrohen.«

Doch diesmal hat Dora Glück: Der Inspektor verständigt umgehend die Staatsanwaltschaft, die die Ermittlungen in einem anderen Fall koordiniert, in den ein Verwandter von ihr verwickelt ist; aus diesem Grund ist sie an diesem Tag ins Polizeipräsidium bestellt worden.

Der Staatsanwalt heißt Giuliano Mignini.

Ein integrer, mutiger Mann, der unbeirrt seinen Weg geht, sich keinem Druck beugt und sich von niemandem einschüchtern lässt. Einer jener Ordnungshüter im Dienst der Bevölkerung, von denen ich in meinen Romanen so gern erzähle. Vom selben Schlag wie Vigna, den ich zunehmend vermisse.

Als der Staatsanwalt bei der Squadra Mobile eintrifft, zieht er nicht einmal seinen beigefarbenen Regenmantel aus, sondern setzt sofort die Kopfhörer auf, um sich die Telefongespräche anzuhören. Er lauscht konzentriert und achtet genau auf die Sätze. Sofort fällt ihm die Anspielung auf den »großen Arzt« Narducci auf, denn Mignini stammt aus Perugia und weiß daher, dass es sich um den Arzt handelt, den die Öffentlichkeit seinerzeit mit den Untaten des »Monsters von Florenz« in Verbindung gebracht hat – der Verdacht hat sich gehalten, bis zum heutigen Tag.

Um mehr Klarheit zu gewinnen, erteilt er unverzüglich die Anweisung, die Ermittlungen zu dem Arzt und den Umständen seines Todes zu intensivieren. Und zwar mit Hilfe der Squadra Mobile von Perugia.

Derweil vernimmt er persönlich Dora, die ihm alles bestätigt, was sie bereits der Polizei gesagt hat, und zu den Drohungen Folgendes erklärt:

Die Drohungen stammen von einer oder zwei Frauen und einem Mann, die mich abwechselnd anrufen, von einer satanistischen Sekte sprechen und den Anspruch erheben, Pacciani getötet zu haben, der die Sekte verraten habe. Diese anonymen Anrufer sprechen von einer Art Hohepriester der Sekte, der in Florenz lebt und demnächst angeblich nach Foligno oder besser gesagt nach Sassovivo kommen wird, wo sie ihre Rituale abhalten und ich mit meinem Sohn geopfert und anschließend in Florenz begraben werden soll. Manchmal drohen sie auch, meinen Sohn zu einem Adepten der Sekte zu machen, und ihn, sollte er nicht gefügig sein, zu zerstückeln und zu verkaufen.

Der Staatsanwalt ordnet eine Ortsbesichtigung in Sassovivo, Gemeinde Foligno, an. In der Krypta neben der Abtei Beato Alano entdeckt die Polizei Knochen unterschiedlicher Größe, einige davon von Tieren, andere aufgrund ihrer Größe mit Sicherheit Menschenknochen. Drei dieser Knochen, darunter ein Schienbeinknochen, werden außerhalb der Abtei gefunden.

Dies ist ganz gewiss der Ort, an dem die unbekannten Anrufer ihr makabres Ritual vollziehen wollen.

Eine interessante Entdeckung. Noch interessanter aber sind die Akten, die seinerzeit über den Arzt angelegt wurden. Mignini entdeckt, dass einige Mitglieder der Squadra Mobile von Perugia unmittelbar nach dem letzten Verbrechen des »Monsters von Florenz« nach Foligno fuhren, wo Narducci seine Praxis hatte, um im Zusammenhang mit dem Doppelmord zu ermitteln. Beweis dafür sind die Einsatzpläne, die die außerordentlichen Bemühungen der Polizei belegen. Unter dem Datum des 10. September 1985 heißt es: »18–20 und 22–24 Uhr Ermittlungen im Zusammenhang mit dem Monster von Florenz – Dienststellen des Generalstaatsanwalts und der Sicherheitskräfte von Foligno.«

Und einen Tag später: »17–20 Uhr Ermittlungen im Zusammenhang mit dem Monster von Florenz«.

Am 8. Oktober (dem Abend, an dem Francesco Narducci spurlos verschwand): »21–24 Uhr Ermittlungen der Generalstaatsanwaltschaft von Foligno im Zusammenhang mit dem Doppelmord von Florenz.«

Hier lohnt es sich, genauer zu recherchieren.

Der Arzt kam am 13. Oktober 1985 im See ums Leben. Die Ärztin, die an den Fundort der Leiche gerufen wurde, stellte fest: »Erstickungstod nach Ertrinken vermutlich infolge von Bewusstlosigkeit.«

Es wurde jedoch keine Obduktion durchgeführt, wie es in solchen Fällen üblich ist.

Zu dem Fall existieren kaum Unterlagen.

Die Carabinieri von Magione wurden am 8. Oktober 1985 um 23.15 Uhr vom spurlosen Verschwinden des Arztes in Kenntnis gesetzt und benachrichtigten sofort die Einsatzzentrale. Auch die Feuerwehr kam, konnte aber das Boot, mit dem der Arzt gegen 16 Uhr aufgebrochen war, nicht lokalisieren.

Das Boot vom Typ Grifo Plaster, 70 PS, wurde am 9. Oktober um 0.30 Uhr von einem Fischer gefunden. Der Schlüssel steckte, und das Getriebe befand sich in Leerlaufstellung. Laut eines Fernspruchs der Carabinieri von Magione war die Leiche des Arztes um 7.20 Uhr nach einem Hinweis zweier Fischer der Kooperative »Alba« im See entdeckt worden. Sie trieb, bekleidet mit Jeans, Hemd, Lederjacke und braunen Mokassins, an der Wasseroberfläche. Die Leiche wurde zum Landungssteg gebracht, wo die Ärztin sie untersuchte und den Tod durch Ersticken feststellte.

Der Tote wurde von zweien seiner Kollegen identifiziert und die Leiche umgehend den Angehörigen überstellt.

Der zuständige Staatsanwalt beantragte am 24. Oktober beim Ermittlungsrichter den Verzicht auf Klageerhebung. Dem Antrag wurde am 7. November mit ungewöhnlicher Beflissenheit stattgegeben.

# 9. Inspektor Napoleoni

Um sich die nur spärlich dokumentierten Beweggründe und Ergebnisse der Arbeit der Squadra Mobile Perugias in Foligno im Zusammenhang mit dem »Monster« vor Augen zu führen, befragt Mignini am 25. Januar 2002 den Polizeiinspektor, der seinerzeit die Ermittlungen geleitet hatte.

Er heißt Luigi Napoleoni und ist mittlerweile in Pension. Er erzählt:

In der Nacht vom 8. auf den 9. Oktober 1985 wurde ich von Polizeidirektor Trio telefonisch aufgefordert, unverzüglich an den Trasimenischen See zu fahren. Dr. Francesco Narducci sei verschwunden. Ich war überrascht, weil der Polizeidirektor meines Erachtens nach zuerst den Leiter des Einsatzkommandos, Dr. Speroni, hätte benachrichtigen müssen ... Während der drei Tage, die ich ununterbrochen am See verbrachte, bat ich den Polizeidirektor um die Erlaubnis, Narduccis Ehefrau und Angehörige vernehmen zu dürfen, um genauere Erkenntnisse zu gewinnen, aber der meinte, das sei nicht nötig, da es sich um ein Unglück handle. Das war, noch bevor man die Leiche gefunden hatte. An dem Tag, an dem man die Leiche fand, einem Sonntag, wurde ich von der Einsatzzentrale benachrichtigt, im Trasimenischen See sei eine Leiche gefunden worden. Da ich mir schon dachte, dass es sich um Narducci handelte, begab ich mich zusammen mit dem Polizeibeamten Tardioli dorthin ... ich erinnere mich, dass die Leiche aufgedunsen und dunkelbraun war, irgendwie seifig ... ich weiß auch noch, dass ich nach der Auffindung der Leiche, die genaue Uhrzeit weiß ich nicht mehr, nach Florenz zu der von Dr. Francesco Narducci genutzten Wohnung fuhr, um nach weiblichen Körperteilen in Alkohol oder Formalin zu fahnden; ich erinnere mich nicht mehr, wo diese Wohnung lag, jedenfalls war sie in einem älteren mehrstöckigen Gebäude, ich weiß nicht mehr, ob eine Eigentumswohnung. Ich weiß auch nicht mehr, in welchem Viertel das Haus war; ich glaube, bin mir aber nicht sicher, dass wir ins Zentrum von Florenz fuhren.

Diese allzu vagen Ausführungen mit den vielen Gedächtnislücken des Polizeiinspektors stellen den Staatsanwalt nicht zufrieden. Er beraumt eine weitere Vernehmung an, in der Napoleoni im Zusammenhang mit der Wohnung in Florenz von einem »Medium« aus Perugia spricht, das ihm die Wohngegend beschrieben habe, wo das »Monster« die den Opfern abgeschnittenen Körperteile aufbewahre. Mit diesen Angaben sei er nach Florenz gefahren, wo er das Haus fand, von dem ihm allerdings nur noch der recht lange Flur in Erinnerung geblieben sei. Er habe aber nichts Aufschlussreiches gefunden.

Auch seine Ausführungen über die Aktivitäten in Foligno klingen wenig überzeugend. Sie gehen aus den Aufzeichnungen der Überstunden hervor und faszinieren den Staatsanwalt in besonderer Weise.

Doch am Ende ist er auch nicht schlauer.

Merkwürdig ist, dass am Abend, an dem Narducci verschwand (am 8. Oktober 1985), der Inspektor nach Foligno fuhr, um eigenen Angaben zufolge von einem Medium Auskünfte über die Verbrechen des »Monsters von Florenz« einzuholen – noch dazu zu einer ungewöhnlichen Uhrzeit: von 21 bis 24 Uhr. Umso mehr, als er an jenem Abend vom Verschwinden des Arztes erfahren hatte und vom Polizeidirektor angewiesen worden war, sich an den Nachforschungen zu beteiligen.

Die einzig plausible Erklärung ist, dass die Mitarbeiter der Squadra Mobile von Perugia das Verschwinden des Arztes, nach dem geforscht werden sollte, in irgendeinem Zusammenhang mit dem »Monster von Florenz« sahen.

Mignini entdeckt in den Akten ein Schreiben des Polizeipräsidiums von Perugia vom 13. September 1985, unterzeichnet vom Leiter der Squadra Mobile, in dem der Squadra Mobile von Florenz die ersten Angaben des Mediums übermittelt wurden. Es gibt jedoch keinen Hinweis darauf, dass in Florenz diesbezüglich etwas unternommen wurde.

Alles deutet darauf hin, dass Inspektor Napoleoni noch vor dem Verschwinden Narduccis die Verbrechen des »Monsters von Florenz« mit dem Arzt aus der Gegend von Perugia in Verbindung brachte und eigenmächtig Ermittlungen einleitete, auf die sich auch in den Akten der Justizbehörde, die ja hätte informiert werden müssen, kein Hinweis findet. Alles andere als oberflächliche Ermittlungen, wenn der Inspektor sogar nach Florenz fuhr, um Narduccis Wohnung aufzusuchen in der Hoffnung, dort die den Frauen abgeschnittenen Körperteile aufzuspüren.

Dr. Alberto Speroni, zum damaligen Zeitpunkt Napoleonis Vorgesetzter, erklärte bei seiner Befragung durch den Staatsanwalt, er habe nicht gewusst, dass seine Untergebenen zu derartigen Ermittlungen nach Florenz fuhren.

Die genaueren Umstände dieser Angelegenheit werden immer undurchsichtiger.

Mignini schaltet seinen Kollegen Canessa in Florenz ein und informiert ihn über den Verlauf seiner Nachforschungen, und Canessi beantragt offiziell, die beiden Ermittlungsstränge zusammenzuführen.[3]

Die beiden Staatsanwaltschaften beginnen zusammenzuarbeiten, aber merkwürdigerweise habe ich die bereits am 3. Dezember 2001 beantragten Vollmachten immer noch nicht erhalten. Dabei entsprechen sie genau der Richtung, die Mignini bei seiner Ermittlungsarbeit eingeschlagen hat, geht es doch auch hier um den Tod des Arztes aus Perugia und jene anderen in den Fall verwickelten Personen, die ins Fadenkreuz meiner Ermittlungen geraten sind.

Eine unbegreifliche Verzögerung.

Die ausgleichende Gerechtigkeit will es, dass Staatsanwalt Mignini keineswegs mit den Händen im Schoß dasitzt, während ich warte und warte, so als hätte ich den Staffelstab an ihn weitergegeben.

Er ist ein zäher Bursche, der keinen Feierabend kennt, stets präsent ist und die Aktivitäten der Polizei wie der Carabinieri genauestens verfolgt. Er hat die Carabinieri in die Ermittlungen einbezogen und in dem jungen Leutnant Antonio Morra, der die ermittelnde Sondereinheit leitet, einen fähigen Mitstreiter gefunden. Auch von der Generalstaatsanwaltschaft wird er unterstützt, insbesondere von Mario Fringuello und Danilo Paciotti.

Ausgesprochen korrekt, schickt er seinem Kollegen in Florenz laufend Berichte, die entweder er selbst geschrieben hat oder von der Gerichtspolizei hat verfassen lassen.

Mit Hilfe von Zeugenaussagen rekonstruiert er die letzten Stunden im Leben Francesco Narduccis, die Suche im See, die Auffindung der Leiche und deren Bergung.

Ausgesprochen wertvolle Zeugenaussagen, die die Ermittlungen ein gutes Stück voranbringen.

Professor Francesco Narducci, ein angesehener Gastroenterologe, unterbricht am 8. Oktober 1985 gegen Mittag unvermittelt seine Arbeit in der gastroenterologischen Abteilung der Poliklinik Monteluce in Perugia.

Der Grund dafür ist nicht bekannt.

Zeugenaussagen zufolge wird er während einer Untersuchung, möglicherweise einer Darm- oder einer Magenspiegelung, in einen anderen Raum ans Telefon gerufen. Er unterbricht seine Tätigkeit, um das Gespräch entgegenzunehmen, und erklärt seinen Kollegen dann, er müsse dringend weg. Da Narducci eine Untersuchung nicht ohne triftigen Grund unterbricht, gehen die Kollegen davon aus, dass etwas Schlimmes oder Wichtiges vorgefallen ist, fragen aber nicht nach.

Im Korridor des Erdgeschosses Richtung Ausgang begegnet ihm ein anderer Arzt und grüßt ihn, doch Narducci erwidert den Gruß nicht. Im Weitergehen starrt er geistesabwesend vor sich hin. Er trägt eine Wildlederjacke.

Vor dem Eingang der Poliklinik hält er jedoch inne, um mit einem anderen Kollegen zu sprechen. Er schlägt ihm vor, an diesem herrlichen Tag mit dem Motorrad an den See zu fahren, aber der Kollege tritt gerade seinen Dienst an.

Narducci verlässt die Klinik zusammen mit einem anderen Arzt, der den Eindruck hat, Narducci habe das Bedürfnis, zu sprechen und sich jemandem anzuvertrauen. Da dieser Kollege in seinem Sprechzimmer etwas vergessen hat, geht er rasch zurück, doch als er wiederkommt, ist Narducci nicht mehr da.

Francesco Narducci fährt nach Hause, wo er seiner überraschten Ehefrau begegnet, die nicht mit ihm gerechnet hat. Er isst eine Kleinigkeit und telefoniert, vielleicht mit seiner Mutter oder Schwester, dann holt er etwas aus seinem Arbeitszimmer und verlässt das Haus. Zu seiner Frau sagt er, er kehre ins Krankenhaus zurück.

Doch er fährt mit dem Motorrad zur Villa der Familie in San Feliciano am Trasimenischen See. Hier schreibt er einen Brief, den später der Hausmeister findet und dessen Inhalt nicht bekannt ist. Die Frau des inzwischen verstorbenen Hausmeisters sagt aus, die Handschrift sei unleserlich gewesen und ihr Mann habe später, als er vom spurlosen Verschwinden des Arztes erfuhr, den Brief nicht mehr gefunden.

Nachdem Francesco Narducci diesen Brief geschrieben hat, fährt er – den Nachbarn zufolge mit hoher Geschwindigkeit – zur Bootsanlegestelle.

Es ist 15.00, 15.30 Uhr.

Der Betreiber der Bootsanlegestelle macht ihn darauf aufmerksam, dass der Tank seines Bootes nur noch halb voll ist, aber Narducci antwortet, das sei ausreichend, und fügt hinzu, er habe stets einen Reservetank mit sechs bis sieben Litern Inhalt an Bord. Dann fährt er in Richtung der Insel Polvese in der Mitte des Sees. Von da an verlieren sich die Spuren. Bis zum Vormittag des 13. Oktober.

Als ein Leichnam aus dem Wasser gefischt wird, haben Angehörige und Bekannte keinen Zweifel: es ist Narducci.

Um den Tod festzustellen, wird kein Gerichtsmediziner geholt, sondern eine ortsansässige Ärztin. Mignini fragt sich, aus welchem Grund, und beschließt, die Ärztin zu vernehmen.

Die Ärztin bestätigt, sie sei weder mit rechtsmedizinischen Belangen vertraut noch habe sie Erfahrung im Ermitteln von Todesursachen, sondern könne lediglich »Totenscheine« ausstellen. Und sie fügt hinzu, dass sie deshalb »die Untersuchung der Leiche« nicht habe durchführen wollen. Dazu sei sie von Narduccis Bruder und zweien seiner Kollegen mehr oder weniger gezwungen worden. Mit ihrer Forderung, den Leichnam zumindest an einem geeigneten Ort zu bringen und nicht hier auf dem Landungssteg untersuchen zu müssen, habe sie sich nicht durchsetzen können, und als sie dem Leichnam teilweise die Kleidung aufschnitt, um den Rücken zu untersuchen, habe sie sich abfällige Bemerkungen anhören müssen wie: »Widerwärtig, Leichenschändung, unmoralisch.«

Sie erinnert sich, dass auf dem Landungssteg jede Menge uniformierte Beamte herumstanden: Carabinieri, Polizisten und Feuerwehrleute. Als sie auf der Obduktion bestanden habe, weil die Untersuchung nicht ausgereicht habe, um die Todesursache zweifelsfrei festzustellen, sei sie auf noch massiveren Widerstand gestoßen.

Mit anderen Worten: Sie habe kaum Handlungsspielraum gehabt, so als sei bei ihrem Eintreffen alles bereits entschieden gewesen. Und obwohl sie nach so langer Zeit nicht mehr sicher sein könne, erscheine es ihr doch höchst unwahrscheinlich, dass sie seinerzeit dem gerichtspolizeilichen Beamten zu Protokoll gegeben haben soll, dass »der Tod vor etwa einhundertzehn Stunden« eingetreten sei – eine Aussage, die ihren Sachverstand überstiegen hätte, insbesondere unter den gegebenen Umständen der Hast und Eile.

Die Leiche wird gleich anschließend den Angehörigen überstellt. Ein Autokonvoi wird gebildet, mit dem Leichenwagen an der Spitze. In diesem fährt ein Polizeibeamter mit, um den Fahrer zu beschwichtigen, der von der Gerichtsmedizin keine Freigabe der Leiche für den Transport erhalten hatte.

Der Polizeibeamte weist den Fahrer an, nach Perugia zu fahren, aber schon bald erhält der Beamte von einer jungen Frau die Anweisung, der Leichnam »muss nach Hause gebracht werden«, in die Villa in San Feliciano.

Dieser Anweisung wird umgehend Folge geleistet. Der Leichnam wird in die Garage gebracht, wo er von einem anderen Bestattungsunternehmen vorbereitet wird.

Der von Mignini befragte Bestattungsunternehmer erklärt, die Leiche habe »negroid« ausgesehen, nicht zuletzt wegen der vorspringenden Lippen, und dass man ihr ein helles, hinten aufgeschnittenes Hemd habe anziehen müssen, eine Jacke und einen dunkelblauen Wollpulli.

Weitere Einzelheiten über den Zustand der Leiche erfährt der Staatsanwalt von den beiden Kollegen und Freunden des Verstorbenen, die auf dem Landungssteg dabei waren und den Toten identifizierten. Mignini befragt sie mehrmals.

Die Leiche habe »auf dem Rücken gelegen, stark aufgedunsen, mit Blutergüssen im Gesicht und vor allem am Unterleib. Das Gesicht wirkte negroid, mit auffälligen Ödemen an den Lippen, schwärzlich verfärbt«, sagt der eine, und der andere erklärt: »Er war derart entstellt, dass er nicht wiederzuerkennen war, nur in seinem Körperbau ähnelte er Francesco«. Und er fügt hinzu: »Die Polizei kam und nahm dem Professor seine Ausweise aus der Jackentasche, aus denen ersichtlich wurde, dass es sich um Narducci handelte.«

Einer der beiden Freunde erzählt weiter, bevor die Leiche gefunden wurde, sei er mit Francesco Narduccis Bruder bei »einem sehr mächtigen Medium« gewesen, das ihnen am Abend des 12. Oktober gesagt habe, Francesco sei tot, und er werde am folgenden Tag »zwischen der Insel Polvese und der Mole Sant'Arcangelo« aus dem Wasser geholt werden.

Dieses Medium ist wirklich beneidenswert begabt. Schade, dass wir bei der Squadra Mobile nicht so jemanden haben.

Mignini befragt auch den ehemaligen Verlobten von Narduccis Schwester, der mit ihr zusammen an einer Sitzung bei einem Kartenleger teilnahm. »Francescos ruhelose Seele muss erlöst werden«, soll dieser gesagt haben, »er war an den Verbrechen des Monsters beteiligt.« Statt gekränkt zu sein, habe die Schwester die von dem Kartenleger angeratenen Riten vollzogen und nachts in der Villa in San Feliciano die Essenzen verbrannt, die er ihnen empfohlen hatte.

Für den Geschmack des Staatsanwalts gibt es hier zu

viele Personen mit übersinnlichen Kräften. Entschlossen, der Sache auf den Grund zu gehen, ordnet er die Exhumierung von Francesco Narduccis Leiche an, um durch eine Obduktion die Todesursache zu ermitteln.

Mit dieser Aufgabe betraut er Professor Giovanni Pierucci, den Leiter der Rechtsmedizinischen Abteilung der Universität Pavia.

Am Gutachten wirken auch Sachverständige mit, die das Vertrauen der Angehörigen des Arztes (Eltern, Brüder und Ehefrau) genießen und gemäß Artikel 360 der Strafprozessordnung Bemerkungen und Vorbehalte vorbringen können.[4]

Unterdessen beginnt sich auch in Florenz etwas zu bewegen.

# 11. Weitere Hindernisse

Das Warten auf die Vollmachten ist unerträglich geworden. An Arbeit mangelt es mir als Leiter der Squadra Mobile nicht, und die Ermittlungen zu den Auftraggebern des Verbrechens machen nur einen kleinen Teil meiner Aufgaben aus. Aber ich kann nicht akzeptieren, dass eine bürokratische Hürde – wie sonst soll ich es mangels anderer Erklärungen interpretieren? – sich in ein weiteres Hindernis verwandelt.

Ich bestehe darauf zu erfahren, warum meine Notiz vom 3. Dezember 2001 immer noch unbeantwortet ist. Canessa weicht der Frage aus, solange er kann, gibt jedoch schließlich zu, dass der leitende Oberstaatsanwalt Nannucci nicht vorhat, die Ermittlungen weiter zu vertiefen, weil die Angaben, auf denen das Gesuch basiert, nichts weiter seien als »Behauptungen«.

Ich weigere mich, das zu glauben. Es ist lächerlich, umso mehr, wenn man berücksichtigt, was gerade in Perugia vor sich geht.

Und immerhin werden diese Ermittlungen von Staatsanwalt Canessa geleitet, nicht von Nannucci: Es ist Zeit für eine Mahnung an alle, sich ihrer jeweiligen Verantwortung zu besinnen und sie wahrzunehmen.

Am 21. Mai schreibe ich an den Staatsanwalt. Ich will schriftlich festgehalten wissen, was hier vor sich geht.

Ich erinnere an die Notiz vom 3. Dezember 2001 und verweise darauf, dass die beantragten Vollmachten immer noch nicht erteilt sind: Nach meinem Ermessen sind sie notwendig, um die Ermittlungen gegen die mutmaßlichen Hintermänner des Verbrechens fortzuführen, und ich warte immer noch auf eine Entscheidung in der Frage, ob es angemessen ist, in der angegebenen Richtung weiter zu ermitteln.

Ich erwarte eine schriftliche Antwort, mit mündlichen Verlautbarungen gebe ich mich nicht mehr zufrieden.

Als er den Brief erhält, sagt Canessa mir ganz offen, er sei wirklich verbittert über die entstandene Situation, und versichert mir, er werde alles tun, um eine Lösung zu finden.

Ich glaube ihm und lasse erneut ein paar Tage verstreichen.

In der Nacht vom 12. auf den 13. Juni hat irgendjemand die geniale Idee, mir – wahrscheinlich mit einer Ahle – alle vier Räder des Autos zu zerstechen, das ich wie gewöhnlich auf einem reservierten Parkplatz neben der Kaserne der Eisenbahnpolizei in Porta in Prato abgestellt habe.

Ich erstatte Anzeige bei der Staatsanwaltschaft, denn obgleich ich keinen konkreten Verdacht habe, ist doch mehr als wahrscheinlich, dass der Anschlag mit meiner Tätigkeit als Leiter der Squadra Mobile zu tun hat.

Ich werde in der Sache nie wieder etwas hören; ebenso wenig werde ich vom mit dem Vorgang betrauten Staatsanwalt befragt. Bis heute weiß ich nicht, ob es als Warnung gedacht war.

Am Tag darauf erhalte ich schließlich eine Ermittlungsvollmacht von Canessa. Sie betrifft die weitergehenden Ermittlungen zu Francesco Narducci und dessen möglichem Aufenthalt im Gebiet von Florenz. Viel ist das nicht, aber ich klammere mich an die Hoffnung, diese Vollmacht sei nur der Anfang. Jedenfalls verschafft sie mir die Möglichkeit, die Zusammenarbeit mit dem Staatsanwalt von Perugia in die Wege zu leiten, die mit der Zeit zwangsläufig enger werden muss.

Die Wiederaufnahme der Ermittlungen, der jene mutmaßliche Warnung vorangegangen ist, fällt zusammen mit einer Flut anonymer Briefe, von denen einige ausgesprochen kritisch, andere schwer beleidigend und wieder andere gewollt kryptisch sind.

Einer davon, mit Schablone geschrieben, trifft in einem Umschlag ein, der Brandflecken von Zigaretten aufweist. Dem Poststempel entnehme ich, dass er in der Stadt eingeworfen worden ist.

Ich lese ihn.

Sehr geehrter Dottore,
Die Rosen knospen wieder.

Die fetten Fratres von Montemurlo verkaufen immer noch gebrauchte Kutten und bringen ihre Almosen aus den Geschäften der Färber auf die Bank nach Prato.

Rosen und Kutten werden von Figline bis San Felice und von Borgo bis Mercantale verrückt spielen.

Und Sie Ärmster können nichts weiter tun, als toskanische Zigarren rauchen.

Fast könnte man darüber lachen, wenn die Angelegenheit, mit der wir befasst sind, nicht auf so dramatische Weise real wäre. Die Anspielung auf den Fall des »Monsters von Florenz« in jenem »von Borgo« (Ort des ersten Verbrechens) »bis Mercatale« (Wohnort von Pacciani und Umfeld seiner Komplizen) ist ziemlich eindeutig.

Ich lege den Brief einem Experten vor, der ihn folgendermaßen kommentiert:

»Die Rosen knospen wieder« bedeutet: »Diese Leute haben Lust, wieder zu morden«; »... verkaufen immer noch gebrauchte Kutten« kann sich auf die Tatsache beziehen, dass gebrauchte Kutten auch bei Ritualen wie den schwarzen Messen verwendet werden; »Rosen und Kutten werden von Figline bis San Felice und von Borgo bis Mercantale verrückt spielen« kann als klarer Hinweis auf eine Wiederaufnahme der Verbrechen gedeutet werden, da die Rose als Symbol für Blut steht und die Kutte bei Ritualen (schwarzen Messen) verwendet wird, es also wie in der Vergangenheit Menschenopfer geben wird.

Unverständlich bleibt der Hinweis auf die »Fratres von Montemurlo«. Es gibt in Montemurlo kein Mönchskloster, und der Experte vermutet, dass in jenem Ort wichtige Personen wohnen könnten, die mit schwarzen Messen zu tun haben.

Vielleicht sind es bloße Vermutungen ohne jeglichen Wert für die Ermittlungen, aber ich will dem nachgehen und lasse von Inspektor Michelangelo Castelli einen Priester befragen, der mit Esoterik vertraut ist. Nachdem der Priester den Inhalt des Briefes genau analysiert hat und ich ihm die Deutung der Anspielungen auf »Rosen« und »gebrauchte Kutten« vorgelegt habe, sagt er:

Der anonyme Brief scheint mir eher eine kryptische Mitteilung an den Adressaten zu sein als ein im eigentlichen Sinne esoterisches Schreiben. Die Absicht des anonymen Verfassers ist offenbar, die Namen bestimmter Personen mitzuteilen, die verbrecherische Taten begehen könnten ähnlich denen, die dem sogenannten Monster von Florenz zugeschrieben werden.

Der Verfasser des Schreibens wird nie identifiziert werden.

Ebenso wenig wie die »Fratres von Montemurlo«. Gleiches gilt für die Verfasser zahlreicher weiterer anonymer Briefe, darunter des folgenden, der aus Perugia kommt und an den »Polizeichef Dr. Giuttari Michele Firenze« adressiert ist:

Hier in Perugia pfeifen es die Spatzen von den Dächern, dass das sogenannte »Monster von Florenz« aus Perugia stammt, Gynäkologe ist und im Tatzeitraum in der Toskana arbeitete. Tatsächlich haben die Verbrechen nach seinem Selbstmord im Trasimenischen See aufgehört. Narducci ist sein Name.

Als wäre es damit noch nicht genug, entdeckt man am Morgen des 25. Juni in den dem städtischen Krankenhaus von Careggi angegliederten Aufbahrungsräumen, dass die Leichen von drei alten, in den Tagen zuvor verstorbenen Frauen, die dort auf ihr Begräbnis warteten, in der Nacht geschändet worden waren. Man hatte von ihrem Gesicht dünne Streifen Haut entfernt.

Es schalten sich der diensthabende Staatsanwalt Dr. Monferini, die Fachleute vom polizeilichen Erkennungsdienst sowie Mitarbeiter des Polizeipräsidiums ein.

Erste Ermittlungen ergeben, dass die Exzisionen mit einem spitzen und sehr scharfen Gegenstand durchgeführt wurden.

Ich suche den Tatort nicht persönlich auf, sehe mir aber so bald wie möglich die vom Erkennungsdienst angefertigten Videoaufnahmen an. Sie sind entsetzlich. Bei einer Frau wurde eine sehr exakte Exzision in der Stirnmitte vorgenommen, unter Einbeziehung eines Teils der Nase. Offenbar wurde ein extrem scharfes Werkzeug – möglicherweise ein Skalpell – verwendet, und aus der präzisen Schnittführung lässt sich schließen, dass der Täter kein Anfänger ist.

In den folgenden Tagen werden weitere Leichen – auch männlichen Geschlechts – mit ähnlichen Verstümmelungen entdeckt. In einem Winkel eines der Aufbahrungsräume entdeckt man außerdem eine zerbröselte Zigarre.

In der Stadt macht sich Panik breit, und die Kommunalverwaltung lässt Videokameras installieren, um auch während der Nachtstunden festzuhalten, ob sich etwa Unbefugte in den Aufbahrungsräumen aufhalten. Und die Schändungen haben ein Ende.

Unsere Ermittlungen ebenso.

Der Staatsanwalt entzieht nämlich den Fall plötzlich der Squadra Mobile, um ihn der Finanzwache zu übergeben.

Das entnehme ich, noch bevor ich das amtliche Schreiben erhalte, einer Meldung der italienischen Presseagentur ANSA vom 27. Juni 2002 um 16.28 Uhr. Die Überschrift lautet:

*Leichenschändungen in Florenz:*
*Giuttari wird Ermittlungsvollmacht entzogen.*

Und der Text:

Oberstaatsanwalt Ubaldo Nannucci hat dem Leiter der Squadra Mobile, Michele Giuttari, den Auftrag entzogen, in Sachen der an den Leichen dreier alter Frauen in den Aufbahrungsräumen des Krankenhauses von Careggi vorgenommenen Exzisionen zu ermitteln. Nach Angaben Nannuccis ist die Entscheidung deshalb gefallen, weil die Staatsanwaltschaft annimmt, Giuttari habe die Ergebnisse einiger gerichtsmedizinischer Untersuchungen, über die gestern Abend bei einer Konferenz von Staatsanwälten und Ermittlern gesprochen wurde, an Journalisten weitergegeben.

Ich falle aus allen Wolken.

Aus einer weiteren Meldung derselben Agentur, herausgegeben um 18.08 Uhr, erfahre ich Näheres:

Es handelt sich um Indiskretionen bezüglich der Reste verbrannter Materialien, die auf dem Fußboden eines der Aufbahrungsräume gefunden wurden und die einen Zusammenhang mit dem Fall der Doppelmorde des »Monsters von Florenz« nahelegen. Die Journalisten erhielten diese Informationen durch Befragung insbesondere der Sachverständigen vom Rechtsmedizinischen Institut, die von der Staatsanwaltschaft mit Untersuchungen betraut worden waren.

Somit wäre das »Durchsickern von Nachrichten« gar nicht meine Schuld gewesen – was ja tatsächlich auch gar nicht sein konnte. Aber warum wurde mir dann der Fall entzogen?

Aus einer dritten Meldung – diesmal der Nachrichtenagentur AGI, herausgegeben um 18.26 Uhr – erfahre ich:

Die Entscheidung – so hat Nannucci selbst erklärt – wurde getroffen, nachdem Informationen bezüglich des neben einer Bahre gefundenen Materials durchgesickert waren. Scheinbar handelte es sich dabei um Tabak und Überreste einer verbrannten Zigarre, und irgendjemand deutete an, es könne sich dabei um eine an Giuttari gerichtete Warnung handeln.[5]

Das Ganze ist nachgerade absurd.

Ich spreche mit meinem Polizeipräsidenten darüber, der mir rät, den Staatsanwalt aufzusuchen, um die Sache zu klären. »Wissen Sie, Staatsanwalt bleibt Staatsanwalt«, sagt er.

Dazu habe ich nicht die geringste Lust. Ich habe nicht das Gefühl, irgendetwas klären zu müssen. Im Gegenteil, je länger ich darüber nachdenke, desto mehr bin ich geneigt, den Stier bei den Hörnern zu packen. Ich beschließe, dies mit einer geharnischten Beschwerde in Form eines Berichts an die Staatsanwaltschaft von Genua zu tun. Sie ist auf juristischer Ebene für Angelegenheiten zuständig, in die Staatsanwälte des Bezirks Florenz verwickelt sind.

Wenige Tage später erfährt man bei der Staatsanwaltschaft von Florenz von meiner Beschwerde, und sowohl Canessa wie auch andere hochstehende Staatsanwälte fordern mich auf, sie zurückzuziehen, um eine Auseinandersetzung zwischen Staatsbeamten zu vermeiden.

Am Ende lasse ich mich überzeugen, doch zuvor fordere ich vom Oberstaatsanwalt einen klärenden Brief.

Nannucci ist diesmal sehr beflissen, und ich erhalte den Brief.

Nachdem er seinen Teil der Verantwortung für die »in der Vergangenheit entstandenen Missverständnisse« eingestanden und meine beruflichen Qualitäten gewürdigt hat, schreibt er, ich zeichnete mich unter anderem durch »den Scharfsinn« aus, »mit dem Sie Bereiche und Milieus untersucht haben, die Ihnen in irgendeiner Weise weitergehender Ermittlungen wert erschienen – ohne falsche Ehrfurcht und ohne psychische Beeinflussung, wie sie die Position einiger Personen im Fadenkreuz Ihrer Ermittlungen hätte befürchten lassen können. Damit stellen Sie absolute Treue Ihrer Aufgabe und der Unparteilichkeit der Justiz gegenüber unter Beweis«.

Ich ziehe die Beschwerde zurück. Jetzt, da die Missverständnisse ausgeräumt sind, wird, so hoffe ich, wieder eine konstruktive Zusammenarbeit möglich sein, sodass die Ermittlungen gegen etwaige Hintermänner ab sofort und auf allen Ebenen weitergeführt werden können.

Eine Hoffnung, die sehr bald enttäuscht wird. Der Oberstaatsanwalt lässt erneut von sich hören. Am 3. Dezember 2002 befördert er mich zum Vizepolizeidirektor und Stellvertreter des Polizeipräsidenten, enthebt mich damit meines Amtes als Leiter der Squadra Mobile und schickt mich auf einen Posten ganz in der Nähe: in Prato, vor den Toren von Florenz.

Am 7. Januar 2003 soll ich meine neue Stelle antreten.

Es gibt drei Möglichkeiten: Entweder hat die Führungsspitze der Polizei kein Interesse am Abschluss der Ermittlungen gegen das »Monster von Florenz« oder man findet, ich sei der Aufgabe nicht gewachsen, oder irgendjemand will nicht, dass die Ermittlungen zu Ende geführt werden.

Ersteres würde der Suche nach der Wahrheit und dem Interesse der Bevölkerung an der Aufklärung des Falles nicht gerecht, das Zweite wäre gegen meine berufliche Karriere gerichtet und das Dritte eine Provokation für jeden, dem an einer Justiz gelegen ist, die ohne Ansehen der Person urteilt.

Welche dieser Möglichkeiten auch die richtige ist, fatalerweise haben alle drei eine deprimierende Wirkung auf mich, denn ich fühle mich zunehmend allein gelassen in einem Kampf gegen einen nicht nur äußeren, sondern auch inneren Feind – ob es sich nun um eine oder mehrere Personen handelt, um Geringschätzung oder einfach nur um Desinteresse.

Aber ich täusche mich, denn es gibt immer noch jemanden, der unnachgiebig bleibt und mich nicht im Stich lässt: Mignini nämlich, und zusammen mit ihm auch Canessa. Die beiden Staatsanwälte sind absolut nicht einverstanden mit meiner Versetzung, schreiben umgehend an meine Vorgesetzten und ersuchen sie, dafür zu sorgen, dass ich die Ermittlungen mit den mir verliehenen Vollmachten, die keinem anderen anvertraut werden können, fortführen kann.

»Wir halten es also für notwendig, darauf hinzuweisen, dass unserer Ansicht nach ein vorzeitiges Ausscheiden des Dr. Giuttari aus den Ermittlungen den Erfolg derselben irreparabel gefährden kann«, lautet die Abschlusspassage ihres präzise formulierten und wohlbegründeten Gesuchs.

Die Führungsspitze der Polizei kommt dem Gesuch in einigen Punkten nach, rückt aber von ihrem Beschluss keineswegs ganz ab, sondern lässt andere Maßnahmen folgen. Meine Versetzung wird auf den 7. März 2003 verschoben – als wäre es möglich, in kaum zwei Monaten eine derart schwierige und mühselige Ermittlung abzuschließen.

Trotzdem – dadurch ist es mir gestattet, auf meinem Posten zu bleiben und mit den Ermittlungen fortzufahren, die sich noch zusätzlich komplizieren, als am 20. Dezember Professor Pierucci dem Staatsanwalt von Perugia seinen ausführlichen und klaren Bericht über die Umstände des Todes von Francesco Narducci vorlegt.

Nachdem er die Gemeinsamkeiten der von ihm in Pavia untersuchten Leiche mit der von Narducci dargelegt hat (die geschätzte Körpergröße von 180 Zentimeter entspricht der Narduccis zu Lebzeiten; der radiologischen Untersuchung zufolge muss der Mann zwischen fünfundzwanzig und fünfundvierzig Jahre alt gewesen sein; die Fraktur in der meta-diaphysären Wachstumszone am linken Schienbeinkopf entspricht dem seinerzeit vom Arzt festgestellten Bruch, der von einem Skiunfall stammt), äußert der Professor ernsthafte Zweifel daran, dass die am 13. Oktober 1985 aus dem Wasser gezogene Leiche mit derjenigen identisch ist, die Gegenstand des Gutachtens ist – sowohl, weil diese im Gegensatz zu der aufgefundenen Leiche Haare besaß, als auch aus mehreren anderen, wohldokumentierten Gründen.

Mehr noch: Der Professor hat an Narduccis Leichnam

einen Bruch des oberen Kehlkopfhorns links festgestellt und behauptet:

...der objektiv festgestellte Bruch des linken oberen Horns, von dem man annimmt, er sei zu Lebzeiten passiert, macht es mindestens wahrscheinlich, dass die Ursache von Francesco Narduccis Tod in einer gewaltsamen Erstickung zu suchen ist, herbeigeführt durch Zusammendrücken des Halses in Tötungsabsicht (Erdrosselung mit den Händen; oder aber Strangulierung mittels einer Schlinge).

Pieruccis Bericht beinhaltet einiges an Zündstoff, denn es ist zu erwarten, dass die – laut Anklagehypothese – »doppelte Leiche« von den Verwandten und den auf dem Landungssteg anwesenden Polizeibeamten theatralisch in Szene gesetzt werden wird. Und nicht nur das. Wenn Professor Pierucci recht hätte, würde das bedeuten, dass der Arzt aus Perugia nicht ertrunken ist, sondern ermordet wurde.

Die Hypothese von der »doppelten Leiche« wird durch die anthropometrische Untersuchung bestätigt, die in eben diesen Tagen von Frau Doktor Gabriella Carlesi von der Universität Pavia vorgenommen wird. Ihr hat Mignini zu Vergleichszwecken Fotos zur Verfügung gestellt: die Aufnahmen der aus dem See gefischten Leiche, geschossen von den lauernden Journalisten und Fotografen; Fotos von Narducci zu Lebzeiten; und Fotos der in Pavia exhumierten Leiche.

Hilfreich für die Sachverständige ist der Zustand des Stegs, auf den die Leiche gebracht wurde. Er ist – trotz der vielen Jahre, die seither vergangen sind – unverändert; die 25 x 25 Zentimeter großen Steinplatten der Pflasterung sind dieselben wie damals und bieten sich daher als zuverlässige Maßeinheit für die notwendigen Berechnungen an.

Das Ergebnis ist klar und unmissverständlich: Die Leiche Francesco Narduccis, der etwa 180 Zentimeter groß war, ist nicht identisch mit der aus dem See, der aufgrund der an den Fotos vorgenommenen Messungen eine Körpergröße von etwa 173,3 Zentimeter zugeschrieben wird. Aber die Größe ist nicht die einzige Inkompatibilität.

Da ist außerdem der Bauchumfang, der bei der Leiche aus dem See etwa 110 Zentimeter betrug, während Narducci, so wie er im Sarg hergerichtet worden war, eine Hose der Größe »48 small« trug, die 72–75 Zentimeter weit war.

Außerdem wies der Kopf des Mannes aus dem See »negroide Züge« auf und war gekennzeichnet durch das »Fehlen jeglicher Kopfbehaarung zwischen linker Ohrmuschel und linker Tempoparietalregion«, während an der Leiche des Arztes »der gesamte Schädelbereich eine gut erhaltene und intakte Behaarung aufwies«.

Die nachfolgende Rekonstruktion des Gesichts des Mannes aus dem See wird ergeben, dass sein Schädel dem Typus »Kurzschädel« entsprach, also eher breiten- als längenbetont war, und »eine Stellungsanomalie im Sinne eines erweiterten Unterkieferwinkels (Achsenabweichung nach unten seitlich vorne) aufwies. Im Unterschied dazu hatte der Arzt eine normgerechte, unauffällige Schädelkonfiguration (subdoliocephalus) mit einer normal ausgeprägten Stirnpartie – ein Anhaltspunkt, der auf eine normale Ausprägung oder leichte Verschmälerung (Abweichung des unteren Astes nach oben in der Sagitallinie) des Unterkieferwinkels hindeutet –, bei normaler Zwischenzahnstellung der hinteren Backenzähne«.

Eine wahrscheinliche Rekonstruktion der Ereignisse vom 13. September 1985 wäre, dass die Familie Narducci Francescos Leiche bereits geborgen hatte, damit nicht bekannt wurde, dass er ermordet worden war, und sich aus diesem Grund einer zweiten, in größter Eile ausfindig gemachten Leiche bedient hatte, die in die Villa nach San Feliciano gebracht und dort gegen das Original ausgetauscht wurde, möglicherweise zwischen den zwei Begräbniszeremonien.

Bleibt die Frage, wer der zweite Leichnam war, wie die Familie in seinen Besitz gelangte und vor allem, warum es so ungeheuer wichtig war, die Wahrheit über Francesco Narduccis Tod zu verschleiern.

Was hat man verbergen wollen?

Der Auftrieb, den die Ermittlungen durch die sensationellen Ergebnisse aus Perugia erhalten, ist gewaltig, nicht weniger vehement jedoch ist die Reaktion der, wie ich es inzwischen nenne, Gegenseite. Sie tritt in den unterschiedlichsten Formen auf – einmal ausgesprochen plump, dann wieder sehr geschliffen.

Einzigartig in dieser Hinsicht ist die Position, die der stellvertretende Generalstaatsanwalt Dr. Gaetano Ruello angelegentlich der Eröffnung des Gerichtsjahrs am 18. Januar 2003 in der Öffentlichkeit einnimmt.

Vor den höchsten Autoritäten aus dem zivilen, militärischen und politischen Bereich der Stadt sagt der Generalstaatsanwalt in seinem Hermelintalar:

»In Florenz sind sechzehn Morde geschehen. In neun Fällen sind im Register Beschuldigte eingetragen, während in sieben Fällen noch gegen Unbekannt ermittelt wird. Und die Ermittlungen zu den Verbrechen des Monsters von Florenz sowie zu Angelegenheiten im Zusammenhang damit gehen weiter – mit der Aussicht, irgendwann einen rüstigen Neunzigjährigen zu überführen.«

Wieder ein Schlag gegen die Ermittlungen, der aus dem Inneren der Behörden heraus geführt wird und daher besonders hart und unverständlich ist. Die Anspielung auf die Nutzlosigkeit der Ermittlungen gegen Personen, die inzwischen alt sind, stellt eine Ohrfeige für den Hunger nach Wahrheit dar, den die Öffentlichkeit verspürt, vor allem aber für den Hunger nach Gerechtigkeit, den die Angehörigen der Opfer verspüren. Unfasslich aus dem Mund eines Repräsentanten des Staates, der dergleichen nicht einmal denken, geschweige denn öffentlich verlauten lassen dürfte. Außerdem stimmen die Angaben zu den Verbrechen nicht. Ich beeile mich, dem entgegenzutreten, denn ich fühle mich ohne den geringsten Zweifel direkt dazu aufgerufen.

Die Nachricht verbreitet sich in Windeseile, die Lokalzeitungen bringen sie groß auf den Titelseiten.[6]

Geschürt wird die Kontroverse durch den Polizeipräfekten von Florenz, der wie ein Echo zu Ruellos Rede erklärt: »Die Squadra Mobile kann nicht ausschließlich am Fall des ›Monsters‹ arbeiten.«

Diese Anschuldigung ist absurd und unbegründet, denn von den einhundertneun Mitarbeitern der Abteilung sind nur fünf mit diesen Ermittlungen befasst. Aber vielleicht handelt es sich auch gar nicht um Anschuldigungen, sondern nur um Signale, die mein sizilianisches Ohr zu verstehen in der Lage sein sollte.

Es ist grauenhaft.

Ich kann nicht umhin zu denken, dass alles glattgelaufen ist, solange sich die Ermittlungen auf Pacciani, Vanni, Lotti und andere Personen aus unteren gesellschaftlichen Schichten beschränkten, während jetzt, da die Richter angeregt haben, weitere Nachforschungen über mögliche Hintermänner anzustellen, die wahrscheinlich eine ganz andere und höhere gesellschaftliche und wirtschaftliche Position einnehmen (und von denen möglicherweise die Gelder für Pacciani und seine Komplizen kamen), ein seltsamer und beunruhigender Vorfall den anderen gejagt hat. Vorfälle, bei denen ich als Protagonist fungiere – wegen meiner genauen Kenntnis des Falls und wegen der bereits erzielten konkreten Ergebnisse.

In der Zwischenzeit stirbt am 30. März in Mailand, wo

er seine Strafe verbüßt hat, Giancarlo Lotti. Er war in das Krankenhaus San Paolo eingeliefert worden.

Er wird mit einer sehr schlicht gehaltenen Feier, an der nur sein Verteidiger teilnimmt, in seinem Heimatort beigesetzt. Ich bin sicher, dass er Geheimnisse mit ins Grab genommen hat, die er nicht hat erzählen wollen. Und die wir herausfinden müssten.

In den folgenden Wochen erreicht mich eine Nachricht, die die Staatsanwälte zu befriedigen scheint.

Ich werde nicht befördert.

Die Führungsspitze der Polizei widerruft zwar meine Versetzung ins Polizeipräsidium von Prato, nimmt aber nicht alles zurück, denn Oberstaatsanwalt Dr. Nannucci hat meinem Wechsel in einen neuen Aufgabenbereich bereits zugestimmt, und mein Nachfolger an der Spitze der Squadra Mobile steht schon bereit: der Amtsleiter des Präsidiums, ein ehemaliger leitender Mitarbeiter der Squadra Mobile und nach Dr. Peruginis Versetzung verantwortlich für die Squadra Anti Mostro.

Auf Grundlage der Gesetzesverordnung Nr. 334/2000[7] werde ich suspendiert – die ideale Lösung. Oder die am wenigsten schädliche.

In der Praxis stehe ich den beiden Staatsanwälten zur Verfügung, habe aber weder ein Büro noch die Befugnisse eines Leiters der Squadra Mobile. Dieser ist im Rahmen der Staatspolizei der oberste Verantwortliche für die Gerichtspolizei der gesamten Provinz, zuständig außerdem für Schwerverbrechen wie zum Beispiel erpresserischen Menschenraub, Drogenhandel und Geldwäsche, auch wenn sie sich in den übrigen Provinzen der Toskana abspielen.

Daran also krankt meine neue Position, aber ich verliere nicht den Mut. Innerhalb kurzer Zeit richte ich ein neues Amt ein.

So entsteht die GIDES (Gruppo Investigativo Delitti

Seriali – Firenze Perugia; Ermittlungsgruppe Serienverbrechen – Florenz Perugia), eine Spezialeinheit, die zwar nicht vorgesehen ist, von den beiden Staatsanwälten aber positiv aufgenommen wird. Von der Führungsspitze der Polizei wird sie nach und nach offiziell anerkannt.

Ich habe also ein neues Amt und wähle als dessen Sitz Räume in einem großen, für verschiedene Polizeidienststellen vorgesehenen Gebäudekomplex an der Peripherie, dem sogenannten »Magnifico«.

Mit mir nehme ich acht Polizeibeamte und Beamte der Gerichtspolizei (nicht alle sind mit dem Fall des »Monsters« vertraut, denn der Polizeipräsident gesteht mir nicht das gesamte von mir beantragte Personal zu), die die Verwaltung mir zur Verfügung stellt.

Innerhalb weniger Tage löse ich die logistischen Probleme, und es gelingt mir, die notwendigen Voraussetzungen für ein unverzichtbares Mindestmaß an Handlungsfähigkeit zu schaffen.

Die Ermittlungen können also langsam wieder in Gang kommen.

Und zu der von Staatsanwalt Canessa erteilten Vollmacht kommen nun noch die Vollmachten des Staatsanwalts von Perugia. Er sieht in meiner Person und in dem neuen Amt einen Bezugspunkt in Florenz, der für seine eigene Arbeit wertvoll sein könnte.

Im Archiv meiner neuen Amtsräume werden erstmals die beeindruckenden Aktenmengen zum Fall des »Monsters« aus allen Dienststellen zusammengetragen, und es kristallisieren sich die Personen heraus, die über den Sachverhalt Bescheid wissen.

Männer und Frauen.

In erster Linie Frauen. Einige sind bereits bekannt, weil sie im Verlauf der Ermittlungen gegen die Komplizen Pietro Paccianis vernommen wurden – also zu einem Zeitpunkt, zu dem noch nicht in Sachen des Arztes aus Perugia nachgeforscht wurde. Andere kommen neu hinzu.

Vorrang haben für uns diejenigen Zeugen, die mit Pacciani, Vanni und Lotti in Kontakt standen. Wir erbitten Informationen über den Arzt aus Perugia und über seine Anwesenheit in Florenz und Umgebung. Um dem Gedächtnis nachzuhelfen, zeigen wir ein eigens vorbereitetes Fotoalbum mit zahlreichen Aufnahmen von Männern, darunter auch einigen Fotos von Francesco Narducci, aus den Jahren, in denen das »Monster« sein Unwesen trieb.

Schon bald gibt es Neuigkeiten.

Wir erfahren, dass Francesco Narducci sich häufig in der Gegend von Florenz aufhielt, insbesondere in San Casciano Val di Pesa, dem ganz in der Nähe weiterer Tatorte gelegenen Schauplatz des letzten Verbrechens.

Wir sammeln eine Menge sehr präziser Informationen. Die Details sind sogar noch interessanter: Der Arzt wurde zusammen mit anderen, darunter Vanni und Lotti, in einem abgelegenen Landhaus angetroffen, wo sie an Extremsexpartys teilnahmen. Das war im Jahr 1982, als Italien die Fußball-Weltmeisterschaft gewann. Wiedererkannt wird er auch von jemandem, der sich zwar nicht an den Namen erinnert, aber aussagt, die Person habe sich für einen in Prato ansässigen Fotografen ausgegeben.

Nach und nach rekonstruieren wir, mit wem sich Narducci in der Umgebung von Florenz getroffen hat. Schließlich steht sein Kontakt zu Francesco Calamandrei fest, einem ehemaligen Apotheker aus San Casciano, der in der Vergangenheit von seiner eigenen Frau verdächtigt wurde, in die Doppelmorde des »Monsters« verwickelt zu sein und auf der Höhe von Punta Ala eine Pistole ins Meer geworfen zu haben, die ursprünglich seinem Vater gehört hatte. Im Jahr 1998 hatte Staatsanwalt Canessa, nicht zuletzt wegen eines Briefes, den Vanni ihm aus dem Gefängnis geschickt hatte, von meinen Mitarbeitern eine Haussuchung bei Calamandrei durchführen lassen, die jedoch ergebnislos blieb.

Auch mehrere Dorfbewohner, die regelmäßig die Bar des Ortes besuchen, erkennen ihn anhand der alten Fotos, und einer erklärt, er habe ihn zusammen mit Calamandrei und einer weiteren, als »omone« (Hüne) bezeichneten Person möglicherweise ausländischer Herkunft gesehen.

Jemand erzählt, er sei ihm mit einer Tennisschlägertasche unterm Arm in der Nähe eines Tennisplatzes begegnet, und ein anderer berichtet, er habe ihn in der Gegend von San Casciano in einem Citroën CX Pallas, grünmetallic, gesehen. Die Ehefrau des Arztes bestätigt, dass er ein solches Auto besessen hat.

Schließlich behauptet jemand nachdrücklich, er habe ihn und Calamandrei, angeregt ins Gespräch vertieft, in einer Apotheke in San Casciano gesehen.

Die Zeugenaussagen sind zahlreich und vielfältig. Sie stammen von Personen aus den unterschiedlichsten gesellschaftlichen Schichten, die sich meist nicht untereinander kennen, also auch keinen Kontakt zueinander haben.

Nicht weniger aufschlussreich ist der Beitrag von Paccianis »altem« Anwalt Pietro Fioravanti, der sich daran erinnert, dass sein Mandant selbst ihn aufgefordert hat, im Sinne seiner Verteidigung Nachforschungen über den Tod des Arztes aus Perugia anzustellen.

Pacciani, so erklärt der Anwalt, sei überzeugt gewesen, dass der Tod jenes Mannes aufgeklärt werden müsse, weil sich dies zu seinen Gunsten auswirken und beweisen würde, dass er nicht das »Monster von Florenz« sei; mehrmals habe er sich darüber beklagt, dass nicht in dieser Richtung ermittelt werde.

Pacciani waren auch Einzelheiten über diesen Todesfall bekannt gewesen, denn er hatte erklärt, man habe Narducci »einen Stein um den Hals gebunden, um ihn zu töten« und er habe »ein Schlauchboot mit Motor« gehabt, »mit so wenig Benzin, dass es nur für die Hin-, nicht aber für die Rückfahrt reichte«.

Fioravanti zufolge muss Pacciani den Arzt persönlich gekannt haben, weil er vieles über ihn wusste und ihn als einem Umfeld zugehörig bezeichnete, dem auch Calamandrei angehörte. Außerdem hegt er eindeutig das Gefühl, die Ermittlungen zu Narduccis Tod würden sowohl in Florenz wie in Perugia von höherer Stelle behindert.

Fioravantis Informationen scheinen den Kreis zu schließen, nicht nur, weil Narducci Kontakte zu Personen in der Umgebung der Tatorte sowie zu Calamandrei unterhielt, sondern auch, weil die Unbekannten, die Dora bedroht und sich als Teufelsanbeter bezeichnet hatten, sowohl Pacciani als auch Narducci einen Verräter nannten.

Auch für die »Behinderung« der Ermittlungen gibt es sichere Anhaltspunkte.

Mignini wird darüber informiert, dass Polizisten und Carabinieri bei der Meldebehörde von Perugia mehrfach um Urkunden nachgesucht hätten, die den Ermittlungen in Sachen Narducci dienlich sein könnten. Die zuständige Kommunalangestellte erfuhr später, dass die Ermittlungen auf Befehl von oben gestoppt worden waren.

Auch in Florenz gibt es eindeutige Hinweise: die 1990 abgegebenen Erklärungen der betagten Kriminologin; das Memorandum des Privatdetektivs von 1993; die Notiz vom 3. Dezember 2001; andere Unterlagen, die in der Zwischenzeit beim Durchforsten der alten Akten der ehemaligen Squadra Anti Mostro aufgetaucht sind und sich jetzt in unserem Besitz befinden. (In dem Ordner »diverse Korrespondenz – 1985« war Francesco Narducci als einer derjenigen registriert worden, deren Autos in der Tatnacht vom 8. auf den 9. September 1985 in der Provinz Florenz unterwegs gewesen waren; in einer Notiz vom 14. Juli 1987 war unter den Namen der Personen, die des Verbrechens verdächtigt wurden, als Nr. 181 auch derjenige des Arztes aus Perugia aufgeführt.)

Fioravantis Mutmaßungen sind zweifellos mehr als nur ein subjektiver Eindruck.

Und auch Canessa scheint mit den Florentiner Ermittlungen weitermachen zu wollen, getrieben von derselben Überzeugung: dass sie mit denen von Perugia in Verbindung stehen, weil zahlreiche von Mignini und den Carabinieri vernommene Zeugen einen Zusammenhang zwischen Narduccis Tod und dem Fall des »Monsters von Florenz« nahelegen.

Ich arbeite immer enger mit Mignini zusammen und fahre häufig in die umbrische Hauptstadt, um an Vernehmungen teilzunehmen, sie im Auftrag des Staatsanwalts selbst zu führen oder auch um mich mit den Carabinieri von Antonio Morra abzusprechen.

Bei einer dieser Einsatzbesprechungen erfahre ich etwas, was mich neugierig macht, weil es mich an einen Vorfall erinnert, der sich im Parco delle Cascine abgespielt hat und über den ich am 6. Dezember 1995 in der Zeitung gelesen hatte, als die neuen Ermittlungen gegen Paccianis Komplizen gerade in Gang kamen.

An einer Straßenkreuzung am Stadtrand von Perugia waren, an den Bordstein gelehnt, sieben rote Rosen gefunden worden, eine davon ohne Stiel, dazu eine Flasche Spumante und zwei Schachteln Zigaretten, auf deren einer eine teilweise abgebrannte Zigarre lag. In der Nähe gab es Brandspuren. Ich studiere aufmerksam das Foto, das ein Passant geschossen und der Polizei überlassen hatte.

Auch in dem Artikel vom 6. Dezember 1995 über *Schwarze Messen im Park* ist davon die Rede, dass rote Rosen, Zigarren, ein Päckchen Zigaretten, zwei Satintücher – ein schwarzes und ein rotes – und Spirituosenflaschen gefunden wurden.

Aber auch die »Gegenseite« schläft nicht.

Am Morgen des 4. November 2003 tauchen in den Amtsräumen im »Magnifico« zwei Techniker einer privaten Firma auf. Sie haben den Auftrag, in der Telefonzentrale des Gebäudes, in dem unsere Büros untergebracht sind, eine ISDN-Leitung zu legen.

Sie zeigen Inspektor Castelli den von der Staatsanwaltschaft von Florenz ausgestellten Auftrag. Dann verlegen sie die Leitung und gehen wieder.

Castelli informiert mich umgehend. Ich weiß nichts über diese Maßnahme und rufe Canessa an, der aus allen Wolken fällt.

Ich ordne sofortige Aufklärung an. Wir finden heraus,

dass es sich um eine digitale ISDN-Hauptleitung handelt, durch die ausschließlich Datenströme übertragen werden, deren Ziel ein ISDN-Telefon, ein PC oder ein spezielles Gerät zur Datenentschlüsselung sein kann. Praktisch hätte jeder von ganz Italien aus mittels einer Schaltung zu dieser Leitung in den Besitz aller Daten gelangen können, die wir hindurchgeschickt hätten.

Niemand hat diese Leitung beantragt, weder die Staatsanwaltschaft noch mein Amt. Ich fordere, dass sie von den Technikern, die sie installiert haben, umgehend deaktiviert wird. Ich lasse die beiden auch vernehmen, aber ohne Ergebnis.

Der Auftrag war über eine Servicenummer (191) erteilt worden, bei der der Vermittler die Steuer- oder Mehrwertsteuernummer des Antragstellers erhält. Da die korrekte Steuernummer der Staatsanwaltschaft angegeben wurde, hatte man den Auftrag sofort ausgeführt.

Mit anderen Worten, jemand hatte die Steuernummer der Staatsanwaltschaft benutzt, um ein System zu installieren, das ihm gestattet hätte, sich in Echtzeit über jeden unserer Schritte auf dem Laufenden zu halten.

Das ist der Beweis, dass die »Gegenseite« nicht nur aus gleichgültigen Beamten, überdrüssigen Staatsanwälten, wenig originellen anonymen Briefeschreibern, satanistischen Dummschwätzern und Reifen zerstechenden Rowdys besteht. Die Wirklichkeit ist sehr viel ernster.

# 16. Der Apotheker

Anfang 2004 steht das erste Jahr der Ermittlungen gegen den ehemaligen Apotheker kurz vor dem Ende. Staatsanwalt Canessa will eine Haussuchung durchführen, noch bevor er den Antrag auf Verlängerung bekannt gibt, durch den Calamandrei erfahren hätte, dass im Zusammenhang mit den Untersuchungen über potenzielle Hintermänner der Verbrechen des »Monsters« gegen ihn ermittelt wird. Sie aufzuschieben würde den Überraschungseffekt zunichte machen, der diese Art gerichtspolizeilicher Maßnahme auszeichnet.

Wenige Tage vor Ablauf der Frist stellt er den entsprechenden Beschluss aus und beauftragt mein Büro mit der Durchführung.

Am 20. Januar nehmen meine Mitarbeiter unter Leitung von Inspektor Castelli die Haussuchung vor und stellen einiges Material sicher, das für die laufenden Ermittlungen von Wert sein könnte.

Drei Tage vergehen.

Am Freitag, dem 23. Januar, erscheint auf der Titelseite der Tageszeitung *La Nazione* ein Foto, auf dem der ehemalige Apotheker mit auf die Nasenspitze geschobener Brille hinter einem Tisch sitzt und mit jemandem spricht, den man nicht sieht. Die obersten Hemdknöpfe sind offen, die Ärmel hochgerollt. Er trägt eine Weste.

Am linken Rand ist zu lesen: »Exklusiv«, es folgt der Titel *Monster von Florenz. »Ich bin nicht der Auftraggeber«*.

Die Seite drei ist komplett ihm gewidmet. Ein zweites Foto von ihm, oberhalb derjenigen von Vanni und Pacciani, ist dem Interview angefügt, das den Titel trägt: *Ich bin nicht das Monster – mein Ankläger macht Eigenwerbung.*

Was danach kommt, kann ich mir vorstellen: »Nun, was soll ich Ihnen sagen? Wenn der Werbung für seinen Roman machen will, soll er es nicht auf meine Kosten tun.«

Der Interviewer nimmt mit spitzer Feder meine schriftstellerische Tätigkeit aufs Korn, ebenso die Tatsache, dass in diesen Tagen mein erster Roman erschienen ist.

Ich bin drauf und dran, mich zu entrüsten, doch dann lese ich den Verfassernamen: Mario Spezi[8]. Jener Mario Spezi, der über den Fall des »Monsters von Florenz« im Laufe der Jahre Tausende von Artikeln sowie auch ein Buch verfasst hat, der in unzähligen Radio- und Fernsehsendungen aufgetreten ist, die offiziellen Ermittlungen in oftmals scharfem Ton verunglimpft hat und konsequent für die »sardische Spur« eingetreten ist – selbst dann noch, als diese als unhaltbar zu den Akten gelegt worden war –, ohne je konkrete Fakten oder logische Argumente vorzubringen, die diese Hypothese gestützt hätten.

Ich weiß, dass er mir feindselig gesinnt ist, hätte ihm aber nicht die Unverfrorenheit zugetraut, Calamandrei einen Satz (»mein Ankläger macht Eigenwerbung«) in den Mund zu legen, von dem ich bezweifle, dass dieser ihn je gesagt hat.

Eines Morgens treffe ich Calamandrei zufällig am Kiosk in der Via Pellicceria in Florenz.

Ich habe gerade die Zeitungen gekauft, und nachdem ich bezahlt habe, grüßt mich jemand, der neben mir steht. Ich sehe ihn an, ohne ihn sofort zu erkennen. Nicht, weil ich kein gutes Gedächtnis für Gesichter hätte, sondern weil ich den ehemaligen Apotheker bisher nur auf alten Fotos gesehen habe und auch die in der Zeitung veröffentlichte Aufnahme wohl nicht ganz neu ist.

»Erkennen Sie mich nicht?«, fragt er. »Sie haben mein Haus durchsuchen lassen«, fügt er hinzu.

»Nein, ich hatte Sie nicht gleich erkannt«, gebe ich zu, »jetzt schon. Außerdem habe ich Sie nie persönlich gesehen – die Haussuchung haben meine Kollegen durchgeführt.«

Ich schüttle ihm die Hand.

Er entschuldigt sich sofort für den Artikel von Mario Spezi und sagt ausdrücklich, dass er diesen Satz niemals gesagt hat, im Gegenteil. »Ich wusste nicht einmal, dass Sie ein Buch geschrieben haben«, fügt er hinzu.

Es klingt ehrlich.

Er vertraut mir an, er habe Probleme mit seinem Sohn. Seit dieser von zu Hause fortgegangen sei, habe er sich nicht mehr bei ihm gemeldet.

Ich versuche ihn zu ermutigen, an seine Familie zu denken. Dann lade ich ihn in eine Bar in der Nähe ein, und wir unterhalten uns weiter über seine familiären Schwierigkeiten. Später, als er seine Position im Falle des »Monsters« streift, rate ich ihm, darüber mit dem Staatsanwalt zu sprechen. Wenn er tatsächlich nichts zu befürchten habe, solle er so schnell wie möglich die Staatsanwaltschaft aufsuchen, um sich vernehmen zu lassen. Das sei sein Recht. Wegen der bereits erfolgten Haussuchung könne er sich an das Überprüfungsgericht wenden, um seine Rechte geltend zu machen.

Der Artikel von Mario Spezi ist nur der Anfang einer gegen meine Person gerichteten Berichtserie, die die Atmosphäre noch zusätzlich aufheizt – zum Schaden der Ermittlungen und zur Freude eines Einzelnen.

Die Einnebelung ist eine nützliche Verteidigungstechnik, und auch der Nebel, den die Durchsuchung von Calamandreis Haus und das Interview mit Spezi produziert haben, wird gewiss für irgendjemanden von Nutzen sein.

Es ist ein Nebel unsachlicher, persönlich gefärbter Kritik.

Den Anfang machen öffentliche Stellungnahmen, die eindeutig Partei für den ehemaligen Apotheker ergreifen. Insbesondere der damalige Bürgermeister Pietro Roselli und der Pfarrer Don Renzo Polidori verteidigen dabei das gesamte Dorf San Casciano gegen den angeblichen Vorwurf der »*omertà*«, die ich bei einem Fernsehinterview ins Spiel gebracht haben soll.

In Wirklichkeit hatte ich auf die Frage des Interviewers von TG5, Massimo Canino, ob in der Geschichte des »Monsters von Florenz« *omertà* eine Rolle gespielt habe, geantwortet: »In San Casciano gab es Leute, die bereits damals von den Verbrechen wussten und nicht darüber sprachen. Sie haben erst im Laufe der Zeit ausgepackt. Wenn wir das nicht als *omertà* bezeichnen, wie sollen wir es dann nennen?«

Ich empfinde dies nicht als negatives Urteil über alle Einwohner von San Casciano. Ich habe mich darauf beschränkt, die Ergebnisse der in der Öffentlichkeit bereits bekannten Ermittlungen zusammenzufassen und über den Prozess zu berichten. In dessen Verlauf hatten tatsächlich einige Leute aus San Casciano Dinge über das »Monster« vorgebracht, die sie seinerzeit nicht preisgegeben hatten (Lotti, Pucci, die Stammgäste der Bar…)

Außerdem hatten sich bereits seit der Zeit der Verbrechen sehr viel maßgeblichere Personen als ich – zum Beispiel der leitende Oberstaatsanwalt – dahin gehend geäußert, dass das Monster gar nicht derart lange sein Unwesen hätte treiben können, wenn nicht ein Klima der *omertà* geherrscht hätte.

Aber die Vergangenheit zählt nicht viel gegenüber dem, was aktuell im Rampenlicht steht.

Am 3. Februar schürt *La Nazione* die Polemiken weiter: *San Casciano rebelliert. Keine* omertà, *was das Monster betrifft. San Casciano begehrt auf gegen Giuttari. Bei uns gibt es keine* omertà.

Am 12. desselben Monats: *Giuttari muss widerrufen, sonst werden wir ihn verklagen. So entscheidet der Gemeinderat von San Casciano.*

Der Text des Artikels nimmt Bezug auf einen Eilantrag, in dem man den Bürgermeister bitten wolle, sich mit dem Anwalt der Gemeindeverwaltung zu beraten, um »Giuttari auf allen Ebenen, zivil- wie strafrechtlich, zu verfolgen«. Es gebe allerdings noch einen anderen Ausweg: Giuttaris »Widerruf seiner Erklärungen zum Thema *omertà* in Bezug auf die Einwohner von San Casciano«, sei es in Presse oder Fernsehen.

Ich begreife nicht, was ich widerrufen soll, denn ich habe niemals »die Einwohner von San Casciano« angeklagt.

Am 3. Februar, als die Reportage über den rebellierenden Ort gesendet wurde, hatte der Interviewer selbst gesagt, »Dr. Giuttari, mit dem ich telefonisch gesprochen habe«, lege »Wert darauf zu betonen, dass sich seine Äußerungen hinsichtlich der *omertà* natürlich nicht auf den ganzen Ort beziehen, sondern nur auf einzelne Personen, und fügte hinzu: ›Nicht ich behaupte das. Um es zu merken, braucht man nur die Prozessakten zu lesen.‹«

Ich bleibe sachlich und frage mich, ob es bei alledem wirklich darum geht, den guten Ruf von San Casciano zu verteidigen, oder nicht eher unterschwellig darum, anstelle des Interviewten den Ermittler zu treffen.

Aber wer von der »Gegenseite« produziert eigentlich diese Nebelschwaden? Seine Bemühungen waren jedenfalls umsonst, denn am 13. Februar heißt es in *La Nazione: Der Fall – Mostro und omertà – San Casciano hat beschlossen: Giuttari wird nicht verklagt.*

In der Nacht hatte der Gemeinderat vor zahlreichem Publikum – darunter den Verwandten Calamandreis, dessen Name in den Ermittlungen zuletzt aufgetaucht war – seine Entscheidung getroffen.

Es erscheint mir alles so absurd, so unglaublich.

Eigentlich müsste ich zufrieden sein, aber ich bin es nicht. Das in San Casciano gerade gelöschte Feuer flammt anderswo wieder auf. Dem, der hier in die Flammen geblasen hat, geht nicht so schnell die Luft aus.

Die journalistischen Reportagen jagen einander. Den Löwenanteil übernimmt die Wochenzeitschrift *Gente,* die fast in jeder Ausgabe berichtet.

Ich befinde mich im Auge des Taifuns.

Der Gipfel ist ein Artikel in der Ausgabe 21 vom 20. Mai. Auch in dem von Chefredakteur Umberto Brindani unterzeichneten Brief an die Leser werde ich namentlich erwähnt.

»Die Ausgabe von *Gente,* die Sie in Händen halten, ist mit Verlaub sehr reichhaltig. Verpassen Sie keinesfalls unsere großen Exklusivreportagen: (...) bis hin zur angekündigten Absetzung des Ermittlers und Romanautors Michele Giuttari im Zusammenhang mit dem Fall des Monsters von Florenz sowie den Entschuldigungen des Präsidenten der

Vereinigten Staaten George Bush junior für die Folterungen von Irakern durch amerikanische Soldaten …«

Sogar noch vor Bush! Ich bin wichtiger als die Folterungen von Abu Ghraib!

Wenn unser Land einen Hang zum Lächerlichen hat, so zeigt dies die Ausgabe 21 von *Gente* am 20. Mai in aller Deutlichkeit.

Ebenso zeigt sie den Hang zur Lüge, um es gelinde zu sagen.

Der Artikel trägt die triumphierende Überschrift: *Giuttari abgesägt. Er ermittelte in Sachen Monster von Florenz.*

»Michele Giuttari, Chef der Ermittlergruppe, die seit Jahren die Wahrheit über die Verbrechen des Monsters von Florenz herauszufinden versucht, ist entmachtet worden. In einem überraschenden Manöver hat der leitende Oberstaatsanwalt der toskanischen Hauptstadt, Ubaldo Nannucci, entschieden, einige seiner auslaufenden Vollmachten nicht zu erneuern, und im Übrigen den sofortigen Abschluss der Ermittlungen gefordert …«

Das ist unrichtig.

Ich bin noch im Amt, als ich den Artikel lese. Nannucci hat mir keinerlei Vollmachten entzogen. Außerdem habe ich nichts mehr von ihm gehört, seit ich die Beschwerde zurückgezogen habe. Zu tun habe ich nur mit dem für die Ermittlungen zuständigen Staatsanwalt Canessa, der ebenso überrascht ist wie ich, als er von dem Artikel erfährt.

Verfasst hat die Meldung Gennaro De Stefano. Auch ihn kenne ich. Er ist der Journalist, der bereits andere gegen die Ermittlungen und gegen mich gerichtete Berichte verfasst hat, derselbe, der kurz zuvor detailliert von einem Brief berichtet hat, den mir die oberste Polizeibehörde in Rom nach den polemischen Angriffen gegen mich im Zusammenhang mit der *omertà* geschickt hatte. Grundlage dieses

Briefes waren ausschließlich Pressemeldungen gewesen, mich hatte man nicht einmal zur Sache befragt.

Ein weiterer seltsamer Vorfall in dieser quälenden Angelegenheit.

So sehr ich mich auch anstrenge, ich kann mich nicht an Präzedenzfälle erinnern, wo ein interner Brief einem Journalisten überlassen worden wäre, von dem im Übrigen bekannt war, dass er in Artikeln gegen die Ermittlungen und gegen mich hetzte.[9]

Seltsame Vorgehensweise.

Langsam gewinne ich den Eindruck, mehr als eine Vernebelung scheint hier ein Sperrfeuer vorzuliegen. Zum Schaden der Ermittlungen, die – wichtig und heikel wie sie sind – größtmögliche Sachlichkeit erfordern. Und die trotz allem weitergehen.

Sie bringen eine unvorstellbare Entdeckung.

# 18. Das Papiertaschentuch 1

Einer meiner Mitarbeiter, der Assistent Silvio De Iorio, ein wahrer Spürhund, der es fertigbringt, ganze Tage lang Ermittlungsunterlagen zu durchforsten, ohne je zu ermüden, betritt eines Tages mit ernstem, ja regelrecht bestürztem Gesichtsausdruck und einem Ordner in der Hand mein Büro und sagt:

»Dottore, sehen Sie nur, was ich gefunden habe!«

Er legt den Ordner auf den Schreibtisch.

»Danke, ich sehe es mir später an«, antworte ich, weil ich gerade dabei bin, einen Bericht abzufassen.

»Es ist aber dringend, Dottore«, beharrt er und rührt sich nicht vom Fleck.

»Kann das wirklich nicht warten?«

»Es ist sogar sehr dringend, Dottore«, bekräftigt er mit immer ernsterer Miene.

Ich lege meine Arbeit beiseite und bitte ihn, mir mündlich zu erklären, was so eilig ist.

Er setzt sich.

Ich habe Zeit zu sehen, dass es sich um einen Ordner handelt, den Staatsanwalt Canessa zusammen mit all den Materialien zu den Ermittlungen in den Amtsräumen der Staatsanwaltschaft aufbewahrt und nach Einrichtung der GIDES in die neuen Büros hat bringen lassen, damit wir sie im Fall des Falles konsultieren können. Was meine Mitarbeiter, unter ihnen De Iorio – meiner Vorgabe folgend, bei den Akten zum allerersten Verbrechen zu beginnen –, auch tatsächlich getan haben und weiter tun. Jener Fall war derjenige gewesen, zu dem es die meisten aufschlussreichen Zeugenaussagen gegeben hatte, und auch die meisten Vorfälle in den darauffolgenden Tagen (der Brief an die Staatsanwältin, die Briefe an die Staatsanwälte, das Projektil vor dem Krankenhaus, der Tod Narduccis ...)

Es sind Akten, die mich ganz besonders interessieren, weil Lotti und Fernando Pucci während des Prozesses ausgesagt haben, als sie sich vom Tatort entfernen wollten, nachdem sie Zeugen der Ermordung des Pärchens geworden waren, seien sie einem Auto begegnet, das dort gestanden hätte. Als Pucci und Lotti auftauchten, seien die Scheinwerfer eingeschaltet worden – offenbar in der Absicht wegzufahren. Lotti hatte ausgesagt, er habe nicht erkannt, wer in dem Wagen saß, Fernando hingegen hatte zwei Personen gesehen, wegen der Dunkelheit aber nicht erkennen können, wer es war.

De Iorio erklärt mir, er habe in jenem Aktenordner eine Notiz der Staatsanwaltschaft gefunden, die ein fachliches Gutachten über ein von den Carabinieri sichergestelltes Beweisstück angeordnet hatte, ein »blutdurchtränktes Papiertaschentuch mit einem Haar«, das am 4. Oktober 1985 von einem gewissen Walter abgegeben worden war, der es am Schauplatz des letzten Verbrechens gefunden hatte.

Er hält einen Moment inne und öffnet den Ordner.

»Nein, lassen Sie das erst einmal, fahren Sie fort«, bitte ich ihn.

Er sagt, aus der Notiz gehe hervor, dass das Gutachten bei Professor Riccardo Cagliesi vom Rechtsmedizinischen Institut in Florenz in Auftrag gegeben worden war. Man hatte ihn gebeten, alle Beobachtungen hinsichtlich des Fundstücks festzuhalten, die in irgendeiner Weise nützlich sein könnten, um herauszufinden, ob es sich tatsächlich um Blut handelte, und falls ja, die Blutgruppe festzustellen; außerdem, ob es sich um ein menschliches Haar handle.

Der Assistent will erneut den Ordner öffnen, aber wieder fordere ich ihn auf fortzufahren. Er erklärt, er habe neben der Auftragserteilung die Abrechnung des Gutachters für die geleistete Arbeit gefunden sowie einen Umschlag mit dem Beweisstück.

»Wie bitte? Das Beweisstück ist in dem Ordner? Das Papiertaschentuch? Das Blut?«, frage ich ungläubig.

»Genau, Dottore, Sie haben richtig gehört, es steckt in einem weißen Umschlag, der an die Notiz geheftet ist.«

Ich kann es nicht glauben und will sofort den Ordner öffnen, um mich zu vergewissern, halte jedoch inne und frage ihn, welche Ergebnisse das Gutachten gebracht hat.

»Das Gutachten fehlt«, antwortet er.

»Wie bitte?«

»Ja, es fehlt. Im Verzeichnis der in dem Ordner enthaltenen Akten ist neben dem genannten Beweisstück mit Füllfederhalter ein Fragezeichen gemalt«, erklärt er.

»Aber es wurde dafür bezahlt?«

De Iorio zuckt mit den Schultern.

Während der ganzen Unterredung habe ich im Geist schnell mehrere Erinnerungen Revue passieren lassen.

Ich entsinne mich, zu einem früheren Zeitpunkt irgendwo in den überprüften Unterlagen Zeitungsartikel gelesen zu haben, die darauf Bezug nahmen, dass am Ort des letzten Verbrechens Chirurgenhandschuhe und Blut gefunden worden waren; den einen oder anderen Artikel gelesen zu haben, in dem Pacciani eine DNA-Analyse forderte, die klarstellen sollte, dass das am Tatort gefundene Taschentuch nicht ihm gehören konnte; und Ähnliches in den Akten von Paccianis Verteidigern gelesen zu haben.

Vor allem aber erinnere ich mich daran, dass mir der

Staatsanwalt, als ich die Sache mit ihm besprach, erklärt hatte, das Blut und die Handschuhe seien uninteressant, da sie lange nach dem Verbrechen und fern des Tatorts gefunden worden waren. Aus Vertrauen zu ihm hatte ich die Angelegenheit damals auf sich beruhen lassen.

Jetzt öffne ich den Ordner.

Ich sehe einen weißen, nicht ganz verschlossenen Umschlag, auf dem steht: »Enthält das dem Gutachten unterzogene Beweisstück, siehe Protokoll 11.10.85«.

Ich bin versucht, den Umschlag zu öffnen, beherrsche mich aber. Ich will in diesem Fall, dass er vom Staatsanwalt selbst oder einem Sachverständigen geöffnet wird.

Allerdings wundere ich mich darüber, dass ein Beweisstück mit Blut und Haaren über all diese Jahre auf eine solche Weise aufbewahrt worden sein soll.

Ich sehe, dass das Protokoll über die Ablieferung des dreizehnseitigen Gutachtens vorhanden ist. Dann studiere ich das Register und entdecke ein Fragezeichen.

»Haben Sie in den anderen Ordnern nach dem Gutachten gesucht?«, frage ich den Assistenten. Da es sich um sehr alte Akten handelt, die sicher schon durch viele Hände gegangen sind, könnte es ja sein, dass das Gutachten sich woanders befindet.

»Ich habe überall gesucht … auch von den Kollegen habe ich mir helfen lassen … nirgends eine Spur.«

»Und dieser Walter? … das Protokoll zu diesem Walter, der es angeblich gefunden hat?«

»Auch das fehlt … sein Name, ohne Personalien, steht nur in der Notiz.«

Ich rufe Inspektor Michelangelo Castelli an, der bereits auf dem Laufenden ist, da auch er De Iorio bei der Suche zur Hand gegangen ist.

»Castelli, gehen Sie zur Gerichtsmedizin und bitten Sie

um eine Kopie dieses Gutachtens, ich will es lesen«, ordne ich an.

»Ich gehe morgen früh, Dottore.«

»Nein, Sie gehen jetzt sofort.«

»Aber es ist schon vier Uhr nachmittags ... um die Zeit ist doch keiner mehr da.«

»Das interessiert mich nicht. Sie gehen jetzt, und wenn der Professor nicht da ist, suchen Sie ihn zu Hause auf. Sie müssen ihn finden, und Sie müssen sich eine Kopie geben lassen.«

Castelli ist nicht recht überzeugt, aber er ist es gewohnt, über Befehle nicht zu diskutieren, besonders wenn ich sie ein zweites Mal wiederhole. Er weiß, dass das dritte Mal ein Risiko darstellt, das einzugehen sich nicht lohnt.

Er steigt ins Auto und fährt zur Gerichtsmedizin.

Ich denke noch immer über die Entdeckung nach, als das Telefon läutet.

Es ist Castelli.

»Dottore, der Professor ist in einer Besprechung, er hat gesagt, ich soll morgen wiederkommen.«

»Wir haben uns wohl nicht verstanden«, antworte ich. »Warten Sie vor der Tür, bis die Besprechung zu Ende ist, und wenn er rauskommt, bitten Sie ihn um eine Kopie des Gutachtens.«

»Wird gemacht.«

Ich weiß, dass Castelli nicht ohne die Kopie zurückkommen wird, oder jedenfalls nicht, ehe er alles versucht hat.

Abends nach dem Essen klingelt bei mir zu Hause das Telefon.

»Dottore, ich habe die Kopie, war nicht einfach, sie zu finden, weil der Professor gerade sein Büro umgeräumt hat.«

»Bringen Sie sie mir nach Hause.«

»Jetzt noch?«

Es ist schon fast elf.

»Ja, jetzt noch.«

Ich will es sofort lesen.

Als Castelli bei mir eintrifft, ist es fast Mitternacht. Ich strecke mich auf dem Sofa aus und lese.

Es sind tatsächlich dreizehn maschinengeschriebene Seiten, alle am unteren Rand vom Kompilator abgezeichnet und am Ende von Professor Cagliesi mit vollem Namen unterschrieben und mehrfach gestempelt.

Es trägt das Datum des 7. November 1985.

Ich lese die Beschreibung des Fundstücks, dann die Untersuchung des Fleckens, schließlich die Analyse des an dem Taschentuch gefundenen Haares.

Es ist menschliches Blut, und es wurde »einer speziellen Diagnose unterzogen«, die ergab, dass es sich um Blutgruppe B handelte.

Das Haar – in den Falten des zusammengeknüllten, zerdrückten, dünnen weißen Taschentuchs wurde nur ein einziges gefunden – war etwa zwei Zentimeter lang und stammte von einem Menschen; offenbar ein Stück dunkelbraunes, glattes Haar.

Mir fehlen die Worte. Ein paar Minuten lang. Dann frage ich mich: Und die Chirurgenhandschuhe?

Ich finde keinen Hinweis darauf. Gemischte Gefühle überkommen mich: Erstaunen, Enttäuschung, Ärger, Wut.

In dieser Nacht finde ich keinen Schlaf. Ich bin zu angespannt. Und morgen steht mir ein langer Tag bevor.

## 19. Das Papiertaschentuch 2

Am nächsten Morgen lasse ich als Erstes alle in den Monaten September und Oktober 1985 erschienenen Artikel genau durchforsten, in denen die Chirurgenhandschuhe und das Papiertaschentuch erwähnt werden.

In einem Bericht aus der *Nazione* vom 9. Oktober mit dem Titel *Das Monster. Bei den Flecken auf dem am Tatort gefundenen Tuch handelt es sich um menschliches Blut* ist zu lesen:

Die Handschuhe und das blutgetränkte Tuch befanden sich in der Hecke neben dem Zelt, in dem sich die beiden vom Monster getöteten Franzosen aufhielten. Es hat sich herausgestellt, dass die Handschuhe benutzt, d. h. getragen waren, denn sie waren umgedreht, als man sie fand, es hatte sie also jemand ausgezogen. Sie sind ziemlich klein, Größe 7 – ganz im Widerspruch zu der Tatsache, dass die Ermittler von einer großen und kräftigen Statur des Monsters ausgehen.

Ein anderer Artikel vom 11. Oktober in *La Città – il quotidiano di Firenze* trägt den Titel *Das Monster: Der hämatologischen Untersuchung zufolge ist die Blutgruppe »weder die von Nadine noch die von Jean Michel«. Von wem also stammt das Blut auf dem Taschentuch?* Darin heißt es:

Das Blut auf dem im Wald von Scopeti gefundenen Papiertaschentuch der Marke Scottex ist von anderer Blutgruppe als das der Opfer. Nadine hatte Blutgruppe A, Jean Michel Blutgruppe 0; das Blut, mit dem das Fundstück getränkt war, ist der gerichtsmedizinischen Analyse zufolge von einem dritten Typ. Von welchem, dazu wollten sich die Staatsanwälte nicht äußern.

Folglich konnte Pacciani die Gummihandschuhe nicht getragen haben, und Vanni oder Lotti wohl ebenso wenig; außerdem stammte das Blut mit Sicherheit nicht von einem der Opfer, und mit der gleichen Sicherheit auch nicht von Pacciani, Vanni oder Lotti, von denen keiner die Blutgruppe B hat.

Der schlaue Bauer aus dem Mugello hatte allen Grund gehabt, auf der Analyse und Berücksichtigung des Beweisstücks zu bestehen. Die Theorie, die sich durchgesetzt hat – die des einsamen Serienmörders – hätte sich in diesem Fall positiv für ihn ausgewirkt. Hätte man angenommen, dass das Blut vom Mörder stammte (denn es musste zwangsläufig von jemandem stammen, der sich in jener Nacht dort aufgehalten hatte), wäre Pacciani automatisch entlastet gewesen.

Ich erschaudere. Zwar möchte ich nicht annehmen, dass es Manipulationen gab, die durchaus unterschiedliche Motive haben könnten, aber jene Beweisgegenstände sind wesentlich für die Rekonstruktion der Ereignisse. Im Licht der neuen Erkenntnisse würden sie die Bedeutung der bereits identifizierten Täter nicht im Mindesten anfechten. Wenn überhaupt, würden sie helfen, mutmaßliche weitere in den Mord verwickelte Personen zu ermitteln.

Wir müssen unbedingt den Mann finden und vernehmen, der das Taschentuch entdeckt hat.

Es ist nicht schwierig, ihn zu identifizieren, und Inspektor Castelli ruft ihn an.

Walter bestätigt, dass er es gewesen ist, der das Papiertaschentuch abgeliefert hat, und fügt hinzu: »Ich war nicht allein… meine Schwester und ihr Verlobter, ihr heutiger Ehemann, waren dabei.«

»Gut«, antwortet der Inspektor. »Dann kommen Sie doch bitte alle drei zu uns ins Büro.«

Ein Glück, dass sie alle drei noch am Leben sind, sage ich mir, als mich Castelli auf den neuesten Stand bringt. Während ich auf sie warte, sehe ich noch einmal die Notizen durch, die ich mir im Laufe der Zeit gemacht habe. Ich suche ziellos nach irgendetwas, ohne selbst genau zu wissen, wonach, bis ich plötzlich darauf stoße. Ich wusste, dass meine Angewohnheit, die im Zuge einer Ermittlung zusammengetragenen Daten schematisch festzuhalten, sich irgendwann auszahlen würde.

Es ist nicht das erste Mal, dass wir auf die – übrigens recht seltene – Blutgruppe B stoßen.

Am 13. Dezember 1983, in einer Zeit großer Aktivität des »Monsters« und nicht allzu lange vor der 1985 begangenen Tat von Scopeti, war in der Faust der in ihrer Wohnung erstochenen Prostituierten Clelia ein Büschel Haare gefunden worden.

In meinen Aufzeichnungen lese ich: »dunkelbraun (wie das Haar auf dem Taschentuch), an den Spitzen vor kurzem geschnitten, ziemlich kräftig, mit dünner, länglicher und von zahlreichen Fasern umgebenen Wurzel«.

Und es sind »ausgerissene, nicht ausgefallene« Haare, die einer Person mit der Blutgruppe B gehörten.

Wirklich Pech, dass sie nicht aufbewahrt worden sind: heute, mit den neuen wissenschaftlichen Techniken, hätten sie so vieles aussagen können.

Tatsache ist, dass dieses zweifache Auftauchen keinen Zweifel daran lässt, dass von den an den Bluttaten beteiligten Personen eine noch nicht identifiziert ist, da alle Personen, gegen die ermittelt wird oder die verurteilt wurden, andere Blutgruppen haben.

Vielleicht ist diese Person der wirkliche Kopf und Organisator dieser besonderen Tötungsart, und vielleicht gehört er zu jener Welt des Okkulten, auf die wir im Zuge der Ermittlungen gestoßen sind. Zu jener Welt, die hin und wieder aus dem Schatten auftaucht und Schlagzeilen macht, deren tatsächliche Gefährlichkeit wir jedoch womöglich unterschätzen, weil Dilettanten und Scharlatane im Spiel sind, die einen verharmlosenden, banalisierenden Einfluss ausüben, indem sie die Gutgläubigkeit der Leute ausnutzen.

Aber irgendjemand macht Ernst. Blutigen Ernst.

Weiter komme ich nicht, weil Castelli mir mitteilt, dass die Zeugen eingetroffen sind. Sie stehen vor mir, drei junge Leute. Zum Zeitpunkt der Verbrechen waren sie wohl kaum viel älter als zwanzig.

Sie erinnern sich noch sehr lebhaft an den Schauplatz des letzten Verbrechens bei Scopeti.

Seit dem Mord waren erst wenige Tage vergangen gewesen, nicht mehr als drei oder vier, der Ort noch immer von der Polizei abgesperrt. Sie waren aus Neugier hingegangen, begleitet von ihrem Hund. Außer ihnen hatten sich noch andere Schaulustige eingefunden, unter anderem ein Mann im Trainingsanzug. Sie waren in der Nähe einer Hecke unweit der Absperrung stehen geblieben und hatten sich mit anderen unterhalten, als der Hund, ein junger Cockerspaniel, unter einem Strauch verschwunden war und nicht mehr herauskommen wollte. Walters Schwester, die sich gebückt hatte, um ihn herauszuziehen, entdeckte im Gesträuch einen zusammengeknüllten Umschlag. Neugierig geworden, wies sie auch die anderen darauf hin, und der Mann im Trainingsanzug kämpfte sich ins Gestrüpp, um ihn herauszuholen.

Der Umschlag enthielt ein Paar Chirurgenhandschuhe, die offenbar benutzt worden waren, da die Finger umgestülpt waren. Jetzt bückten sich alle, um besser zu sehen, und entdeckten ein Papiertaschentuch mit roten Flecken – Blut, so vermuteten sie. Der Verlobte des Mädchens hob das Taschentuch ganz vorsichtig auf. Der Mann im Trainingsanzug riet ihnen, alles wieder an seinen Platz zu legen und niemandem etwas davon zu sagen, sie zogen es jedoch vor, die gefundenen Gegenstände in die Kaserne der Carabinieri zu bringen.

Einige Tage, vielleicht auch eine Woche später bestellten die Carabinieri sie zu einer Tatortbesichtigung an den Schauplatz des Verbrechens. Dabei zeigten die drei, wo genau sie die Gegenstände gefunden hatten. Danach wurden sie nicht mehr einbestellt.

Einige Tage später, sagt uns die junge Frau, habe ein Journalist von der *Nazione* bei ihrer Schwiegermutter angerufen und um ein Interview gebeten. Sie habe sich jedoch geweigert, verwundert darüber, dass der Mann sie überhaupt hatte ausfindig machen könne, da sie untereinander vereinbart hatten, über ihre Rolle Stillschweigen zu bewahren.

Der rote Fleck, so berichten sie, sei nach der Farbe zu schließen nicht alt, sondern ziemlich frisch gewesen.

»Er war noch nicht ganz trocken«, fügen sie hinzu.

Auf mich wirken sie ehrlich, und sie erinnern sich sehr genau. Ich frage, ob sie bereit sind, den Ort mit mir aufzusuchen, und sie bejahen.

Zum x-ten Mal befinde ich mich am Schauplatz des letzten Verbrechens.

Die Zeugen führen mich zu dem Strauch. Den damals gemachten Fotos entnehme ich, dass er am Rand des abgesperrten Bereichs steht, allerdings – im Widerspruch zu dem, was Canessa mir gesagt hat – ganz in der Nähe der Stelle, wo die Leichen der beiden jungen Franzosen gefunden wurden.

Relativ weit vom Zelt entfernt, wenn man so will, auf das sich unbewusst die Aufmerksamkeit aller konzentriert hat. Aber dieses Argument scheint mir nicht hinreichend zu erklären, warum man diese Beweisstücke derart unterbewertet hat.

Für mich gibt es keinen Zweifel: Diese Gegenstände haben mit der Tat zu tun.

Ich halte es für ausgeschlossen, dass sie nachträglich dort deponiert wurden in der Absicht, die Ermittlungen zu stören oder eine falsche Spur zu legen, denn dann hätte man einen sichtbareren, besser zugänglichen Ort gewählt: nein, die Sachen waren versteckt worden, und hätte der Hund sie nicht aufgespürt, wären sie vermutlich nie gefunden worden.

Außerdem erinnere ich mich an einen Zeitungsartikel aus jener Zeit, in dem es um einen Waschtrog vor einem Bauernhaus in der Gegend ging: Am Morgen nach dem Verbrechen hatten die Bewohner Blutspuren gefunden, so als hätte jemand sich dort gewaschen. Dieses Detail hatte nahegelegt, das »Monster« habe sich während des Überfalls verletzt.

Die Meldung war später von einer deutschen Staatsangehörigen bestätigt worden, jener Petra Weber, auf deren damalige Aussagen ich gestoßen bin und die im Interview eines deutschen Fernsehsenders bestätigt hatte, dass der Waschtrog des Hauses, in dem sie zu Gast war, mit Blut besudelt gewesen war.[10]

Ich schreibe einen detaillierten Bericht und stelle die Unterlagen dem Staatsanwalt zu. Er solle, ersuche ich ihn, die Möglichkeit erwägen, das Papiertaschentuch und eventuell noch vorliegende weitere Materialien eingehend untersuchen zu lassen – auch die Handschuhe, von denen wir allerdings beim nochmaligen Durchgehen nur ein Foto finden, anhand dessen wir definitiv die Marke und die Größe – sieben – feststellen können.

Ich warte vergebens.

Ein paar Monate später, als der Staatsanwalt zu einer Arbeitsbesprechung mein Büro aufsucht, erinnere ich ihn an die Angelegenheit und betone, dass jenes Beweisstück nicht weiterhin auf diese Weise in dem Ordner aufbewahrt werden kann.

Er antwortet in beleidigtem Ton, er werde sich darum kümmern. Seinem Tonfall und seinem Gesichtsausdruck entnehme ich, dass er eine Ermittlung gegen seine Person befürchtet.

Einen Augenblick bin ich verwirrt. Warum ist er so misstrauisch? Ich kann mir nicht vorstellen, dass er ein schlechtes Gewissen hat. Unmöglich. Was ist also los? Was verheimlicht man mir?

Ich sage zu ihm: »Ich versuche, diese Geschichte zu klären, weil ich glaube, dass sie für die Ermittlungen von Bedeutung ist… ich versuche lediglich, die Wahrheit herauszufinden.«

Das waren die letzten Worte zwischen ihm und mir.

Zu Canessa habe ich jetzt nur noch sporadisch Kontakt, und wenn, dann schriftlich.

Nach einiger Zeit ordnet der Staatsanwalt die geforderte Untersuchung an und trägt mir auf, das Beweisstück seinem Gutachter zu bringen. Auch er selbst wird anwesend sein, um ihm den Auftrag zu erteilen.

Ich gehe nicht hin, sondern schicke das Beweisstück mit Castelli, dem der Staatsanwalt nicht gestattet, die Akte bei der Öffnung zu fotografieren, um ihren Zustand zu dokumentieren.

Über den Ausgang der Untersuchung werde ich nie irgendetwas erfahren.

Mir wird klar, dass nicht nur unsere Zusammenarbeit am Ende ist, sondern auch unsere Freundschaft. Ich bin verbittert und enttäuscht, aber entschlossen weiterzumachen.

Ich merke, dass meine Zeit abläuft. Meine Funktion als Leiter der GIDES ist bereits mehrmals verlängert worden, und ich weiß, dass das nicht endlos so weitergehen kann – zumal jetzt, wo ich bei der Staatsanwaltschaft von Florenz unerwünscht bin, wie mir scheint.

Zum Glück sind die Ermittlungen von polizeilicher Seite inzwischen abgeschlossen. Einige Namen werden nie ans Licht kommen, aber aus fahnderischer Sicht ist das gewonnene Bild klar und umfassend genug. Solange ich kann, versuche ich es zu vervollständigen, indem ich mich der Befugnisse bediene, die mir verliehen und noch nicht wieder entzogen worden sind.

Insbesondere derjenigen des Staatsanwalts von Perugia, dessen Ermittlungen immer mehr Zusammenhänge mit dem Fall des »Monsters« aufweisen.

Genug, um die Aufmerksamkeit eines feindlich gesinnten Journalisten zu erregen: Mario Spezi, wie es der Zufall will.

Am 23. Juni erscheint in der *Nazione* ein weiterer »Exklusiv«-Artikel aus seiner Feder – ein Interview mit dem zu lebenslanger Haft verurteilten Mario Vanni mit dem Titel *Ich werde als Monster sterben, aber ich bin unschuldig.*

Mitten auf der Seite prangt ein Foto Vannis, sitzend und im Schlafanzug aufgenommen.

Aufgrund seines Alters und vor allem aus gesundheitlichen Gründen hatte er das Gefängnis verlassen und befindet sich jetzt, genesen, in einem Pflegeheim.

Spezi beginnt mit der Erklärung, es sei ein glücklicher Zufall gewesen – er habe in diesem Heim einen alten Freund besuchen wollen und dort Mario Vanni erkannt, der zusammen mit anderen Insassen im Fernsehzimmer saß.

»Vanni, erinnern Sie sich an mich?«, habe er gefragt.

»Oh, wen haben wir denn da! Na klar, ich erinnere mich gut!«

Anschließend erklärt der Artikelschreiber:

»Viel Zeit ist vergangen. Ende der sechziger Jahre brach der Reporter, damals noch Student, zusammen mit etwa zehn anderen Studenten von der Piazza von San Casciano zu einer Trattoria in Montespertoli auf und nahm in seinem Auto ›Torsolo‹ (Vannis Spitzname) mit, der die italienische Fahne schwenkte …«

Ich bin ein wenig überrascht, dass die beiden sich schon seit ihrer Jugend kennen – auch, weil ich weiß, dass Vanni damals mit Sicherheit kein Heiliger war: Wegen Gewalttätigkeit gegen seine Ehefrau – einmal war er so weit gegangen, sie die Treppe hinunterzustoßen –, war er verhaftet worden. Noch mehr allerdings trifft mich der seltsame Zufall, dass der vehemente öffentliche Gegner der institutionellen Ermittlungen gegen das »Monster«, der strikt die »sardische Spur« verfocht, nicht nur sein gutes Einvernehmen mit dem ehemaligen Apotheker demonstriert hat, gegen den ja ermittelt wird (Spezi war der einzige Journalist, den der Apotheker nach der Haussuchung empfing, wie er in seinem Bericht eigens betonte), sondern jetzt auch noch enthüllt, dass er ein langjähriger Freund Mario Vannis ist.

Vielleicht ist es kein Zufall, dass Mario Spezi sich in letzter Zeit unermüdlich für eine Fernsehsendung über die Vorfälle in Perugia eingesetzt hat, in der die Ermittlungen und einige Zeugen der Staatsanwaltschaft diskreditiert werden.

In der jüngsten Vergangenheit – als die Ermittlungen der Staatsanwaltschaft von Perugia bereits im Gange waren – hatte er bereits an mehreren Folgen der Sendung *Chi l'ha visto?* (*Wer hat es gesehen?*) auf Rai Tre teilgenommen und dabei einmal Sensationsmeldungen über die Pistole und die Sarden verbreitet, die jeder Grundlage entbehrten. Viele Worte und nichts dahinter, wie üblich.

Jetzt aber wird seine Aufdringlichkeit langsam verdächtig. Mignini beschließt zu ermitteln und beauftragt die Carabinieri und meine Mitarbeiter mit einer Haussuchung. Die Durchsuchung markiert den Beginn eines unheilbaren Bruchs zwischen den beiden Staatsanwaltschaften.

Als Nannucci von der Initiative erfährt, verlangt er schriftlich Aufschluss über die Zuständigkeiten des Staatsanwalts von Perugia.

Nicht weiter ungewöhnlich: Es gehört zu den Befugnissen eines Leiters der Staatsanwaltschaft jenes Ortes, in dem eine Durchsuchung durchgeführt wurde, da er sich vielleicht informieren will, um festzustellen, ob diese auch für

Ermittlungen in seinem eigenen Zuständigkeitsbereich von Interesse sein könnte.

Ungewöhnlich allerdings ist das, was anschließend passiert.

Nannucci ruft nämlich denjenigen an, gegen den ermittelt wird – was ihm genau bekannt ist – und klärt ihn in sehr vertraulichem und solidarischem Ton über die unternommenen Schritte auf. Er gibt ihm zu verstehen, es sei opportun, seinen Verteidiger einzuschalten.

Mignini informiert die Staatsanwaltschaft von Genua.

Einige Monate später gibt der Ermittlungsrichter dem Antrag auf Einstellung statt und schließt den Vorgang ab, offenbar ohne in Nannuccis Verhalten irgendeinen Straftatbestand zu erkennen.

Mittlerweile verschafft sich Spezi Gelegenheit, auch Nannuccis Initiative öffentlich bekannt zu machen, und führt aus, er, Spezi, habe sich an ihn gewandt, wie jeder Bürger sich ganz privat an seinen persönlichen Staatsanwalt wenden könne. In einem Interview, das er der Tageszeitung *Il Giornale* gibt, bezichtigt er die Durchsuchungsbeamten, sein Haus auf den Kopf gestellt zu haben.

Eine lächerliche Anschuldigung, die zudem ganz offensichtlich falsch ist. Und der Zusammenhang, in dem sie geäußert wird, ist nicht weniger lächerlich: Die Möglichkeit für einen »ganz normalen Bürger«, sich an den Staatsanwalt zu wenden und sofort freundschaftlich angehört zu werden, existiert höchstens im Land der Fantasie, nicht aber in Italien oder in irgendeinem anderen Land der Welt, meine ich jedenfalls.

Tatsache ist, dass Nannucci sich immer unmittelbarer für den Fall des »Monsters« interessiert, die Ermittlungen persönlich verfolgen will und Canessa, der nach all diesen Jahren nun nicht mehr als Einziger für die Ermittlungen zuständig ist, einen Kollegen zur Seite stellt: Alessandro Crini.

Das Verhältnis zwischen den beiden Staatsanwaltschaften kühlt immer weiter ab. Die Atmosphäre ist bis aufs Äußerste gespannt.

Zum großen Knall kommt es, als Mignini in die Liste derer, gegen die im Strafverfahren zum Mord an Francesco Narducci ermittelt wird, auch den ehemaligen Apotheker Calamandrei aufnimmt und ihn zur Vernehmung vorlädt.

Der Apotheker findet sich am festgesetzten Tag dort ein, begleitet von einem Anwalt seines Vertrauens. Er teilt dem Staatsanwalt lediglich mit, dass er von seinem Aussageverweigerungsrecht Gebrauch machen möchte.

Also keine Vernehmung. Keine Klärung der Position des ehemaligen Apothekers. Er ist nur gekommen, um von einem Recht Gebrauch zu machen, das jedem, gegen den ermittelt wird, vom Gesetz her zusteht.

Als er das Gebäude der Staatsanwaltschaft verlässt, gibt der Anwalt eine kurze Erklärung ab, in der er unter anderem geltend macht, man wisse ja nicht einmal, ob die Staatsanwaltschaft Perugia für die Ermittlungen gegen seinen Mandanten überhaupt zuständig sei. Damit nimmt er den Journalisten gegenüber vorweg, was dann tatsächlich passiert.

Nannucci fordert die Überstellung der Akten zum Mord an Francesco Narducci nach Florenz, da dieser Mord im Zusammenhang mit den Ermittlungen gegen die Hintermänner stehe. Er scheint vergessen zu haben, dass er und seine beiden Stellvertreter wenige Tage zuvor einen Brief nach Perugia geschickt haben, in dem sie mitteilen, der Zusammenhang zwischen den beiden Ermittlungen sei als beendet zu betrachten.

Mignini kommt der Aufforderung nicht nach.

Er wendet sich an die Generalstaatsanwaltschaft des Kassationshofs und erhebt Klage bezüglich des Zuständigkeitskonflikts. Die Generalstaatsanwaltschaft gibt Mignini Recht – die Akten bleiben also in Perugia. Der Kampf hat sich jetzt auf die Ebene der Gerichte verlagert.

Gestärkt durch den errungenen Sieg schreitet Mignini unbeirrt auf seinem Weg fort und erwirkt beim Ermittlungsrichter der umbrischen Hauptstadt das Beweissicherungsverfahren, um im Zusammenhang mit dem Strafverfahren zum Tod Francesco Narduccis und der »doppelten Leiche« siebzehn Zeugen zu vernehmen. Ermittelt wird gegen achtzehn Personen – von denen nicht wenige der Freimaurerei anhängen, die in dieser Gegend besonders stark und weit verbreitet ist – wegen einer Reihe von Verbrechen, die von Bildung einer kriminellen Vereinigung bis zu persönlicher Begünstigung reichen, von materieller Urkundenfälschung im Amt bis hin zu intellektueller Urkundenfälschung und anderem.

Die Zeugenaussagen werden – wegen des fortgeschrittenen Alters einiger Zeugen, des schlechten Gesundheitszustands anderer Zeugen und *der Einschüchterung wieder anderer* – mit Hilfe des Beweissicherungsverfahrens zugelassen.

Wer droht ihnen? Ein »rüstiger Neunzigjähriger«?

Wer hat Angst vor diesen Ermittlungen, und warum?

Unter den Zeugen, die am 7. Oktober (dann verschoben auf November) vor dem Ermittlungsrichter aussagen sollen, fällt der Name von Paccianis Anwalt auf. Pietro Fioravanti war bereits in der Vergangenheit Opfer von »Warnungen« geworden, die seiner Ansicht nach mit dem Fall des »Monsters« zu tun hatten.

Während der Prozess gegen seinen Mandanten in vollem Gange war, hatte man ihm in seine Kanzlei zwölf Pistolenpatronen Kaliber 22 zugestellt; kurz vor der Urteilsverkündung, im August 1994, war sein Sohn an der Reihe gewesen. Bei einem Überfall hatte man ihm eine schwere Schädelbasisverletzung zugefügt; er hatte sogar in Lebensgefahr geschwebt. Zuvor hatten sich die Angreifer vergewissert, dass es sich tatsächlich um den Sohn des Anwalts handelte – ein Zeichen dafür, dass dieser das eigentliche Ziel war. Als wäre es damit nicht genug, hatte Fioravanti gemerkt, dass er beschattet wurde, seit die Nachricht von den Ermittlungen in Perugia bekannt geworden war. Einmal hatten ihn zwei unerkannt gebliebene Personen in einer schmalen, stark befahrenen Straße in der Nähe des Gerichts zu Boden geworfen, damit ihn ein Auto überfuhr. Glücklicherweise hatte er nur ein paar Prellungen davongetragen.

Als das Beweissicherungsverfahren näher rückt, erhält der Verteidiger kurze, aber unmissverständliche Telefonanrufe, alle mit demselben Tenor: »Bau in Perugia bloß keinen Scheiß, sonst passiert dir das, was deinem Sohn zugestoßen ist… und vergiss nicht, du hast Familie.«

Doch Fioravanti bleibt hart und lässt sich nicht einschüchtern. Er meldet die Drohungen und gibt im richtigen Moment eine volle und detaillierte Zeugenaussage ab.

Genügt das, um denjenigen zu stoppen, der weiter im Verborgenen seine Ränke schmiedet? Offenbar nicht, denn in der Nacht vom 7. auf den 8. November dringt jemand in mein Büro im »Magnifico«, dem Sitz der GIDES, ein. Er durchwühlt die Ordner auf der Suche nach irgendeinem Dokument oder im Versuch, etwas hineinzuschmuggeln, was nicht dort hingehört: schwer zu sagen, denn im Fall der Ermittlungen in Florenz und Perugia haben sich inzwischen Tausende und Abertausende von Dokumenten angesammelt, die alle wichtig sind. Der Eindringling hinterlässt allerdings eine Spur: Kreuz und quer zu Boden geworfene

Aktenordner, die darauf hindeuten, dass er sich eilig davonmachen musste – oder mir zu verstehen geben wollte, dass es da jemanden gibt, der Macht besitzt, und dass ich nicht unangreifbar bin.

Eines allerdings steht fest: Der Eindringling oder die Eindringlinge sind hereingekommen, ohne die Tür zu beschädigen – also mit einem Schlüssel, vielleicht einem Hauptschlüssel. Und sie haben keine weiteren Spuren hinterlassen, denn die Videoanlage hat nichts aufgezeichnet, weil die Kameras schmutzig waren.

Die Vergeblichkeit dieses Versuchs entlockt mir ein bitteres Lächeln. Das, was ich weiß, ist bereits zu den Akten genommen und wird die Adressaten bald erreichen. Und zwar alle.

Für den Fall, dass es ein Zeichen sein sollte, interpretiere ich es. Aber auf meine Weise: Es ist die Bestätigung, dass meine Zeit in Florenz abgelaufen ist. Noch vor ihrem natürlichen Ende.

Ich nehme Papier und Stift zur Hand und unterschreibe ein an den Staatsanwalt von Florenz gerichtetes Dokument – das letzte von Hunderten, die ich im Laufe dieser zehn Jahre über den Fall des »Monsters« verfasst habe.

Anschließend formuliere ich ein Dossier, das alle Ermittlungsergebnisse sowie meine Schlüsse daraus enthält, unterschreibe es und fahre nach Perugia, um es Giuliano Mignini anzuvertrauen.

Einem anständigen Menschen.

Die Zeit wird erweisen, ob die ermittlerische Wahrheit über das »Monster von Florenz« mit der gerichtlichen übereinstimmt oder ob die beiden sich, wie unglückseligerweise in diesem Fall bereits einmal geschehen, schlussendlich unterscheiden werden.

Ich weiß nicht, wo ich dann sein werde. Auf jeden Fall weit weg. Zumindest mit dem Geist, wenn nicht mit dem Körper. Denn wie auch immer das Endergebnis aussehen mag – was ich zu tun hatte, habe ich getan. In aller Gründlichkeit.

Der fähige und vertrauenswürdige Mignini hält unanfechtbare Beweise in der Hand. Als ersten und wichtigsten den Beweis dafür, dass mit Sicherheit nicht Pietro Pacciani das »Monster« ist. Dieser war – wie am Ende auch sein Verteidiger Fioravanti zugegeben hat – »sicher an einigen der Doppelmorde beteiligt, aber dass er vor Gericht für alle geradestehen soll, ist nicht richtig.«

Aber da ist noch mehr: der Beweis für das Theorem von den Drahtziehern, von denjenigen, die nicht aufgehört haben, hinter den Kulissen zu agieren – mit Drohungen, Einschüchterungsversuchen und Behinderungen der Ermittlungen in jeder erdenklichen Weise. Und es ist fast sicher, dass sie weiter getötet haben.

Mindestens fünf weitere Personen, die in entscheidenden Momenten der Ermittlungen oder des Prozesses aus dem Weg geräumt wurden: diejenigen, auf die Pacciani in seiner Verteidigungsschrift hingewiesen hat (Francesco

Vinci und sein geistlicher Beistand; Milva Malatesta und ihr dreijähriger Sohn; Milvia Mattei) und die alle mit ihm oder mit dem Magier Indovino oder mit Mario Vanni in Verbindung standen und potenziell als Zeugen hätten auftreten können.

Pacciani ist am 22. Februar 1998 unter zweifelhaften Umständen zu Tode gekommen – am Vorabend der Verhandlung, in der seine Komplizen verurteilt wurden. Giancarlo Lotti ist im Gefängnis verstorben, und Mario Vanni, einziger überlebender Täter, sitzt seine lebenslange Freiheitsstrafe ab – wegen seines schlechten Gesundheitszustands in einem Altersheim.

Irgendjemand hat alle drei überlebt.

Der Beweis für das Theorem findet sich in der Geschichte der Ermittlungen, die Sie gerade gelesen haben. Die Rechtsprechung wird entscheiden, ob man diesem Theorem auch einen oder mehrere Namen, ein oder mehrere Gesichter zuordnen kann.

Die Wahrheit jedoch, zu der ich unter großen Mühen gelangt bin und die mir zunächst die Opfer, später die Öffentlichkeit mit lauter, vernehmlicher Stimme und zunehmendem Nachdruck abverlangt haben, gehört nun allen.

# Anmerkungen

1 Das Gutachten endet mit den Worten: »Das Monster trägt also inzwischen sehr konkrete Züge, auch wenn die Ermittlungen langsam und mühsam vonstatten gehen.«

2 Artikel aus *La Nazione* vom 16. Juli 1992 mit dem Titel *Letzter Aufruf: Wer etwas weiß, möge sprechen*. Darin heißt es: »Und dass es jemanden gibt, der etwas weiß, belegt der Aufruf des Leiters der Squadra Anti Mostro, Ruggero Perugini… ›Wer etwas weiß, sollte es als seine staatsbürgerliche Pflicht betrachten, sich namentlich zu melden und uns alles zu sagen – er braucht keinerlei Bedenken zu haben.‹«

3 Die Beziehungen zwischen den verschiedenen Ämtern der Staatsanwaltschaft sind durch Artikel 371 der Strafprozessordnung folgendermaßen geregelt:

»1. Die verschiedenen Ämter der Staatsanwaltschaft, die miteinander in Beziehung stehende Erhebungen vornehmen, stimmen ihre Tätigkeit untereinander zum Zweck der raschen, wirtschaftlichen und wirksamen Erledigung dieser Erhebungen ab. Zu diesen Zwecken tauschen sie Akten und Auskünfte aus und teilen einander die Anweisungen mit, die sie jeweils der Gerichtspolizei erteilt haben. Sie können einzelne Handlungen auch gemeinsam vornehmen.

2. Die Erhebungen verschiedener Ämter der Staatsanwaltschaft sind als miteinander in Beziehung stehend zu betrachten:

a) wenn die Verfahren gemäß Artikel 12 in Zusammenhang stehen oder es sich um eine fortgesetzte strafbare Handlung oder um strafbare Handlungen handelt, die von mehreren Personen zu gegenseitigem Schaden begangen worden sind.

b) wenn der Beweis einer strafbaren Handlung oder eines Umstands derselben sich auf den Beweis einer anderen strafbaren Handlung oder eines anderen Umstandes auswirkt.

c) wenn der Beweis mehrerer strafbarer Handlungen auch nur zum Teil derselben Quelle entstammt.«

4 Artikel 360 der Strafprozessordnung:

»Nicht wiederholbare fachkundliche Ermittlungen

1. Betreffen die in Artikel 359 vorgesehenen Ermittlungen Personen, Sachen oder Örtlichkeiten, deren Zustand Veränderungen unterworfen ist, so benachrichtigt die Staatsanwaltschaft unverzüglich die den Erhebungen unterworfenen Personen, die durch die strafbare Handlung verletzte Person und die Verteidiger vom Tag, der Uhrzeit und dem Ort, die für die Erteilung des Auftrags festgesetzt worden sind, und von der Befugnis, selbst Parteisachverständige zu bestellen.«

(Artikel 359 beschreibt die Möglichkeit der Staatsanwaltschaft, Parteisachverständige zu bestellen und sich ihrer zu bedienen, wenn es im Zuge der Ermittlungen um technische Maßnahmen geht [aufzeichnende, beschreibende oder fotografische Aufnahmen], für die besondere Fachkenntnisse erforderlich sind.)

5 Einige Wochen später erfahre ich aus der Presse, die Läsionen seien von Mäusen verursacht worden. Absurd, wie mir scheint. Ich hätte es nicht einmal dann glauben können, wenn ich die Videoaufnahmen *nicht* gesehen hätte. Später, als sich der Wirbel um den Fall gelegt hat, berichtet eine Lokalzeitung, Inspektoren der Datenschutzbehörde hätten eine Untersuchung über die Aktivierung der in den Aufbahrungsräumen installierten Videokameras durchgeführt. In dem Artikel berichten die Inspektoren, die Aktivierung der Kameras »sei ursprünglich angeordnet worden, nachdem an einigen Leichen schmähliche Schändungen vorgenommen worden waren« (*La Nazione*, 8. Dezember 2004).

6 Unter anderem werden zitiert:

*La Nazione* vom 19. Januar 2003: *Generalstaatsanwalt Ruello kritisiert: Man wird lediglich einen rüstigen Neunzigjährigen verurteilen – Monster, den Ermittlungen wird der Prozess gemacht*; *Il Giornale della Toscana* vom gleichen Tag: *Unbestrafte Verbrechen und Ermittlungen gegen das Monster – Ruello prangert an: Womöglich werden wir einen rüstigen Neunzigjährigen bestraft sehen*; *La Nazione* vom 20. Januar: *Gerichtsjahr, Kontroverse – Im Falle der Verbrechen des Monsters muss eingehend und bis ins Letzte ermittelt werden*, fordern die Angehörigen der Opfer und deren Anwälte; *La Repubblica* – Berichte aus Florenz – vom 21. Januar: *Juristische Kontroverse – Im Fall des Monsters zu ermitteln ist unsere Pflicht, so lautet die Antwort von Oberstaatsanwalt Nannucci.*

7 In Artikel 64 der Gesetzesverordnung vom 5. Oktober 2000, Nr. 334, heißt es:

»Die Führungskräfte der Staatspolizei können für einen Zeitraum von maximal drei Jahren suspendiert werden, der in Ausnahmefällen um ein weiteres Jahr verlängert werden kann, vorausgesetzt, die personelle Ausstattung wird um nicht mehr als fünf Prozent vermindert und die Maßnahme ist arbeitstechnisch notwendig, nicht zuletzt um über einen bestimmten Zeitraum Spezialaufgaben durchzuführen«.

8 Bei der Verhandlung am 16. November 2005 eröffnete der Untersuchungsrichter am Gericht von Florenz das Hauptverfahren gegen Francesco Calamandrei, Mario Spezi und Franco Carassi, den Herausgeber der *Nazione*. Die Anklage lautete auf üble Nachrede gegen meine Person.

9 Am 3. November 2005 eröffnete der Untersuchungsrichter am Gericht von Monza auf Antrag der Staatsanwaltschaft das Hauptverfahren gegen den Herausgeber der Wochenzeitschrift Umberto Brindani sowie gegen die Autoren der Artikel, Gennaro De Stefano und Roberto Fiasconaro, außerdem gegen Professor Gian Eugenio Jacchia. Die Anklage lautete auf üble Nachrede in einem schweren Fall, gerichtet gegen meine Person und meine Mitarbeiter bei der GIDES.

10 *Der Fall: Das Monster von Florenz*, ZDF, 12. Juli 2004.

## Danksagungen

Ich danke meiner Ehefrau Christa für ihre unschätzbar wertvolle Unterstützung, meinen Literaturagenten für ihr Vertrauen in meine Fähigkeiten und für ihre nützlichen Ratschläge, denen ich sehr viel verdanke, und meinen Mitarbeitern, die mir auch in den schwierigsten Momenten zur Seite standen. Ganz besonderen Dank aber möchte ich – als Bürger ebenso wie als Polizeibeamter – Giuliano Mignini aussprechen, dem Staatsanwalt mit dem besonders ausgeprägten Sinn für Staat und Gerechtigkeit.

## Inhaltsverzeichnis